DuMont Dokumente:

eine Sammlung von Originaltexten,
Dokumenten und grundsätzlichen Arbeiten
zur Kunstgeschichte, Archäologie,
Musikgeschichte und Geisteswissenschaft

Joseph Rykwert

Ornament ist kein Verbrechen

Architektur als Kunst

DuMont Buchverlag Köln

Umschlag Vorderseite: Herbert Bayer und Peter Wehr, Eingangshalle der Bauhaus-Ausstellung, Kunstgebäude am Schloßplatz, Stuttgart 1968 (Photo des Verfassers).

Umschlag Rückseite: Tempel des olympischen Zeus, Athen (Photo des Verfassers).

CIP-Kurztitelaufnahme der Deutschen Bibliothek

Rykwert, Joseph:
Ornament ist kein Verbrechen : Architektur als Kunst /
Joseph Rykwert. – [Aus d. Engl. von Henning Ritter]. –
Köln : DuMont, 1983. –
(DuMont-Dokumente)
ISBN 3-7701-1526-0
Einheitssacht.: The necessity of artifice ⟨dt.⟩

© 1982 by Academy Editions, London
Titel der Originalausgabe: The Necessity of Artifice
Aus dem Englischen von Henning Ritter
© der deutschsprachigen Ausgabe: 1983 DuMont Buchverlag, Köln
Alle Rechte vorbehalten
Satz und Druck: Rasch, Bramsche
Buchbinderische Verarbeitung: Boss-Druck, Kleve

Printed in Germany   ISBN 3-7701-1526-0

Inhalt

Vorwort

Die hier gesammelten Aufsätze stammen aus einem Zeitraum von fünfundzwanzig Jahren. Als ich sie für diese Auswahl noch einmal durchsah, fiel mir der französische Witz ein: »Ich sage immer dasselbe, aber wiederhole mich nie.«

Dieser Anspruch scheint unerhört, da er eine totale Selbstgewißheit und die Unfähigkeit, aus den eigenen Fehlern zu lernen, einschließt – oder auch nur eine so unerschütterliche Überzeugung, daß die Erfahrung darüber hinweggehen wird wie das Wasser über einen Deich –, trotzdem beneide ich den Mann, der ihn formuliert hat. Ich kann nicht hoffen, es ihm in diesem Buch gleichzutun: Jeder der Aufsätze darin ist eine Antwort auf eine bestimmte Sachlage, sei es die unerwartete Begegnung mit einem Bauwerk, das meine Begeisterung geweckt oder meine Zustimmung gefordert, oder sei es umgekehrt eine Ausstellung oder Polemik, die mich zum Widerspruch gereizt hat. Aus dieser Sammlung sind deswegen bewußt alle beschreibenden Aufsätze und Rezensionen ebenso wie alle reinen Gelegenheitsarbeiten ausgeschlossen worden.

Eines kann ich vielleicht beanspruchen, mit dem französischen Spaßvogel gemeinsam zu haben: Was ich geschrieben habe, erscheint mir auch heute noch als eine ehrliche und durchdachte Antwort auf die Umstände der Zeit. Trotz mißglückter Formulierungen, trotz übertriebener Begeisterung oder Kritik, und so sehr sich mein Denken seit den ersten Aufsätzen gewandelt hat, insgesamt bilden sie doch einen kohärenten Zusammenhang von Ansichten, der keiner weiteren Rechtfertigung bedarf, und ich hoffe, daß die Vielzahl der Themen zu so verschiedenen Darstellungsformen genötigt hat, daß die Kohärenz nicht ermüdend wirkt.

Beim Schreiben dieser Aufsätze habe ich vielfältige Dankesschuld gegenüber Freunden und Kollegen auf mich geladen, zu viel, um sie hier im einzelnen erwähnen zu können, obwohl die wichtigste genannt werden muß: die gegenüber Rudolf Wittkower und Sigfried Giedion, als dessen aus der Art geschlagenen Schüler ich mich betrachte.

Joseph Rykwert

Bauen und Bedeutung

Weder ist dies der erste Aufsatz, den ich geschrieben habe, noch (meiner Ansicht nach) der beste. Er hat in dieser Sammlung an erster Stelle zu stehen, weil er sich als eine Art persönliches Manifest erwiesen hat, als eine Formulierung von Themen, die mich zwei Jahrzehnte lang beschäftigen sollten und mit denen ich noch immer nicht zu Ende bin. Er enthält übrigens auch den Kern eines Aufsatzes über die Sitzhaltung, den ich später ausgearbeitet habe (der dritte dieser Sammlung) und der die Grundlage von Vorlesungen bildete, die ich 1958 an der Ulmer Hochschule für Gestaltung hielt.

Ursprünglich war dieser Aufsatz von Eugen Gomringer für eine Neujahrsnummer der Basler Nachrichten *zum fünfundvierzigjährigen Bestehen des Schweizer Werkbundes in Auftrag gegeben worden, obwohl ich meine mangelnde Sympathie für den Werkbund und sein damaliges Eintreten für die gute Form nicht verhehlt hatte. Dadurch erhielt ich jedoch die Gelegenheit, meine Ansicht über die damalige Situation der Architektur darzulegen, wie sie sich von der Ulmer Höhe aus darstellte. Aus diesen besonderen Entstehungsbedingungen lassen sich vielleicht einige Ängstlichkeiten der Ausdrucksweise erklären – oder was zwanzig Jahre später so aussieht.*

Eines wird heute eher gewagt als ängstlich wirken: mein Hinweis am Ende des Aufsatzes auf eine semantische Untersuchung der Umwelt. *Damals hatte ich keinerlei Vorstellung von einer auf die Architektur angewandten* Semiologie: *In der Zwischenzeit ist sie von einer Reihe von Leuten nach dem Saussureschen Modell entwickelt worden, mit sehr zweifelhaftem Gewinn. Ich dachte damals an die Neuformulierung der von Locke postulierten Wissenschaft von den Zeichen durch Charles Sanders Peirce (eine nützliche Zusammenfassung gibt James K. Feibleman,* An Introduction to Peirce's Philosophy, *1960, S. 89ff.). Bei alldem empfiehlt es sich freilich, an das zu wenig beachtete Diktum des Schweizer Meisters zu denken:* »Il n'y a pas un seul terme en linguistique auquel j'attache un sens quelconque«, *in dessen Geist meine Bemerkungen aufzufassen sind.*[1]

Bei der Veröffentlichung zeigten sich die erwarteten Schwierigkeiten. Der Werkbund lehnte den Aufsatz ab, der dann als »Meaning and Building« *von Bruno Alfieri in* Zodiac 6, *1957 veröffentlicht wurde.*

»Toute œuvre [d'art] qui n'est pas véhicule volontaire ou involontaire d'aveux est du luxe. Or le luxe est pire qu'immoral, il ennui.« So Jean Cocteau in seinem *Essai de critique indirecte.*[2]

Wenn Cocteau recht hat – und ich glaube, er hat recht –, dann muß ohne Frage jedes Gebäude, müssen sogar ganze Städte Träger von Deklarationen, Bekenntnissen, Geständnissen sein. Im folgenden möchte ich erörtern, was ein solcher Glaubenssatz für einen praktizierenden Architekten heute bedeuten kann, und das wird mich unvermeidlich in Spekulationen über Grundfragen verwickeln.

Damit setze ich mich von vornherein dem Widerspruch aus, denn viele meiner Zeitgenossen, so geduldig sie eine Einzelkritik hinnehmen, auch wenn sie gegen sie gerichtet ist, scheinen das Nachdenken über Architekturtheorie für mehr als nutzlos zu halten. Sie würden etwa folgendermaßen argumentieren: Die Probleme, die sich dem Architekten vor eineinhalb Jahrhunderten durch die neue industrielle Gesellschaft gestellt haben, wurden durch die Erfindung neuer Materialien und Techniken zunächst verschärft und dann gelöst. Heute sind sie, im Modell zumindest, alle gelöst. Wir können nichts Besseres tun, als die prototypischen Lösungen rasch und in großer Vielfalt zu variieren. Unser Problem ist die Quantität: Wir müssen unsere Planungsmethoden vervollkommen, Bauvorgänge rationeller gestalten, Größennormen festsetzen, lernen, Computer zu programmieren, und vor allem – Fertigbauweisen einführen. Grundprinzipien sind schön und gut, aber sie liegen schon eine ganze Weile fest. Es gibt ein modernes Idiom (Schamlose bezeichnen es sogar als Stil), und das werden wir nicht preisgeben. Was die KUNST in der Architektur angeht, so ist für sie gesorgt durch ein halbes bis fünf Prozent der Bausumme, die für Gemälde und Skulpturen ausgegeben werden. Die Produkte dieser Gabe aus schlechtem Gewissen laufen im übrigen unter dem Namen »Kunst am Bau«.[3]

Die von mir eben beschriebene Einstellung ist in den angelsächsischen Ländern verbreitet genug: Es ist die Haltung der Technokraten und Verwalter der Architektur, der Bereichsplaner und Anhänger der Stahlskelettbaus. Es ist weitgehend die Haltung der Mehrheit.

Dieselben Technokraten finden es jedoch, wenn sie ehrlich sind, zunehmend schwieriger, der »funktionalen Stadt« und dem Wohnen auf kleinstem Raum ihre ungeteilte Zustimmung zu geben. Selbst Architekten beginnen zu erkennen, daß die Leute, für die sie bauen, keine physiologischen Automaten mit angehängtem Gehirn sind, sondern komplexe Wesen, die von irrationalen Antrieben beherrscht werden. Jeder, der behauptet, auf der Seite der Vernunft zu stehen, dabei aber diese Sachlage verkennt oder sie bewußt leugnet, ist ein Idealist. Viel zu lange wurde der »Rationalismus« mit einer maßlosen Ideologie, die die Menschen aller Eigenschaften außer der des analytischen Denkens zu berauben schien, in Zusammenhang gebracht. Das hat jetzt natürlich zu der umgekehrten Ideologie geführt, die auf einem Appell an das Gefühl beruht und die Ansprüche der Vernunft ignoriert. Eine der Gestalten Diderots hat dies so zusammengefaßt: »... wir wissen weder, was wir wollen, noch was wir tun, und so folgen wir unserer Phantasie, die Verstand heißt, oder unserem Verstand, der oft genug nur eine gefährliche Phantasie ist, die manchmal zum Guten, manchmal zum Schlechten ausschlägt ...«[4]

Daher würden einige meiner Zeitgenossen (und ich mit ihnen) sagen, daß die einseitige Berücksichtigung rationaler Kriterien durch die Designer und Architekten deren Leistung entwertet und sie vom Massenpublikum abgeschnitten hat, so daß die Architektur heute mit

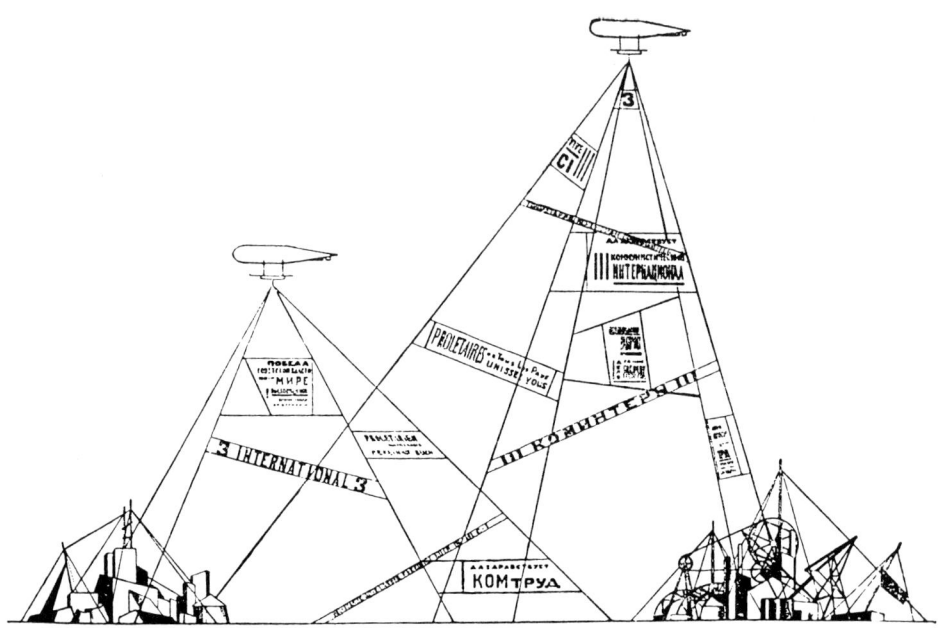

Aleksander Aleksandrovič Vesnin, Bühnenaufbau für Vsevelod Meyerholds Massenvorstellung von *Kampf und Sieg* auf dem Kongreß der dritten Internationale, Juni 1921.

keiner öffentlichen Unterstützung oder Zustimmung rechnen kann, weil sie die Kraft, das Gefühl zu erreichen, verloren hat. »Wir haben noch nicht die letzte Kraft, denn uns trägt kein Volk«, hat Paul Klee vor vielen Jahren gesagt.[5]

Um meine These noch einmal anders zu formulieren: Die Architekten müssen die emotionale Kraft ihrer Arbeit anerkennen, und diese Anerkennung setzt die methodische Untersuchung eines Gehalts, selbst eines referentiellen Gehalts in der Architektur voraus. Dies halte ich für das wichtigste und schwierigste Problem, das die Architekten meiner Generation als nächstes bewältigen müssen, und daher kann ich nur ein vorläufiges Programm vorlegen. Da dieses Problem aber seit einiger Zeit in nebulöser Form in der Luft liegt, ist das, was ich sagen will, verschiedenen Fehldeutungen ausgesetzt. Aus diesem Grunde will ich einige der Formen, in denen man dieses Problem gestellt und anschließend umgangen hat, näher betrachten.

Der sozialistische Realismus hat an erster Stelle zu stehen. Diese in den dreißiger Jahren vollzogene Rückwendung zu einem Eklektizismus in der Art des neunzehnten Jahrhunderts war das gründlichste und zugleich auch entschuldbarste Ausweichen. Denn die Künstler im Gefolge der Russischen Revolution hatten im Namen der Vernunft alles großartig in Frage gestellt: Aufbauten für Massendemonstrationen wurden an Fesselballons befestigt[6], Bäume wurden rot und purpur gefärbt[7], Zeitungsseiten wurden an die lichtdurchlässigen Frontseiten von Verlagsgebäuden projiziert[8], Versammlungshallen drehten sich um ihre eigene Achse[9] und so fort. Der Angriff auf die Sinne der unorganisierten Masse kam zu rasch und war zu gewaltsam.

Die Generation Majakowskis hatte so intensiv gearbeitet, daß die Reaktion, als sie kam, die Form einer vollständigen Kehrtwendung unter Führung der Linksklassizisten, einer Minderheitengruppierung der zwanziger Jahre, annahm. Die Errungenschaften der Suprematisten und Konstruktivisten fanden deshalb nie zu geordneter Form und konnten nicht Wurzel schlagen – das russische Schaffen der zwanziger Jahre ähnelt der Leistung eines legendären Wunderkindes. Nachdem dreißig Jahre vergangen sind, haben sich die Verhältnisse so sehr gewandelt, daß in Rußland eine weitere Kursänderung eine Architektur hervorgebracht hat, die sich kaum von den langweiligeren Bauten des Westens in dem bereits erwähnten technokratischen Stil unterscheidet. Die Ähnlichkeiten beschränken sich jedoch nicht auf die stilistische Nivellierung. Vergleicht man die Schriften einiger jüngerer italienischer Architekten mit den Apologien des »linken Klassizismus«[10], so erkennt man, daß der neue Regionalismus dort nichts anderes als ein auf den Kopf gestellter sozialistischer Realismus ist. Die Russen beriefen sich auf das Vorbild eines aufgeklärten Despotismus, auf den Klassizismus Peters des Großen und Katharina der Großen als einen Stil der Stabilität und intellektueller Beruhigung. »Die ›Ismen‹ – so argumentierten die ›Linksklassizisten‹ – hatten die negative, destruktive Seite der Revolution zum Ausdruck gebracht, und jetzt war die Zeit gekommen, ihre affirmative Seite auszudrücken, usw. ...« In Italien beruft man sich nun auf eine anonyme, arme, unaufdringliche, populäre Bauweise, einen volkstümlichen Stil im Gegensatz zu der feinen bourgeoisen Architektur, der kosmopolitischen und wurzellosen Öde, die die hilflose Vernunft aufgezwungen hatte.

Italien hat auch eine Spielart des Eklektizismus hervorgebracht, der gelegentlich dem sozialistischen Realismus näherzustehen scheint. Ich meine die einflußreiche und geschickt begründete Anlehnung an das Schaffen holländischer und italienischer Architekten des Fin de siècle – Sommaruga, Kromhout, Berlage – und an den Jugendstil überhaupt. Dieser Rückgriff wird mit sehr bestechenden und feinsinnigen Argumenten begründet. Man behauptet sogar, daß eine künstlich verspätete Gesellschaft, wie die des modernen Italien, in einem Stil auftreten müsse, der den Verhältnissen gemäß ist, so daß deren Mängel durch die Ironie der Behandlungsweise sichtbar werden. Es ist nur recht, daß derartige Argumente zu dünn und feinsinnig sind, um irgendwo Eindruck zu machen, und nur auf lokal begrenzte Verhältnisse Anwendung finden.

Jedenfalls aber ist der Eklektizismus heute eine weit geringere Gefahr als der historische Determinismus. In ihrer hinterlistigsten Form sieht die deterministische Argumentation etwa so aus: »Der moderne Stil hat eine Stufe erreicht, wo monumentale Gebäude Probleme aufwerfen, die nicht mehr mit Hilfe funktionaler Kriterien gelöst werden können. Der Eindruck einer überwältigenden Einheit, den solche Gebäude in der Vergangenheit vermittelten, kam häufig durch eine Kuppel oder ein gewölbtes Dach zustande. Demnach ist es klar, daß Kuppel und Gewölbe die nächste Aufgabe der modernen Architektur sind.«

Diese Argumentation scheint die unerfreuliche Folge zu haben, daß wertlose Gebäude wortreich verteidigt werden, wenn sie nur überwölbt sind und insbesondere wenn die Überwölbung eine komplizierte Linienführung hat. Der Leser braucht nur an das übertriebene Lob zu denken, mit dem Jørn Utzons siegreicher Wettbewerbsentwurf für das Opernhaus in Sydney bedacht wurde. Man pries besonders die »ineinandergreifenden Muschelgewölbe... Die weißen, segelähnlichen Muschelgewölbe beziehen sich ganz natürlich auf den Hafen [von Sydney] wie auf die Segel seiner Yachten...« usw. (ich zitiere aus dem Bericht des Wettbewerbsgremiums). Aber natürlich haben Segel sehr wenig mit Opernhausdächern zu tun, und soviel man sich über Ferienstimmung und besondere Gegebenheiten auch verbreiten mag, die Bedenken, die man beim Anblick dieses Teils des Gebäudes hat, wenn man sieht, daß das Äußere nicht das Geringste mit den Funktionen im Inneren zu tun hat, lassen sich dadurch nicht beseitigen. Es scheint, als beruhe die Konzeption auf bloßer Phantasie und habe wenig mit Imagination[11], geschweige denn mit Methode zu tun. Von der einen bombastischen Überdramatisierung abgesehen, hat der Bau wenig Erfreuliches zu bieten. Unter Berücksichtigung aller Differenzen gilt das vom Opernhaus von Sydney Gesagte gleichermaßen für einen großen Teil des Werkes von Candela und Nervi[12], für das »weiße, vogelartige« Idlewild-Flughafengebäude der TWA von Eero Saarinen[13] oder für Hugh Stubbins' Berliner Kongreßhalle, die, wie ich höre, die freie Rede symbolisieren soll, von den Berlinern aber als »schwangere Auster« bezeichnet wird. Meine Einwände gelten aber nicht für Le Corbusiers Kapelle von Ronchamp.

Diese Ausnahme kann hier nicht im einzelnen gerechtfertigt werden, da ich hier nicht kritisiere, sondern theoretische Überlegungen anstelle. Ich wollte mit diesem Hinweis nur dem Verdacht vorbeugen, ich sei ein Puritaner, der etwas gegen jede Art von Wölbung, Kuppel oder Rundung hat. Mir geht es um etwas ganz anderes. Um es noch einmal zu sagen: Die Bewunderung für Gewölbe, und seien sie auch hyperbolisch-paraboloid, ist kein Ersatz für wohlbegründete Prinzipien.

Um diesen Einwand zu verallgemeinern, behaupte ich weiter, daß die Verwendung der neuesten technologischen Verbesserungen kein Ersatz für Gestaltung ist. Mehr noch, der technische Fortschritt hat heute ein solches Tempo, daß es erforderlich ist, sich kritisch und differenzierend gegen die Flut zu stemmen und sich ihr nicht zu überlassen. Es gibt freilich einen Designertypus, der von ihr überwältigt und berauscht ist. Diese Konsumgüterbegeisterten wurden in Großbritannien in der Regel mit dem »Brutalismus« in Zusammenhang gebracht, obwohl selbst dieser vage Begriff seine zeitweilige Brauchbarkeit verloren hat. Ich möchte hier nicht viel darüber sagen, sondern nur darauf hinweisen, daß in Großbritannien das Akzeptieren aller Nebenprodukte der Technologie – amerikanische Autos, Reklame für Lebensmittelkonserven, Körperkulturmagazine, Horrorfilme der B-Kategorie, Science Fiction und so weiter – mit dem wirren Protest der »zornigen jungen Männer« zusammenhängt. In der Literatur dieser Ära gibt es eine ganze Skala derartiger Protesthaltungen, von dem nackten, unsozialen Karrierismus in einem Roman wie *Lucky Jim* von Kingsley Amis bis zum hysterischen Pseudo-Mystizismus von Colin Wilsons *The Outsider*. Diese literarischen Haltungen spiegeln sich in den niederen Regionen des »Brutalismus«[14] in der

Le Corbusier, *Notre-Dame-du-Haut,* Ronchamp 1954.
Jørn Utzon, *Opernhaus Sydney,* 1957–74.

unreflektierten Verwendung von Motivationsuntersuchungen als Basis für das Design und in der entsprechenden Leugnung aller vernünftigen formalen Werte. Diese Leugnung erinnert unliebsam daran, daß hinter diesem forschen Auftreten eine Verherrlichung von extremem Individualismus und unmittelbarem Gefühl steckt.

Ich könnte fortfahren zu katalogisieren und zu kritisieren, meinen Zweck aber hätte ich schon erreicht, wenn der Leser einräumen würde, daß die Existenz der verschiedenen von mir beschriebenen Schulen, vom sozialistischen Realismus bis zum Brutalismus, auf ein allgemeines Ungenügen des Rationalismus und auf das Gefühl deutet, er habe immer wieder versagt. Auf der anderen Seite gibt es Designer, die streng rationale Kriterien weiterhin für angemessen und das Gefühl der Isolierung des Designers von der Öffentlichkeit für Einbildung halten. Manche nehmen sogar die Attitüde vornehmer Verzweiflung an, wie etwa Sir Herbert Read, wenn er darauf hinweist, daß in unserer materialistischen Zeit »die Kunst so überleben wird, wie sie es in düsteren Zeiten getan hat, in kleinen Zirkeln, bei einer Elite ... allgemeine Langeweile wird zu allgemeiner Verzweiflung führen, und die Kunst wird sich erneuern, wenn das Leben selbst sich erneuert hat...«[15]

Das mag erfreulich sein für die, die es sich leisten können, aber den meisten Architekten welcher Richtung auch immer wird es nicht helfen, wenn sie neue Städte planen und Wohnungen für Millionen bauen müssen, ohne warten zu können, bis die Utopie Wirklichkeit geworden ist. Und wenn sie gut bauen sollen, dann müssen sie an den Wert ihrer Arbeit und an die Richtigkeit ihres Urteils glauben können. Das ist der Grund, warum solche noblen und verzweifelten Haltungen zynisch und herablassend wirken. In gegenständlicher Form sind die Implikationen dieser Haltung von den weniger ehrenwerten Nachfolgern Mies van der Rohes in den Ledergarnituren und Goldbronzedetails ihrer Bauten entwickelt worden, und ich habe den Verdacht, daß auch der Meister selbst davon zuzeiten nicht frei war.

Die Rationalisten, die zu keiner Konzession bereit gewesen sind und die ihre Position immer noch für narrensicher halten, verdienen viel eher Bewunderung, auch wenn sie unerschütterlich an der Auffassung festhalten, daß die Welt des Massenpublikums für ihre Überlegungen bedeutungslos und das Verständnis ihrer kargen Formensprache aus sich selbst nur eine Frage der guten Erziehung ist – die nicht-rationale Welt darf die Berechnungen der Architekten nicht stören.

Besonders in den letzten Jahren hat diese bewunderungswürdige Haltung zu allen möglichen Unklarheiten und Mißverständnissen geführt. Wegen des breiten Spielraums, den die technischen Gegebenheiten lassen, sind die Designer, die sich so eng wie möglich an die nackten funktionalen Erfordernisse zu halten behaupten, zu Resultaten gekommen, die dem Schaffen ihrer mehr kommerziell gesonnenen Kollegen, die nur stromlinienförmige Gehäuse für Industrieprodukte zu liefern beanspruchen, auf überraschende Weise ähnlich sehen. Bewußte gestalterische Lösungen lassen sich immer schwerer mit vorgeschobenen technischen Argumenten rechtfertigen. Und was noch schlimmer ist, Spekulanten, Verwaltungsbeamte und Techniker, die wir Architekten zu Schlagworten wie »Form folgt Funktion« und »Materialgerechtigkeit« bekehrt haben, glauben nun ihrerseits uns diktieren

Mies van der Rohe und Philip Johnson (Mitarbeit Kahn & Jacobs), *Seagram Building*, 375 Park Avenue, New York City, 1954–58. *Oben links* Blick auf das Lever-Haus über die Plaza hinweg; Seagrams Feindseligkeit gegenüber seinen Nachbarn; *oben rechts* Haupteingang: die Falschheit des Seagram Building; *unten links* Four Seasons-Eingang: die abstoßende Gebäudeecke; *unten rechts* Four Seasons-Eingang: Seagram haßt seine Besucher.

zu können, weil wir unsere Verantwortung als Gestalter der menschlichen Umwelt preisgegeben haben.

Wir haben ihnen Mittel gegeben, um Gebäude schneller, wirkungsvoller und billiger produzieren zu können als früher, ohne dabei jene ungreifbaren Werte respektieren zu müssen, die selbst der verbissenste Rationalist insgeheim hochhält.

Ich habe nichts gegen Formen, die der Funktion folgen, oder gegen Materialgerechtigkeit. Diese Schlagworte sind einmal sehr wichtig gewesen, und wir sollten sie jetzt nicht außer Kurs setzen, doch die ausschließliche Berufung auf keimfreie Ideen dieser Art zwingt den Architekten heute dazu, seine Position aufzugeben.

Ehe ich aber zu der Frage übergehe, wie eine solche Position heute auszusehen hätte, muß ich mit Nachdruck einen Vorbehalt geltend machen: Ein Aufruf gegen einen exzessiven Rationalismus sollte nicht zu einem Aufruf gegen rationale Arbeitsmethoden werden. Die Probleme müssen natürlich weiterhin auf rationaler Ebene angegangen werden. Da gibt es beispielsweise die vertrackte Frage des Modulardesigns oder das nicht weniger dringliche Problem der physiologischen Farbtheorie oder die Umsetzung der gestalttheoretischen Erkenntnisse in praktische Anweisungen. All dies sind Probleme, die die besten Architekten weiterhin beschäftigen und ihre Entwürfe beeinflussen werden. Wenn wir jedoch alle unsere Bemühungen ausschließlich auf diese rationale Ebene beschränken, werden wir die entscheidende Frage verfehlen, die heute eine so große Dringlichkeit bekommen hat.

Um zu verdeutlichen, was ich meine, will ich etwas zur Gestaltung von Stühlen sagen. Während des Krieges war die Schaffung einer optimalen Sitzhaltung eine der wichtigeren Nebenaufgaben der Luftfahrtforschung.

Unabhängig davon wurden in Stockholm unter Leitung von Bengt Ackerblom einige bedeutsame Experimente über das Sitzen durchgeführt, und die Ergebnisse sind vor rund zehn Jahren in Buchform[16] veröffentlicht worden. Ackerblom hat zwar bestimmte Merkmale für Stühle, besonders Arbeitsstühle – eine bestimmte Höhe und zwei wesentliche Rückenstützen – empfohlen, sein Hauptresultat war jedoch wichtiger als diese summarischen Angaben und konnte leicht übersehen werden, weil es sich nicht gegenständlich niederschlug: daß nämlich der menschliche Körper eine einzelne Sitzhaltung nicht länger als eine Viertelstunde ohne Unterbrechung als bequem empfindet. Solche Entdeckungen, die alles offen lassen, bringen den rationalistischen Designer in eine schwierige Lage: Ackerbloms Datengerüst kann nicht so mit einem Produktionsvorgang gekoppelt werden, daß daraus ein – guter oder schlechter – Stuhl resultiert, ohne daß man zuvor unabhängig von irgendeinem der Faktoren eine Vielzahl von Entscheidungen trifft. Ackerblom war nicht der erste, der derartige Untersuchungen durchführte, und seine Ergebnisse waren auch nicht gänzlich neu. Trotz aller Forschungen und Veröffentlichungen war es jedoch nicht der Idealstuhl des Ergonomen, der die großen Erfolge einheimste.

Selbst das kenntnisreichste und designbewußteste Publikum trifft seine Entscheidung nicht nach rationalen Kriterien. So war der Stuhl, der nach dem Krieg unter den Anhängern moderner Architektur den größten Erfolg hatte und in modernen, von Architekten entworfenen Interieurs am meisten photographiert wurde, der sogenannte Hardoy-Stuhl. Das Modell für diesen Entwurf war ein in England in den siebziger Jahren des neunzehnten Jahrhunderts hergestellter Faltstuhl, der in den zwanziger Jahren von der italienischen Armee als Offiziersstuhl benutzt wurde. In seiner ursprünglichen Form hatte der Stuhl einen zusammenlegbaren Holzrahmen und einen übergehängten Ledersitz. Als das Gestell in ein gebogenes und verschweißtes Metallgestänge übertragen wurde, gingen alle Vorzüge,

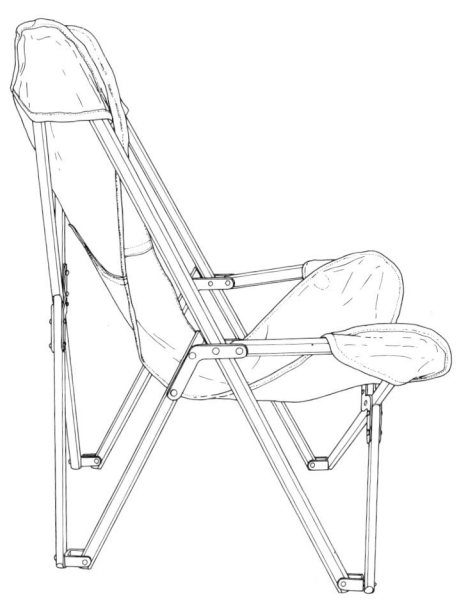

Joseph Beverly Fenby, *Tripolina-Stuhl,* 1877. Der Tripolina-Stuhl war die Grundlage für den unverdient populären Hardoy-Stuhl.

Antonio Bonet, Juan Kurchan, Jorge Ferrari Hardoy, *Hardoy-Stuhl,* 1938.

Gunnar Eklof, Stuhl für eine von Bengt Ackerblom entwickelte Sitzhaltung.

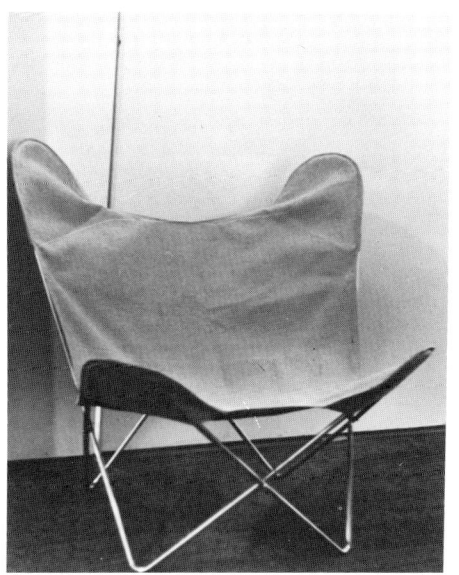

die der Stuhl als leichtes Klappmöbel besessen hatte, verloren, ohne daß es zum Ausgleich einen Zuwachs an Komfort gab. Aber natürlich war das segeltuchbespannte Metallmodell sehr viel billiger und sah auch danach aus. Der Mangel des Stuhls war also nicht, daß er vergleichsweise unbequem war, sondern sein billiges Material. Seine Beliebtheit jedoch beruhte auf anderen Momenten als Preis oder Bequemlichkeit. Vielleicht ist er nicht bequem, so könnte man einwenden, aber er *sieht* bequem *aus*.[17] Und der Grund für dieses bequeme Aussehen ist, daß er die »Modernität« einer gegliederten Konstruktion mit einer archetypischen Stuhlform verbindet. Das Gestell ist stabil, und die darüber gelegte schoßähnliche Leinwandbespannung wirkt irgendwie dehnbar und elastisch. Während also das Gerüst der Forderung nach jener Art von Klarheit genügt, die »Materialgerechtigkeit« assoziiert, befriedigt die Gesamtform des Stuhls ein emotionales Bedürfnis so vollkommen, daß man ihn oft selbst dann nicht ablehnt, wenn seine Unzulänglichkeiten offenkundig geworden sind.

Die Assoziation von Schoß und Stuhl ist weder willkürlich noch unerwartet. Jemand, der sitzt, verlangt von dem Stuhl, auf dem er sitzt, nicht nur angemessenen Halt und körperliche Bequemlichkeit, sondern auch ein Gefühl von Umschlossen- und Geschütztsein, außerdem die Sicherheit, daß er nicht auf etwas Gefährlichem sitzt. Nicht jeder Stuhl muß allen diesen Anforderungen genügen. Doch ein kurzer Blick auf die Geschichte der Stühle zeigt, wie beharrlich die Assoziationsmuster wiederkehren. So bedeutet die Assoziation des Stuhls mit Beharren, daß er mit dem beständigsten aller Elemente, der Erde, verbunden ist, mit Mutter Erde, der Quelle aller Autorität. Selbst in Kulturen, in denen das Sitzen ohne Zuhilfenahme eines Stuhles oder Sofas geschieht, wird man derartige Assoziationen mit zeremoniellem und rituellem Sitzen verbunden finden. In Japan wendet sich der Kaiser an seine Ahnen, indem er auf einem gewachsten Gipsblock Platz nimmt, der in den Holzboden eingelassen ist und die Erde darstellt.[18] Eine weitere Variation dieses Themas sind die leeren Marmorthrone in Indien, auf denen die epischen Helden Platz nehmen müssen, um die ihnen eigene Kraft zu erlangen.[19] Je weiter wir nach Westen gehen, um so zahlreicher werden die Beispiele. In den Sitz des britischen Krönungsthrons ist ein großer Stein eingelassen, und der Thron kann den Namen des Landes tragen, dessen Herrscher auf ihm sitzt. Der Herrscher nimmt von seiner Macht Besitz, wenn er den Thron besteigt, und so fort. Die Assoziation kann jedoch noch erweitert werden. Zeichen der bischöflichen Autorität ist die Kathedra, der Autorität des Professors sein Stuhl, ebenso verhält es sich beim Richter und anderen. Der Lehnstuhl des Familienhauptes bedeutet, in trivialisierter Form, nichts anderes.

Die Idee des Besitzergreifens, der Beherrschung dessen, worauf man sitzt, wird wiederum betont, wenn die untere Hälfte des Thrones auf geschnitzten Stützen in Gestalt tragender Sklaven ruht, wie dies oft in Kleinasien der Fall ist; in Afrika wird ähnliches häufig durch Ahnenfiguren oder Totemtiere dargestellt, die den Sitz des Herrschers tragen. Macht im Sinne des Niederhaltens andererseits wird in den clownesken und sogar obszönen Gestalten gezeigt, die die Misericordien in den mittelalterlichen Kathedralen und Abteien tragen.

Sitzen und Mutter Erde sind auf eine noch elementarere Weise miteinander verknüpft. Die Etrusker zum Beispiel haben die Asche oft in einer Urne beigesetzt, die auf ein Stuhlmodell gestellt wurde, oder in einer aus einem Stück gefertigten Urne, die eine auf einem Stuhl sitzende und ein Kind säugende Frau darstellt.

Diese Art der Darstellung zeigt eindeutig, daß die Toten symbolisch dem Schoß der Mutter Erde anvertraut werden, im Vertrauen auf ihre Macht, sie von neuem zu gebären. Geht man noch weiter in die Vorgeschichte zurück, dann findet man überall – von Peru bis Skandinavien – Völker, die ihre Toten in hockender Haltung, der Haltung des Kindes im Mutterleib, bestatten.

All diese und viele andere Vorstellungen sind mit einem so einfachen Gegenstand wie dem Stuhl verknüpft. Der Stuhl ist jedoch nur einer von vielen Bestandteilen unserer Umwelt, und jeder von ihnen trägt eine vergleichbare Last kollektiver Erinnerungen und Assoziationen.

Der Designer nun hat, ob er sich dessen bewußt ist oder nicht, die Verantwortung, Ordnung nicht nur im Sinne der wahrnehmbaren Anordnung physischer Funktionen zu schaffen, sondern nicht weniger aus den so gut wie lebendigen Dingen, die wir benutzen und bewohnen.

Setzt diese abstrakte Argumentation nicht zu hoch an? Verlangt sie nicht in einer Zeit, da es mancherorts zu einer moralischen Pflicht geworden ist, Kleider, Wagen, Häuser, sobald sie aus der Mode gekommen sind, durch neue zu ersetzen, eine zu primitive Einstellung zu den unbelebten Dingen? Werden wir nicht, so kann man fragen, aufhören, in dieser Weise auf unsere Umgebung zu projizieren, wo diese so unbeständig geworden ist?

Ich glaube nicht. Ob wir schließlich zu einer Ökonomie totaler Überproduktion kommen oder nicht, in jedem Falle werden bestimmte Realitäten uns noch eine unbestimmte Zeit lang begleiten. Ich will mich ganz ans Alltägliche halten: Ein Mann kommt von der Arbeit nach Hause; er soll in dem vollen Bewußtsein nach Hause kommen, daß er heimkommt. Wie soll sich dieses Bewußtsein in ihm verankern? Durch eine direkte Assoziation, werden einige sagen. Indem er lange genug in seinem Haus wohnt, seine Kinder dort aufgezogen hat und sich körperlich dort wohlfühlt. Wer meinen Überlegungen gefolgt ist, wird einwenden, daß dies alles nicht genügen wird: Ein Mann erwartet von seinem Haus das Gefühl, sich hier in gewissem Sinne im Mittelpunkt der Welt zu befinden; daß sein Haus zwischen ihm und der verwirrenden und bedrohlichen Welt draußen vermittelt; daß die Welt sich für ihn an einem bestimmten Ort konzentriert, an einem Ort, der ihm gehört, seine Zuflucht und seine Burg ist.

Jedes der Reihendoppelhäuser, die für die Trostlosigkeit der englischen Vorstädte verantwortlich sind, wird an irgendeiner Stelle ein kleines Stück burgartiger Verzierung zeigen, und die entsprechenden Häuser in Amerika werden durch irgendein Zeichen an eine Ranch der Pionierzeit erinnern. Kein Wunder, daß das anonyme Appartement keinerlei Anziehungskraft besitzt, so viele Vorzüge es auch haben mag. Oft genug bleiben alle wichtigen ökonomischen Erwägungen unberücksichtigt, weil für die Leute schließlich doch jenes kleine Stück Burgzinne oder das Gitterwerk am Giebel ausschlaggebend ist.

Natürlich rede ich nicht dem Anbringen von Ornamenten das Wort, auch nicht irgendeinem »symbolischen« Stil, der durch ein Zugeständnis hier und eine verspielte Zutat dort zusammengeschustert wird. Trete ich also dafür ein, die rationalen Arbeitsmethoden des Designers für die Erfahrung einer *participation mystique* an den Dingen, die er gestaltet, zu öffnen? Ja, der Richtung nach durchaus. Dies ist jedoch nur auf einer streng persönlichen Ebene möglich, und in diesem Aufsatz geht es, wie ich bereits hervorgehoben habe, um Prinzipien und Methode. Also kehre ich zu meiner Argumentation zurück.

Wenden wir uns also der Wahrnehmungsforschung zu. Physiologen und Neurologen haben zahlreiche Untersuchungen angestellt, um die Funktionsweise des Sehens und die Konfigurationen zu klären, in denen Wahrnehmungsvorgänge ablaufen. Einige dieser Forschungen sind bereits auf Designprobleme angewandt worden. Man braucht nur an die Schutz- und Kennzeichnungsbemalung der Maschinen in Industrieanlagen zu denken. Diese Art von Forschung hat bis vor kurzem eine ausschließlich mechanische Ausrichtung gehabt, bevor die Wissenschaftler endlich auch die Auswirkung des Gefühls auf die Wahrnehmung zu berücksichtigen begannen. Dies fing vor ein paar Jahren an, als durch einen Zufall die Vermutung aufkam, daß die Wahrnehmungsverzerrung in einer als Ames-Raum bezeichneten experimentellen Anordnung für Ehemann und Ehefrau nicht dieselbe war wie für Personen ohne Gefühlsbindungen. Dies ist seither in angstauslösenden Situationen, besonders bei der Beobachtung verstümmelter Personen und im Verhältnis von Matrosen zu ihren Vorgesetzten überprüft worden. Diese Forschungen stecken noch sehr in den Anfängen[20], und ihre Implikationen für Designer sind noch nicht abzusehen. Offenkundig ist dabei aber schon, daß die üblichen »mechanistischen« Wahrnehmungstests für sich genommen viel zu grobe Instrumente sind, um auf Situationen mit gesteigerten emotionalen Möglichkeiten anwendbar zu sein. Um dem gleich eine Wendung ins Komische zu geben, erinnere ich an die Äußerung von G. K. Chesterton angesichts der Lichter des New Yorker Times Square, daß er, wenn er nicht lesen könnte, glauben würde, im Paradies zu sein.

Genau das ist das Phänomen. Beim Anblick der Fülle glitzernder Reklame zwang Chesterton seine Einbildungskraft zu einem Purzelbaum: Er abstrahierte allen Inhalt von den Sinnesempfindungen und projizierte ein neues Bild auf sie. Auf niedrigerer Stufe ist jeder, der mit einer Menge zusammenhangloser Sinnesdaten konfrontiert wird, in Versuchung, sich ein Bild zu machen. Zeigt man einem unvoreingenommenen Betrachter ein schwaches abstraktes Gemälde, so wird er unmittelbar eine Fülle von Assoziationen freisetzen, wie er jedem Stück Musik ein Programm unterlegt. Wie steht es aber bei starken abstrakten Gemälden? Selbst die besten – man denke nur an Arp – stellen dem Künstler eine Fülle von Problemen, wenn die gegenständliche Deutung gänzlich vermieden werden soll. Nur der größte dieser Künstler, Mondrian, hat diese Tricks des Figürlichen gemeistert, indem er sie transzendierte und abstrakte Muster mit einem so starken Inhalt auflud, daß die Suche nach abstrahierten Ähnlichkeiten wie einem holländischen Tulpenfeld oder dem Straßenplan von Manhattan völlig irrelevant bleibt. Ich denke insbesondere an die letzten Bilder, wie *Victory* und *Broadway Boogie-Woogie*, die ich bewegender finde als selbst die besten Bilder seiner reifen Zeit. Nur Mondrian war imstande, die formalen Experimente des Neo-Plastizismus an dem Punkt ihrer größten Verfeinerung derart zu elektrisieren, daß sie die Erlösung und den Überschwang der ersten Tage der Nachkriegszeit darstellen. Diese

Bilder haben die Abstraktion hinter sich gelassen, es sind Bilder, die aus autonomen und künstlichen Elementen aufgebaut sind. In diesen Bildern ist Figuration nicht Ähnlichkeit, sondern Analogie. Mondrian ist der Schlüssel. Alle Fäden, mit denen ich gespielt habe, Psychologie und Anthropologie, Wahrnehmungsforschung und Ergonomik, kommen hier zusammen und nehmen endlich Form an. Was diese Form sein wird, kann nur im Laufe der Zeit erarbeitet werden. Ich glaube jedoch, daß wir das Ende einer ungegenständlichen Architektur erleben und nun auf die unzusammenhängenden Dinge hinblicken müssen, die von Psychologen und Anthropologen zusammengetragen worden sind. Nicht nur Mythos und Poesie, auch die Phantasien der Psychopathen harren unserer Erforschung. Alle Elemente unserer Arbeit: Pflasterung, Schwelle, Tür, Fenster, Wand, Dach, Haus, Fabrik, Schule – sie alle haben ihre Poesie, und es ist Poesie, die wir aus den Plänen unserer Auftraggeber zu gewinnen lernen müssen: sie nicht durch billige melodramatische Elemente zu suggerieren, sondern sie aus den alltäglichen Elementen, die wir zusammensetzen, zu buchstabieren.

Es wäre unverzeihliche Stümperei und Dilettantismus, wenn man etwas so Wichtiges der Intuition überließe – so als würde man das Funktionieren eines Plans dem Zufall überlassen. Der Intuition muß man folgen, wo die Methode versagt, natürlich – aber die Zeit fordert, und fordert zu Recht, daß wir das unbewußte Element im Menschen in unseren Arbeitsmethoden anerkennen und es zu einem Kriterium der Brauchbarkeit unseres Bauens machen. Sollte irgend jemand einwenden, daß eine solche Einstellung nicht praktikabel sei, so würde ich auf die amerikanische Werbung als eine hochentwickelte und immer noch wachsende Industrie hinweisen. Ein immer größerer Teil der riesigen Summe – groß genug, um die meisten europäischen Länder zu sanieren –, die jährlich dafür aufgewendet wird, um die Amerikaner zu überreden, daß sie mehr ausgeben, als sie brauchen, fließt in die Motivationsforschung und ihre Ableger. Das bedeutet, daß sie dafür eingesetzt wird, um die Ergebnisse der Psychologen für Verkaufsmethoden einzuspannen; realistisch ausgedrückt bedeutet dies eine bewußte Verstärkung neurotischer Tendenzen – Angst und Unterlegenheitsgefühl, Einsamkeitsängste, Autoerotik, Verdrängung, Infantilismus und dergleichen –, so daß sie durch irgendein gänzlich überflüssiges Produkt, das die Werbung anbietet, gestillt und abgewendet werden. Luxus – das Überflüssige und Unnötige –, wie es bei uns der Fall ist, zu einem moralischen Wert erhoben, wird durch Abnutzung unerträglich langweilig.

Damit gebe ich kein politisches Urteil ab. In Europa ist die Motivationsforschung nicht so weit entwickelt wie in Amerika, und ich bin sicher, daß der psychologische Druck in kommunistischen Ländern nicht weniger stark, vielleicht sogar noch hinterhältiger ist. Die amerikanische Werbung ist jedoch ein gutes Beispiel, da die Methoden der »Symbol-Manipulatoren«, wie die amerikanischen Werbefachleute sich selbst nennen, nahezu das genaue Gegenteil dessen sind, was mir als die Aufgabe des Architekten erscheint: jedes Gebäude zu einer integrierenden, versöhnenden und reinigenden Form zu machen.

Eine semantische Untersuchung unserer Umwelt erlaubt uns, die Mittel zu entdecken, durch die wir uns in unseren Gebäuden aussprechen können. Dies ist der einzige Weg, um wieder das Gehör der einfachen Leute zu finden.

Die Menschen sind sich nur undeutlich der in ihnen wirksamen Kräfte bewußt, Kräfte, die sich aus Erinnerung und Assoziation speisen. Sie haben aber ein richtiges Gespür dafür, daß diese Kräfte ihre immer notwendige Besänftigung und Reinigung nur durch solche Gegenstände erfahren können, die etwas »bekennen« und auf etwas verweisen, dem sie im Augenblick der Wahrnehmung selbst antworten. Wenn Gedächtnis und Assoziation von den Architekten visuell ausgehungert werden, dann kann dies zu einem Unbehagen und zur Ablehnung der Umwelt führen, die sie geschaffen haben. Überlieferung und die Sedimente individueller Erfahrung, Gedächtnis und Assoziation machen die Wahrnehmung zu einem unumgänglichen Akt der gesamten Person: »Es gäbe keine Gegenwart – und das bedeutet, daß es keine greifbare Welt in all ihrer Üppigkeit und ihrem unerschöpflichen Reichtum gäbe, wenn die Wahrnehmung nicht, wie Hegel sagt, in ihrer gegenwärtigen Tiefe eine Vergangenheit enthalten würde...«[21] Jeder Augenblick der Wahrnehmung enthält eine umfassende persönliche und kollektive Vergangenheit, und in jedem Augenblick der Wahrnehmung wird diese Vergangenheit neu geordnet und neu bewertet.

Die Moderne Bewegung in der italienischen Architektur

Dies ist eine – für den Listener *vom 21. Juni 1956 – überarbeitete Fassung einer Rundfunksendung, die durch die Veröffentlichung von Carlo Paganis* Architettura Italiana d'Oggi *(Mailand 1955) veranlaßt wurde. Es ist der früheste Aufsatz, den ich in diese Sammlung aufgenommen habe, und er bietet den kuriosen Reiz, daß er zu einem Zeitpunkt geschrieben wurde, als La Martella, das heute zum Teil entvölkert ist, noch kaum bewohnt war. Heute würde ich weniger streng über Pietro Cascellas Ausschmückung der Kirche urteilen. Auf der anderen Seite hat sich Giancarlo de Carlos Ansatz, wie ich meine, nicht wesentlich gewandelt, und er würde wahrscheinlich auch heute noch zu dem stehen, was er damals gesagt hat, ebenso wie ich zu meiner Position. Obwohl mehr als zwei Jahrzehnte seit der Veröffentlichung dieses Aufsatzes vergangen sind und die Perspektiven sich zwangsläufig verschoben haben, hat diese Stellungnahme eines Außenseiters zur italienischen Architektur zehn Jahre nach dem Krieg neben ihrer Kuriosität auch noch Seltenheitswert.*

Die moderne italienische Architektur hat in der jüngsten Zeit viel öffentliche Aufmerksamkeit gefunden. Sie wirkt frisch und lebendig auf uns, und oft ist man der Ansicht, sie sei plötzlich nach dem Krieg aufgeblüht. Denkt man genauer darüber nach, dann merkt man, wie unwahrscheinlich es in Wirklichkeit ist, daß die italienischen Architekten, so begabt sie auch sein mögen, in fünf Jahren fast ein halbes Jahrhundert europäischer Entwicklung aufgeholt haben sollten. Carlo Paganis Buch *Italienische Architektur heute* könnte dieses Mißverständnis noch fördern, denn die etwa hundert Bauten, die es im einzelnen vorstellt, sind alle nach dem Krieg entstanden. Pagani hat jedoch noch eine summarische, aber illustrierte Einleitung hinzugefügt, in der er einen kurzen Überblick über die Geschichte der Modernen Bewegung in Italien gibt. Ich möchte von zwei Bauten sprechen, die Pagani in dieser Einleitung vorführt und die meiner Ansicht nach den Gegensatz verdeutlichen zwischen dem, was vor und nach dem Krieg in der italienischen Architektur geschehen ist. Das eine ist die Casa del Fascio in Como, nördlich von Mailand, entworfen von Giuseppe Terragni und vollendet im Jahre 1936. Das zweite Beispiel ist ein kleines, im vergangenen Jahr fertiggestelltes Dorf, La Martella bei Matera in Süditalien, das von einer Gruppe von Architekten geplant wurde, von denen der bekannteste Ludovico Quaroni ist.

Die Casa del Fascio war Hauptquartier und Sammelpunkt der örtlichen faschistischen Partei und ihrer Hilfsorganisationen. Sie hat auf allen vier Seiten einen langgestreckten

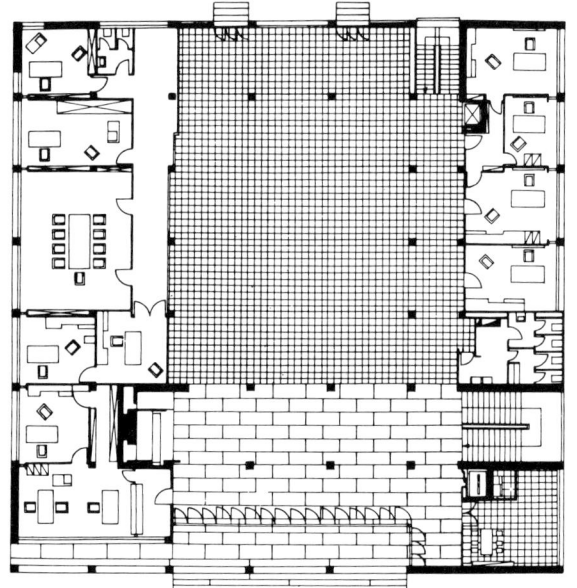

Giuseppe Terragni,
Casa del Fascio, Como
1932, Hauptfassade
mit einer darauf ange-
brachten (aber nicht
ausgeführten) Photo-
montage von M. Niz-
zoli und Grundriß des
Erdgeschosses.

Luigi Agati, Frederico
Gorio, Piero Lugli,
Ludovico Quaroni
und Michele Valori,
Das Dorf La Martella
bei Matera, 1952–53.

rechtwinkligen Aufriß, jeweils ein doppeltes Quadrat, das in vier Stockwerke und sieben vertikale Flächen aufgeteilt ist. Der Grundriß ist, wie man schon erraten haben wird, ein Quadrat, so daß das Volumen des Gebäudes dem von vier einander berührenden Zuckerwürfeln ähnelt. Alle Kanten sind scharf umrissen und nicht durchbrochen, doch innerhalb des scheinbar sehr starren Rahmens treiben die Wände ein gefährlich täuschendes Spiel, besonders auffallend dort, wo die Öffnungen in den schweren Betonrahmen ein kompliziertes Muster von massiven und hohlen Formen einschneiden. Die Wiederholung dieser Formen schafft einen synkopierten und verwirrenden Rhythmus, der zu der anscheinenden Stabilität der Grundgestalt des Gebäudes im Gegensatz steht.

Der verwirrende Effekt war nur zum Teil gewollt, denn Terragnis Hauptabsicht war es, mit seinen eigenen Worten, »den Komplex disparater Elemente in eine einheitliche Struktur einzufassen und sie durch die Gesetze von Harmonie und Proportion zu versöhnen. Dementsprechend wird auf politischer Ebene eine architektonische Ordnung herrschen, die mit der durch den Faschismus für das korporative Italien geschaffenen Ordnung zusammenfällt.«

In Wirklichkeit war dies eine gewagte Interpretation einer Ideologie und bezeugte ein Gefühl des unvermeidlichen Konflikts zwischen den Elementen, das für den schematischen Charakter von Grundriß und Aufbau verantwortlich war. Der brutal schematische Charakter ist sichtbarer Ausdruck der leidenschaftlichen Natur von Terragnis Appell an die Rationalität. »Rationalismus« war die Devise, die er und seine sechs Mitstreiter an die Stelle des Wortes »modern« setzten, das ihrer Ansicht nach von ihren unmittelbaren Vorgängern mißbraucht worden war. Im Jahre 1926, als diese kleine Gruppe von jungen Männern, die in diesem Jahr gerade Examen gemacht hatten, ihr erstes Manifest in der Monatszeitschrift *Rassegna d'Italia* veröffentlichte, war das faschistische Regime fest an der Macht.

Das Jahrzehnt nach dem Ersten Weltkrieg war von einem Opportunismus bestimmt, der sich in einem behaglichen Neoklassizismus verkörperte. Das erste Zeichen einer anderen Einstellung war ein vorsichtiges, aber entschiedenes Manifest der sieben jungen Architekten, von denen noch keiner etwas gebaut hatte. Es erwies sich als der Auftakt einer langen Kampagne. Sie beanspruchten nicht, einen neuen Stil zu schaffen, sondern glaubten, daß sich, wenn ein Gebäude seine Funktionen so genau wie möglich erfülle, ein Stil einfach auf dem Wege der Auslese ergebe, und sie sprechen außerdem von der Notwendigkeit der Standardisierung und vom Glauben an formale Enthaltsamkeit und Anonymität. Derartige Überlegungen konnten den Architekten, die in den Nachkriegsjahren Macht gewonnen hatten, keinesfalls zusagen, und tatsächlich ist nur ein Gebäude aus dieser Periode in die erste Ausstellung rationalistischer Architektur aufgenommen worden, die 1928 in Rom veranstaltet wurde.

Die Fiat-Fabrik ist nicht nur als das erste italienische Bauwerk zu verzeichnen, das vom Ausland als zur Modernen Bewegung gehörig anerkannt wurde, sondern sie fand auch deshalb Beachtung, weil sie auf eindeutig praktischer Ebene eine greifbare Rechtfertigung verschiedener revolutionärer Ideen war, die von den rationalistischen Architekten vertreten wurden. In diesem Bauwerk wurden diese Ideen in einem Maßstab verwirklicht, an den jene

Giacomo Matte Trucco, *Fiat-Fabrik* Lingotto, Turin 1926–28, Innenhof mit Rampe und Teststrecke auf dem Dach.

Architekten – und sogar ihre Meister außerhalb Italiens – nur bei theoretischen Projekten denken konnten. Tatsächlich stammte der Entwurf der Fabrik auch von einem Ingenieur.

Noch immer hat die Autoteststrecke auf dem Dach des riesigen Bauwerks etwas Atemberaubendes. Eine Erfindung dieser Art deutet auf eine leidenschaftliche Neugierde gegenüber der Maschine und zeigt, daß sie von Gefühl und Phantasie akzeptiert wird, wie es die Futuristen, wenn auch mit einem falschen Heroismus, forderten. In Wirklichkeit befreundete man sich mit der Maschine der Leichtindustrie, mit Schreibmaschinen, Motorrollern und Autokarosserien. Für die rationalistischen Architekten war dies ein Glücksfall, denn dadurch hatten sie eine große Zahl von teilmechanisierten, halb handwerklichen Werkstätten zur Verfügung, auf die sie zurückgreifen konnten. Der handwerkliche Standard, die Qualität der Ausführung blieben hoch, auch wenn sie jetzt zurückzugehen begannen, und industrielle Fertigungsmethoden ließen sich auf die Produktion kleiner Stückzahlen anwenden: standardisierte Fensterrahmen zum Beispiel oder Wandverkleidungen. Wenn solche Elemente nach minderwertigen Entwürfen gefertigt werden, kann sich das für ein ansonsten ausgezeichnetes Bauwerk tödlich auswirken, mag aber aus Gründen der Sparsamkeit unumgänglich sein.

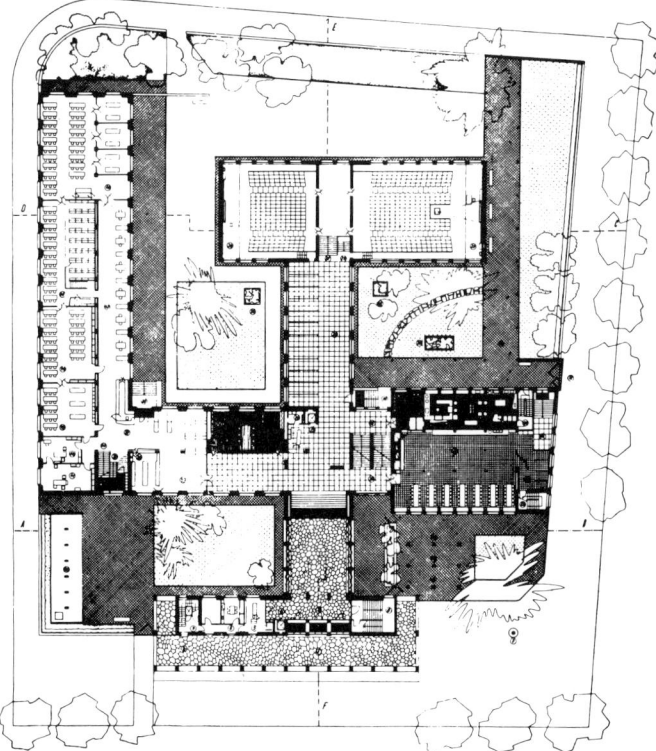

Giuseppe Pagano,
Università Bocconi,
Mailand, 1936–42,
Außenansicht und
Grundriß.

Ein italienischer Architekt kann es sich also leisten, die Ausstattung und das Mobiliar für ein einzelnes Gebäude zu gestalten, während beispielsweise in England ein größeres Architektenbüro mit einem beachtlichen Bauvolumen nötig ist, um einen Fabrikanten dazu zu bringen, daß er spezielle Waschbecken oder Türgriffe produziert. Die Casa del Fascio ist ein Beispiel dafür, in welchem Maße man mit maschinell gefertigten Produkten den traditionellen hohen Ansprüchen genügen konnte. Terragni lag daran, das ganze Gebäude so weit wie möglich maschinell fertigen zu lassen, und trotz der sorglosen Behandlung, die das Gebäude in den letzten zehn Jahren erfahren hat, ist es noch weitgehend in einem guten Zustand. Weniger deutlich ist heute Terragnis anspruchsvolle Haltung in der Frage der Dekoration. Diese beschränkte sich auf Photographie und Schrift sowie auf abstrakte Kompositionen, die diese extrem individualisierten Elemente in die Architektur einbinden sollten. Aus dieser strengen Konzeption resultieren die poetischen Qualitäten des Gebäudes. Terragni hat das einzige erwähnenswerte Baudenkmal des Faschismus geschaffen, ein Gebäude, das einen gewissen Rang bewahrt hat. Der Faschismus freilich, für den es gebaut wurde, war eine Chimäre, eine linke Bewegung, irredentistisch, streng, kompromißlos gegenüber dem Bürgertum, so wie viele Intellektuelle, die zum Faschismus verführt wurden, glauben wollten. »Selbst die, die sich der Partei nicht anschlossen«, schreibt der Architekt und Kritiker Ernesto Rogers 1946, »leisteten ihren Beitrag: Ausstellungen, Bauten, Zeitschriften.« »Die Besten von uns«, fügt er hinzu, »verstrickten sich am tiefsten in den Irrtum: Terragni und Pagano, der erste ein geborener Künstler, der zweite ein hochgebildeter Intellektueller mit einem feinen kritischen Gespür ...«

Giuseppe Pagano, selbst ein guter Architekt, kritisierte die Casa del Fascio vom Standpunkt der Modernen Bewegung Italiens. Sein anfänglich positives Urteil wird folgendermaßen eingeschränkt: »Die Freiheit der Inspiration war von Anfang an durch eine sehr naheliegende Lösung des Grundrißproblems behindert, das seinerseits in dem Wunsch verborgen lag, ein eigenständiges Werk zu schaffen ... Wenn wir diese Tendenz zu einer Rhetorik ruheloser Formen akzeptieren, müssen wir uns auf eine Ära vorbereiten, in der die Funktion zum Vorwand für Spielereien wird, ohne daß wir je zur vollständigen Kenntnis der formalen und moralischen Reinheit der neuen Architektur gelangen.«

Ich möchte die Aufmerksamkeit auf die unerwartete Verknüpfung der Begriffe »moralisch« und »formal« lenken, die für die zahlreichen und ausgedehnten Polemiken im damaligen Italien entscheidend sind. »Der Architekt erfüllt seine ›soziale‹ Funktion«, so hatte ein anderer brillanter Kritiker, Eduardo Persico, formuliert, »wenn er sich den Regeln seiner Kunst, ihrer Allgemeingültigkeit, unterwirft.«

Wir sind es nicht gewohnt, in dieser Weise über die soziale Funktion des Künstlers nachzudenken. Strenge der Form, so schien es diesen Kritikern und Architekten, würde, fast durch Einfühlung, eine Strenge der Lebenshaltung nach sich ziehen, wie sie sie als ethische Qualität anstrebten. Ihre formalen Präokkupationen wurden noch verstärkt durch die Zurückhaltung der offiziellen Stellen. In einer bestimmten Phase – zwischen der Eröffnung der zweiten Ausstellung rationalistischer Architektur durch Mussolini 1931 und dem Bau des Florentiner Bahnhofs 1934 – schien die faschistische Partei die moderne

Eduardo Persico (mit G. C. Palanti und M. Nizzoli), *Eingangshalle*, VI. Triennale, Mailand 1936. Der »offiziellste« Auftrag Paganis, mit dem er dem Novecento-Klassizismus am nächsten kam.

Richtung zu befürworten, doch der Großteil offizieller Förderung kam den opportunistischen Architekten zugute, die die post-futuristische Reaktion fortsetzten. Es gab freilich einen Bereich der Gestaltung, für den diese Leute wenig Talent mitbrachten oder der sie wenig interessierte: Ausstellungen. So kam es, daß die Entwicklung der modernen Architektur in Italien eng mit Ausstellungen verknüpft wurde, vor allem mit der Triennale in Mailand. Zunächst waren die Effekte rein rhetorisch, doch wenn man die späteren Ausstellungen näher ansieht – die italienische Luftfahrtschau von 1934 oder die Triennale von 1936 zum Beispiel –, dann erkennt man, wie karg und streng ihr Aufbau wurde und wie

Eduardo Persico (mit M. Nizzoli), *Parker-Ge-schäft*, Mailand 1951. Die Leuchtschrift, die integraler Bestandteil des Entwurfs war, wurde nach dem Krieg verändert. Das Geschäft ist, ebenso wie das andere von Persico gestaltete Parker-Geschäft in Mailand, inzwischen zerstört worden.

der Betrachter nur durch eine einzige formale Idee oder eine lyrische Ausbreitung von bloßen Dokumenten, in erster Linie Photos und Texten, angesprochen wurde.

Unmittelbar vor der Eröffnung der Triennale von 1936, für die er eine ungewöhnlich luzide und bescheidene Eingangshalle entworfen hatte, starb der bereits erwähnte Eduardo Persico im Alter von fünfunddreißig Jahren. Obwohl er an einem Herzversagen starb, wird er als der erste Märtyrer seiner Generation von Architekten betrachtet, da seine Krankheit weitgehend auf Mißhandlungen während seiner politischen Gefangenschaft zurückzuführen war. Zusammen mit Pagano, dessen Verurteilung der Casa del Fascio ich zitiert habe, hatte er *Casabella*, die anspruchsvollste Architekturzeitschrift der Welt, herausgegeben. Der erklärte Antifaschist Persico war so besessen von der Architektur, daß er mit dem Schwarzhemd Pagano zusammenzuarbeiten vermochte. Die Architektur, der sie beide sich unabhängig von ihrer politischen Zugehörigkeit verpflichtet fühlten und für die sie, manchmal unter großen persönlichen Risiken, eintraten, war ein Ausdruck sozialer und ethischer Überzeugungen, die ihnen gemeinsam waren, obwohl sie beide verschiedene politische Folgerungen daraus zogen. Nach Persico, dem eindringlichsten Theoretiker und Kritiker, verlor die Architektenzunft Pagano in einem deutschen Konzentrationslager, und Terragni, der brillanteste seiner Generation, brach an der russischen Front zusammen, wurde in die Heimat zurückgebracht und starb, nachdem er ebenfalls öffentlich seinen früheren politischen Verbindungen abgeschworen hatte. Bei der Befreiung gab es die drei führenden Köpfe der Bewegung nicht mehr.

Diese und verschiedene andere Opfer, die die italienische Avantgarde im Widerstand und in den Konzentrationslagern gebracht hat, haben die Ehre des Rationalismus wiederhergestellt und den Architekten der italienischen Avantgarde, besonders im Norden, wo die Opfer am schwersten waren, ein neues Gefühl der Solidarität vermittelt. Trotzdem kam unmittelbar nach dem Krieg, mit der Flut neuer Polemiken, Zeitschriften und Pläne, rasch zum Bewußtsein, daß viele Ideen ihre Gültigkeit verloren hatten und daß Rationalismus nicht genügte. Diese ganze Periode besaß jedoch keine starke gedankliche Orientierung. Der Wiederaufbau war das dringlichste Problem, und die Regierung operierte langsam. Im großen Maßstab wurde deshalb zunächst im Norden gebaut, und da der Anstoß dazu von Privatunternehmen ausging, begann man mit Luxusbauten.

Paganis Buch gibt ein ausgewogenes Bild davon; etwa zwei Drittel der ausführlich besprochenen Bauten sind vor 1950 gebaut worden. Um 1950 begann auch die konzentrierte Wohnungsbaubewegung. Trotzdem zeigt selbst die kurze Periode, die in dem Buch behandelt wird, außergewöhnlich starke Gemeinsamkeiten. Die berühmteren Bauten, wie der neue Bahnhof in Rom, besitzen eine Geschlossenheit in der formalen Behandlung und eine Enthaltsamkeit gegenüber Details, die sich weitgehend dem rationalistischen Ansatz und der Konsequenz der Architekturkritik verdanken. Überall jedoch wird eine wachsende Neigung bemerkbar, sich von der strengen Geometrie zu entfernen, und nicht zu übersehen ist das stärker werdende Bedürfnis, mit komplexeren, schiefen oder geschwungenen Formen zu experimentieren.

Dieses stilistische Merkmal hängt wiederum mit Ideen zusammen, die gegenwärtig in Italien weit verbreitet sind und mit dem Wort »organisch« zu tun haben. Zuerst wurde dieses Wort von einigen römischen Architekten in die Diskussion geworfen, um Mailand die Führungsrolle streitig zu machen, und bald trat das Wort »organisch« bei Architekten als Ausdruck der Billigung die Nachfolge von »rational« an. Anfänglich wurde es als Stilcharakterisierung verwendet, doch die Ideen, die das Wort hervorrief, und vor allem das Interesse an der psychologischen Funktion der Architektur hatten einen sehr starken Einfluß auf zahlreiche Projekte, die mit den Reformversuchen im Süden des Landes zusammenhingen. Man muß dies hier erwähnen, auch wenn von den bisher realisierten Entwürfen nur einer wirklich bedeutend ist: das Dorf La Martella. Es handelt sich um eine Neuansiedlung der Bewohner der Sassi, jener berüchtigten Höhlen, in denen viele von den bäuerlichen Bewohnern der nahegelegenen Stadt Matera gelebt hatten. Die Architekten stellten sich hier nicht nur die übliche Aufgabe, Wohnungen für die Unterprivilegierten zu schaffen, denn diese Menschen hatten eine Lebensweise von besonderer Würde entwickelt, eine kohärente Form, die auch das Elend der Ärmsten adelte.

Das Resultat der Planung war eine Gruppierung von halb freistehenden Bauernhäusern, die durch Nebengebäude voneinander abgetrennt sind. In kurzen Terrassen entwickeln sie sich vom Dorfkern aus, bestehend aus einer Kirche mit einem Kirchturm in der Mitte, einem Postamt, Läden, Arztpraxis und Apotheke, Schule und Gemeindebackofen und am einen Ende des Zentrums einem offenen Vergnügungsplatz. Alles mit geweißten Wänden, schwach geneigten Ziegeldächern und kleinen Fenstern mit Fensterläden. Kein Versuch mit formalen Feinheiten wurde unternommen, sondern man verzichtete bewußt auf jede formale Intention: »Betrachtet man das Dorf unter rein formalen Gesichtspunkten«, schreibt einer der Architekten, »wird man fraglos enttäuscht sein und das Entscheidende verfehlen.« Das Entscheidende mag auf einen Besucher etwa aus England sehr angestrengt wirken: Es läuft darauf hinaus, der Planung eine soziale Erhebung vorausgehen zu lassen –

Giancarlo de Carlo, Wohnhaus mit Zugang von den Balkons, Sesto San Giovanni 1952, und Wohnhaus für kleine Einkommen, Quartiere Comasina, Mailand 1953–55.

eine vertraute Forderung. Der Akzent ist hier jedoch ein anderer, denn unsere Planer haben es nicht mit einer vergleichbar hartnäckig atavistischen, alten und würdigen Lebensform zu tun.

Nicht nur der Bauer im Süden hat in Italien diesen besonderen Respekt gefunden. Einer der interessantesten jüngeren Mailänder Architekten, Giancarlo de Carlo, ist nach Errichtung eines nach sorgfältig durchdachter Planung geschaffenen Wohnblocks in Sesto San Giovanni, der Industrievorstadt Mailands, an einem Sonntag dorthin zurückgekehrt und hat

Kirche von La Martella, Innenraum mit der Ausstattung von Pietro Cascella.

den ganzen Tag im Café gegenüber verbracht und beobachtet, in welcher Weise die Leute von den Annehmlichkeiten Gebrauch machten, die er ihnen zur Verfügung gestellt hatte: »Ich bekam die ganze Heftigkeit zu spüren, mit der sie auf das Haus losgingen, um es zu ihrem Heim zu machen. Die nach Süden gelegenen abgeschlossenen Balkone waren voll Wäsche, die dort zum Trocknen hing, und die Bewohner hielten sich alle auf den nach Norden gelegenen Eingangsgalerien auf. Sie hatten Stühle und Tische nach draußen gestellt, um zu gucken und an dem Schauspiel teilzunehmen, das sie einander boten und das sich auf der Straße abspielte. Daß die Galerien so schmal waren, reizte die Kinder, die darauf Wettrennen mit ihren Fahrrädern fuhren... Da verstand ich, wie falsch mein Ansatz gewesen war, trotz seiner anscheinend rationalen Grundlage. Orientierung ist wichtig, und ebenso ein Blick in die Landschaft und Licht und Privatheit; am wichtigsten aber ist, daß man sich gegenseitig sehen, zusammensein kann. Kommunikation ist das Wichtigste.«

Während die Rationalisten ihren Asketismus als förmliche Predigt verstanden, gingen diese jüngeren Architekten beinahe als Psychologen an ihre Aufgabe heran und beschränkten die formalen Intentionen auf ein Minimum, um ganz – physisch, moralisch und psychologisch – auf die Bewohner eingehen zu können. Architektur ist jedoch eine Kunst, und wer sie ausübt, ist verpflichtet, sich der Mittel einer formalen Sprache zu bedienen. Deshalb muß die Weigerung der Architekten von La Martella, sich mit den Formproblemen auseinanderzusetzen, denen sie sich gegenüber sahen, eindeutig als ein Ausweichen vor ihrer Verantwortung verurteilt werden. Um noch einmal Persico zu zitieren: »Der Architekt

erfüllt seine ›soziale‹ Funktion, wenn er sich den Regeln seiner Kunst, ihrer Allgemeingül-
tigkeit, unterwirft.« Die Einstellung der Planer von La Martella und von jüngeren
Architekten wie de Carlo ist jedoch noch neu und wird auf viele ungelöste Probleme stoßen.
Die Ausschmückung der Kirche von La Martella ist ein Beispiel dafür: volkstümelnde
Holzschnitzereien und kunstvoll zu Mustern gelegte Ziegel vermitteln einen Eindruck von
Verspieltheit, von Falschheit, was darauf hinweist, daß irgend etwas schiefgelaufen ist, vor
allem, wenn man zurückdenkt an die Strenge und Ausstrahlung des Dekors der Casa del
Fascio von Terragni. Trotzdem, man ist dabei, die Errungenschaften des Rationalismus in
den Boden Italiens einzupflügen. Was das Ergebnis dieses Prozesses sein wird, vermag ich
jetzt noch nicht zu erraten.

Die Sitzhaltung – ein Methodenproblem

Für Heft 86 der italienischen Zeitschrift Edilizia Moderna, *das sich speziell mit dem Verhältnis von Geschichtsforschung und Designunterricht beschäftigte, entschloß ich mich, das ursprünglich für meine Ulmer Vorlesung von 1958 gesammelte und in einem Abschnitt von »Bauen und Bedeutung« (dem ersten Aufsatz dieser Sammlung) zehn Jahre zuvor zusammengefaßte Material wieder vorzulegen. Ich meinte, daß ein Vergleich des Materials aus verschiedenen Epochen und Kulturen mir erlauben würde, die relative Bedeutung des menschlichen Komforts und von Methoden der Produktion und des kulturellen Zusammenlebens als sowohl bewußten wie unbewußten Maßstäben des Gestaltungsvorganges genau zu beleuchten. Das letzte Moment schien mir von vielen Lehrern und Theoretikern konsequent und sogar absichtlich unterschlagen worden zu sein. Deshalb lag mir daran, zu zeigen, wie seine bestimmende Macht durch diese Vernachlässigung in gewisser Weise verstärkt wurde.*

Die erste Handlung jedes Menschen besteht darin, aufzustehen. Wenn das Kind im Mutterleib seine Beine ausstreckt, beginnt für es die schockierende Erfahrung der Geburt. Im Mutterleib verbringen wir alle den Beginn unseres Daseins in einer sitzenden oder zusammengekauerten Haltung. Jedesmal, wenn wir aufstehen, wiederholen wir deshalb – mehr oder weniger bewußt, in mehr oder weniger bedeutungsvoller Weise – jene anfängliche Schockerfahrung, und jedesmal, wenn wir uns setzen, lassen wir uns in sie zurückfallen.

Auf dem ganzen Erdball wird die Handlung des Sich-Setzens und Aufstehens heute mit Hilfe so alltäglicher Gegenstände wie Stühlen, Sofas und Hockern vollzogen. Viel Aufmerksamkeit wird ihrer genauen Gestalt gewidmet, da die Benutzer – wenigstens denken sie das – von solchen Gegenständen Komfort erwarten und weil Komfort das Ziel jedes Designers solcher Objekte ist. Komfort aber ist ein vielschichtiges Phänomen, von Person zu Person und von Gesellschaft zu Gesellschaft verschieden. Für den Einzelnen bedeutet Komfort im Laufe seines Lebens jeweils etwas anderes und erfährt vor allem, was noch viel wichtiger ist, sehr einschneidende Änderungen, die von unserer körperlichen Konstitution unabhängig sind, aber unmittelbar mit den sich wandelnden Konventionen zusammenhängen. Die Abhängigkeit des Komforts von sozialer Konvention ist einer der Faktoren, die den Ergonomen bei seinem Versuch, den Komfort zu definieren und die Bedingungen anzugeben, unter denen er erlangt werden kann, unsicher machen. Zwei Autoren haben in jüngster

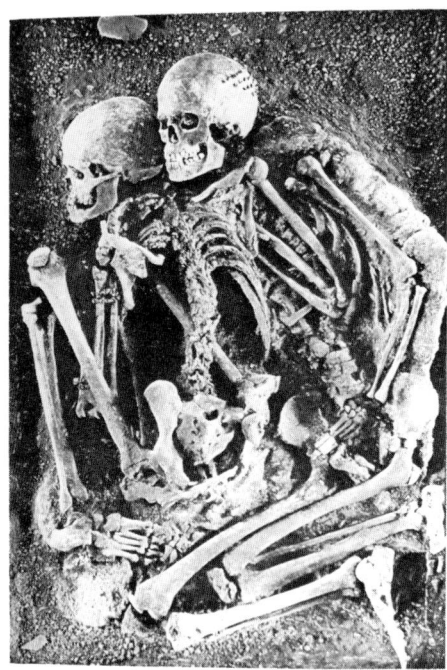

F. Leducq, vor Erschöpfung weinend, während der Tour de France von 1930.

Grimaldi, bei Menton, Grotte des Enfants. Zwei negroide Skelette aus der Aurignac-Periode in Fötalposition.

Zeit versucht, die statischen Resultate der Anthropometrie zu einer treffenderen Beschreibung des komfortablen Sitzens zu verfeinern, indem sie vorschlugen, Komfort als die größtmögliche Entspannung der größten Anzahl von Muskeln aufzufassen.[1] Schon die flüchtigste Betrachtung der als bequem beschriebenen Positionen macht jedoch deutlich, daß die Situation von den verwendeten Messungen und Materialien zur Erreichung des Komforts relativ unabhängig ist. So ist es beispielsweise beim Yoga das Ziel der verschiedenen Meditationshaltungen, eine größtmögliche Entspannung der Muskeln des Yogi zu erreichen, so daß er seinen Körper nicht mehr spürt. Gewöhnlich wird dies ohne alle mechanischen Hilfsmittel oder Stützen erreicht, vielmehr durch innere Körperbalance und Atemtechnik.

Natürlich ist das Erreichen dieser Art von Komfort auf eine kleine Minderheit beschränkt – und auf relativ kurze Zeiträume. Die meisten Menschen werden diesen Komfort in verschiedenen Haltungen finden, die vom Sitzen auf dem Boden mit ausgestreckten Beinen und ohne Rückenstütze (eine Haltung, die in Asien und Polynesien verbreitet ist und vor allem von Frauen eingenommen wird) bis zum aufrechten Stehen auf einem Bein und dagegen gestemmtem anderen Bein reichen (eine Haltung, die von bestimmten Stämmen Zentralafrikas zum Ausruhen bevorzugt wird). Die Fortführung der komplizierten anthropometrischen Forschung und die Publikation ihrer Daten, so als seien sie von vitaler

Bedeutung, ist ein Hinweis darauf, daß sich die Aufmerksamkeit des Beobachters für die komplizierten mechanischen Vorgänge, die bei der Sitzhaltung eine Rolle spielen, geschärft hat, aber auch für das Unvermögen, die Bedeutung des Komforts angemessen zu erfassen, denn er hängt mit der Gesamtpersönlichkeit zusammen und hat nicht so sehr mit den Schwierigkeiten der Gewinnung befriedigender Meßergebnisse zu tun. Anthropometrie ist durchaus keine neue Technik. In roher Form beschäftigte sie bereits die Ägypter im Zusammenhang mit dem Proportionskanon, und Berichte über antike Künstler, die die vollkommene Schönheit der menschlichen Gestalt dadurch erlangten, daß sie die Maße von verschiedenen Individuen, die wegen ihrer Schönheit bewundert wurden, miteinander verbanden, zeigten schon die Schwierigkeiten, denen sich der anthropometrische Ergonom gegenübersieht. Die Einschreibung der menschlichen Gestalt in Quadrat und Kreis bei Vitruv ist der Versuch, das Problem auf einer höheren Ebene zu bewältigen, indem die Meßergebnisse in eine umfassende Funktion gebracht werden, die alle Fälle abdeckt. Eineinhalb Jahrtausende später hat Albrecht Dürer in *Vier Bücher von menschlicher Proportion*[2] verschiedene Menschen gemessen: dicke, dünne, große, kleine Männer, Frauen aller Größen, Kleinkinder, Zwerge und so fort, aber es gelang ihm nicht, die Messungen in eine kanonische Formel zu bringen. Von Dürer und seinen Nachfolgern ist zu lernen, daß sich die Vielfalt der menschlichen Gestalt nicht mit Gewinn auf eine einzige systematische Formel reduzieren läßt.

Im Umgang mit menschlichen Gebrauchsgegenständen kann der Designer jedoch nicht dem ganzen Reichtum dieser Möglichkeiten Rechnung tragen, sondern er muß den Typus herausfinden. Selbst in Zeiten, als der Auftraggeber sich unmittelbar an den Handwerker wandte, waren Gegenstände wie Tische und Stühle nicht für den Auftraggeber selbst, sondern für eine Vielzahl von Benutzern gedacht, so daß der Gestalter sich damals ebenso wie heute auf den Durchschnitt einzustellen hatte und nicht hoffen konnte, den Gegenstand für ein bestimmtes Individuum zu formen.

Die große Zeit der Möbelgestaltung in Westeuropa, als es eine Vielzahl bedeutender Möbeltischler gab – Chippendale, Sheraton, Jacob, Oeben – und die ersten Handbücher der Möbelgestaltung erschienen, war zugleich die Zeit der wissenchaftlichen Erforschung der Körperhaltung. Den Anfang damit machte wahrscheinlich Nicholas Andry, der in seiner *Orthopédie*[3] auf das Verhältnis der bei Arbeit und Muße gewöhnlich eingenommenen Haltungen zu Haltungsschäden hinwies. Er hielt auch anthropometrische Grundtatsachen fest, die bei der Gestaltung von Arbeits- und Ruhestühlen nicht übersehen werden dürfen. Interessant ist, daß zumindest eine neuere Veröffentlichung die geeignete Stuhlhöhe zwischen 20 und 30 cm fixiert, was kaum einen spezifischen Anhaltspunkt gibt, während Andry diesen Spielraum bereits enger, zwischen 23 und 28 cm, gefaßt hatte, was damals die in der Möbeltischlerei übliche Stuhlhöhe war; auch die von Ackerblom in seinem Buch *Sitting Posture*[4] mit Nachdruck empfohlene Lendenwirbelstütze wird bereits von Andry als wünschenswert bezeichnet. Der einzige auffallende Unterschied zwischen beiden ist Ackerbloms Vorschlag, daß der Sitz ein wenig niedriger und nach hinten geneigt sein sollte, aber selbst diese zuletzt genannte Empfehlung ist von neueren Autoren in Frage gestellt

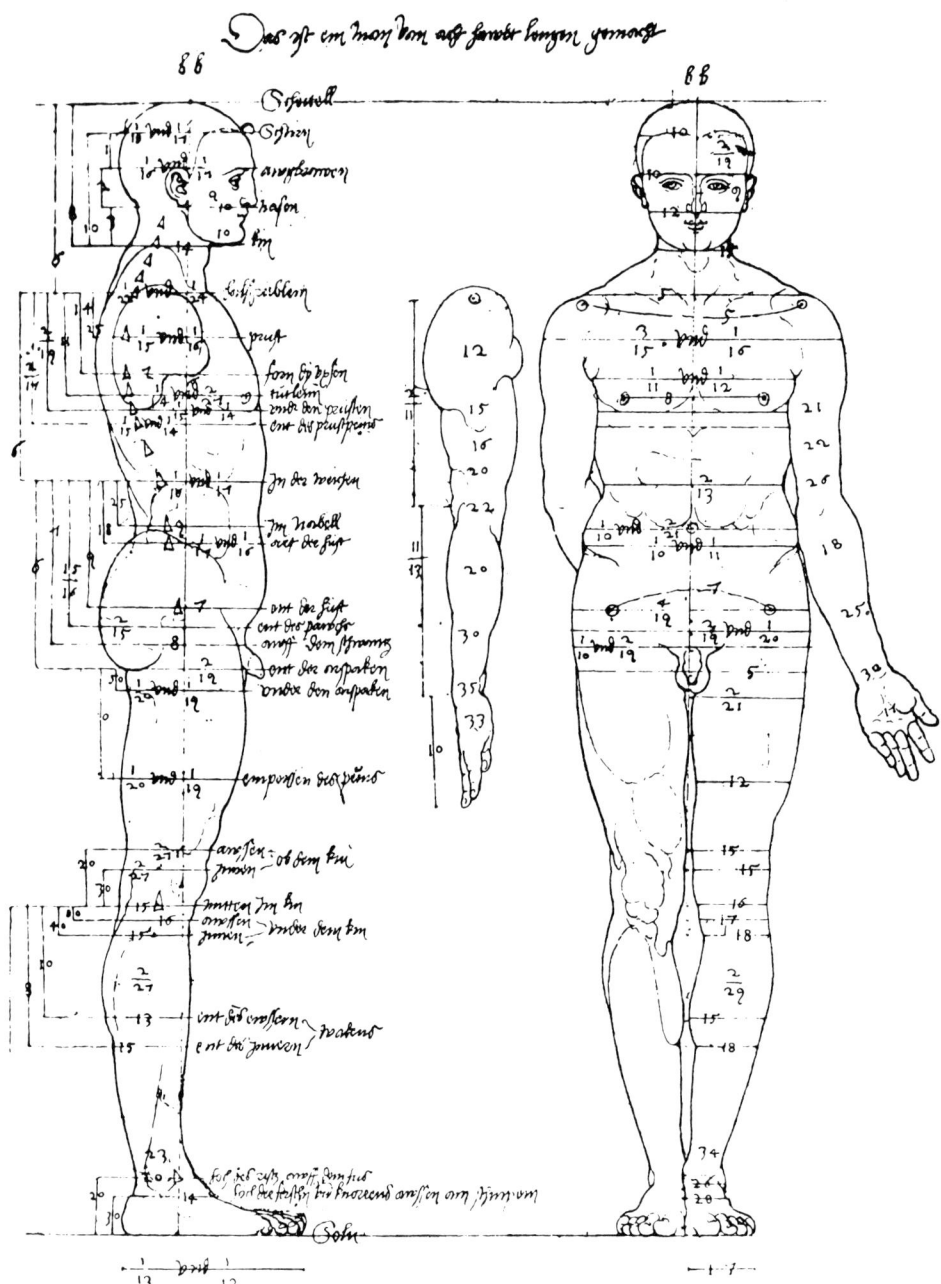

Albrecht Dürer, Männliche Proportionsstudie für *Vier Bücher von menschlicher Proportion* (Wien, Albertina).

worden. Trotz unserer ausgefeilten Meßtechniken und trotz hochspezialisierter Methoden, das Problem anzugehen, gelingt es nicht, diese Daten in eine strengere Formel zu bringen, als der Möbeltischler des achtzehnten Jahrhunderts sie besaß. Wir haben ihm nur eines voraus: Unser überlegenes technisches Können ermöglicht es uns, die Möbel verstellbar zu machen, aber derartige Elemente werden nur bei Arbeitsmöbeln verwendet, wo man an einen bestimmten Platz gebunden ist. Bei Ruhemöbeln hat man (trotz der Versuche einiger Designer) von diesen Möglichkeiten nie Gebrauch gemacht. Deshalb kümmert sich der Designer nicht um die differenzierten anthropometrischen Daten, sondern läßt sich von den viel gröberen Erwägungen über Material und Fabrikationsweise leiten und hält sich im übrigen an bestimmte traditionelle Formen, von denen kaum einmal abgewichen wird.

Der Traum einiger utopisch denkender Designer, die eine Zeit kommen sahen, wo man die anthropometrischen und technischen Daten einfach in einen Computer füttern würde, um daraus einen kompletten Konstruktionsplan für einen Stuhl zu gewinnen, hat sich als Chimäre erwiesen. Aus einer Menge von Daten der von mir genannten Art könnte der Computer – theoretisch – eine unendliche Zahl von Entwürfen entwickeln, so daß es sinnlos ist, diese Art Information überhaupt in den Computer einzugeben. Was der Computer für den Designer zu tun vermag, ist eine rasche Überprüfung eines gegebenen Entwurfs hinsichtlich der Kosten von Material im Verhältnis zu Herstellungsweise. Das mechanisierte analytische Vorgehen grenzt deshalb den Entscheidungsspielraum des Designers nicht nennenswert ein, vor allem deswegen nicht, weil ein Entwurf vorliegen muß, ehe er überprüft werden kann, und weil dieser Entwurf für den Zweck, um den es hier geht, mit dem Design zusammenfällt. Es ist nicht wahrscheinlich, daß sich diese Sachlage in absehbarer Zeit ändern wird.

Obwohl ich den Stuhl für ein gutes Beispiel halte, gilt das hier über Stühle Gesagte genauso für jedes zu gestaltende Objekt. Trotz des von den »funktionalistischen« Theoretikern der letzten Generation gegebenen Versprechens wird die funktionale Lösung von Problemen nicht die Idealsituation herbeiführen, in der die willkürlichen ästhetischen Entscheidungen nur noch eine untergeordnete Rolle spielen. Im Gegenteil, es sieht so aus, als werde die ergonomische Forschung den Entscheidungsspielraum völlig offenhalten und innerhalb der von ihr empfohlenen Normen, die nicht wesentlich von den bereits in Geltung befindlichen abweichen, zu keinen überraschenden Folgerungen nötigen. Dies kann natürlich auch gar nicht anders sein, da die Gegenstände ergonomischer Forschung – wie wir alle – von den Normen des von unserer Umwelt vorgeschriebenen Komforts bedingt sind. Ergonomische Forschung, die auf statistischen Erhebungen basiert, muß notwendig die Norm sanktionieren. Die Empfehlung ist wenig wahrscheinlich, beispielsweise die Sitzhaltung mit überkreuzten Beinen (den sogenannten Schneidersitz) unser Sitzen auf Stühlen mit herabhängenden Beinen ersetzen zu lassen oder auch das Stehen für an sich bequemer zu halten als das Sitzen. Viele funktionalistische Designer haben das Problem dadurch zu umgehen versucht, indem sie sich auf ungreifbare Momente, die sie als »Erfindung« oder »Intuition« bezeichneten, zurückzogen und die letzte Entscheidung, die der Designer zu treffen hat, diesen nicht-quantifizierbaren Operationen überließen. Wenn der Designer also

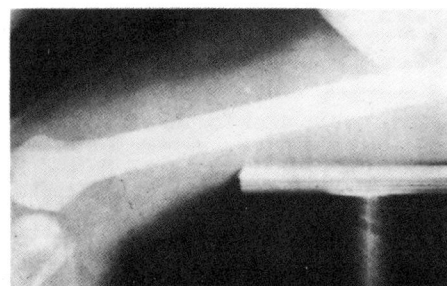

Verhältnis von Skelett und Muskel beim Sitzen
nach Dr. Bengt Ackerblom.

Antonio Bonet, Juan Kurchan und Jorge Ferrari
Hardoy, *Hardoy-Stuhl*, 1938.

Bengt Ackerblom und Gunnar Eklof, für eine von Ackerblom empfohlene Sitzhaltung entworfene
Stühle, 1954.

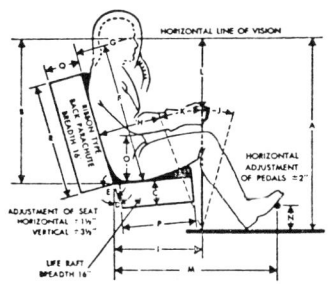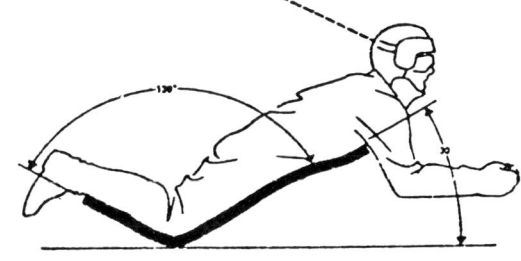

Sitz- und Horizontalposition von Kampfflugzeugpiloten.

an sein Handwerk geht, bleibt er trotz der komplizierten Operationen, von denen seine Entscheidung eingekreist ist, ohne alle methodische Unterstützung. Die ergonomische Forschung kann lediglich den Handlungsspielraum des Designers einengen, während eine rationale Erörterung seines spezifischen formalen Vorgehens ausgeschlossen bleibt.

Ich habe bereits darauf hingewiesen, daß wenig Hilfe von der Untersuchung von Material und Herstellungsprozeß zu erwarten ist. Auch sie kann dem Designer für jede einzelne Aufgabe nur Anhaltspunkte liefern. Von der großen Zahl von Stühlen, die auf den Markt kommen, sind die meisten noch immer aus Holz und Leder, einige wenige aus Metall mit Stoff oder Leder. Eines der, besonders beim designbewußten Publikum, beliebtesten Nachkriegsmodelle war der Hardoy-Stuhl, ein billigerer, aber starrerer Abkömmling des alten Klappstuhls aus Holz und Leder, der in den siebziger Jahren des neunzehnten Jahrhunderts in England entwickelt worden war und in den zwanziger Jahren in der italienischen Armee als Feldstuhl diente. Jeder, der mit der ergonomischen Literatur vertraut ist oder auch nur die Bereitschaft mitbringt, über die Körperhaltung im Verhältnis zum Möbel genauer nachzudenken, wird wissen, welchen Fährnissen man sich aussetzt, wenn man diesen Stuhl benutzt. Diese Unbequemlichkeit scheint die potentiellen Käufer jedoch nicht abgeschreckt zu haben. In seiner marktgängigen Form besteht der Stuhl aus einem starren Metallrahmen, der so gebogen ist, daß sich vier vertikale Haken oder Punkte ergeben, um einen Segeltuchsitz darüber zu legen. Das bedeutet natürlich, daß sich der locker aufgehängte Sitz an Schenkel und Gesäß anschmiegt und die Stütze nicht, wie man es für wünschenswert hält, auf die Gesäßknochen konzentriert ist; auch gibt es keine Rückgratstütze, so daß die spinale Aufrichtmuskulatur nie völlig entspannt ist. Die feste Kante der Tuchbespannung muß immer gegen die Schenkelunterseite drücken und beträchtliche Unbequemlichkeit verursachen. Noch unangenehmer ist, daß der starre Rahmen und seine weiten Auskragungen jede Änderung der Position sehr mühselig machen. Die Beliebtheit des Stuhls, der in verschiedenen Ländern immer noch massenhaft hergestellt wird, weist deutlich darauf hin, daß die Käufer diesen Stuhl nicht aus rationalen Erwägungen wählen. Man muß deshalb annehmen, daß sie, nicht anders als viele Käufer von Designobjekten, bei ihrer Wahl von anderen Reizen geleitet werden, die durchaus nichts mit den Geboten der Vernunft zu tun haben. Die Tatsache, daß dies so ist, sollte den Designer interessieren und nicht nur sein Bedauern hervorrufen: Nichts Menschliches sollte ihm fremd sein.

Wie ich bereits gesagt habe, kann jede statistische Untersuchung, zumal wenn sie nicht auf hinreichend detailliertem anatomischem Wissen beruht, nur dazu führen, die herrschenden Normen zu sanktionieren. Auf die Schwierigkeiten, denen sich eine anatomische Untersuchung bei einem so komplizierten Problem wie der Sitzhaltung gegenübersieht, hat vor vielen Jahren Marcel Mauss in seiner grundlegenden Abhandlung über die Körpertechniken hingewiesen.[5] Es ist merkwürdig, daß sich das Interesse, obwohl Linguisten und Sozialanthropologen über ein riesiges Gebiet mit Vergleichsmaterial verfügen, das sie heranziehen können, bei Problemen wie denen der Körpertechnik immer nur auf die Extreme konzentriert: Yoga, polynesische Stämme und Buschmänner, Menschen in Situationen extremer Belastung wie Luftartilleristen usw. Das verfügbare Material umfaßt jedoch das gesamte Spektrum historischer Überlieferung aus allen Zivilisationen, besonders in Abhandlungen, Volksmärchen, Dichtungen und vor allem (vom Standpunkt des Designers) in Kunstwerken. Ein Anfang wurde von einigen Sozialanthropologen gemacht: Gordon W. Hewes beispielsweise hat einen vorläufigen Versuch unternommen, die rund tausend bequemen Positionen zusammenzustellen, die man in verschiedenen Gesellschaften kennt.[6] Aber weder er noch meines Wissens irgend jemand sonst hat den Versuch unternommen, diese Positionen in ein Verhältnis zu der emotionalen Bedeutung zu setzen, die sie haben müssen, oder sie auf die verschiedenen Sitzformen zu beziehen, mit denen sie verbunden sind. Der Sitz vor allem ist ein viel komplexeres Gebilde, als gewöhnlich angenommen wird.

Im Westen, und zwar von Kleinasien bis zum Pazifik, ist er zum Beispiel immer mit Autorität verknüpft gewesen: Ein Professor etwa ist erst dann förmlich ernannt, wenn er seinen Stuhl oder seine *cathedra,* seine Lehrkanzel, bestiegen hat; die Hauptkirche einer Diözese heißt Kathedrale, weil sie der Ort ist, wo der Bischof seinen Sitz oder seine *cathedra* hat. Päpstliche Äußerungen, die das ganze Gewicht seiner Autorität haben sollen, müssen *ex cathedra,* von seinem Thron aus ergehen, und der Sitz des ersten Bischofs von Rom, St. Peter, wird in Berninis riesigem Bronzereliquiar im Westarm der Peterskirche verwahrt, das als der Altar des Stuhls bekannt ist.

Die abendländische Kirche begeht sogar einen speziellen Festtag dieser großen Reliquie am 18. Januar, sowie einen weiteren des Petrusthrones in Antiochia am 22. Februar. Richter und Amtsträger verkünden ihre Urteile ebenfalls von ihrem Stuhl oder ihrer Bank, und im Englischen ist der Sammelbegriff für Magistratsbeamte »Magistratsbank«.

Um bei englischen Beispielen zu bleiben: Der Krönungsthron des britischen Souveräns ist eine große mittelalterliche Konstruktion, die an den Ecken von vier Löwen getragen wird, mit einem Brett darunter, auf dem ein großer Stein aus Schottland ruht, der als »Stone of Scone« bekannt ist und den König Eduard I. aus Schottland geholt hat. Auf diesem Steinblock wurden in mittelalterlicher Zeit die schottischen Könige gekrönt, und mehr als jedes andere Emblem repräsentiert dieser Stein die Autorität des britischen Königs.

König Sesostris I. (XII. Dynastie) auf seinem Thron. An den Seiten des Thronsitzes sind die Götter von Unter- und Oberägypten dargestellt, die die beiden Königreiche mit einem Knoten miteinander verknüpfen.

Von einer Ahnenfigur getragener Thronsitz. Manjema-Stam, Zaire. Die Baluba und andere Stämme fertigen ähnliche Thronhocker an, und Abwandlungen davon trifft man in ganz Westafrika. Gelegentlich werden Häuptlinge auf derartigen Hockern bestattet.

Eduard I. und seine Nachfolger konnten deshalb, weil sie bei ihrer Krönung auf diesem Stein saßen, den Titel eines Königs von Schottland beanspruchen. Der »Stone of Scone« gilt verschiedentlich als der Stein, auf den die hl. Columba ihr Haupt bettete, oder auch als der Kissenstein Jakobs bei seinem berühmten Traum in Beth-el.[7] Auf einem heiligen Stein zu sitzen oder ihn sonstwie zu berühren, so daß man mit unsichtbaren Kräften in Berührung tritt, ist eine Handlung, die nicht nur aus der Schrift und den Heiligen- und Märtyrerlegenden vertraut ist, sondern in der indo-europäischen Folklore allgemein verbreitet zu sein scheint. Die Faszination des heiligen Steins und die Auffassung, daß sich in ihm die Erde verdichtet, ist von gewissen Religionshistorikern eingehend untersucht worden[8], die sich auch darüber geäußert haben, auf welch ungewöhnliche Weise es dazu kam, daß die Sitzhaltung mit Autorität assoziiert wurde. Dies ist in Zivilisationen der Fall, in denen man

Die Anbetung des Buddha auf der Stupa von Amaravati, 2. Jh. n. Chr. Die Anwesenheit des Buddha wird angezeigt durch den leeren Sitz und andere Symbole.

Thronender Buddha auf dem Löwenthron.

gewöhnlich auf dem Boden sitzt, beispielsweise bei den Aschanti und einigen anderen westafrikanischen Völkern. Die Macht des Oberhauptes ruht jedoch in dem Stuhl, auf dem er thront, und der Stuhl selbst ist eines der ehrwürdigen Zeugnisse der Nation. In einem Land, in dem erst durch abendländischen Einfluß Stühle in Gebrauch gekommen sind, ist die Sitzhaltung sowohl mit Autorität wie auch mit dem Boden assoziiert. Im Seiryo-den des Kaiserpalastes in Kyoto besiegelte der Kaiser seine Autorität, indem er einen Opfertrank für seine kaiserlichen Ahnen auf einen großen Steinblock ausgoß, der in den Holzfußboden eingelassen war, so daß durch ihn ein unmittelbarer Kontakt zum Boden gegeben war: Der Steinblock stand für den Boden Japans.

Sitzen, Autorität und die Erde sind eng verknüpft. Kaiser oder König, Professor oder Bischof, die auf ihrem Stuhl sitzen, sitzen demnach auf dem, was sie beherrschen. Je despotischer oder unterdrückender die Herrschaft der Autorität, desto entstellter und unglücklicher werden die Träger des Stuhls aussehen: daher die wilden Grotesken, die so viele Miserikordien in mittelalterlichen Kathedralen tragen, oder die wild gestikulierenden Papiermachésitze des neunzehnten Jahrhunderts in England und Frankreich.

Der Sitz legt eine Distanz zwischen Körper und Boden, und es scheint so, daß die geheimnisvollen Geschöpfe, die unsere erschreckenderen Träume bewohnen, in diesem Raum zu Hause sind. Wir sehen unter dem Bett nach, ob da ein Einbrecher ist, und Frauen lüften häufig den Überwurf eines Stuhls, um zu gucken, ob sich da irgendwelche imaginären Mäuse befinden, die an ihren Füßen nagen könnten. Diese besorgten Gesten verraten Ängste, die unsere Vorstellungen oft leiten und vielleicht verzerren.

Die Symbolik, hat Johann Jakob Bachofen (sein Anliegen übertreibend) gesagt, hat ihren Ursprung im Grab. Die Symbolik entspringt aus der Art und Weise, wie die drei Grunderfahrungen des Menschen, Geburt, Begattung und Tod, seine Beschreibung der Außenwelt akzentuieren. Die Sitzhaltung kann naturgemäß mit der Haltung des Kindes im Mutterleib verknüpft werden. In den frühen Epochen der Menschheit bestatteten die meisten Völker ihre Toten in dieser Haltung, damit ihre Toten, indem sie sie dem Mutterschoß, aus dem alle Dinge entspringen, zurückgaben, zu einem neuen Leben wiedergeboren werden konnten. Jeder Stuhl ist deshalb in gewissem Sinne ein Kommentar zu unserer Auffassung von Autorität, von Geburt und Wiedergeburt. Dies gilt sowohl auf seiten des Designers wie des Käufers.

Der Hardoy-Stuhl ist ein einleuchtendes Beispiel für diese Fragestellung. Wie bereits gesagt, muß sein Erfolg auf Erwägungen beruhen, die wenig oder nichts mit ergonomischen Entscheidungen zu tun haben. Andererseits würde es kaum hilfreich sein, wenn wir Käufer

Christus und die Apostel, Kuppel des Baptisteriums der Ariana in Ravenna. Christus wird durch den leeren Thron dargestellt, auf dem sich ein mit Juwelen besetztes Kreuz erhebt.

Kapitonnierter Stuhl aus Papiermaché, Frankreich, um 1850.

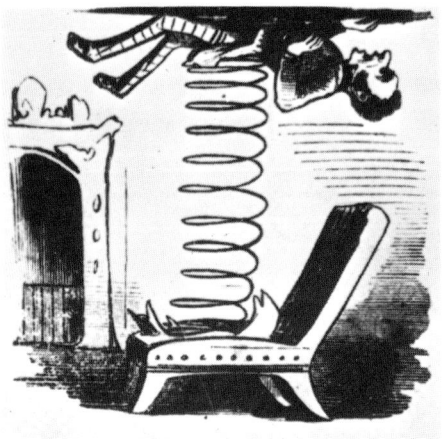

Karikatur »Elastische Fauteuils von [Martin] Gropius« aus *Kladderadatsch*, um 1850: »Man erhält einen Besuch und ladet ihn zum Sitzen ein. Der Fremde bewundert die Elasticität des Stuhls, will aber nicht glauben, daß derselbe 24 Federn enthalte. Man schneidet daher rasch das Polster auf, und der Gast büßt durch eine rasche, nicht ganz unangenehme Bewegung seine Schwergläubigkeit.« Nach S. Giedion, *Die Herrschaft der Mechanisierung.*

Thomas Sheraton, Das Zimmerpferd. Aus dem Anhang zu *Cabinet Makers' and Upholsterers' Drawing Book*, 1791–94. Die Bretter mit den längsten Federn dazwischen, die Sheraton auftreiben konnte, sind elastisch genug, um das Reiten im Zimmer nachzuahmen. Nach S. Giedion, *Die Herrschaft der Mechanisierung.*

oder Besitzer fragen wollten, warum sie sich in erster Linie entschlossen haben, ihn zu kaufen, denn wir müssen annehmen, daß Gesichtspunkte symbolischer Natur, die mit ergonomischen – oder, wie man auch sagen wird, »funktionalen« oder »rationalen« – Erwägungen in Konflikt stehen, unbewußt sein müssen. Von dem bereits Gesagten her ist zumindest ein Aspekt des Stuhles nicht zu übersehen. Ein konkaver Sack hat, trotz der Unbequemlichkeit, die er für den Benutzer des Stuhls bedeutet, sehr viel Ähnlichkeit mit einem Mutterschoß und bietet, wenn nicht den körperlichen Schutz, so doch eine substantielle Entsprechung zu dem schützenden Schoß. In einer Epoche, die die Mutterbeziehung so intensiv diskutiert (man braucht nur ein psychologisches Lehrbuch irgendeiner Schule aufzuschlagen, um zu sehen, wie sehr dies zutrifft), mußte ein Stuhl dieser Art Erfolg haben, zumal bei dem intellektuellen Publikum, bei dem diese Frage spezielle Schwierigkeiten aufwirft. Es ist auch dieser Teil des Publikums, der gegen jede aufgezwungene Autorität, ob politisch oder religiös, besonders mißtrauisch ist und sie möglichst auf ein Minimum reduzieren will, ganz ähnlich, wie es bei dem Gestell, das den Hardoy-Stuhl trägt, der Fall ist.

Außerdem trennt der Hardoy-Stuhl flexible und starre Elemente sehr klar voneinander, was bedeutet, daß auch eine Aussage über die wesentliche Struktur des Gegenstandes gemacht wird. Bei näherem Zusehen stellt sich heraus, daß es eine Pseudoaussage ist, denn sie betrifft nur die Gegliedertheit des Materials und nicht die Differenzierung der Funktionen: Die ungeschickte Verbindung des Segeltuchsacks mit dem Metallrahmen ist ein sonderbarer Hinweis auf einen Mangel an intellektueller Präzision.

Meine Darstellung kommt notwendig *post factum*: Einigen wird meine eingehende Analyse einer gefälligen, wenngleich arbiträren Gestalt unbegründet erscheinen, andere werden sie in absurder Weise literarisch übertrieben finden. Doch der enorme, sowohl Verkaufs- wie Prestigeerfolg des Hardoy-Stuhls steht in einem so krassen Gegensatz zu seinen Mängeln im Gebrauch, daß eine rationale Erklärung unerläßlich ist, vor allem deswegen, weil dies die Lage (ich könnte auch sagen das Scheitern) des modernen Design, worüber noch lange nicht genug gesagt ist, beispielhaft charakterisiert. Zu dieser Situation ist es durch das unartikulierte Bedürfnis gekommen, das die Designer und ein großer Teil des Publikums nach Formen verspüren, von deren Vitalität jene Suggestion des Modernen ausgehen soll, die von der Mode gefordert und vom Wandel der visuellen Sprache diktiert wird, die aber gleichzeitig genügend mit Bedeutung aufgeladen sind, um die visuelle Aussage erfüllen zu können. Das kann nur gelingen, wenn die Bedeutung sich aus emotionalen und intellektuellen Elementen zusammensetzt. Tatsächlich wird es notwendigerweise immer, ob der Designer sich dessen bewußt ist oder nicht, zu einer solchen Mischung kommen, und ein Designer, der damit nicht rechnet, sondern zu arbeiten versucht, als wären die Gegenstände, die er produziert, keine emotional aufgeladenen Aussagen, wird die Erfahrung machen, daß sich, wie es im Falle des Hardoy-Tripolina-Stuhls geschehen ist, die Bedeutung an ihm rächt.

Gedächtnis ist für den Einzelmenschen, was die Geschichte für die Gruppe ist. Wie das Gedächtnis die Wahrnehmung bestimmt und seinerseits von ihr modifiziert wird, so enthält die Geschichte des Design und der Architektur alles, was überhaupt gestaltet oder gebaut wurde, und wird durch neue Werke unablässig modifiziert. Es gibt keine Menschheit ohne Gedächtnis, und es gibt keine Architektur ohne historische Bezüge. In einer kritischen Situation wie der unseren, wo das Gedächtnis unablässig negiert und seine Bedeutung für die Gegenwart in Frage gestellt wird, nähern wir uns (kollektiv) dem Schicksal des psychisch Kranken, der seine Vergangenheit verleugnet, um sein irrationales Verhalten in der Gegenwart zu rechtfertigen. Es ist offensichtlich, daß in einer solchen Situation eine chronologische Darstellung der Vergangenheit des Patienten wenig Wert hätte, zumal dann nicht, wenn der Kranke selbst sie geben würde. Was der Untersuchung bedarf, ist vielmehr die verschlungene oder verborgene Erinnerung einer Erfahrung, die das gegenwärtige Elend zu erhellen vermag. Dies muß also die Aufgabe jeder historischen Untersuchung sein, die versuchen will, Gedächtnis und gegenwärtige Erfahrung, Geschichte und gegenwärtiges Design miteinander zu verknüpfen. Eine solche Neuorientierung historischen Forschens wird ihre Zeit brauchen. Das bemerkenswerteste Beispiel dafür ist Giedions *Mechanization Takes Command – Die Herrschaft der Mechanisierung –*, das vereinzelt bereits Nachfolge findet. In *Mechanization Takes Command* hatte Giedion (meiner Ansicht nach) jedoch noch nicht die Schlußfolgerungen gezogen, die in seinem späteren Werk *The Eternal Present – Ewige Gegenwart –* ohne weiteres deutlich werden. Gegenüber *Mechanization Takes Command* könnte man die Kritik geltend machen, die Claude Lévi-Strauss gegen Marcel Mauss' Versuch einer Sozialtheorie der Symbolik vorgebracht hat. Was Mauss, im Unterschied zu Lévi–Strauss, nicht bemerkte, war, daß dieser Versuch scheitern mußte, weil die Gesellschaft selber ein Symbol ist.[9]

Die wesentliche Einsicht, die die Designer von Freud zu übernehmen haben, ist die, daß selbst extrem bewußtes Wollen das Produkt irgendeiner Form von Motivation ist, und Motivation läßt sich immer rational diskutieren. Wie die Psychiater den Bereich verantwortlicher moralischer Entscheidung durch die Freilegung von Scheinbegründungen, mit denen wir unsere Billigung oder Mißbilligung rationalisieren, erweitert haben, so haben sie auch den Bereich erweitert, in dem die rationale Erörterung von Designproblemen notwendig wird, indem sie uns die starke emotionale Aufladung bewußt gemacht haben, die den symbolischen Formen eigen ist. Man kann sich nicht darauf herausreden, daß nur bestimmte Bereiche (wie beispielsweise die Fassaden öffentlicher Gebäude) Symbolträger sein können. Die gesamte Umwelt, von dem Augenblick an, in dem wir ihr einen Namen geben und über sie als solche nachdenken, ist ein Gewebe symbolischer Formen: Die gesamte Umwelt ist ein Symbol. Um zu begreifen, wie die Situation zu bewältigen ist, sind wir genötigt, auf die Vergangenheit zu blicken, keine gegenwärtige Anleitung vermag uns hier wirkliche Hilfe zu bieten. Dem Historiker wird dadurch eine Aufgabe gestellt, die für ihn ganz ungewohnt ist: Er soll als Psychoanalytiker der Gesellschaft tätig werden.

Die Geschichtsschreibung wird sich, insbesondere in ihrer Anwendung auf die Kunstgeschichte, radikal verändern müssen, wenn der Historiker eine solche Funktion übernehmen soll. Die großartige Klassifikation der Stile, wie die Handbücher sie uns lehren, wird zum immateriellen Skelett werden. Die Ikonologie für sich genommen wird keinen befriedigenden Ersatz bieten können: Die Geschichte der Umwelt wird von der Totalität der Personen und ihrer Bewegung in einem sozialen und zeitlichen Kontext handeln müssen. Der Wert einzelner Werke oder auch übergreifender ikonologischer Themen muß mit Bezug auf die allgemeine Form des Diskurses untersucht werden, der sie angehören, also auf die Art und Weise, wie ihre Schöpfer ihre Mitmenschen anreden und in einem gegebenen Kontext kommunizieren wollten; vielleicht auch, wie diese Art von Kommunikation mit einem sich ändernden Kontext umgestaltet werden kann – so daß die großen Perspektiven und metaphysischen Spekulationen eines Riegl oder eines Wölfflin an Bedeutung verlieren werden. Die Forschung, die sich als wichtig erweisen wird, wird dem Moralisieren eines Rhetorikers des sechzehnten Jahrhunderts gelegentlich ähnlicher sehen als der Schein-objektivität unserer Zeitgenossen. Geschichtserkenntnis mit diesem Selbstverständnis wird nicht mehr nur als ein kulturelles Ornament oder als ein Zeitvertreib neben der ernsten Profession angesehen werden können, nicht einmal als brauchbarer Ersatz für theoretisches Denken: Sie ist fraglos ein wesentlicher Bestandteil der gedanklichen Ausrüstung und der Methoden des Designers.

Die korinthische Säulenordnung

Die naive Frage eines intelligenten Studenten, der sich nicht erklären konnte, warum die Griechen, die zwei architektonische Ordnungen, gegründet auf männliche und weibliche Schönheit (die dorische und die ionische Ordnung), geschaffen hatten, noch eine dritte brauchten, nötigte mich, von neuem nachzudenken. Die Sache erforderte ein gewisses Maß philologischer Interpretation, das Problem jedoch schien eine grundsätzliche Erörterung zu verlangen. Meine Antwort erschien in Domus 426, Mai 1965, *statt einer Einführung in das Werk von zwei Architekten, für die ich besonders starke Sympathie habe: Aldo van Eyck und Gino Valle. Der bedeutende Vergilforscher W. F. Jackson-Knight war einige Monate zuvor gestorben, und deshalb war dieser Aufsatz seinem Andenken gewidmet.*

Alle Architekten pflegten »die Ordnungen« rein mechanisch zu lernen. Man brachte ihnen bei, daß es fünf davon gab, und wenn sie sich die Mühe machten, die besseren Handbücher zu konsultieren, bekamen sie eine gewisse Vorstellung, woher diese »Ordnungen« stammten und wann sie entstanden waren. Niemand scheint sich aber je darüber Gedanken gemacht zu haben, warum es zu diesen Ordnungen kam und was ihre Unterschiede ausdrücken sollten.

Eine dieser Ordnungen möchte ich hier noch einmal näher betrachten, und zwar als ein architektonisches Gebilde und von ihrem Ausdruck her – nicht als eine abstrakt formale Anweisung. Auch kommt es mir hier nicht auf Belege oder einen gelehrten Apparat an. Ich hoffe also, daß der Leser entschuldigen wird, wenn ich manchmal arrogant etwas zu behaupten scheine. Ich tue das nur, um ihm eine in sich geschlossene Argumentation zu bieten.

Um also von der klassischen Architektur zu sprechen, muß ich zunächst von Stamm und Stein, von Baum und Altar reden. Ein heiliger Baum und heiliger Stein an einem Platz vereint sind die primitivste Form einer geweihten Stätte, die wir kennen, eine Welt im kleinen: das Wachsende und Sterbende verbunden mit dem Beständigen und Unzerstörbaren. Die Menschen des Altertums konnten geheiligte Stätten überall finden, und ein Gott konnte alles nur Denkbare wählen, um sich dadurch zu offenbaren. Auch alles Gemachte war heilig,

◁ »Kallimachos zeichnet die Akanthuspflanze«, aus Fréart de Chambray, *Parallèle des ordres antiques et modernes*, Paris 1651.

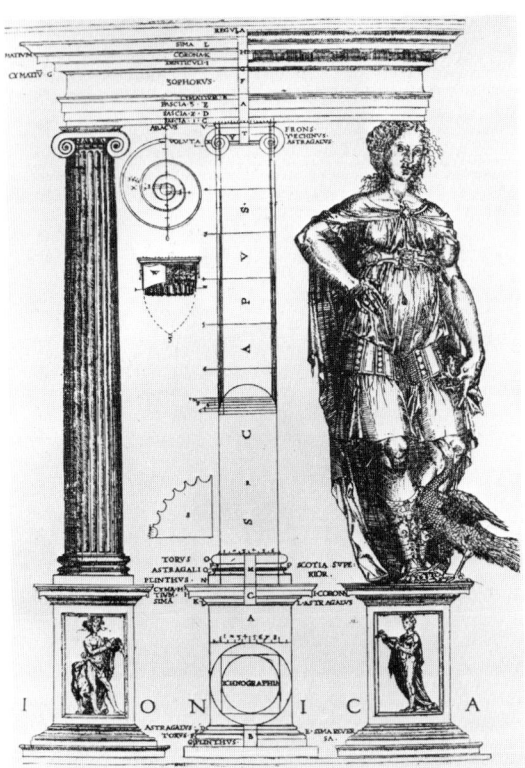

»Die ionische Ordnung und ihr Modell« und (auf S. 53) »Die korinthische Ordnung und ihr Modell«, aus John Shute, *The First and Chief Groundes of Architecture*, London 1563.

denn jegliche Form des Herstellens war jeweils von einem Gott oder Heros erfunden worden, und deshalb war alles Machen eine Nachahmung eines ursprünglich göttlichen Tuns. Jedes Haus, das gebaut wurde, war insofern eine neugeschaffene Welt. Um dies sich selbst und dem Betrachter zu verdeutlichen, begleiten viele Völker noch heute – wie die Alten es immer zu tun pflegten – das Bauen eines Hauses mit rituellen Worten und Gebärden, die die göttliche Erschaffung der Welt nachahmen.

In den Häusern der Völker des Altertums gab es nur sehr wenige Säulen, und diese Säulen waren immer sehr wichtig, vor allem weil man sich vorstellte, daß die Welt auf Säulen ruhe. Manche meinten, daß die Welt auf vier Säulen stehe wie ein Tierleib oder wie ein Tisch, während andere glaubten, daß es nur eine Säule, eine wachsende Säule sei, an der der Himmel wie ein sternenbesetztes Tuch an einem Baum hänge, dessen Wurzeln sich aus dem Ozean unterhalb der Erde nährten. Die Alten glaubten zuzeiten, daß die Welt sich um eine solche wachsende Säule drehe. Viele der ältesten und primitivsten Säulen erinnern an jene Weltsäule, und aller Wahrscheinlichkeit nach waren die frühesten Säulen aus Holz. Im Laufe der Zeit aber wurde der Baum zu Stein. Auf seine eigene andere Weise war der Stein bereits

heilig, so daß diese Verwandlung kein einseitiger Vorgang war: Der Baum teilte dem Stein etwas von seiner wachsenden, vergänglichen Schönheit mit, und der Stein gab dem Baum etwas von seiner Dichte und Festigkeit.

Mehr als zweitausend Jahre lang war für die Architektur bestimmend, wie die Griechen das Verhältnis zwischen den verschiedenen Teilen einer Steinsäule festlegten, und ebenso das Verhältnis zwischen der Säule und dem von ihr getragenen Balken. Die Griechen kannten drei solcher Kanones, und die Römer fügten noch zwei weitere hinzu. Abgesehen von den erhaltenen Denkmälern sind die Schriften des augusteischen Architekten Vitruv die Quelle unseres Wissens von den Säulenordnungen. Er war nicht an den römischen Interpolationen interessiert – vielleicht aus übergroßem Respekt vor den Griechen –, und so konzentrierte er seine Aufmerksamkeit auf die drei griechischen Ordnungen: die dorische, die ionische und die korinthische.

Vitruvs Buch ist von Architekten seit den Zeiten Karls des Großen mit Aufmerksamkeit studiert worden, als man in ihm die einzige bedeutende Architekturabhandlung erkannte, die aus dem Altertum überliefert war. Später, im fünfzehnten Jahrhundert, wurden seine

DIE KORINTHISCHE SÄULENORDNUNG

Vorschriften mit erhaltenen Denkmälern genau verglichen, um eine klare Vorstellung von den Bauverfahren der Alten, insbesondere von den Säulenordnungen, zu gewinnen, so daß die Architekten sie so genau wie möglich nachahmen und gleichzeitig den Erfordernissen der Zeit anpassen konnten. Schließlich formulierten die Menschen späterer Jahrhunderte immer neue Forderungen, so daß die Ordnungen zu einem Gewand wurden, das die wuchernden Formen verhüllte. Am Ende waren es nicht die Methoden der Alten, denen die Architekten nacheifern wollten, sondern ihre Formeln, die sie zu kopieren unternahmen. Damit wurden die Ordnungen zu einem numerischen Rezept für eine korrekte, blutleere Ornamentik. Der erste jugendliche Enthusiasmus, der die Renaissancearchitekten in Vitruvs Beschreibung der drei Ordnungen nach verborgenen Bedeutungen suchen ließ, erschien den vernünftigen Männern des achtzehnten Jahrhunderts als belangloses Geschwätz.

Heute können wir die Säulenordnungen unbefangen betrachten, weil wir uns ihrer nicht mehr als Ornament für den täglichen Gebrauch bedienen. Die Gebrauchsanleitung ist wertlos geworden, aber die Intention der Alten und die fortdauernde Kraft ihrer Formeln sind sehr nachdenkenswert geblieben. Vitruv selbst fiel es durchaus nicht leicht, den Ursprung der Säulenordnungen und das Wesen ihrer Unterschiede zu erklären. Vom Dorischen und Ionischen sagt er, daß die alten Griechen »durch zwei unterschiedliche Entlehnungen (vom menschlichen Körper) zwei Säulen« erfanden, »eine vom männlichen Körper ohne Schmuck – nackte Schönheit –, die andere mit fraulicher Zierlichkeit«, und er kommt dann zur korinthischen Ordnung, von der er sagt, daß sie die »jungfräuliche Zartheit« nachahme. Da er die unbefriedigende Asymmetrie – zwei weibliche Säulen gegenüber einer männlichen – sogleich bemerkt, gibt er in seinem ausführlichen Bericht über die Entstehung der korinthischen Säulenordnung eine Art Entschuldigung.

Vitruv beginnt mit der Vermutung, daß das »jungfräuliche« Korinthische von dem »mütterlichen« Ionischen abstamme. Das klingt glaubwürdig, denn die beiden Ordnungen haben gegenüber dem Dorischen vieles gemeinsam, und das Korinthische erscheint erstmals vier- oder fünfhundert Jahre nach der ersten primitiven ionischen Ordnung. Vitruv fährt fort, indem er von dem legendären Ursprung des korinthischen Kapitells berichtet: »Eine jungfräuliche korinthische Bürgerin, schon für die Vermählung reif«, sagt er, »wurde krank und starb. Nach ihrem Begräbnis sammelte ihre Amme die Spielsachen, an denen diese Jungfrau zu ihren Lebzeiten Gefallen gehabt hatte, legte sie in einen Korb, trug ihn zu dem Grabmal, setzte ihn oben darauf und legte, damit sich die Sachen unter freiem Himmel länger hielten, über den Korb einen Ziegel. Dieser Korb war zufällig über eine Bärenklauwurzel gesetzt. Mittlerweile, durch das Gewicht niedergedrückt, trieb in der Frühlingszeit die Bärenklauwurzel in der Mitte Blätter und Stengel. Ihre Stengel wuchsen an den Seiten des Korbes empor, wurden jedoch von den Ecken des Ziegels durch dessen Gewicht nach außen gedrängt und gezwungen, sich nach außen umzubiegen und an den Enden einzurollen.

»Die korinthische Säule und ihr Ursprung«, aus Claude Perrault, *Les dix livres d'architecture de* ▷ *Vitruve*, Paris 1673.

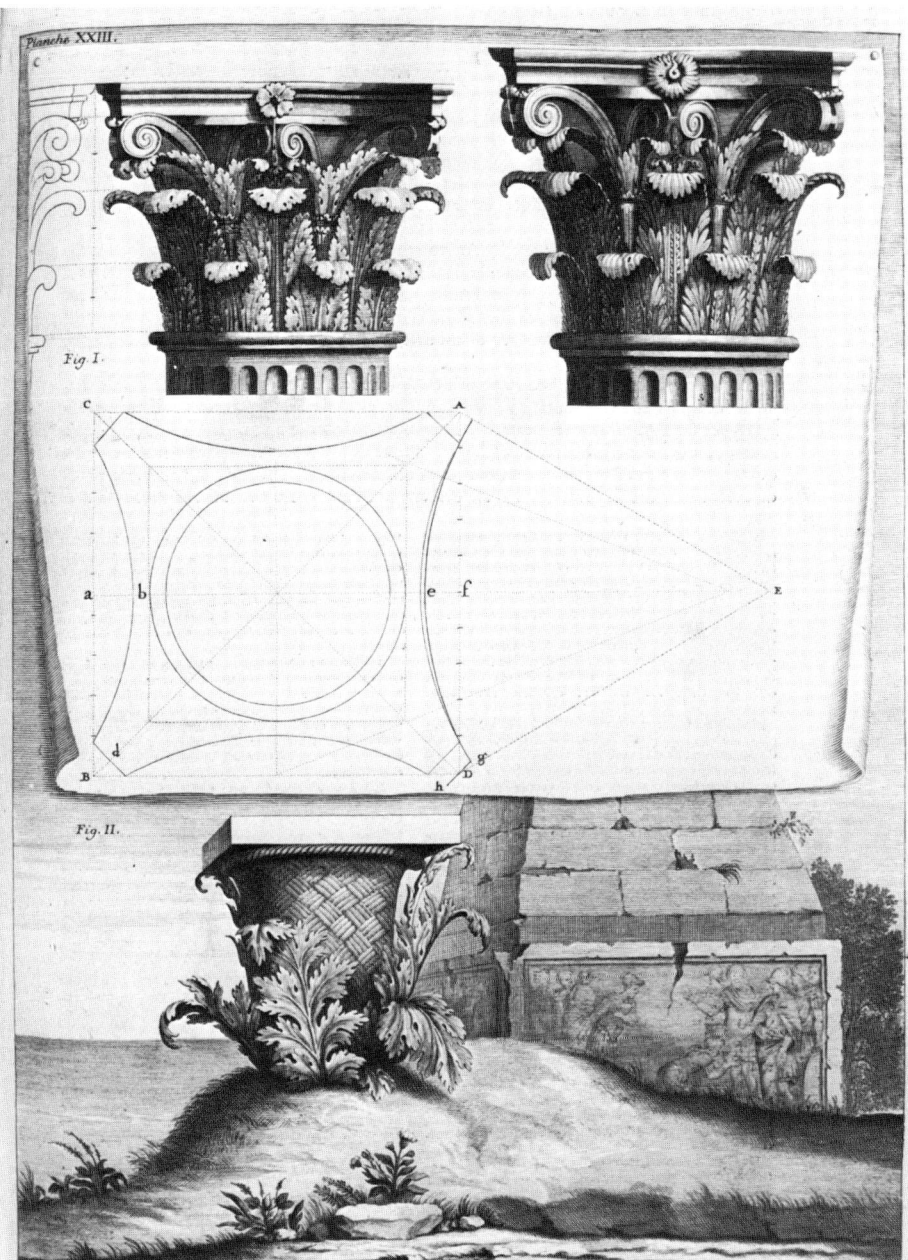

Fig. I.

Fig. II.

Damals bemerkte Kallimachos, der wegen seiner geschmackvollen und schönen Marmorar-
beiten von den Athenern ›katatechnos‹ genannt worden war, beim Vorübergehen an diesem
Grabmal diesen Korb und die ringsum sprossenden zarten Blätter, und, bezaubert von der
Art und Neuigkeit der Form, schuf er nach diesem Vorbild die Säulen bei den Korinthern
und legte ihre Proportionen fest.« In dieser merkwürdigen Geschichte folgen die Elemente
der Erzählung einem bestimmten Muster: die Jungfrau, der Tod, die Grabspende, das
Grabmal, der Bärenklau (Akanthus), Frühling, Wiedergeburt. Der Akanthus ist der
Schlüssel. Es ist nicht überraschend, ihn hier anzutreffen. Die Griechen bedienten sich bei
Begräbnissen und zum Gedenken der Toten vieler verschiedener Pflanzen: Majoran wurde
über die Bahre ausgestreut, und Zypressenzweige nagelte man an die Tür des Hauses der
Trauernden, wo auch eine Wasserschale mit einem Lorbeerzweig zum Sprengen mit
Weihwasser angebracht war. An den Jahrestagen der Verstorbenen und an den Tagen, wo
man der Toten gedachte, kauten die Trauernden Weißdornblätter. Zu Füßen der Grabmäler
und auf sie legte man Akanthusblätter.

In Griechenland sind zwei Arten von Akanthus bekannt, *acanthus spinosus* (eine stachlige
Pflanze) und *acanthus mollis*. Beide haben große schlaffe Blätter und gerade Stengel, wie

Akanthussäule, Delphi, vor 389 v. Chr. (Rekonstruktion). Der größte erhaltene Akanthus in der ▷
Kunst, wahrscheinlich von einem mit einer Inschrift versehenen Weihemonument nordöstlich vom
Apollotempel in Delphi.

Acanthus spinosus und acanthus mollis.

56

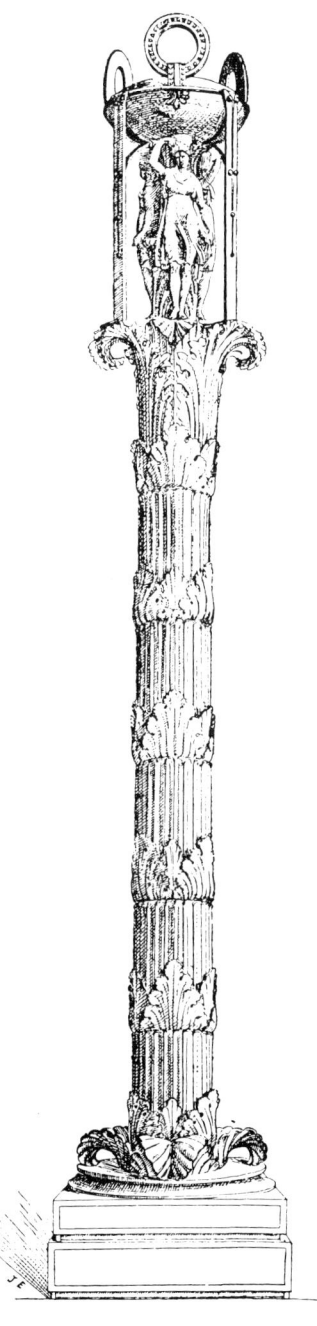

Akanthussäule, Delphi, Details von den Thyaden auf dem Kapitell und vom Fuß des Monuments.

Großer, auf weißem Grund bemalter Lekythos. Die Stele mit einem Giebelaufsatz hat eine Palmette am Giebel und auf beiden Seiten Pflanzen. Die Stele steht vor einem Grabhügel und auf Stufen mit kleinen Lekythoi und Kränzen. Auf der einen Seite der Stele steht ein junger Mann mit einem Speer (der Verstorbene? der Trauernde?), auf der anderen Seite eine junge Frau mit einem bekränzten Korb.

Kallimachos sie gesehen haben muß. Wie Löwenzahn oder Lattich sondert Akanthus, wenn man den Stengel bricht, Saft ab, und wie sie wird er mit Mutterschaft und Fruchtbarkeit assoziiert. Ebenfalls wie Löwenzahn wächst Akanthus sogar auf steinigstem Boden und wird deshalb mit Widerstandsfähigkeit und der Kraft der Selbsterneuerung in Verbindung gebracht.

Der größte Akanthus in der Kunst ist eine Steinsäule in Delphi. Sie bestand aus fünf Trommeln aus Kalkstein, insgesamt etwa neun Meter hoch, und befand sich auf einem Sockel unmittelbar vor dem Haupteingang des Apollotempels in Delphi. Fuß und Kapitell werden noch im Museum von Delphi gezeigt. Als Basis hatte diese Säule eine große Akanthuspflanze, und sie besaß einen merkwürdigen Pflanzenschaft, der freilich nicht eindeutig ein Akanthusstiel war. Auf der Säule standen drei diademgeschmückte, leichtgekleidete Frauen, mit dem Rücken zueinander. Zwischen ihnen wuchs der kräftige Akanthusstamm empor, um den Kessel eines Bronzedreifußes zu tragen, dessen drei Füße sich auf die Akanthusblätter herabsenkten, auf denen die Frauen tanzten. Der Dreifuß selbst war nur zweieinhalb Meter hoch, und nur ein paar Schritte weiter befand sich ein älterer und größerer, sechs Meter hoher Schlangendreifuß, eine Trophäe aus der Schlacht von Plataä. Auf dem Weg zum Tempel und zu den Schatzhäusern standen eine Fülle von Votiv-Dreifüßen, und im Mittelpunkt der Kultstätte, dem angeblichen Grab des Dionysos, am Nabel der Erde, befand sich der goldene Dreifuß, auf dem die Pythia saß, wenn sie vom Gott besessen war und weissagte.

Apollo ist für uns nur der Gott der Sonne und des Tages, ein Gespiele der Musen, und wir vergessen seine dunkle und grausame Seite, auch, daß er in Delphi je nach den Jahreszeiten abwechselnd mit Dionysos herrschte. Die Frauen auf der Akanthussäule gehören zu Dionysos, nicht zu Apollo. Es sind Thyaden, Priesterinnen des sterbenden und wiederauferstandenen Gottes. Dionysos, der Tier- oder Menschengestalt angenommen hatte, wurde zerrissen und bestattet, und aus seinen Überresten sproß neues Leben in den Akanthus. Thyaden waren »die Erde tretende« Frauen, die nachts im Winter über den Parnaß tanzten und mit dem Stampfen ihrer Füße den Dionysos Lyknos, den neugeborenen Frühlingsknaben Dionysos, der in einem Körbchen gebettet lag, aufweckten.

Akanthus und Thyaden, mit einer Andeutung des Frühlings; aber auch ein Tod, ritueller Tod, und vielleicht Wiedergeburt. Das delphische Beispiel bliebe ein vager Hinweis, wenn es ein Einzelfall wäre, aber die Griechen machten weithin Gebrauch vom Akanthus in Verbindung mit ihren Toten. Das verbreitetste Zeugnis für diesen Brauch sind die auf weißem Grund bemalten Lekythoi, die in großer Zahl die Magazine aller wichtigen Museen füllen. Es sind kleine Gefäße, in allen Größen zwischen zehn Zentimetern und einem Meter, von schlanken Proportionen mit einem dünnen Hals, und sie dienten dazu, ein feines

◁ Auf weißem Grund bemalter Lekythos. Zwei Trauernde, die Körbe mit Tongefäßen und Tänien tragen, zu beiden Seiten eines Grabdenkmals, das mit einer großen Akanthuspflanze bekrönt ist. Die auf den Stufen vor dem Grabmal sitzende Person in Trauerhaltung ist entweder eine »professionell« trauernde oder die verstorbene Person.

Rinnsal kostbaren Öls über den Leichnam oder das Grabmal auszugießen. Auf dem weißen ungebrannten Grund, der einen Großteil der Oberfläche des Gefäßes einnimmt, sind – in eher roher Zeichnung – verschiedene Themen dargestellt, die meist mit Grabgebräuchen zusammenhängen. Ein verbreitetes Thema ist die Darstellung eines Grabmals, manchmal mit dem Toten, der davor sitzt oder darunter aufgebahrt ist. Fast immer wird das Grabmal mit *taenia* umwunden gezeigt, Wollbändern, die oft purpurn gefärbt und mit Knoten um die Stele gelegt waren. Sie hatten eine gleichsam magische Funktion, schützten den Verstorbenen vor üblen Einflüssen und bewahrten außerdem die Trauernden davor, daß der Geist des Verstorbenen aus dem Grab zurückkehren konnte, um sie zu belästigen. Auf vielen, vielleicht den meisten Zeichnungen erscheint ein Kranz von Akanthusblättern, die in den Taenien an der Spitze der Stele steckten oder in ein Gefäß oder einen Korb auf der Spitze der

Auf weißem Grund bemalter Lekythos. Zwei Trauernde an einem Grabmal mit Lekythoi und anderen Vasen sowie einer Leier und einem Kranz. Der Grabhügel wird von einem Säulenmonument bekrönt, das mit Tänien und Kränzen umwunden ist. Der Leierspieler dürfte der Tote sein.

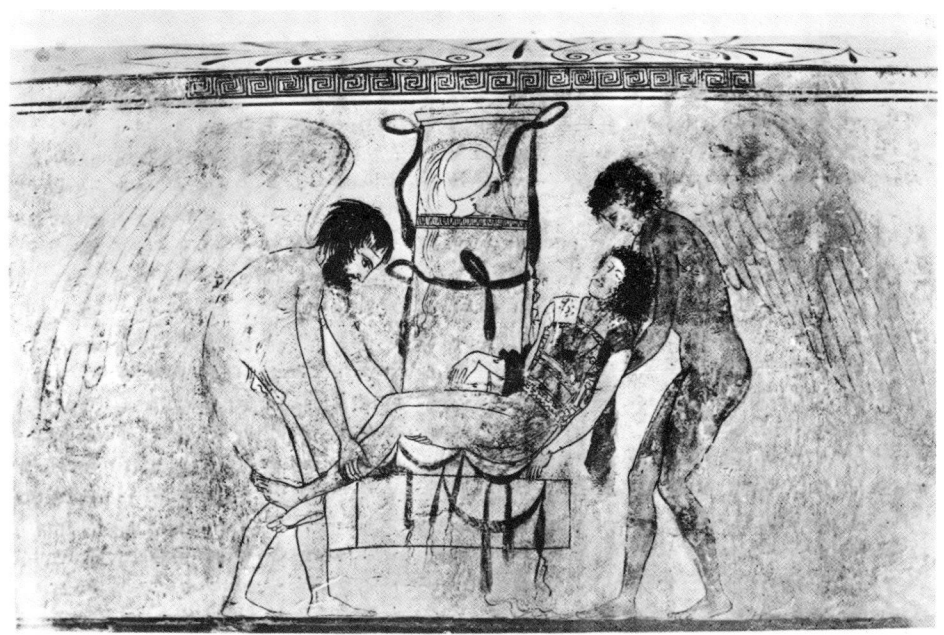

Auf weißem Grund bemalter Lekythos. Tod und Schlaf betten den gefallenen Krieger in sein Grab, das mit Tänien umwunden ist.

Säule gepflanzt waren; manchmal befindet sich am Fuß der Säule zusätzlich ein Strauß Akanthusblätter.

Die Zeichnung der Blätter ist grob und kräftig, verglichen mit der knappen konventionalisierten Andeutung des Palmettenkranzes, und auf attischen Grabmälern so verbreitet, daß die Keramikhistoriker seit je der Ansicht waren, daß die Akanthusblätter und die Palmette aus verschiedenen Materialien bestanden. Oft hat man Bronze vermutet, weil viele Beispiele von bronzenen Akanthusblättern überliefert sind; am bekanntesten sind vielleicht die, die den Bronze-Streitwagen schmückten, auf dem der einbalsamierte Leichnam Alexanders des Großen von Babylon nach Alexandrien gebracht wurde. Aber überhaupt wird vielfach von korinthischen Säulen berichtet, und zwar sogar aus so später Zeit wie der des Portikus des Cn. Octavius in Rom, wo das Kapitell der korinthischen Säulenordnung gebildet wurde, indem man Bronzeblätter an dem Stein anbrachte. Die grüne Patina schien wichtig, weil sie das lebendige, an einen hölzernen Schaft gebundene Akanthusblatt vertrat. So muß die ursprüngliche korinthische Säulenordnung ausgesehen haben, und die Griechen pflegten ihre Toten in grüne Leichentücher zu wickeln.

Auf vielen Lekythoi erkennt man auch eine Dienerin mit einem flachen Korb, ähnlich wie jene Getreideschwinge, die dem Dionysos Lyknos als Wiege diente, und dieser mit Bändern und Gefäßen gefüllte Korb wurde auf das Grab gestellt. So sind alle Elemente meiner Vitruvstelle beisammen, und jetzt erkennt man, daß eine natürlichere und sinnvollere Verbindung zwischen ihnen besteht, als es beim ersten Lesen den Anschein hat. Im Unterschied zu den reizvollen fiktiven Rekonstruktionen dieses Vorgangs durch Architekturschriftsteller des siebzehnten Jahrhunderts kann meine Erklärung den Anspruch erheben, schlüssig zu sein, insofern sie alle Elemente in Vitruvs trauriger Geschichte einbezieht. Trotzdem muß ich auf ein Element, das ich eingeführt habe, noch einmal zurückkommen, nämlich auf den Dreifuß auf der Spitze der Akanthussäule in Delphi.

Nicht nur die delphische Akanthussäule, sondern eine ganze Reihe früher korinthischer Säulenordnungen sind mit Dreifüßen verbunden. Das Choregendenkmal des Lysikrates ist das Beispiel, das sich aufdrängt. Dieser kleine Rundbau war in Wirklichkeit ein protziger Podest für den Dreifuß, den der Chor des Lysikrates bei den Dionysien des Jahres 334 v. Chr. gewonnen hatte. Er war achtzehn Meter hoch und eines der zahlreichen Monumente verschiedener Gestalt und Größe, die die als Straße der Dreifüße bekannte Straße zum Theater und Heiligtum des Dionysos säumten. Oberhalb des Theaters sind noch zwei weitere Siegesdenkmäler erhalten, korinthische Säulen aus römischer Zeit. In Griechenland hatten Dreifüße die gleiche Funktion wie heute die Silberpokale, die Reiter und Fußballer bei ihren Wettkämpfen gewinnen. Es waren Preise für Wettkämpfe, die in besonderer Verbindung mit Dionysos standen. Man denke an die von mir erwähnten zahlreichen Dreifüße, die in Delphi gestiftet wurden. Seit mykenischer Zeit und wahrscheinlich schon früher war der Dreifuß ein Prestigeobjekt, das im Austausch zwischen Fürsten und als Prunkgegenstand Verwendung fand. Außerdem waren Dreifüße aber auch heilige Gegenstände. In Delphi saß die Pythia auf einem Dreifuß, wenn sie von dem Gott besessen war, mit dessen Stimme sie sprach. Seine Karriere begann der Dreifuß als Kessel, als Schmortopf auf drei Beinen, der über eine Kochflamme gestellt werden konnte, hat dann aber Bedeutungen angenommen, die über diese Funktion hinausführten. In Sagen und Epen (vor allem der indoeuropäischen Völker) gibt es viele Geschichten über unerschöpfliche Kessel, Kessel, die den wundertätigen und großzügigen Schoß der Mutter Erde darstellen, aus dem wir alle kommen und in den wir alle zurückkehren müssen. Wir kehren aber zurück in den Schoß, um wiedergeboren zu werden. Viele Mythen erzählen die Geschichte von einem Gott oder Helden, der diesen Prozeß abkürzt, indem er in Stücke gehauen und in einem Kessel oder Dreifuß gekocht wird, um verjüngt wieder zu erstehen: dies war Medeas Spezialität. Es kann durchaus sein, daß dieser Mythos, wie einige Anthropologen vorgeschlagen haben, seinen Ursprung in dem bei einigen primitiven Völkern verbreiteten Brauch hat, die Toten zu kochen und das Fleisch von den Knochen zu lösen. Die Knochen wurden für eine Zweitbestattung aufbewahrt, die möglicherweise innerhalb des Hauses oder der Wohnstätte der Familie vorgenommen wurde.

Akanthus und Dreifuß, beide mit der Bedeutung der Wiedergeburt, gehören hier zusammen wie der Dreifuß und die Mänaden, das wild tanzende Gefolge des gestorbenen

Lysikrates-Denkmal, Athen, nach 334 v. Chr.

Archaischer Bronzekessel auf einem weißen Marmorfuß aus drei Göttinnen.

und wiedergeborenen Gottes. Viele der Dreifußgestelle auf der Straße der Dreifüße in Athen müssen auf jeder ihrer drei Schauseiten eine Mänade gezeigt haben.

Vor dem Ende des fünften Jahrhunderts gibt es nur wenige Gebäude, die die korinthische Bauweise verwenden; von denen, die ich bereits genannt habe, abgesehen, gibt es da den Tempel von Bassae, der zwischen 450 und 425 errichtet wurde und im Allerheiligsten nur eine einzige, die früheste korinthische Säule hat. Diese Säule wurde zu Lebzeiten des Atheners Kallimachos geschaffen, und Kallimachos wird auch die Vervollkommnung des Marmorbohrens zugeschrieben, so daß er es durchaus gewesen sein kann, der die bis dahin üblichen natürlichen oder Bronzeformen in Stein übertrug. Rund ein Jahrhundert später baute Skopas den Tempel der Athena Alea in Tegea, der außen eine dorische Säulenordnung und innen eine korinthische aufweist. Dieselbe Kombination kehrt bei den Tholoi wieder; dem um 375 von Theodoros von Phokäa (wahrscheinlich zu Ehren des Helden Phylakes) erbautem delphischen Tholos und dem schönsten von allen, dem Tholos des Asklepios von Epidauros, von Polykleites dem Jüngeren. In diesen Tempeln war der Himmelsgott oft

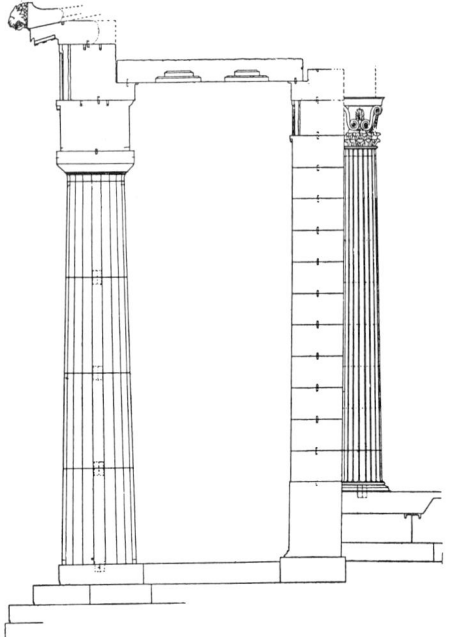

Tholos in Delphi, Querschnitt.

Tholos im Temenos der Athena Polias, Delphi.

Tempel des olympischen Zeus, Athen, nach 175 v. Chr. Dieser große, von Cossutius geschaffene und dem obersten der himmlischen Götter geweihte Tempel befand sich über der in die Unterwelt führenden Spalte, wo die Wasser der Sintflut heraustraten. Der Legende zufolge wurde er von Deukalion (dem griechischen Noah) gegründet und enthielt sein Grab neben den geheiligten Stätten von Kronos, Rhea und Ge.

verbunden mit der Macht der Unterwelt, in Tegea Athene mit dem Schlangenkönig Aleus oder in Epidauros Apollo mit Asklepios. Diese Verbindung der Sphären wurde zu einem Verfahren, das die Architekten des vierten Jahrhunderts zunehmend in eine Verbindung der Ordnungen umsetzten: der dorischen und korinthischen, wie bei dem Zeustempel von Nemea oder bei dem der Göttermutter in Olympia oder ein wenig später, gegen Ende des vierten Jahrhunderts, wiederum in Olympia bei dem Heroon-Tholos der makedonischen Könige, der unreines Ionisches und Korinthisches kombinierte. Der Kraftverlust des Griechischen und die Orientalisierung so vieler hellenistischer Fürsten im dritten und zweiten Jahrhundert hat dann dazu geführt, daß die kanonische Autorität der Säulenordnungen ein wenig an Gewicht einbüßte, bis sie in neuer Form von den Römern wiederbelebt wurde.

Zu erklären bleibt mir noch, warum die korinthische Ordnung meiner Ansicht nach zu dem Zeitpunkt aufkommt, an dem sie erscheint. Am Übergang vom fünften zum vierten Jahrhundert verändert sich das religiöse Empfinden in Griechenland. Die Selbstauslöschung des Individuums und die verordnete Frömmigkeit des klassischen Griechenland waren vom attischen Realismus und von stoischer Rationalisierung zersetzt worden. Dies rief eine Gegenreaktion hervor. Ein leidenschaftliches Verlangen nach persönlicher Erlösung, nach dem Glück individuellen Fortlebens erneuerte das Interesse an verschiedenen Mysterienreligionen und an archaischen Kulten wie dem des Pythagoras. Damals entsprang aus der ionischen Ordnung, die mit ihrem mütterlichen Charakter die ganze mit der Muttergottheit zusammenhängende Vorstellungswelt – Fruchtbarkeit, Tod, Unsterblichkeit – bedeutet hatte, die Ordnung der Jungfrau, die Säule der Kore. Persephone, die Tochter der Demeter und Königin der Unterwelt, war die Jungfrau der griechischen Religion, und es ist nur angemessen, daß die architektonische Ordnung, die die Botschaft persönlichen Fortlebens bringen sollte, ihr zu Ehren jungfräulich war. Die sehr viel spätere Beliebtheit dieser Säule bei den Römern entsprach nicht nur ihrem Geschmack an üppigen Formen, sondern auch ihren religiösen Vorlieben, und die noch spätere Beliebtheit dieser Säule bei den christlichen Baumeistern mag ein Echo dieser Verbindung gewesen sein.

Wenn dieser Aufsatz in einem unumwundenen und apodiktischen Ton gehalten ist, so sollte der Leser dies als unakademischen Zugang zu einem eminent akademischen Gegenstand entschuldigen. Unakademisch deshalb – und hier mag der Leser eine Entschuldigung dafür verlangen, daß er in die Irre geführt wurde –, weil dies ein Aufsatz nicht über antike, sondern über moderne Architektur ist. Mit ihrem Gerede von Struktur und Funktion haben die Architekten die Kunsthistoriker für die wahre Natur des von ihnen behandelten Gegenstandes blind gemacht, und die Architekten müssen noch einmal auf die Bauten der Vergangenheit blicken, um die wahren Motive zu entdecken, die ihre Vorläufer inspiriert haben.

Für eine solche Lektüre ist die korinthische Säulenordnung wunderbar geeignet. Sie erschien in dem Augenblick eines besonders geschärften Selbstbewußtseins, in dem Augenblick eines schmerzhaften Überganges, als eine gewisse archaische Unmittelbarkeit wieder auftauchte, um die Oberfläche ihres hellenischen Raffinements zu entkleiden.

Die korinthische Ordnung entstand durch den Einbruch des orientalisierenden spirituellen Individualismus, während bis dahin das Dorische und Ionische die Polarität der griechischen Religion erschöpfend symbolisiert hatten: Polarität zwischen Gaia und Zeus, zwischen Apoll und Dionysos. Die Ordnungen schlossen einander niemals wechselseitig aus, sondern waren immer komplementär.

Um die Ordnungen richtig zu verstehen, muß man sie sich, so scheint es, als linguistische Elemente vorstellen – nicht von präziser, scharf konturierter Art, sondern als verdichtete, poetische Anspielung, von der Kraft von Sprichwörtern oder vertrauten Zitaten. Während die korinthische Ordnung den Komplex der Kore repräsentierte: Unterwelt, Tod, Auferstehung, Frühling, stand das Ionische für die Welt Demeters, der Muttergottheit: Fruchtbarkeit, Erde, Pflanzen und Tiere, sowie Tod und Auferstehung, das Dorische schließlich, die Welt von Zeus und Apollo, für die vom Himmel vorgeschriebene Ordnung: Recht und Gerechtigkeit, kosmische Unwandelbarkeit, Schicksal und Wahrsagung. Ich habe hier also nichts anderes getan, als die Aussage zu lesen, die mir in diesen Elementen der Architekturvokabulars der Alten zu liegen scheint, Elementen, die einen beherrschenden Einfluß auf alles spätere Bauen gehabt haben. Ich hoffe dabei nachgewiesen zu haben, daß diese Elemente nicht aus der Formenphantasie entsprungen sind, sondern daß es sich um ein notwendiges, gewolltes Resultat des Fühlens und Vorstellens der Völker handelt, die sie geschaffen und benutzt haben. Das ist auch das Geheimnis ihrer fortwirkenden Kraft. Manche meiner Leser glauben vielleicht, daß Feststellungen dieser Art außerhalb der Zuständigkeit der Architektur liegen. Ich glaube, daß das nicht so ist, und da ich der Ansicht bin, daß die moderne Architektur die Reife einer linguistischen Disziplin noch nicht erreicht hat, habe ich diese Interpretation eines antiken Topos als Lektion und Korrektiv vorgetragen.

Die dunkle Seite des Bauhauses

Dieser, wie es mir schien, unanfechtbare Beitrag zur Geschichte des Bauhauses erregte den Zorn einer Reihe von Bauhäuslern, die den Eindruck hatten, ich versuchte das heilige Haus zu verunglimpfen. Doch indem ich seine Vielfalt und seinen Reichtum zeigte und bei einigen seiner Meister ein Bewußtsein für die wesentlichen Fragen, um die es ging, aufwies, war es meine Absicht gewesen, seine Bedeutung jenseits der Klischees der Handbücher zu unterstreichen.

Eine überarbeitete Fassung dieses Rundfunkbeitrags aus Anlaß der Bauhaus-Ausstellung erschien in The Listener, *3. Oktober 1968, und ein vollständiger Text auf italienisch in* Controspazio, *April/Mai 1970.*

Die Apologeten und Historiker des Bauhauses haben es immer als ein Heiligtum der Vernunft in einer unvernünftigen, chaotischen Welt dargestellt. Ich möchte zeigen, daß dieses Bild eine Entstellung dessen ist, was dort gedacht oder getan wurde, und ich will die These aufstellen, daß das Bauhaus interessant und bedeutsam bleibt, weil es eine irrationale und düstere Seite hatte.

Die rationale Seite des Bauhauses hat besonders starke lokale Wurzeln. Das Bauhaus begann in Weimar, dem »deutschen Athen« und der Geburtsstätte der deutschen republikanischen Verfassung, so daß es, auch wenn es in den vierzehn Jahren seines Bestehens nur etwa tausend Absolventen hatte, nicht wie die Kunstschule irgendeiner anderen kleinen Provinzstadt behandelt werden kann.

Die Bezeichnung »Deutsches Athen« war Goethes Hinterlassenschaft an Weimar. Er verbrachte dort den Großteil seines Lebens und hatte zeitweise das Kammerpräsidium inne. Zur gleichen Zeit lebten dort andere Dichter – Schiller, Herder, Wieland; Liszt weilte eine Zeitlang in der Stadt, und hierhin zog sich schließlich auch Nietzsche zurück, dessen Nachlaß und Bibliothek nach seinem Tod in Weimar blieben. Als Henry van de Velde, einer der Begründer des Jugendstils, aus seiner Geburtsstadt Brüssel als künstlerischer Berater des Großherzogs nach Weimar berufen wurde, war eine seiner ersten Aufgaben die Gestaltung der Bibliothek Nietzsches und des Archivs, das zu einer Art philosophischen Akademie wurde. Van de Veldes Hauptverdienst jedoch war die Gründung der Großherzoglich Sächsischen Kunstgewerbeschule als einer Einrichtung, die von der alten Hochschule für bildende Kunst wesentlich unterschieden war.

Walter Gropius, *Büro-gebäude der Muster-fabrik* auf der Werk-bundausstellung, Köln, 1914.

Als der Erste Weltkrieg ausbrach, befand sich van de Velde, der Belgier war, in einer schwierigen Lage und sah sich nach einem Nachfolger um. In den wirren Wochen zwischen dem Zusammenbruch des Kaiserreiches und der Begründung der neuen Republik wurde Walter Gropius berufen. Mit seinen Ideen wie auch mit denen von drei seiner Kollegen, Kandinsky, Itten und van Doesburg, will ich mich hier auseinandersetzen. Wenn von Klee hier kaum die Rede ist, so nicht, weil ich ihn nicht bewunderte – meiner Ansicht nach ist er bei weitem der bedeutendste mit dem Bauhaus verbundene Künstler (vielleicht der größte Künstler seiner Zeit) –, sondern ich habe die genannten drei Künstler gewählt, weil sie einen brauchbaren Überblick über die Einstellungen geben, die miteinander verglichen werden sollen.

Als Gropius Direktor des Bauhauses (oder der Weimarer Kunstgewerbeschule, wie es vor der Vereinigung mit der Hochschule für bildende Kunst hieß) wurde, war er bereits ein berühmter Mann. Er hatte zwei Fabriken – eine davon für die Werkbundausstellung von 1914 – und eine Anzahl kleinerer Bauten entworfen. Als aktives Mitglied des Werkbundes, auf den die Verbindung von Industrie und Gestaltung überhaupt zurückgeht, hatte er seine Aufmerksamkeit den Problemen der Architektur und Industrie zugewandt und sich besonders für die Ausbildung von Gestaltern interessiert. Mehrere Jahre hatte er für Peter Behrens gearbeitet, der auf seine Denkweise wie auf seinen Geschmack und Stil einen außerordentlichen Einfluß ausübte.

Behrens gehörte einer anderen Generation an. Er war spät zur Architektur gekommen, nachdem er bereits als Maler und Illustrator bekannt war. Sein erster Bau, ein für ihn selbst bestimmtes Haus, entstand 1901, und von da an nahm die Zahl seiner Aufträge rasch zu. 1907 wurde ihm eine der größten Aufgaben der damaligen Zeit übertragen: Er wurde der alleinverantwortliche künstlerische Berater der AEG, der größten Elektrofirma Europas, die damals in rascher Expansion begriffen war. Behrens gestaltete oder beaufsichtigte alles, was in der Firma vor sich ging, vom Warenkatalog bis zum Fabrikgebäude, vom ersten elektrischen Wasserkessel bis zu den Arbeiterwohnungen. Sein Büro war damals so berühmt, daß es neben Gropius auch Mies van der Rohe und Le Corbusier angezogen hatte.

Obwohl die Tätigkeit für die AEG eine einzigartige Aufgabe war, gab es eine Fülle anderer Dinge, um die Behrens sich kümmerte. Er war außerdem alles andere als ein Einzelgänger. Eine ganze Generation von Künstlern und Gestaltern, wie Bruno Paul, Hans Poelzig und die Gebrüder Taut, arbeiteten in dem Geiste zusammen, der schon damals mit dem Wort »Sachlichkeit« in Verbindung gebracht wurde. Dieses Wort war zu Anfang des Jahrhunderts ein Schlagwort in Fragen der Kunst und Gestaltung geworden.

Sachlichkeit ist ein sehr wichtiges Kriterium, obwohl keineswegs etwas Neues. Seit Vitruv waren praktisch alle Architekturtheoretiker in jeweils verschiedener Weise dafür eingetreten. Die Sachlichkeit der Generation von Behrens freilich lehnte ganz bestimmte Dinge ab.

Gropius, der um 1910 eine unabhängige Karriere in Angriff nahm, faßt dies in einer Denkschrift für Emil Rathenau, den Vorstandsvorsitzenden der AEG, zusammen. In dieser Denkschrift entwickelt er den Vorschlag einer Gesellschaft für die Industrialisierung des Hausbaus, einer Fabrik für vorfabrizierte Gebäudeteile. Die Denkschrift beginnt in der herkömmlichen Weise mit einer Erörterung der »Mißstände im heutigen Bauwesen«, sowohl in Hinsicht auf Geschmack wie auf Solidität und Komfort. Die Gründe, die Gropius für diese Übelstände anführt, beruhen auf dem Konflikt zwischen dem Unternehmer, dessen Hauptinteresse darin besteht, die Kosten niedrig zu halten, und dem Architekten, der sie hinaufschrauben will, um dementsprechend sein Honorar zu steigern. Das Ideal des Bauherrn, so führt er aus, ist »der Künstler, der seinen künstlerischen Zielen alles opfert und sich damit wirtschaftlich selbst schädigt«.

Peter Behrens, *AEG Turbinenhalle*, Berlin, 1908–09.

Der Künstler und der Kunsthandwerker jedoch hätten gegenüber einer auch nur teilweise industrialisierten Bauindustrie nicht die geringste Chance. Die Lösung liegt in einer Massenproduktion und Rationalisierung. Dann wäre der Architekt in der Lage, seine Aufmerksamkeit dem kleinsten Detail zu widmen, ohne sich um seine Bezahlung sorgen zu müssen, während der Auftraggeber die Garantie eines Mindestmaßes an Qualität der Bauteile hätte. Diese rationale und ökonomische Lösung stellt jedoch ein anderes Problem: Die Bauteile müssen in einem der Zeit gemäßen Stil gestaltet sein. Ein solcher Stil wird durch Harmonie als Resultat des Rhythmus von Wiederholungen hervorgehen, durch die Einheitlichkeit solcher Formen, die einmal als universell gut erkannt sind. Im weiteren führt Gropius eine aufschlußreiche Reihe historischer Beispiele an, bei denen Standardisierung zu ausgezeichneten Ergebnissen geführt hat: das holländische Backsteinhaus, das städtische Etagenhaus des achtzehnten Jahrhunderts in Frankreich und das deutsche Biedermeierhaus um 1800 und schließlich das englische Reihenhaus, bei dem das bloße Bemühen um Wirtschaftlichkeit fast von selbst zu einer künstlerischen Einheit führte.

Bei allen Beispielen handelt es sich um nüchterne Mittelstandsbauten, und alle hätten sie den Beifall der Architekten der Generation von Behrens gefunden. In diesem Sinne war der Geschmack von Gropius ganz und gar konventionell, auch wenn sein Gespür für die drängenden Probleme der Industrie etwas relativ Neues war.

Seine Vorschläge im einzelnen brauchen mich hier nicht zu beschäftigen. Ich werde aber noch auf einen späteren Text von Gropius eingehen und auf eine Akzentverlagerung in seinem Denken hinweisen, eine Verschiebung, die durch seine Berührung mit gewissen Bauhausideen bewirkt worden sein muß.

Dies waren Ideen, die eher unter Malern und Bildhauern als bei Architekten im Schwange waren. In der Zeit, von der hier die Rede ist, dem Jahrzehnt vor dem Ersten Weltkrieg, wurde die Kunst in Deutschland von postimpressionistischen Malern wie Max Liebermann, einem Freund von Behrens, beherrscht. Doch vitale jüngere Künstler ließen bereits ihre Stimme vernehmen und verlangten öffentliche Aufmerksamkeit. Unter ihnen ragten zwei Gruppen hervor – einmal die expressionistische Künstlervereinigung »Die Brücke«, die um 1910 nach Berlin gegangen war und deren Ideologie Nietzsche und den Primitivismus der Südseeinseln verband, und in München sammelte sich um die beherrschende Gestalt des Russen Wassily Kandinsky eine andere Gruppe, »Der blaue Reiter«. Es war in jeder Hinsicht die bedeutendere Gruppe, und zu ihr zählten Franz Marc, August Macke, Alexei Jawlensky und vor allem Paul Klee.

Kandinskys intellektueller Ausgangspunkt war die Theosophie, die zu Beginn des Jahrhunderts eine große und intensive Anhängerschaft besaß. Das Wort Theosophie bedeutet, allgemein gesagt, Spekulation über das Wesen der Dinge mit Hilfe bestimmter unmittelbarer Offenbarungen, während die Philosophie ohne solche Hilfe auskommen muß. Spezifischer taucht das Wort in dem Namen einer Gesellschaft auf, die 1875 von Helena Petrovna Blavatsky, einer russischen Dame, gegründet wurde, die behauptete, in Tibet initiiert worden zu sein. Sie produzierte, geleitet von Mahatmas – Weisen, die im Besitz universaler Geheimnisse waren, die sie ihr mitteilten –, bestimmte psychische

Rudolf Steiner, *Goetheanum*, Dornach. Der Holzbau von 1913, der 1922 abgebrannt ist, und der 1928 eröffnete Neubau. Steiner starb 1925 vor der Vollendung des zweiten Baus.

Phänomene. Wie immer es um die Echtheit dieser Offenbarungen bestellt gewesen sein mag, 1891 wurde Madame Blavatsky als das Haupt einer großen internationalen Organisation anerkannt. Genau gesagt, hatte diese Gesellschaft drei Ziele: die umfassende Brüderlichkeit der Menschen; die vergleichende Untersuchung der Religionen, um deren gemeinsame Elemente zu entdecken; und die Erforschung dessen, was man damals die »verborgene Kraft im Menschen« nannte, worunter einiges von dem verstanden wurde, was man heute mit dem Namen Parapsychologie bezeichnet.

Dies alles verdient Erwähnung wegen des großen Einflusses, den die Gesellschaft auf die Kunst in Nordeuropa, besonders in Deutschland und Holland, gehabt hat. Ein Ableger der Gesellschaft wurde in Deutschland vor der Jahrhundertwende gegründet, und 1902 wurde Rudolf Steiner, der bis dahin vor allem durch seine Goethe-Studien bekannt geworden war, ihr Sekretär. Steiner behauptete, selbst Offenbarungen zu haben, die durch seine Goethe-Studien beeinflußt gewesen sein mögen. Jedenfalls aber waren sie so eigener Art, daß Steiner 1913 mit den internationalen Häuptern der Gesellschaft in Konflikt geriet. Er gründete damals seine eigene Gruppe, die Anthroposophische Gesellschaft, die ihren Hauptsitz in Dornach in der Schweiz hat. Ihre Bauten sind eines der bemerkenswertesten Denkmäler des Deutschen Expressionismus. Die Anhänger Steiners praktizieren noch heute eine modifi-zierte Version der Lehre des Meisters, als der einzigen, die mit der göttlichen Offenbarung in Einklang stehe. Vor dieser Zeit, zu Anfang des Jahrhunderts, hatte Steiner seinen Geschmack noch nicht zu einem unverbrüchlichen Kanon erhoben, aber er war auch damals schon ein berühmter Schriftsteller und Vortragender. Kandinsky hat einige von Steiners Büchern gelesen und einige Vorträge von ihm gehört, die ihn zweifellos sehr beeindruckten. Es steht außer Frage, daß zum Beispiel die intensive Wiederbelebung des Interesses an Goethes Farbenlehre weitgehend auf diese Begegnung zwischen Kandinsky und Steiner zurückzuführen ist.

Die fundamentale Lehre, die Steiner durch oder besser in Goethe entdeckt zu haben behauptete, war, daß der Künstler *nicht* (wie Hegel dachte) aus einer Idee eine sinnliche Erscheinung bildet, sondern im Gegenteil die sinnliche Erscheinung zu einer Idee formt. Das Werk des Künstlers öffnet nicht dem Geist die Pforten, um in das Alltagsleben Eingang zu finden, sondern er erhebt, umgekehrt, das Alltägliche auf eine geistige Ebene, entbindet den geistigen Gehalt der physischen Realität.

Diese schwerverständlichen Gedankengänge hielt Steiner für eine Entdeckung vom Rang der kopernikanischen. Es kann freilich kein Zweifel bestehen, daß Kandinsky diese Gedanken höchst überzeugend fand und sie für die einzig gültige Erklärung seines Schaffens hielt. Daraus folgte (für ihn), daß er sich auf die Suche nach den unverbrüchlichen Gesetzen des künstlerischen Schaffens begeben mußte, die den Naturgesetzen entsprechen sollten. Solche Gesetze würden, so meinte Kandinsky, von einer inneren Notwendigkeit diktiert. Diese innere Notwendigkeit wirkt durch drei geistige Elemente: erstens das Element der künstlerischen Persönlichkeit, zweitens die stilistischen Zwänge, die durch die Gesellschaft bestimmt sind, in der der Künstler tätig ist; drittens – und zwar in Spannung zu den beiden anderen Elementen – das Element ewiger und reiner Kunst.

Kandinsky und seinen Freunden vom Blauen Reiter schienen die Gesetze der Kunst wie die Gesetze der Natur nicht nur unveränderlich, sondern umfassend auf alle Künste anwendbar zu sein. Insbesondere Musik und bildende Künste stünden in einer sehr engen Korrespondenz zueinander. Auch dies ist keine neue Idee, sondern im esoterischen Denken seit der pythagoreischen Schule geläufig. Kandinsky war in seiner Überzeugung von einer solchen Einheit durch eine gleichsam mystische Erfahrung bestärkt worden, als er während einer Aufführung von *Lohengrin* die Musik zu sehen glaubte, und umgekehrt die Farben hörte, als er sich mit einem Gemälde von Monet beschäftigte. Er wollte darüber eine Oper schreiben, die jedoch nicht über eine Ballettsuite, *Der Gelbe Klang*, hinausgedieh.

Kandinsky stand in seiner Zeit nicht allein. Die Symbolisten in Frankreich hatten ähnliche Gedanken, und Debussy und sogar Satie teilten diese Vorstellungen. Skrjabin, der Musiker, der Kandinskys Denkweise vielleicht am nächsten stand, veröffentlichte eine Farbexegese seines Klangpoems *Prometheus*. Hinter ihnen allen stand die Gestalt Richard Wagners mit seiner Überzeugung, daß sein Musikdrama angemessen nur als »Gesamtkunstwerk« erlebt werden könne. Wagners Forderungen bezogen nicht nur die Musik, die Worte, das Bühnenbild und die Kostüme mit ein, sondern auch die Bewegungen der Schauspieler und Tänzer und sogar die Architektur des Gebäudes – alles mußte in eine verwandte Form von Rhythmus, Intention und Gestaltung verwoben werden. Diese Ideen waren durch Wagners Werke und Schriften geläufig, aber auch durch Apologeten wie Edouard Schuré, der die beiden Schlußkapitel seines Wagnerbuches diesen Gedanken widmete.

Schuré war einer der führenden Apostel einer allgemeinen okkulten Bewegung, die nicht unbedingt mit der organisierten Theosophie verbunden war. Was das betrifft, so legte keiner der Künstler des Blauen Reiters Wert darauf, irgendeiner solchen offiziellen Gruppe anzugehören. Mit Schuré, mit Steiner und mit den meisten der Theosophen jedoch glaubten sie, daß die Welt an der Schwelle einer neuen geistigen Epoche stehe und daß die Zeit, die dieser Regeneration vorausgehe, schon begonnen habe. Kandinsky sah in der Entmaterialisierung der Künste ein untrügliches Zeichen für diese Tendenz: In seinem ersten Buch *Über das Geistige in der Kunst* nennt er ausdrücklich Matisses Befreiung der Farbe und Picassos Zerstückelung der festen Form »Weisungen auf ein großes Ziel«. Da der Anbruch der neuen Ära bald erwartet wurde, brauchten diejenigen, die die esoterische Lehre empfangen hatten, sie nicht mehr geheim zu halten. Ihre Pflicht war es vielmehr, den Anbruch der neuen Zeit durch Lehre und Gewinnung neuer Anhänger zu beschleunigen – und dies stand ganz im Einklang mit der hohen didaktischen Begabung Kandinskys. Es ist deshalb kaum überraschend, daß er dem Unterricht eine so außerordentliche Bedeutung beimaß. Als er aus Rußland (wohin er für die Dauer des Krieges gegangen war) zurückkehrte, erhielt er bald eine Berufung ans Bauhaus, wo er innerhalb kurzer Zeit stellvertretender Direktor wurde und diese Position behielt, bis das Bauhaus 1933 von den Nazis geschlossen wurde.

Auf den ersten Blick mag es wenig Gemeinsames zwischen Gropius' rationaler, von Behrens bestimmter Einstellung und der ultrakosmopolitischen Theosophie Kandinskys geben. Die Verbindung wurde durch Johannes Itten hergestellt. Die Umstände, unter denen Itten und Gropius einander begegneten, sind an sich interessant genug ...

Im Jahre 1910, wie Alma Mahler in ihrer Autobiographie aller Welt mitgeteilt hat, verliebte sich Gropius während der Sommerferien in Österreich in sie. Mahler lebte damals noch, und es kam weiter zu nichts. Nach Mahlers Tod wandte Alma sich Kokoschka zu, und erst als diese Beziehung sich löste, versuchte sie Gropius wiederzufinden. Damals war er, wie Kokoschka, an der Front. Im Jahre 1915 aber heirateten Gropius und Alma Mahler: Es war eine kurze Ehe, Gropius war die meiste Zeit an der Front und kam, wenn er Urlaub hatte, nach Wien, wo er dann mit dem vielfältigen und glanzvollen Kreis um Alma Mahler in Beziehung trat. Viele, die in diesem Kreis verkehrten, hatten ähnliche Interessen wie Kandinsky, obwohl es im damaligen Wien anspruchsvolle intellektuelle Entwicklungen wie die Sprachphilosophie und die Psychoanalyse gab. Kokoschka und Loos standen beide in Beziehung zu Alma Mahler, und in Arnold Schönberg sah sie den Erben ihres verstorbenen Mannes. Schönberg hatte in der Zeit, als er noch malte, gemeinsam mit dem Blauen Reiter ausgestellt, ebenso wie Johannes Itten. Die Begegnung mit dem Schweizer Maler sollte sich für das Bauhaus als höchst folgenreich erweisen.

Itten hatte in Stuttgart mit Malunterricht begonnen, ging aber 1916 nach Wien, um eine unabhängige Schule zu gründen. Gropius muß von den Resultaten Ittens sehr beeindruckt gewesen sein, denn er holte ihn als Mitglied des Gründungskollegiums ans Bauhaus, um einen Einführungskurs für die neu Eintretenden aufzubauen. Dieser »Vorkurs« erwies sich als prägend für den gesamten Bauhausunterricht. Außerdem brachte Itten eine Gruppe von etwa vierzehn eigenen Schülern aus Wien mit, von der die Verbreitung seiner Ideen ihren Ausgang nahm.

Ittens Unterricht war von höchst differenziertem Aufbau. Sein ausdrückliches Ziel war es, den Studenten von schematischen Auffassungen, die er mitbrachte, zu befreien und ihn dazu zu bringen, daß er Probleme konsequent durchdachte. Aber er sollte sie nicht nur durchdenken, sondern mit dem Ganzen seiner Person durchleben. Der Kurs begann mit freiem assoziativem Zeichnen und konzentrierte sich dann auf die Analyse der Flächenwirkungen von Farben, besonders anhand der alten Meister. Dann kamen Materialstudien: Durch genaue Darstellung wurde den Schülern die Struktur dessen, was sie darstellten, deutlich zu Bewußtsein gebracht. Differenziertere formale Untersuchungen leiteten zur Analyse der Werke alter Meister über, sowohl unter dem Gesichtspunkt der mathematischen Proportion wie der Rhythmik und der Art und Weise, wie beides mit Farbtonwerten verbunden wird, damit ein Bild die vom Künstler angestrebte Bedeutung erhält. Diese letzte Übung sah manchmal so aus, daß die Farbstruktur eines Gemäldes zu kalligraphischen Formen vereinfacht wurde und so die Bedeutung der Bildelemente zu einem Text verdichtet wurde, der sich sowohl durch seine eigene Gestalt mitteilte wie auch dadurch, daß das ursprüngliche Kunstwerk als eine rhythmische und tonale Einheit erschien. Von diesen Übungen ging der Schüler weiter zu freien rhythmischen Äußerungen – einer Gymnastik, die sich in Zeichnungen niederschlug – und zur Theorie der Farbe.

All dies hat, wie ich betonen möchte, nichts mit den verschiedenen Spieltherapien zu tun, die hierzulande und in Amerika als elementarer Gestaltungsunterricht gelten. Für Itten waren diese Übungen keine isolierten pädagogischen Experimente. Das Bauhaus war für ihn

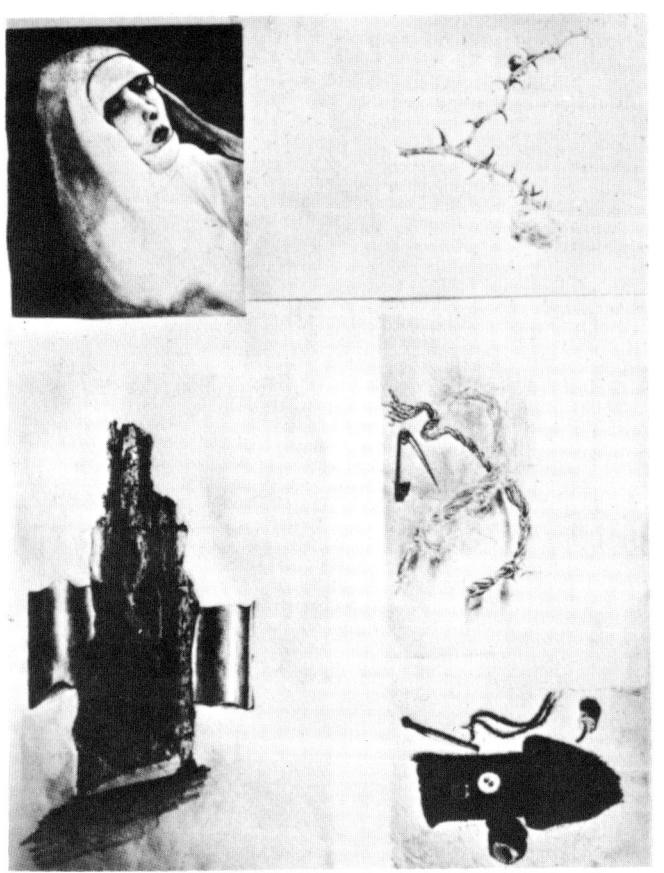

Übungen in der Darstellung charakteristischer Eigenschaften der verschiedenen Materialien, aus Johannes Ittens Vorkurs. Oben links eine Kohlezeichnung nach Grünewald.

Charlotte Victoria, *Körper- und Raum-Studie in Glas und Kaliko* aus Moholy-Nagys Vorkurs.

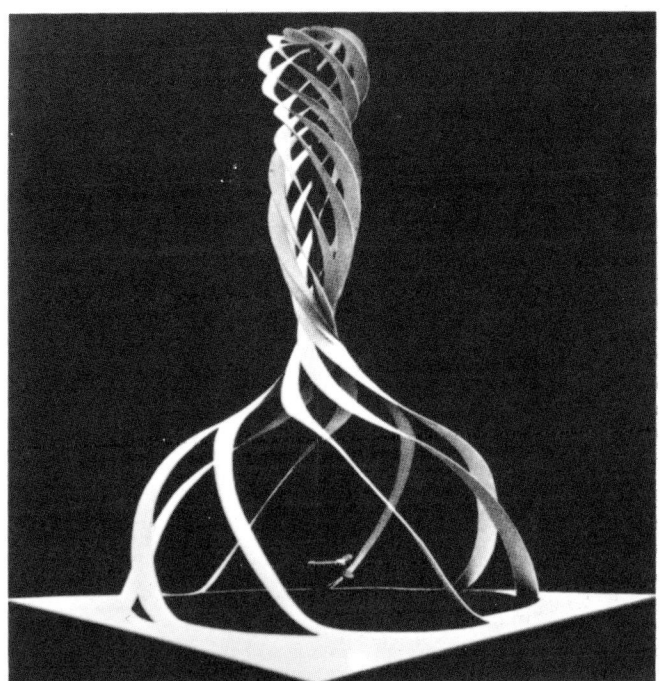

Plastische Materialstudie aus Papier von einem Studierenden des Vorkurses von Albers, um 1927. Dreheffekt durch Auseinanderziehen oder Zusammendrücken.

eine Lebensform. Daher die kunstvollen, für manchen seiner Zeitgenossen so unerträglichen Pseudo-Rituale, mit denen er es umgab – die Prüfung durch einen hierophantischen Mitschüler, dessen Intuition als absolut angesehen wurde; die Schaffung einer besonderen Bekleidung für die Studenten, die auch Itten selbst trug; die Einführung einer den Jahreszeiten genau entsprechenden, angeblich mazdäischen Gesundheitsnahrung in der Bauhauskantine, über die sich Alma Mahler bei einem ihrer Besuche bei Gropius beklagte – man könne einen Bauhäusler von weitem riechen, weil er so nach Knoblauch stank. Mit diesen Absurditäten räumte man zu einem gewissen Grade auf, als Itten 1923 das Bauhaus verließ und der Vorkurs von einem der Schüler Ittens, Joseph Albers, und einem neuen Mitglied, dem ungarischen Künstler Lászlo Moholy-Nagy, neu eingerichtet wurde, obwohl diese Neugestaltung ihn mehr in die Nähe der Spieltherapie brachte und er die Hochspannung und Schärfe verlor, die Itten ihm gegeben hatte.

Moholy kam auf Einladung Theo van Doesburgs nach Weimar. Obwohl van Doesburg nie selbst am Bauhaus gelehrt hat, kam er wegen des Bauhauses nach Weimar. Er war – wie sein angenommener Name deutlich macht – Holländer (sein wirklicher Name lautete Kramer) und war ein abstrakter Maler und dadaistischer Dichter, und zwar unter jeweils verschiedenen Namen. Das für mein Thema Wichtige war jedoch seine Begründung der De Stijl-Gruppe zusammen mit Piet Mondrian.

Ich muß noch einmal auf die Theosophie zurückkommen. Während van Doesburg nur eine flüchtige Verbindung zur Theosophie hatte, gehörte Mondrian ihr schon vor 1900 an und bewahrte viele Jahre in seinem Atelier eine Photographie von Madame Blavatsky. Es unterliegt keinem Zweifel, daß Mondrian und van Doesburg vieles mit Kandinsky gemeinsam hatten, obwohl van Doesburg offenbar weniger an der esoterischen Lehre interessiert gewesen zu sein scheint als die beiden anderen. Die Ideen eines spirituellen Lebens wurden ihm wahrscheinlich zuerst durch Kandinsky vermittelt, dessen Buch *Über das Geistige in der Kunst* van Doesburg unmittelbar bei Erscheinen gelesen hat, und später dann durch Mondrian, mit dem ihn so vieles verband. In seinen eigenen Aphorismen zeigt sich eine dogmatischere und auch unmittelbarer hegelianische Einstellung als bei Mondrian.

»Alle Künste haben gleichartigen Inhalt. Nur Ausdrucksweise und Ausdrucksmittel sind verschieden.« Und: »Die ästhetische Erfahrung drückt sich aus in Verhältnissen.« Fast wie eine Folgerung daraus heißt es in einem anderen Aphorismus: »Die objektive, natürliche Erscheinung des Dinges, so wie sie sinnlich erfahren wird, wird zerstört werden – je radikaler dies *in* der Erfahrung geschieht, desto stärker wird diese Erfahrung sein.« Wiederum als unmittelbare Folge daraus: »In der ästhetischen Erfahrung wird individuelle Differenz zu organischer Indifferenz.« Hinter van Doesburgs Lehre steht die Überzeugung, daß das Akzidentelle, das Individuelle der Ursprung von Verwirrung und Disharmonie ist. Das Universale, das Konstante führt zur Harmonie. Diesen Glauben teilte er mit Mondrian, für den alles Individuelle in sich tragisch war und der – zunächst durch die Erfahrung des Kubismus, dann durch die sukzessive Reduktion seiner eigenen Ausdrucksmittel – zu einem Gesetz universeller Polarität zu gelangen suchte. Hinter dieser Suche stehen Ideen, die Hegel mehr verdanken als Goethe, vielleicht noch mehr dem Neuplatonismus des holländischen Philosophen Schoenemakers, auf dessen Freundschaft mit Mondrian das gesamte Vokabular der holländischen abstrakten Kunst zurückgeht.

All dies tritt mit van Doesburgs Ankunft in Weimar 1921 in den Mittelpunkt. Van Doesburg wurde nicht aufgefordert, am Bauhaus zu lehren, aber er hielt öffentlichen Unterricht, nicht ganz mit Billigung der Hierarchie des Bauhauses.

Er lehnte natürlich den so stark »materialbezogenen« und »individuellen« Charakter des Ittenschen Vorkurses ab. Seiner Ansicht nach mußte alles auf ein Minimum reduziert werden: In diesem Sinne war die Beschäftigung mit den alten Meistern vollkommen nutzlos, und die Entwicklung der Collage ermutigte die Konzentration auf das Akzidentelle und Kontingente. Darüber hinaus war die Betonung der physischen und emotionalen Seite des Vorganges unverträglich mit der Modernität van Doesburgs, wie sie es auch für Mondrian gewesen wäre. Kandinsky dürfte wohl Yoga praktiziert haben, und die Aufmerksamkeit, die den Atemübungen während des Zeichnens, der Ernährung, der Bekleidung gewidmet wurde, bestimmte die Atmosphäre, in der er, wie er sagte, »das Gift der De Stijl-Lehre« ausstreute.

In anderer Hinsicht jedoch führten die Ideen von Kandinsky und Gropius über die von Itten noch hinaus, als sie mit den Gedanken van Doesburgs in Berührung kamen. Zum Beispiel die Idee, daß moderne Produktionsprozesse durch die Zerstörung der physischen

Struktur des Materials zu einer Entstofflichung der Materie führen und sie stärker spiritualisieren, muß sowohl Gropius wie auch Kandinsky sehr entgegengekommen sein. Im Gegensatz zu dem kuriosen »Naturismus« Ittens galt den Anhängern des De Stijl die großstädtische Umgebung als die für den Künstler einzig angemessene. Die Großstadt (sagt Mondrian) ist dem Künstler näher als die Natur, weil das Natürliche in der Stadt bereits verfestigt und vom menschlichen Geist geordnet ist – auch dies mag bei Gropius Anklang gefunden haben, während ich zweifle, daß Itten oder auch Klee dem hätten zustimmen können. Die Ironie der Situation war, daß van Doesburg, da er für Gropius und seine Freunde zu dogmatisch war, keinen Fuß in das Bauhaus bekam, aber auch Itten Weimar verlassen mußte.

Aus diesem Durcheinander erwuchs eine eigenartige Synthese. Der »Elementarismus«, wie van Doesburg es nannte, von drei Grundformen der Fläche – Quadrat, Kreis, Dreieck – und den drei Primärfarben wird von Kandinsky übernommen. Die berühmte Bauhaus-übung, bei der man ohne weitere Erläuterung ein Blatt mit den drei Formen und drei Farbstifte – rot, gelb und blau – erhielt und jede Form mit der passenden Farbe ausfüllen sollte, stammt aus dieser Zeit und ist eine Zusammenfassung der vielen Ideen, auf die ich kurz eingegangen bin. Manchmal wird diese Übung als ein Beispiel für einen extremen Rationalismus angeführt, doch es ist nichts besonders Rationales daran, im Gegenteil, sie ist das Produkt einer hochentwickelten esoterischen Lehre, der zufolge die inneren Gesetze der Natur immer mehr allgemein sichtbar werden.

Als ein entschiedener Rationalist wie Hannes Meyer, der Gropius als Direktor des Bauhauses 1929 ablöste, das esoterische Erbe des Blauen Reiters und von Ittens pädagogischen Experimenten auszulöschen suchte, war er augenblicklich draußen. Meyer, der Rationalist, war in der Tat der Ausgeschlossene, denn das Bauhaus kultivierte in seinen Mitgliedern ein wechselseitiges Bewußtsein voneinander. Van Doesburgs Einstellung zur Maschine dürfte Künstler wie Kandinsky und Klee durchaus davon überzeugt haben, daß Standardisierung im Bauen und in industrieller Gestaltung gleichsam eine geistige Übung war. Unzufrieden mit seiner selbstauferlegten Sachlichkeit spricht Gropius 1955, an das englische Publikum gewandt, von der modernen Architektur als einer Bewegung, die von innen heraus gereinigt werden müsse, wenn ihre ursprünglichen Ziele vor dem Materialismus und den falschen, von Plagiat und Mißverständnis bestimmten Schlagwörtern geschützt werden sollen. Schlagwörter wie »Funktionalismus« oder Neue Sachlichkeit, sagt Gropius, oder »Zweckmäßigkeit« haben dem Verständnis der neuen Architektur geschadet... Die ästhetische Befriedigung der menschlichen Seele ist ebenso wichtig wie die materielle... Weit wichtiger als die strukturelle Ökonomie und die Betonung der Funktionalität ist die geistige Leistung, die sie möglich gemacht hat.

Vielleicht sollte ich darauf hinweisen, daß das Wort »geistig« sowohl »spirituell« wie »intellektuell« bedeuten kann und Gropius es hier wohl im Sinne von »spirituell« versteht. Wie dem auch sei, er hat also seine Einstellung diametral geändert. Die Ziele, deren Erfüllung 1910 von selbst gerechtfertigt schien, werden um 1955 zum Mittel einer spirituellen und intellektuellen Befreiung.

Ich hoffe, man wird mich nicht der Paradoxie zeihen, wenn ich gegen die Bauhausmeister jetzt nicht den Vorwurf eines übertriebenen Rationalismus erhebe, sondern den, daß sie die religiösen oder quasi-religiösen Postulate ihres Tuns nicht formuliert, zumindest aber nicht ausdrücklich formuliert haben. Nur Itten und Klee haben sich in dieser Hinsicht nichts vorzuwerfen, und sie waren die beiden Bauhausmeister, die bei van Doesburg die Gefahr der übertriebenen Verherrlichung der Moderne und der Deutung jedes technischen Fortschritts als eines geistigen Fortschritts am deutlichsten gesehen haben.

Die Bauhäusler hatten nur ein vages Bewußtsein von dem großen Problem der Entfremdung des Industriearbeiters in einer Gesellschaft, für die Produktivität der letzte Wertmaßstab ist. Natürlich hatten sie von Marx gehört, aber Ruskin und Morris waren, soweit es sie anging, vor allem Kunstschriftsteller, und Brecht scheint sie – jedenfalls als Gruppe – nicht interessiert zu haben.

Itten scheint mir für das Bauhauserbe die zentrale Gestalt zu sein, weil seine Methode von der Überzeugung bestimmt war, daß die ganze Persönlichkeit an dem Werk beteiligt ist: Die Tätigkeit des Gestalters wie des Künstlers muß den Geist, den Körper, die Sinne und das Gedächtnis und die unbewußten Strebungen einbeziehen.

Bei allen Schwächen und Verrücktheiten Ittens bleibt diese entscheidende Wahrheit für mich die wichtigste Seite des Bauhauses, und die von ihm entwickelten Übungen scheinen mir die einzig mögliche Einführung in eine moderne Formensprache zu sein. Eine Darstellung des Bauhauses darf an Itten nicht vorübergehen, wie Kandinsky und Gropius dies 1923 getan haben. Es mag durchaus sein, daß er die dunkelste Seite des Bauhauses repräsentiert, jedenfalls aber auch die reichste.

Zwei Häuser von Eileen Gray

Nach der Veröffentlichung ihres Centre de Vacances in Le Corbusiers Buch Des Canons, des Munitions? Merci: Des Logis… SVP *(Paris, 1937), die mit der Ausstellung ihres Modells im Pavillon des Temps Nouveaux auf der Weltausstellung desselben Jahres zusammenfiel, ist von Eileen Gray nichts mehr veröffentlicht worden, bis im Dezember 1968 eine Arbeit von mir in* Domus *469 erschien. Ihr Werk war so anders, so prophetisch, daß es früher oder später Gegenstand eines Kultes werden mußte. In der Zwischenzeit hatte ich das Privileg, die Bekanntschaft dieser bemerkenswerten Frau zu machen, und die Gelegenheit, ihr Werk näher zu untersuchen. Heute gibt es eine beachtliche Menge von Schriften über sie, die in dem Katalog einer Ausstellung im Victoria and Albert Museum, London, und im Museum of Modern Art in New York zu Beginn des Jahres 1980 genannt sind. Dem vorliegenden Aufsatz, der ursprünglich in* Perspecta *13/14, 1971 erschien, habe ich vor meinen früheren Aufsätzen über sie den Vorzug gegeben, da er am wenigsten anekdotisch ist und einer theoretischen Erörterung ihrer Arbeit am nächsten kommt.*

Zwei Häuser, einige Innenräume und ein paar unausgeführte Projekte scheinen für ein architektonisches Œuvre relativ bescheiden. Im Falle von Eileen Gray steht die bescheidene Quantität in scharfem Kontrast zu der außergewöhnlichen Qualität: Qualität von solchem Rang, daß sie zu den Meistern des Neuen Bauens gezählt zu werden verdient, so schmal auch ihr Beitrag sein mag. Am erstaunlichsten scheinen Raffinesse und Sicherheit ihres Werkes: Ihr allererstes, 1926 entworfenes (wenn auch erst 1929 bezogenes) Haus zeigte bereits ein volles und ursprüngliches Verständnis der Sprache der Modernen Bewegung bis zum damaligen Zeitpunkt und gab ihr eine originelle Interpretation.

Der erste Bau, ein Haus bei Roquebrune, wurde von Jean Badovici, dem Herausgeber von *Architecture Vivante,* bezogen. Badovici war natürlich über das orientiert, was sich auf dem Gebiet des modernen Design tat, und dürfte mit dem, was in Paris geschah, besonders vertraut gewesen sein. Während dieses Haus entworfen wurde, muß er zeitweise an der Vorbereitung der Ausgabe der Zeitschrift gearbeitet haben, die 1927 die Häuser der Weißenhof-Siedlung in Stuttgart ausführlich und im einzelnen vorstellte. Als Eileen Gray Badovici kennenlernte, beschäftigte sie sich bereits mit Fragen des Design. Sie war unmittelbar vor der Jahrhundertwende eine der ersten weiblichen Absolventen der Slade School of Art in London gewesen. Etwas später – um 1907 – ging sie nach Paris und bezog

dort eine Wohnung in der rue Bonaparte, die sie noch heute hat. Und obwohl sie vor dem Ersten Weltkrieg eine Zeitlang bei einem japanischen Lackkünstler in London in die Lehre gegangen war und lange Reisen unternommen hatte – vor allem Flugreisen in den frühen Tagen des Luftverkehrs –, ist Paris seitdem ihre Heimat geblieben.

Vor dem Ersten Weltkrieg hatte sie in der rue Visconti, ein paar Schritte von ihrer Wohnung, ein Atelier eröffnet, wo sie zunächst Lackarbeiten und dann andere Möbel herstellte. Damals erhielt sie auch ihre ersten Aufträge für komplette Inneneinrichtungen. 1922 zeigte sie einen Raum bei der Union des Artistes Modernes und kam dadurch mit anderen Teilnehmern der Ausstellung in Berührung, namentlich mit J. J. P. Oud; es ging wahrscheinlich auf seine Anregung zurück, daß die holländische Zeitschrift *Wendingen* ihren Möbeln, Stoffen und Inneneinrichtungen eine Nummer widmete, als sie wiederum bei der Union des Artistes Modernes ausstellte und einen Laden eröffnete, in dem sie großenteils ihre eigenen Entwürfe anbot: verschiedene Möbel sowie Teppiche, Decken und einige Stoffe. Da gab es ein paar ausgezeichnete Beleuchtungskörper und Wandschirme aus Lack, dem Material, das sie so sehr originell und brillant verwendete.

Die Nummer von *Wendingen* wurde von Jan Wils eingeleitet, Mitglied der De Stijl-Gruppe und Erbauer des Stadions von Amsterdam, und enthielt außerdem einen Aufsatz über ihr Werk von Jean Badovici, der damals bereits neben Albert Morance Mitherausgeber von *Architecture Vivante* war.

Vor dieser Zeit war ihr Werk, wie es nur zu verständlich ist, gelegentlich dem nahegekommen, was heute Art Déco genannt wird. Aber auch ihren frühesten Arbeiten eignet eine zurückhaltende Eleganz, eine Formschönheit und Materialsicherheit – gleich ob das Material einfach oder edel ist –, durch die sie dem Geist des Werkes von Adolf Loos oder selbst von Mies van der Rohe näher steht als Djo Bourgeois oder Francis Jourdain.

Als entscheidend für Eileen Gray sollte sich die Begegnung mit Badovici erweisen. Er wußte die besondere Richtung ihres Talents zu würdigen und gab ihr den Rat, sich der Architektur zuzuwenden. Es fand sich jedoch nicht gleich ein Auftraggeber, und Eileen Gray entschloß sich, für sich selbst zu bauen. Sie fand zwei Plätze an der Riviera, einen in Roquebrune, den anderen in Castellar, beide in abschüssiger Lage, schwer zu bebauen und mit Baumaterial zu versorgen, aber beide mit einem herrlichen Ausblick. Zuerst sollte das Haus in Roquebrune gebaut werden, das später Badovici gehörte. 1926 begann Eileen Gray mit der Arbeit, aber das Haus wurde erst 1929 bezogen und wurde damals auch in *Architecture Vivante* als »Maison en Bord de Mer« publiziert.

Eileen Grays früheres Werk ist mit diesem Haus in Roquebrune wie ausgelöscht und verwandelt, von allen Art Déco-Anklängen gereinigt. In welchem Maße dies auf den Einfluß

◁ Eileen Gray, *Tempe a Pailla*, Castellar, 1932–34, Eingang von der Straße. Die Garage ist über einer früheren Zisterne erbaut, und die Treppe hinter dem Gartentor führt zu den Gästeräumen hinauf und weiter zu der Wohnterrasse.

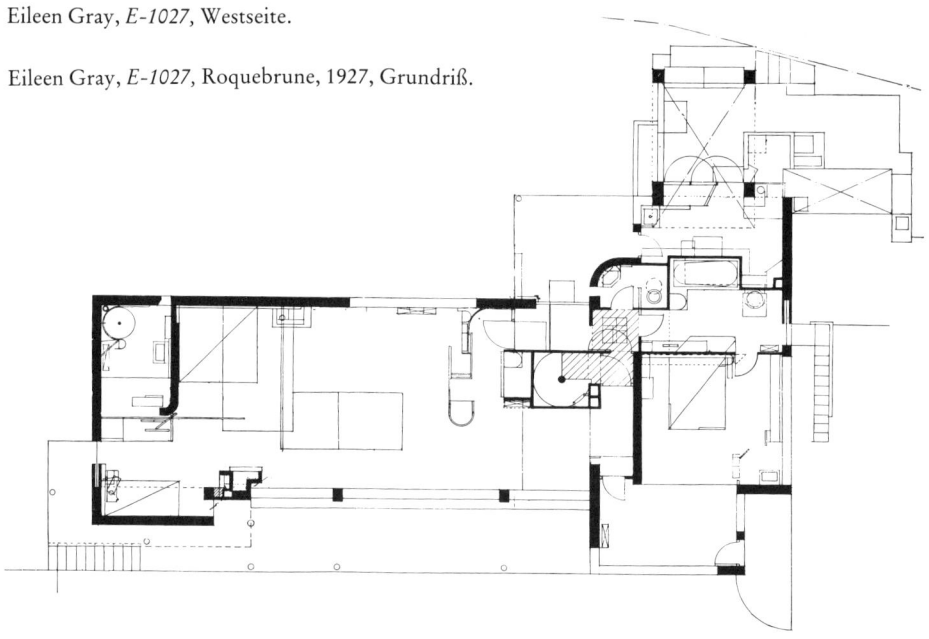

Eileen Gray, *E-1027*, Westseite.

Eileen Gray, *E-1027*, Roquebrune, 1927, Grundriß.

Eileen Gray, *E-1027*, Wohnraum mit Eßeckc.
Eileen Gray, *E-1027*, Schlafzimmer.

Badovicis zurückzuführen ist, läßt sich heute nur schwer entscheiden; fraglos war er mit den letzten Entwicklungen des Neuen Bauens vertraut, die Eileen Gray selbst wahrscheinlich nicht kannte. Die Art dieses Einflusses kann durch den analogen Fall eines Zeitgenossen veranschaulicht werden: Das einzig interessante Werk Pierre Chareaus in den frühen dreißiger Jahren entstand in Zusammenarbeit mit B. Bijovet. Als Bijovet aber nach Holland zurückging, verlor Chareaus Werk jegliche Qualität. Eileen Grays Werk war demgegenüber von Anbeginn an eleganter und sehr viel vollkommener gewesen als das von Chareau und nahm nach 1925 eine entschiedene Wendung: Es entwickelte sich weiter und gewann an Sicherheit.

Der Veröffentlichung der »Maison en Bord de Mer« geht eine lange Einleitung (»De l'eclecticisme au doute«) in Form eines Dialoges zwischen Badovici und Eileen Gray voraus. Er enthält einen (für die damalige Zeit ungewöhnlichen) Appell gegen die zu starke Intellektualisierung der Architektur und plädiert für eine Dramatisierung der wesentlichen Formen, zu denen die »Sachlichkeit« die Architektur gereinigt hatte. Diese Dramatisierung sollte dadurch gelingen oder zumindest sollte man ihr dadurch näherkommen, daß die Gestaltung von Innenräumen dieselbe Aufmerksamkeit fand, wie man sie damals dem Äußeren widmete. Die besten modernen Architekten hatten bisher die Innenräume vernachlässigt: Man erinnere sich daran, daß Le Corbusier zu der Zeit, als Eileen Gray das Haus entwarf, noch Thonetstühle und Klubsessel benutzte, und daß ihr Haus fast gleichzeitig mit denen der Bauhausmeister entstanden ist.

Eileen Gray distanziert sich ausdrücklich von den Exzessen des flexiblen Grundrisses, was sie »le style camping« nennt. Die »Maison en Bord de Mer« ist in der Tat alles andere als ein flexibler Grundriß. Im Gegenteil, es ist geradezu als ein Behälter für eine sorgsam gegliederte Lebensform gedacht. Der Besucher nähert sich entlang der Nordwand des Hauses und kommt zu einer Veranda, die die Diele und die Küche verbindet (im Sommer offen und im Winter geschlossen). Auf der Veranda muß der Besucher sich um 180° drehen, bevor er die Eingangstür öffnen kann. Sie führt ihn direkt in den Bereich des Wohnzimmers, durch einen von einem Wohnzimmerschrank abgeteilten Raumteil. Dieser sehr große Raum (annähernd 12 m × 4,5 m) ist jedoch weiter untergliedert in einen nischenartigen Eßbereich neben dem Eingang und einen Kamin an der gegenüberliegenden Seite, der einen behelfsmäßigen Schlafraum in einer Nische abschirmt. Zum Schlafraum gehört ein Duschplatz, der vom Hauptraum durch Schränke analog denen, die den Dielenbereich abgrenzen, separiert ist, so daß er zu einer Art Boudoir wird.

Der Wohnraum öffnet sich auf eine Terrasse, von der er durch eine Reihe von Schiebe- und Kippfenstern abgetrennt ist. Die Terrasse ist außerdem zur Außenseite abgeschirmt durch einige einrollbare Markisen, die vor der südlichen und westlichen Sonne schützen. Der eintretende Besucher, der durch die horizontalen Blenden des Fensterstreifens gleich am Eingang schaut, verweilt mit seinem Blick auf vier Ebenen: besagten Blenden, dem Fenster dahinter, dem südlichen Kipp-Schiebefenster und den Terrassenmarkisen. Entsprechend weiß sich jeder, der sich innerhalb des Hauptwohnraumes befindet, von der Außenwelt durch eine Zwischenzone getrennt.

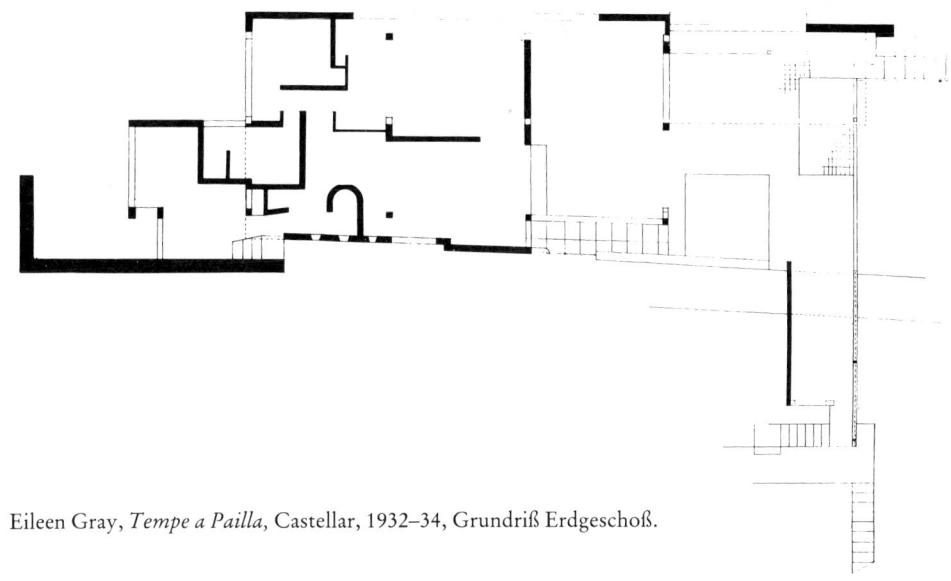

Eileen Gray, *Tempe a Pailla*, Castellar, 1932–34, Grundriß Erdgeschoß.

Der Schlafraum kann entweder von der Vorhalle durch eine Badezimmersuite betreten werden oder durch ein isoliertes Atelier, nicht aber unmittelbar vom Wohnraum aus. Eine Wendeltreppe führt zu einem Gästezimmer und zu einem Dienstbotenzimmer hinunter sowie zu einer überdachten Terrasse.

Bei all dem ist eine enorme Sorgfalt an die Behandlung der Oberflächen gewendet worden, genauso – wenn auch in ganz anderem Geist – wie bei Eileen Grays früheren Arbeiten. Zum Beispiel sind die Hauptdecken nicht verputzt, sondern aus bemaltem Sichtbeton, wobei die Dachplatte an dem Gebälk aufgehängt ist, damit die unschönen Details beim Aufeinanderstoßen von Wand und Decke vermieden werden, ebenso wie die Risse im Deckenputz. Doch nicht nur die strukturierenden Flächen und die Farben sind mit einer solchen Sorgfalt behandelt. Das ganze Haus ist als eine Gestaltungsaufgabe im Geiste des oben zitierten Vorwortes aufgefaßt worden, und für diesen Zweck wurde eine ganze Serie von Möbeln geschaffen, einschließlich des inzwischen berühmten gepolsterten Holzstuhls und des Sessels aus weißen Lederrollen (den Eileen Gray heute »la chaise Bibendum« nennt). Auch entwarf und webte sie alle Teppiche für das Haus. Mit seiner Ausstattung und Möblierung war das Haus damit eines der bemerkenswertesten »ensembles« der Zeit.

Das Haus hat ein glückliches, aber auch merkwürdiges Schicksal gehabt. Le Corbusier war mit dem Fischer befreundet, der das anliegende Grundstück kaufte, und als dieser Fischer sein Haus vergrößerte, um ein kleines Bistro aufzunehmen, baute Le Corbusier eine kleine Hütte, die sich daran anlehnte. Gegen Ende des Krieges malte er in dem Haus, das damals noch Badovici gehörte, fünf seiner großen Wandbilder; heute ist das Haus in den

Eileen Gray, *Tempe a Pailla,* Ansicht von der Straße.

Besitz von Madame Staalberg übergegangen, die es als das große Vermächtnis behandelt hat, welches es fraglos ist.

Das andere der beiden Häuser, in Castellar, hatte ein weniger glückliches Geschick: Unmittelbar nach dem Krieg wurde es von Graham Sutherland gekauft, der zu jener anekdotischen und kalligraphischen englischen Kunsttradition gehört, die in unerbittlichem Gegensatz zur modernen Architektur, ja zu jeder ernsthaften Architektur steht, die sinnvollerweise nicht als Ruine betrachtet werden kann. Er hat das Haus seinem Geschmack angepaßt und damit seine erlesene Geschlossenheit zerstört. Dabei ist das Haus in Castellar, wie ich bereits angedeutet habe, ein weit gelungeneres Gebilde. Wiederum sind die Haupträume in einer Etage untergebracht, und das Haus ist an einem terrassierten Abhang erbaut. Während sich in Roquebrune der Unterbau aus den Meeresklippen erhob, wachsen in Castellar die glatten Betonwände ziemlich unregelmäßig aus einem Bruchsteinsockel hervor. Der Hauptzugang führt diesmal über die Terrasse, über eine Rampe vom Garten her und eine offene Betontreppe von der Straße. Die Terrasse öffnet sich zu zwei panoramaartigen Ausblicken. Die Blenden, die in Roquebrune bei einem kleinen horizontalen Fenster

Eileen Gray, *Tempe a Pailla*, Wohnterrasse.

benutzt wurden, wirken hier als vollentwickelter Brisesoleil entsprechend den Markisen in Roquebrune.

Aber sie wirken nicht nur wie ein Brisesolcil: Eileen Gray benutzte die verstellbaren schräggestellten Metallblenden bereits als selbständige strukturierende Teile, denn sie sind in schwere und sehr auffällige Metallrahmen gefaßt und haben große Bedeutung für die visuelle Komplexität des Hauses: An einer Stelle, der Nord-Ost-Aussicht von der Terrasse, ist der innere Raum vom äußeren einzig durch eine Zwergmauer getrennt, die einen eigenen Brisesoleil von der eben beschriebenen Art trägt.

Wie in Roquebrune sind derartige Details sehr stark mit der Gesamtanlage verbunden, ebenso wie dies bei den Möbeln der Fall ist. Der Hauptschlafraum beispielsweise, der in dieselbe Richtung weist wie die Terrasse, nämlich nach Nordosten, hat – für den Ausblick – eine runde Glaskuppel, die, um das Sonnenlicht einzufangen, in die Decke eingelassen ist. Diese Öffnung kann von einem runden Schild abgeschirmt werden. Der große Kleiderschrank im selben Raum, der zur Gliederung des Garderobenbereichs dient, hat abgerundete Ecken und öffnet sich, indem das halbe Metallgehäuse horizontal zum Gleiten gebracht

Eileen Gray, *Tempe a Pailla*, Blick auf die Terrasse mit verstellbaren Metallblenden.

wird. Schon in diesem einen Raum gibt es mehrere solcher frischer und brillanter Details, deren formales Raffinement durch die Verwendung von Farbe und Materialstruktur unterstützt wird. Wie in Roquebrune ist allem anzusehen, wie sorgfältig es durchdacht wurde. Nicht nur wurde die Polsterung von der Designerin überwacht, sondern sie hat auch die verwendeten Stoffe ebenso wie die Decken und Teppiche selber entworfen und gewebt. Wer mit dem modernen Vorgehen vertraut ist, bei dem ein Architekt die ganze Einrichtung und sogar die Einzelheiten der Ausstattung seinem Kunden vorschreibt, aus Sorge, daß sein Bau durch den Gebrauch »verdorben« werden könnte, dem mag das gefallen. Eileen Gray hat für sich selbst gebaut, und ihre Häuser waren originell, sorgfältig durchdacht und entsprachen einem offenen, entspannten Lebensstil. Ungeachtet der Konzentration auf das persönlich sinnvolle Detail ist die Form im ganzen stark genug, um die ihr durch eine Reihe von Wandbildern Le Corbusiers zugemutete Behandlung zu vertragen (nicht freilich die rohere Verstümmelung, die kein Gebäude, so kraftvoll es sein mag, überstehen könnte).

Dieselbe Sorgfalt, die Eileen Gray den Häusern widmete, wandte sie auch an die Gestaltung einer winzigen Einzimmer-Wohnung, 7,5 × 4,5 m (d. h. ein Goldener Schnitt), wo sie einen bewohnbaren Raum schuf, der beinahe die Qualität eines »Licht-Modulators« von Moholy-Nagy hat. Der Hauptraum von 21 m² ist ein Wohnschlafzimmer, während Küche, Bad und Diele auf den verbleibenden 2,7 × 4,5 m untergebracht sind. Die auf engem Raum zusammengefaßten Einrichtungen sind voneinander sowohl durch eine primitive Form von flexibler Tür wie durch höchst ingeniös perforierte Metallschirme getrennt.

In gewisser Weise mehr noch als die Häuser bietet dieser Raum ein Beispiel für die Art von Dramatisierung, von der Eileen Gray in »De l'eclecticisme au doute« gesprochen hatte. Ihr Werk ist immer bescheiden, vernünftig und doch so lebendig und erlesen, daß es einem den Atem nimmt. In dem Paris, in dem Giacometti von der Anfertigung schmiedeeiserner Feuerböcke lebte, konnte sie keinen großen Erfolg haben. Tatsächlich gibt es nach diesem Raum nur noch sehr wenige ausgeführte Arbeiten, die meist Entwürfe geblieben sind wie das vorfabrizierte Ellipsenschnitt-Haus (1937) und das Bildhaueratelier von 1937. Ebenfalls im Jahre 1937 entstand das große Modell des Ferienzentrums für den »Pavillon des Temps Nouveaux« auf der Weltausstellung (Le Corbusiers »Zelt«-Pavillon), und vor dem Krieg kamen dann noch einige Entwürfe und eine ganze Reihe von Möbeln sowie Auftragsarbeiten für Inneneinrichtungen hinzu. Es gibt auch einige Arbeiten nach dem Krieg, aber all dies liegt außerhalb des Themas, das ich mir hier vorgenommen habe.

Eileen Grays wichtigste, ihre »bleibende« Leistung sind das Haus und das Einzimmerappartement. Ein vielleicht schmales Werk, aber unübertroffen in der entspannten und elastischen Handhabung des visuellen Ambientes, wie sie sowohl zu einem Lebensstil und zu einer Baugestalt paßt und doch von der letzteren unabhängig genug ist, um die Verwandlung in einen radikal anderen Lebensstil zu erlauben.

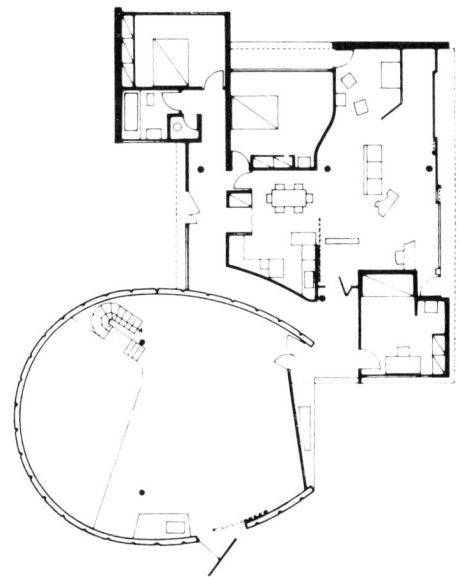

Eileen Gray, *Bildhaueratelier*, 1937, Grundriß Erdgeschoß.

Die Notwendigkeit des Künstlerischen

Dieser vom Institute for Architecture and Urban Studies in New York, dem ich damals als Fellow angehörte, für eine Sondernummer von Casabella *(359–360, Dezember 1971) in Auftrag gegebene Aufsatz behandelt einen ewigen Topos der Architekturdiskussion, demzufolge die Gestaltung als Problemlösung verstanden wird. Beiläufig wird hier auch der Versuch gemacht, die Analogie von Sprache und Bauen nicht im Sinne der damals gängigen strukturellen und morphologischen Parallelen, sondern durch einen Rekurs auf linguistische Verfahren neu zu formulieren, die sich mit ziemlich komplexen Aussagen wie denen der Rhetorik beschäftigen – Methoden, die in der visuellen Reklame gebräuchlich sind (ohne unbedingt verstanden zu werden). Diese Fragestellung hing mit meinem Interesse an der Funktion der Rhetorik bei einigen Architekten des siebzehnten Jahrhunderts, vor allem bei Borromini, zusammen.*

Vor zehn oder fünfzehn Jahren konnte man das Wort »pollution« – Umweltverschmutzung – höchstens bei den radikalen Außenseitern der Gesellschaft hören. In diesem Jahr ist in den Vereinigten Staaten jeder und in Großbritannien der eine oder andere Bewerber für ein politisches Amt verpflichtet, eine Meinung dazu zu haben. Dieser Wandel kann nicht allein auf den wachsenden Druck zurückgeführt werden, der von »ergrauten Radikalen« ausgeht: Das Problem wird für jeden einzelnen immer mehr spürbar – zu viele Strände werden für Erholungssuchende unbrauchbar, zu viele Hemdkragen werden von der schwefelhaltigen Luft zerfressen, und trotz aller Antibiotika ist die Bronchitis auf dem Vormarsch. Das alles läßt sich nicht mehr übersehen.

Schon seit einiger Zeit kann niemand, der auch nur im entferntesten mit Fragen des Design zu tun hat, dem noch größeren Problem der Zerstörung der Städte (wofür die Umweltverschmutzung nur ein Symptom ist) aus dem Wege gehen. Und trotzdem, selbst die Aufspaltung in einen sträflich verödeten innerstädtischen Bürobezirk und die Scheinländlichkeit der Vorstädte verbirgt, was die eigentliche Quelle des Übels ist: das riesige Hinterland der industriellen Produktion und der industrielle Abfall, die nur zu oft aus den Überlegungen der Planer und aus ihrer Praxis ausgeblendet bleiben. Das Hinterland wird aus dem normalen städtischen Rahmen ausgeklammert. Das Modell für den Designer ist immer noch die Metropole, die austauscht, verwaltet und konsumiert, und zwar Produkte der aus der Stadt verbannten Industrie und einer Landwirtschaft, die gänzlich in den Hintergrund gedrängt ist. Der Designer beschäftigt sich zu sehr mit der Zirkulation und zu wenig mit der Produktion.

Die Metropole von Zirkulation und Produktion ist von ökonomischen und sozialen Kräften geschaffen und zusammengeschweißt worden, die nicht mehr wirksam sind. Deshalb hat sich die Industrie in jüngster Zeit aufs Land in einigem Abstand von den Stadtzentren verlagert und in ihrem Gefolge eine Spur vorstädtischer Zerstörung hinterlassen. Das kommerzielle Zentrum der Metropolen hat unterdessen unter dem einlullenden Geflüster der elektronischen Medien seinen Niedergang erlebt, und seine Aktenberge sind zu winzigen Magnetbandspulen geschrumpft. Dabei macht die kosmopolitische Bevölkerung keinerlei Anstalten, in einem undefinierbaren sozialen Brei aufzugehen, sondern sie verteilt sich entlang den Grenzen neuer Loyalitäten und gruppiert sich um neue Machtzentren. Für den Städteplaner und Architekten ist dies eine verwirrende Situation. Architekten und Planer haben jetzt seit Jahrzehnten – seit der Gartenstadtbewegung in England und Deutschland – ohne ein von den sozialen Institutionen formuliertes Programm gearbeitet und dementsprechend keinen gesicherten Platz in einer Organisation gehabt, die eine unbestrittene Lenkungsfunktion beim Bauen besessen hätte. Deshalb haben sie die undankbare Aufgabe sozialer Planung übernommen, die ihnen unter gegenwärtigen Umständen die eher abweisende Bezeichnung »Sozialingenieur« eingetragen hat. Das Wort »Ingenieur« führt ein weiteres Mißverständnis ein. Fast ein Jahrhundert lang haben Architekten und Planer ihr wesentliches Anliegen trivialisiert gesehen.

Angesichts der Tatsache, daß der kulturell ungebundene Ingenieur und der quasi wissenschaftliche Soziologe ihnen übergeordnet waren, haben sie die Parameter ihrer Kompetenz bewußt verwischt, um dadurch an dem Ansehen ihrer offenkundig überlegenen Kollegen zu partizipieren.

Architekt und Planer haben beide eine viel bescheidenere und, letztlich, folgenreichere Aufgabe. Es ist nicht ihre Sache, das Problem der Gesellschaft zu lösen, und es scheint mir fraglich, ob es (auf dieser Ebene) überhaupt ihre Aufgabe ist, Probleme zu lösen. Die Pflicht des Architekten und Stadtplaners ist es, einer sozialen Institution physische Gestalt zu verleihen und die Fassaden zu errichten, die der Passant draußen und der Benutzer und Zugehörige drinnen als die Grenzlinien einer sozialen Situation erkennt, ob es sich nun um einen Bungalow oder das Rathaus einer Metropole handelt. Der Architekt hat demnach in erster Linie mit dem zu tun, was er gestalten kann: mit der rohen Materie, die er bearbeitet, und den Oberflächen, deren Gliederung das neutrale Material in einen Träger von Intentionen verwandelt. Die Fassaden, die der Designer schafft (und dies kann alles sein, von Papierbahnen bis zu großen Stein- oder Betonwänden), sind die Bühne, auf der die Handlung sich abspielt. Sie sind nicht Teil der Handlung, und sie können sie nicht unmittelbar beeinflussen. Ihre Beziehung zu ihr ist immer so vielfältig und indirekt, daß die Regeln, nach denen sie sich entwickelt, unabhängig von dem subtileren und zugleich komplexeren Handlungsmuster gebildet werden müssen. Dadurch bleibt ein weiteres Problem unentschieden und kritisch: Die Gliederung der Oberfläche hat, obwohl sie unabhängig von der Handlung ist, zu ihr eine Beziehung, die der von Stück und Schauplatz analog ist. Ein Bühnenaufbau hat jedoch, obwohl er bestimmte Bewegungen und Konfigurationen (Eingänge, Ausgänge, Versenkungen usw.) aufeinander abstimmen soll, seine vielschichtigere und differenziertere Analogie in einem Gebäude (Türen und Fenster, Kanalisation und elektrische Versorgung, Belüftung usw.); was sie aber eng miteinander verknüpft, ist die Intention des Gestalters, ein zusammenhängendes anschauliches Gebilde zu schaffen. Wenn diese Art Gebilde von dem umgebenden Milieu isoliert ist, dann nennt man es eine Form. Ebensowenig wie sich das soziale Milieu unterscheiden und lesen läßt, ohne daß man innerhalb seiner Einrichtungen isoliert, seien dies nun Familien, Gemeinden oder auch Pokerspiele, so kann auch die uns umgebende Welt nicht gelesen und also auch nicht verstanden werden, ohne daß wir Formen und Abfolgen von Formen innerhalb ihrer isolieren.

Die Rede von einer informellen Architektur oder von informellem Design – geschweige denn Städtebau – ist ein Widerspruch in sich. Zur Gestaltung gehört notwendig, ob bewußt oder unbewußt, die Absicht, dem Akteur einen lesbaren Schauplatz zu bieten, in dessen Rahmen oder gegen den er agieren kann. Es gibt keine Gestaltung ohne Intention – und auf die Gefahr einer Tautologie würde ich sagen, es kann kein Artefakt geben, ohne daß irgendwo im Prozeß seiner Herstellung ein gestalterisches Moment eine Rolle spielt –, und daraus folgt, da Intention eine Willensfunktion ist, daß es keine Gestaltung ohne künstlerisches Element geben kann.

Wie ich gezeigt habe, schließt Gestaltung immer das bewußte oder halbbewußte Herstellen einer Form oder von Formen ein, und dies kann nicht ohne Hinzutreten des Kunstmoments geschehen. Aber die Absicht von seiten des Gestalters weist auch darauf hin, daß seine Aufgabe in gewisser Hinsicht eine subjektive ist. Sein Kommentar sowohl zum Geschehen wie zum Material bestimmt also die Oberfläche des Artefakts, und das Wort »Kommentar« in diesem Zusammenhang bestreitet dem Architekten oder Planer jeden Anspruch auf Objektivität im Sinne von Neutralität. Da seine Arbeiten immer einen Kommentar einschließen, kann er nicht so tun, als führe er ihm moralisch oder politisch unliebsame Aufträge aus, ohne daß er sich dabei seines Handwerks bediente, um das Funktionieren der Institution, für die er ein Gehäuse zu schaffen versucht, zu durchkreuzen oder zu kritisieren. Ich würde sogar noch weitergehen und sagen, daß, da das gebaute Artefakt die Institution unmittelbar dadurch kommentiert, daß es sie beherbergt, nur eine zynische Einstellung zu seiner Arbeit dem Gestalter erlauben würde, sich zu einem negativen Kommentar einer Einrichtung, der er eine Behausung zu geben hilft, berechtigt zu fühlen.

Natürlich ist dies der alte Streit um die Regeln der Rhetorik, die selbst neutral sind, während ihr Gebrauch es nicht ist. Gleichwohl sind es diese Regeln, die die Oberfläche des Artefakts zu jener Art von Gebilde machen, das das Interesse des Benutzers weckt. Die Leistung des Gestalters mißt sich daran, ob es ihm gelingt, den Akteur durch das Können, mit dem die Oberfläche zu einer Aussage geformt wird, zu interessieren, in gewissem Grade zu unterhalten und vielleicht sogar zu erbauen: das Künstlerische also auch hier.

Dieses Kunststück, rohe Materie in eine gebaute Aussage umzuformen, muß deshalb den Regeln irgendeines Spiels unterworfen sein: In gewisser Hinsicht handelt es sich eindeutig um ein syntaktisches Verfahren der Anordnung von Elementen nach bestimmten Regeln. Selbst die Gestalter, die behaupten, daß sie sich einzig auf das Auge als Urteilsinstanz für ihre Bemühungen und als ihren einzigen Richter verlassen, werden auf Drängen zugeben, daß sie, wenn nicht einem Satz Regeln, so doch wenigstens einigen, gewöhnlich in Geschmacksurteilen eingebetteten Vorurteilen folgen. Druck muß man nur deshalb anwenden, weil Gestalter, die behaupten, ohne formale Kriterien auskommen zu können, ihre Vorurteile hinreichend verdrängt haben, damit sie den Anspruch aufrechterhalten können, spontan unter Anleitung der Natur oder »funktional« unter Anleitung der Vernunft zu handeln. Die Resultate werden aber immer als Syntagmata »konsumiert« werden, das heißt, daß der Beschauer sie nach bestimmten Regeln einer »visuellen Grammatik«, die ihm anwendbar erscheinen, lesen wird. Es gibt verschiedene solche Grammatiken, und ihre Regeln gelten für die altehrwürdigen Kategorien von Maß, Proportion, Harmonie, und auf einer anderen Ebene gibt es die Regeln des Lesens, die von den alten Lehrern der Rhetorik kodifiziert wurden und die in jüngster Zeit in der Welt der Werbung eine solche Rolle gespielt haben. In die Werbung fanden sie durch die Hintertür der sogenannten Motivationspsychologie Eingang, weswegen man sie für das sich besser und rascher amortisierende Bau- und Produktdesign für unerheblich halten konnte, da dieses den solideren und zwingenderen Diktaten physischen Bedürfnisses und ökonomischer Organisation gehorchen sollte. Diese Unterscheidung kommt dem Werbefachmann sehr gelegen, der mit dem empfindlichen Ungleichgewicht der menschlichen Persönlichkeit spielt, um es zu betonen und um Scheinbedürfnisse zu wecken, die vielleicht durch mehr oder weniger ausgefeilte Konsumgegenstände befriedigt werden. Die Wahrheit ist jedoch, daß Werbung deswegen wirkungsvoll ist, weil die rhetorischen Techniken ihre ganze Kraft und Geltung bewahrt haben. Architekt und Städteplaner müssen jedoch in genau umgekehrter Weise wie der Werbefachmann vorgehen: Wo dieser Irritation auslöst, Konflikte verschärft, bewußt verwirrt, ist es die Aufgabe des Architekten und Planers, zu klären, zu versöhnen und zu stärken. Nur so kann überhaupt eine Beziehung zwischen Handlung und ihrem Gehäuse geschaffen werden.

Natürlich bietet der Rückgriff der Poptheoretiker auf die Werbetechniken und die nächtlichen Neonlichtspiele eine reizvolle, illusorische Lösung gegenwärtiger Probleme. Architektur kann dagegen nicht die nächtliche Entlastung für erschöpfte Arbeiter und leitende Angestellte sein, sondern sie muß allen unseren Handlungen und Leiden einen festen Boden geben. Aus diesem Grunde ist der Rückgriff auf die Rhetorik unumgänglich, und deshalb können die menschlichen Werte auch nicht für die von den Träumen einer Überflußtechnologie verheißenen Freuden preisgegeben werden. Der Gestalter würde auch damit seiner Verantwortung nicht gerecht: Die Antwort auf unsere gegenwärtigen und zukünftigen Probleme kann nicht von den automatischen, ungezügelten Entwicklungen der Technologie, von den nächtlichen Freuden, von der raffinierten Reklame, von den statistischen Träumereien der »Verhaltenswissenschaftler« oder von irgendeinem der tausend anderen Patentrezepte gegen die nur allzu realen Krankheiten der Architektur kommen. Jeder, der mit der Sache zu tun hat, weiß, daß ein Haus, das ein Architekt entwirft, sehr wenig gegen unsere zerstörte Umwelt ausrichten kann, und unvermeidlich geht eine starke Versuchung von den einfachen, »totalen« Lösungen *aller* unserer Probleme aus, zumal die Verkäufer von Allheilmitteln oft genug wirklich etwas für die akute Situation anzubieten haben. Letztlich müssen wir uns aber klarmachen, daß die Krankheit der Architektur (soweit sie nicht Teil der umfassenden sozialen Pathologie ist) nur mit den Mitteln unserer Disziplin behandelt werden kann, und solange die Freiheit, zu wählen und zu kritisieren, durch die Fixierung auf irgendeine illusorische »Total«-Lösung beeinträchtigt ist, läßt die Krankheit der Architekten sich in dieser Weise überhaupt nicht behandeln. Am dringlichsten scheint es mir im Augenblick, die Integrität und den notwendigen Optimismus unserer Disziplin dadurch wiederherzustellen, daß die Analogie zur Sprache in ihrer ganzen Reichweite erneuert wird.

Die Probleme der Umweltverschmutzung, der Zerstörung der Städte, können nicht von Architekten und Planern in Ausübung ihres Berufs gelöst werden. Die Pflicht, sich in dieser Frage zu engagieren, haben sie als Bürger, als Menschen und auch als Techniker. Ihre Disziplin jedoch hat ihre eigene Integrität, und so klein der Ausschnitt der menschlichen Umwelt auch sein mag, mit dem sie es zu tun haben, so ist die bewußte und »gelehrte« Ausübung ihres Handwerks der wirkliche Beitrag, den sie zur Schaffung einer menschenwürdigen Umwelt leisten können.

Der verhängnisvolle Einfluß der neoklassizistischen Architekten Boullée und Durand auf die moderne Architektur

Die überarbeitete Fassung einer Fernsehsendung für die BBC anläßlich der Londoner Neoklassizismus-Ausstellung ist zuerst in The Listener, *9. November 1972, erschienen. Hätte ich diesen Aufsatz heute zu schreiben, so würde ich den Unterschied zwischen meinen beiden Anti-Helden wahrscheinlich sehr viel stärker herausarbeiten.*

Moderne Bauten machen starken Gebrauch von elementaren geometrischen Formen. Einige von ihnen, wie das Quadrat, lassen sich leicht teilen und rasch zeichnen. Andere, wie der Kreis und das Dreieck oder auf ihnen beruhende Körper, sind nicht so leicht zu handhaben. Doch auch noch der schlechteste moderne Architekt oder Industriedesigner *wird* sie benutzen. Die Vorstellung hat sich verbreitet, daß elementare geometrische Formen in mancher Hinsicht besser seien als kompliziertere Formen. Diesen Glauben haben wir von den neoklassizistischen Architekten, aber er hat eine weit ältere Vergangenheit. Im fünften Jahrhundert v. Chr. hatte Plato bereits den Gedanken formuliert, daß die regelmäßigen Körper wie der Würfel und das Tetraeder den Elementen entsprächen, aus denen das Universum bestehe, und daß die Kugel als der vollkommenste Körper sie alle enthalte und in sich vereine. Diese Gedanken wurden von den mittelalterlichen Philosophen übernommen und erfuhren in der Renaissance eine mächtige Erneuerung, als viele Philosophen und Astronomen, die das Weltall für eine Kugel hielten, die Vermutung hegten, daß dies auch für die Erde zutreffe. Als Raffael in seinem großen Panorama *Die Schule von Athen* die Philosophen der Antike malte, da zeigte er den Astronomen und Geographen Ptolemäus mit einem Globus und den mythischen Astronomen Zoroaster mit einer astronomischen Himmelskugel.

Diese platonischen Vorstellungen und ihre späteren Ausformungen spiegelten sich in der Architektur. Die Kirchenbaumeister der Renaissance bevorzugten den Kuppelbau, der das Himmelsgewölbe verkleinert darstellte, und für viele Philosophen war die Himmelskugel ein Bild der Vollkommenheit Gottes. Es gab aber noch ein anderes Bild der göttlichen Vollkommenheit: den menschlichen Körper. In der Heiligen Schrift heißt es, daß Gott den Menschen nach seinem Bilde schuf, und wie die Alten wollten viele christliche Philosophen die Idee der Vollkommenheit des menschlichen Körpers mit der geometrischen Beschreibung des Universums versöhnen. Künstler untersuchten die Proportionen der menschlichen

Gestalt auf Geheimnisse der universellen Harmonie hin und wandten große Mühe an Spekulationen über die Möglichkeit, diese Harmonie mittels einfacher mathematischer Formeln sinnfällig zu machen. Die Architekten der Renaissance glaubten, daß die Architektur die Idee sowohl der mathematischen Harmonie wie des Menschen als Mikrokosmos zu vermitteln vermöge.

Um die Mitte des siebzehnten Jahrhunderts war es so weit, daß die Wissenschaftler ihre eigenen Wege gingen, indem sie nach jenen nicht weiter zerlegbaren Elementen der Erkenntnis suchten, aus denen sie neue und spezialisierte Systeme bauen konnten. An die Stelle der Spekulation über die Weltharmonie trat das Experiment. Auch in der Architekturtheorie waren die alten Ordnungen nicht mehr unangreifbar. Das Repertoire der klassischen Ornamentik wurde von den Architekten jedoch weiter verwendet, obwohl viele es nicht mehr als Stütze oder Grundlage eines rationalen Zugangs zu den Problemen des Bauens akzeptieren konnten. Eine Reihe von Architekten des siebzehnten Jahrhunderts, die über theoretische Fragen schrieben, rechtfertigten die klassische Ornamentik als eine Konvention. Sie sahen darin nun eine Weise der Gestaltung, die allgemein geläufig und von Regeln bestimmt war, von Regeln, die die Autorität der Alten aufgestellt hatte und die deshalb die Garantie des richtigen Geschmacks enthielten. Es kam zu einem Streit zwischen den »Alten«, die an irgendeine Form von platonischer Idee glaubten, und den »Modernen«, die sich um eine empirische Disziplin bemühten. Doch selbst Architekten, die sich eng an die klassische Überlieferung anzulehnen schienen, konnten sie nicht als universell gültig anerkennen. Nicholas Hawksmoor zum Beispiel, der mit Christopher Wren an St. Paul's zusammengearbeitet hatte, führte den Auftrag einer Erweiterung eines mittelalterlichen Gebäudes, des All Souls College in Oxford, in einer von ihm für mittelalterlich gehaltenen Manier aus. Die meisten seiner Vorgänger und sogar seiner Zeitgenossen hätten seinen Entwurf bei einem neuen Gebäude für zu schwerfällig und barbarisch gehalten.

Unterdessen berichteten Reisende von prächtigen Bauten, wie sie in Europa noch niemand gesehen hatte. Aus China und Indien kamen Nachrichten von riesigen Palästen und Türmen aus Porzellan und Alabaster, mit vergoldeten Dächern und phantastischer Ausschmückung. Mehr noch, China wurde von den Reisenden als ein Land beschrieben, das von einem wohlwollenden Despoten und durch gelehrte Männer, die Mandarine, regiert wurde, die ihre Stellung allein ihren Verdiensten verdankten. Diese Art von Gesellschaft übte auf die Menschen des achtzehnten Jahrhunderts in Frankreich und England eine große Anziehungskraft aus. Die Chinesen wurden von Gesellschaftsreformern nicht nur als den antiken Kulturen Griechenlands und Roms gleichrangig, sondern sogar als ihnen überlegen angesehen. Man ahmte eifrig exotische Gebäude und Kunstwerke manchmal in ausgesprochen kapriziöser Weise nach. Die römische und griechische Architektur war ein Stil unter anderen geworden, blieb aber weiterhin dominierend.

Der nächste logische Schritt, so meinten einige Gestalter, war eine Form von Ornamentik, die nicht von chinesischen, gotischen, ägyptischen oder gar antiken Modellen, sondern von der Natur selbst hergeleitet wurde – aus den Formen von Felsen, Muscheln und Pflanzen. Diese Art von Ornamentik wurde als ein neuer Stil durchgesetzt, der zunächst Rocaille und

Etienne-Louis Boullée, *Salle d'Opéra,* Außenansicht und Schnitt.

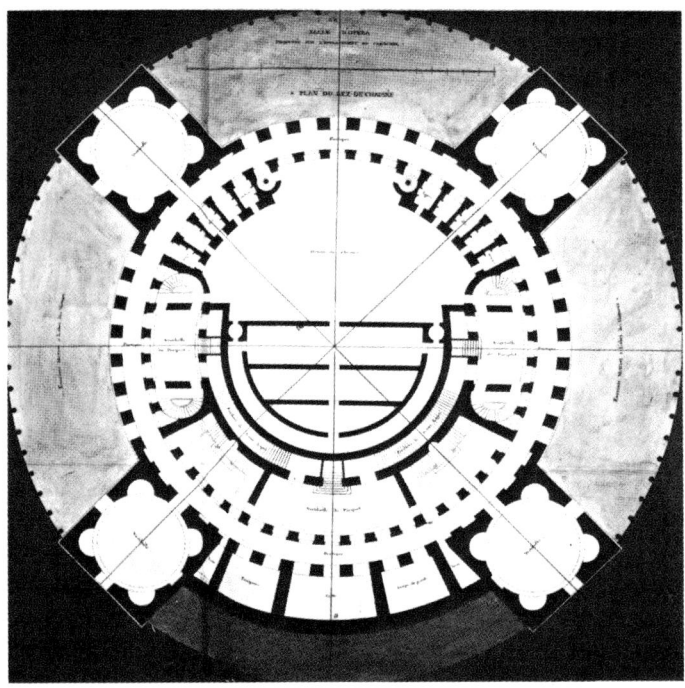

Etienne-Louis Boullée,
Salle d'Opéra,
Grundriß .

später Rokoko hieß. Es war ein Stil, in dem die erfinderische Freiheit einem Ideal dienstbar gemacht wurde – dem Ideal natürlichen Vergnügens. Rokokokünstler wie Meissonier gestalteten alles: Selbst die Natur gestalteten sie um. Es war der Stil einer Generation, die vom strengen Despotismus Ludwigs XIV. befreit worden war, und von Frankreich breitete er sich über ganz Europa aus und beherrschte für dreißig Jahre das elegante Leben. Aber es war eine Mode ohne Rückgrat. Sie befriedigte die Phantasie, sie glättete, wich aus, und am Ende wirkte sie abstoßend.

In der zweiten Hälfte des achtzehnten Jahrhunderts übernahm in Europa ein neuer und mächtiger Mittelstand die Macht. Den unübersehbar frivolen Rokokostil lehnte er ab. Frankreich war in der Mode nicht mehr tonangebend. Das Bürgertum suchte sein Vorbild in einem sehr viel sittenstrengeren England. Die Rückkehr zu einem nüchternen klassischen Stil war eine unvermeidliche Reaktion, die den Aristokraten ebenso erfaßte wie den bürgerlichen Förderer der Künste, der den Weg wies. Jetzt aber mußten die ornamentalen Formen und selbst die Grundformen des Gestaltens die Probe eines Vergleichs mit überlieferten Beispielen bestehen, und darin liegt vielleicht der größte Unterschied zwischen dem Gebrauch, den die Renaissance von der klassischen Kunst machte, und der neoklassizistischen Sicht der Antike. Selbst die entschiedensten neoklassizistischen Architekten und Gestalter konnten es nicht ganz glauben, daß die besondere Weise, in der sie arbeiteten, die

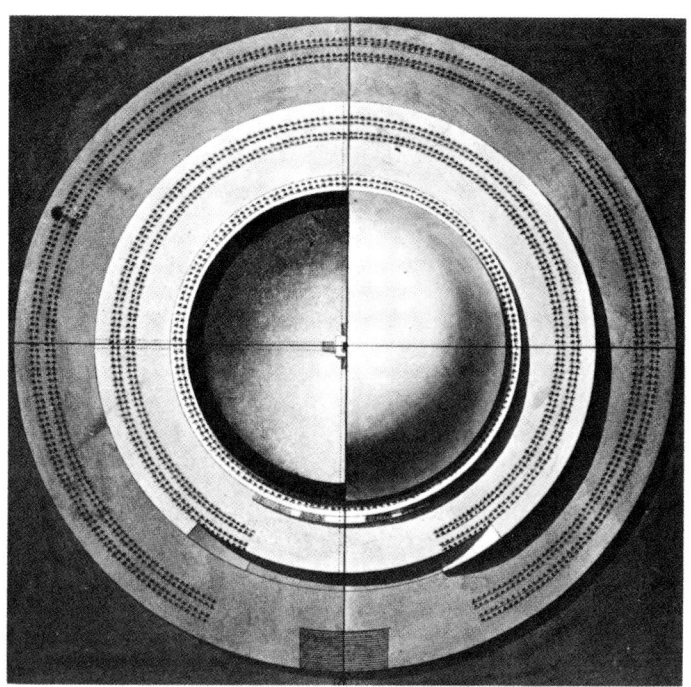

Etienne-Louis Boullée,
Newtonkenotaph,
Grundriß.

absolut richtige Gestaltungsweise war, entweder weil sie die universelle Harmonie reflektierte oder weil sie vollkommen rational war. Für sie war es zu einer Frage von Einbildungskraft und Geschmack geworden.

Für mich ist der Architekt, der diesen Konflikt zwischen dem nüchternen und erhebenden Beispiel der Alten und der Herausforderung einer rationalen und empirischen Methode am eindringlichsten verkörpert, der Pariser Etienne-Louis Boullée. Insofern halte ich es für bezeichnend, daß sein größtes Projekt dem großen Philosophen und Wissenschaftler der Zeit, Isaac Newton, gewidmet war. Boullée wurde 1728, ein Jahr nach Newtons Tod, geboren. Ursprünglich hatte er Maler werden wollen, aber auf Drängen seines Vaters entschloß er sich zum Architekturstudium. Er durchlief eine lange Laufbahn als Lehrer der Architektur, zuerst als Mitglied der Königlichen Bauakademie in Paris, dann, als die Revolutionsregierung die Akademie auflöste, als Mitglied des neugegründeten Institut de France, und bis zu seinem Tode im Jahre 1799 blieb er der einflußreichste Architekturlehrer Frankreichs. Gebaut hat Boullée sehr wenig, meist Häuser in Paris und in den Vorstädten für Mitglieder des Adels. Seine ganze Kraft wandte er an Riesenprojekte, die nie über das Stadium der Farbskizze hinausgelangten. Ein Manuskript, in dem er seine Ideen entwikkelte, hinterließ er der Nation als Vermächtnis; allerdings ist es erst vor wenigen Jahren veröffentlicht worden.

Ein Großteil des Buches ist dem Versuch gewidmet, zu einem Verständnis seines Werkes aus ersten Prinzipien zu gelangen und universell gültige Regeln der Gestaltung festzusetzen, die die eherne Geltung der Newtonschen Gesetze haben sollten. Boullée beschäftigte sich mit den Eigenschaften der Körper, und da er zur Zeit des Höhepunkts der Rokokobewegung schrieb, wandte er sich zunächst den unregelmäßigen Körpern zu. Ihre Kompliziertheit und große Zahl ließ ihn in Verwirrung zurück: »Von der stummen Sterilität der unregelmäßigen Körper erschöpft, ging ich zu den regelmäßigen über.« Dort fand er die Grundmerkmale – Regelmäßigkeit, Symmetrie und Mannigfaltigkeit –, die in ihrem Zusammenwirken das Bild der Ordnung erzeugten, nach dem er suchte. Die Kugel, so meinte Boullée, vereine alle Eigenschaften der regelmäßigen Körper in sich. Jeder Punkt auf ihrer Oberfläche hat den gleichen Abstand zum Mittelpunkt, und dies bedeutet, daß, gleichgültig von welchem Punkt aus man sie anschaut, die herrliche Schönheit ihrer Gestalt durch keinen optischen Effekt verändert werden kann: sie bietet uns immer einen vollkommenen Anblick. Die Kugelgestalt besaß noch andere Vorzüge. Ihr majestätischer Eindruck wird dadurch noch verstärkt, daß sie unserem Blick die größte mögliche Oberfläche darbietet. Sie ist die einfachste der Formen, weil die Oberfläche ohne jede Brechung ist, und sie ist die anmutigste, weil alle ihre Ansichten vollkommen gleichmäßig sind. Kurz, sie war der Spiegel der Vollkommenheit: vollkommen in sich, nicht als Symbol universeller Harmonie.

In vielen der Projekte Boullées wurde die Kugel zum dominierenden Element, zum Beispiel bei dem Opernhaus, das er zwischen Tuilerien und Louvre plante. Er glaubte, die Oper sollte ein Tempel des guten Geschmacks sein, ein Tempel des Vergnügens und der Liebe, in dem die Anmut der Pariser Frauen den ihr gebührenden Altar erhalten sollte. Aber er bedachte auch die verschiedensten praktischen Probleme. Die Theater des achtzehnten Jahrhunderts wurden häufig durch Feuer zerstört: Sein Theater sollte ganz aus Mauerwerk und Stein bestehen. Der große Peristyl, der den Bau umgibt, isoliert ihn, ist aber auch ein Schutz für die Bediensteten, die auf das Ende der Vorstellung warten.

Einige Jahre später entwarf Boullée sein Kenotaph für Newton, das ganz und gar kugelförmig war. Er konzipierte es in ungeheurer Größe, um dem Format seines Helden gerecht zu werden. Nachts wird die dunkle Kugel von einer kleineren Kugel erleuchtet, die das Sonnensystem als eine Anzahl von Beleuchtungskörpern in ständiger Kreisbewegung darstellt: »Indem ich mich, oh Newton, deines göttlichen Systems bediente, um die Grableuchte zu schaffen, die dein Grabmal kenntlich machen wird, habe ich mich, oder so scheint es mir wenigstens, zum Erhabenen aufgeschwungen.« Nachts war das Grabmal das Sonnensystem bei Tag, während die Kugel bei Tage den Nachthimmel darstellte. Die Sterne waren trichterförmige Öffnungen in der Kuppel, die Spuren von Tageslicht einließen. Die ungeheure Kugel sollte ohne jede Ausschmückung bleiben: Boullée umgibt sie nur mit Zypressen und Blumen. Wie das riesige kahle, nur von einem Kranz umwundene Haupt eines antiken Siegers erhebt sich die nackte, nur von den schlanken Zypressen umfangene Hemisphäre vor dem Besucher oder Andächtigen und läßt ihn zu Zwergengröße schrumpfen. Er nähert sich ihr durch einen unterirdischen überwölbten Gang, der die Basis

Etienne-Louis Boullée, *Newtonkenotaph*, Außenansicht und Schnitt, nächtlicheAnsicht.

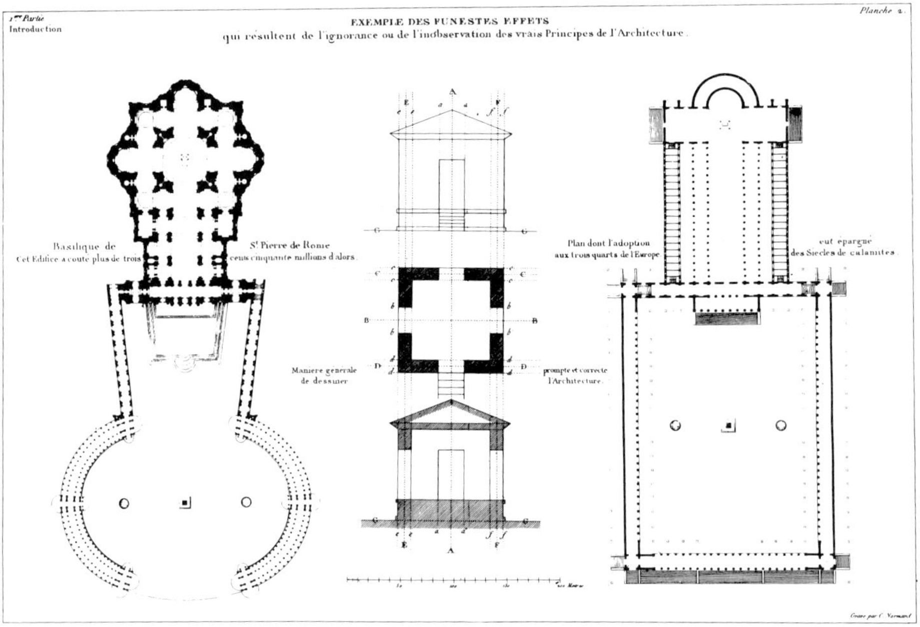
1re Partie
Introduction
EXEMPLE DES FUNESTES EFFETS
qui résultent de l'ignorance ou de l'inobservation des vrais Principes de l'Architecture.
Planche 2.
Basilique de
St Pierre de Rome
Cet Edifice a couté plus de trois
cens cinquante millions d'alors.
Maniere generale
de dessiner
prompte et correcte
l'Architecture.
Plan dont l'adoption
aux trois quarts de l'Europe
eut épargné
des Siecles de calamites.
Gravé par C. Normand

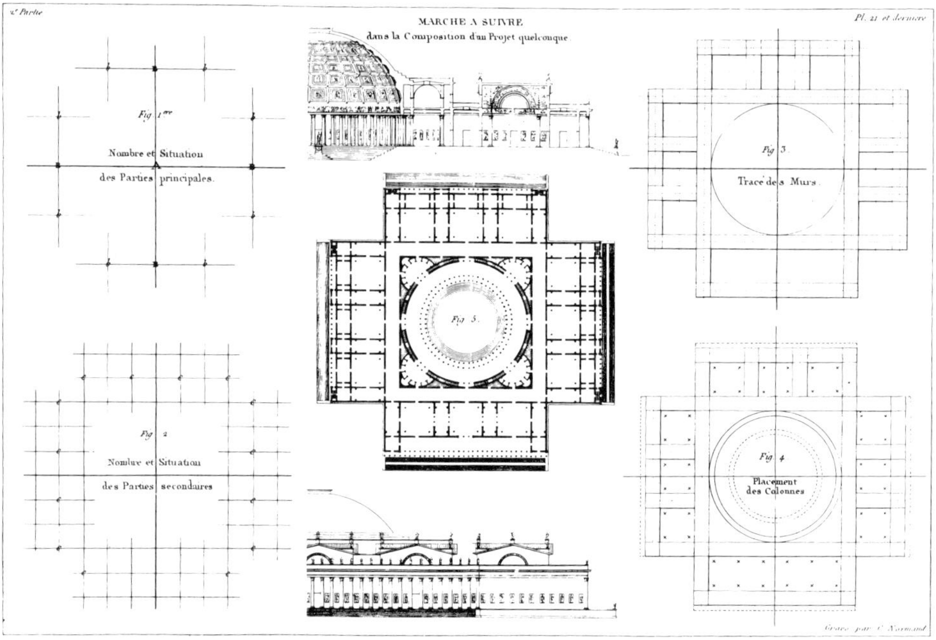
2e Partie
MARCHE A SUIVRE
dans la Composition d'un Projet quelconque.
Pl. 21 et derniere
Fig 1re
Nombre et Situation
des Parties principales.
Fig 2
Nombre et Situation
des Parties secondaires
Fig 3
Tracé des Murs
Fig 4
Placement
des Colonnes
Fig 5
Gravé par C. Normand

durchstößt und unter den Sarkophag führt. Der Beschauer ist buchstäblich an seinen Platz gebannt. Nach allen Seiten hin isoliert, kann er nur die überwältigende Größe des Himmels anschauen: Das Grabmal ist der einzige materielle Gegenstand. Die Einbildungskraft wird nicht zu einem Spiel mit Assoziationen und Anspielungen eingeladen, sondern von der schieren Größe und dem gewaltigen Kontrast zwischen dem engen Durchgang und dem riesigen Inneren des Monumentes überwältigt. Boullée machte diesen Kontrast so brutal, weil er meinte, daß der Architekt es nicht mit Phantasie oder Illusion zu tun habe, wie es die Auffassung des Rokoko war, sondern mit den unerbittlichen Gesetzen der Vernunft, die am besten durch die elementare Geometrie, verstärkt durch die Gewalt des Kontrastes, dargestellt würden.

Boullée hat sehr wenig gebaut. Sein Lieblingsschüler, Jacques Nicolas Louis Durand, scheint sogar noch weniger gebaut zu haben, aber er übte einen noch unmittelbareren Einfluß aus als Boullée. Er erlebte einen anderen Krisenpunkt der intellektuellen Mode, als die ursprüngliche Kraft des Neoklassizismus versiegt war. Die Obsession durch die römische und griechische Antike war zu einer Formel geronnen, die brauchbar, aber trocken war. Die meiste Zeit seiner Laufbahn lehrte Durand Architektur für Ingenieure. Seine Vorlesungen wurden veröffentlicht, ihr Ruhm breitete sich aus, und Architekten aus ganz Europa kamen, um ihn zu hören. Sein Unterricht wurde die Grundlage des sogenannten akademischen Architekturunterrichts in der ganzen Welt, und seine Wirkungen, denen es freilich an dem Glanz, den er vielleicht zu vermitteln vermochte, fehlt, sind immer noch spürbar.

Die Lehre Durands ist in ihren Grundzügen sehr einfach. Die Disziplin des Architekten besteht aus zwei Teilen: erstens einem Wissen von den Elementen und zweitens einem Wissen von der Komposition. Das Wissen von den Elementen, der analytische Teil, ist schlicht – die verschiedenen Materialien, ihre Verwendung und ihre Verbindung zu immer komplizierteren Gebilden, Wänden, Gewölben, Säulen. Säulen waren für Durand die antiken Säulenordnungen. Sie bieten dem Architekten eine brauchbare Anzahl verschieden proportionierter Stützen. Von der Vollkommenheit der griechischen Formen ist nicht mehr die Rede: Man kann, wenn man sie nicht sehen kann oder sie mit Dekor überlädt, ebensogut auf sie verzichten. Das Kernstück seines Buches beschäftigt sich jedoch mit der Theorie der Komposition. Durands Kompositionsweise folgt festen Regeln. Er beginnt, indem er das

◁ J. N. L. Durand, »Beispiel für die verhängnisvollen Folgen, die sich aus der Unkenntnis oder der Mißachtung der wahren Grundsätze der Architektur ergeben«, aus *Précis des Leçons d'Architecture,* Bd. 1, Tafel 2. *Links* Der Petersdom in Rom – »dieses Bauwerk hat damals dreihundertfünfzig Millionen (Francs?) gekostet«. *Rechts* »Grundriß, der drei Viertel Europas vor Jahrhunderten des Elends bewahrt hätte.« *Mitte* »Allgemeines Verfahren zum raschen und richtigen Zeichnen von Architektur«.

J. N. L. Durand, »Verfahren für die Anlage beliebiger Entwürfe«, aus *Précis,* Bd. 1, Tafel 21. *Fig. 1* »Zahl und Lage der Hauptteile«; *Fig. 2* »Zahl und Lage der untergeordneten Teile«; *Fig. 3* »Umrisse der Mauern«; *Fig. 4* »Positionen der Säulen«; *Fig. 5* »Fertiger Entwurf«.

Ziel seiner Kompositionsmethoden ausspricht, nämlich die dem gesunden Menschenverstand unmittelbar einleuchtende Absicht, Gebäude zu errichten, die gediegen, gesund und bequem sind. Auch müssen sie ökonomisch sein. Alle Architekturschriftsteller haben etwas Ähnliches gesagt, doch im Unterschied zu den meisten meinte Durand nicht einfach billig, wenn er »ökonomisch« sagte, obwohl er der Ansicht war, daß man so billig wie möglich bauen sollte. »Ökonomisch« bedeutete für ihn auch symmetrisch, regelmäßig und schlicht: leicht zu verstehen, aber nicht unbedingt auch leicht zu bauen.

Die in dem ersten Teil seines Buches erörterten Elemente müssen zu den einfachsten möglichen geometrischen Formen komponiert werden: Quadrat und Kreis werden allen anderen vorgezogen. Das gesamte Gebäude muß symmetrisch sein, errichtet auf einem System von Achsen und Unterachsen. Die untergeordneten Elemente werden innerhalb des Systems von Achsen mit Hilfe eines regelmäßigen Rasters angebracht. Dieses Entwurfsverfahren wird noch heute von den meisten Architekten befolgt, und einige der besten zeitgenössischen Architekten gehen von ganz ähnlichen Annahmen aus wie Durand, auch wenn sie sie nie ausdrücklich formulieren. Für einige ist die Bevorzugung elementarer geometrischer Formen eine willkürliche und nichtssagende Kurzschrift, für andere bedeutet sie eine fast hysterische Suche nach strenger Ordnung in unseren chaotischen Städten. Aus welchen Gründen auch immer, wir sind heute unversehens bei Durands vollkommen rationaler Architektur angelangt. Sein Glaube, daß das ökonomische Funktionieren eines Gebäudes Freude bereite, wird von den meisten Architekten, wenn nicht von allen ihren Auftraggebern geteilt. »Dekoration« und »Charakter«, würden sie mit Durand sagen, sind nichts als ein Versuch, dem Bauherrn Geld zu entlocken.

Dies ist nicht, was die großen Meister der neoklassizistischen Architektur gewollt hatten. Sie konnten nicht vorhersehen, welche Ungeheuer eine Architektur gebären würde, die nichts als vernünftig und durch und durch vernünftig zu sein beansprucht. Wir haben heute eine Architektur, die auf elementaren geometrischen Formen und auf dem Glauben beruht, daß das Vergnügen ein unsinniger Luxus sei, mit dem wir als ernsthafte und vernünftige Menschen uns nicht einlassen sollten. Doch wie Goya, ein Zeitgenosse Durands, es formuliert hat: Wenn die Vernunft schläft, dann gebiert ihr Traum Ungeheuer.

Adolf Loos: Das neue Sehen

Dieser Aufsatz wurde ursprünglich als Vorwort zu der italienischen Ausgabe der Schriften von Adolf Loos, Parole nel vuoto, *geschrieben, die ich 1972 im Verlag Adelphi in Mailand herausbrachte. Eine erweiterte englische Fassung erschien in* Studio International, *Juli/ August 1973.*

Adolf Loos war nicht der beste Architekt dieses Jahrhunderts. Unter den Architekten des zwanzigsten Jahrhunderts ist er aber wohl der einzige (vielleicht mit Ausnahme Le Corbusiers), der ein bedeutender Schriftsteller gewesen ist.

Seine Prosa war nicht von der Art, wie wir sie heute von Architekten kennen; sie schreiben, als wären sie ›wichtige‹ Leute. Gewöhnlich ist ihr Stil hermetisch und verhüllt die fragwürdigen Geheimnisse ihres Metiers. Sie erwecken gerne den Eindruck von demiurgischen Meistern, von Schöpfern der ganzen künstlichen Welt. Soll ihr Werk den gewünschten Eindruck machen, dann muß es sich mit der gigantischen und hingewürfelten Größe der Hangars auf Cape Kennedy oder mit dem von dem nächtlichen Panorama von Las Vegas vermittelten Reiz messen können. Derartige Ambitionen wären Loos unbegreiflich gewesen. Fraglos war er erklärtermaßen ein Moderner, ein Mann, der für eine bessere und lebensvollere oder richtiger: gegen eine klaustrophobisch und kraftlos gewordene Gesellschaft arbeitete. Sein eigenes Verständnis seiner Modernität ist uns aber schon so ferngerückt, daß es der Erläuterung bedarf.

Seine Familie war nicht weiter bedeutend, obwohl sein persönlicher Hintergrund bleibenden Einfluß behielt. Er war der Sohn eines erfolgreichen Handwerkers, eines Steinmetzen, der ein sehr ausgeprägtes Gefühl für die Würde seines Handwerks hatte, das er in Brünn, an der Grenze der tschechisch- und deutschsprachigen Gebiete des Habsburgerreiches, ausübte; dort wurde Adolf Loos 1870 geboren. Adolf Loos war also beim Zusammenbruch des Habsburgerreiches achtundvierzig Jahre alt. Er starb 1933, im Jahr der Machtergreifung durch die Nazis, taub und trotz seines noch nicht hohen Alters ein gebrochener Mann. Seine Schriften kennzeichnet das Gefühl, das in ihrem Titel zum Ausdruck kommt: *Ins Leere gesprochen* und *Trotzdem*. Von Anfang an ist ihnen der Widerspruchsgeist eigen. Loos hatte – ohne Frage sogar noch stärker als sein Vater – ein Gefühl für den Adel und Wert des väterlichen Berufs. Sein Vater war gestorben, als Loos gerade zehn war, und das ehrende Andenken an ihn stand in scharfem Kontrast zu seiner

Adolf Loos, *Wettbewerbspro-
jekt für einen Zeitungspalast
der Chicago Tribune,* 1923.

Mißbilligung des Verhaltens seiner Mutter, die sich unermüdlich für Sicherheit und Erfolg abrackerte. Militärdienst, Kunstschule und schließlich seine Amerikareise brachten ihm Befreiung, stärkten seine familiären Bande und brachten seinen Entschluß zur Reife, den Beruf des Architekten zu ergreifen. Schon als Student an der Dresdner Kunstgewerbeschule bewies er Charakter, indem er im Unterschied zu den meisten seiner Zeitgenossen die Zwänge des Verbindungswesens und den dazugehörigen Schmiß ablehnte. Ihn bestimmte dabei nicht nur das Mißfallen an der Philisterhaftigkeit der meisten seiner Kommilitonen, sondern auch ein gewissenhaftes Bemühen um persönliche Sauberkeit und Integrität, und seine Zivilcourage war bereits sehr ausgeprägt.

Sein anspruchsvolles Wesen war schon zu Beginn seines Militärdienstes in Wien offensichtlich. Leder und Silbergegenstände von hoher Qualität wurden seine Leidenschaft. Die Entwerfer seiner Zeit betrachteten die Oberfläche als eine Herausforderung für den Erfinder ornamentaler Formen. Alle irgend verfügbaren Flächen wurden mit Kurven, Linien und Einlegearbeiten aus verschiedenem Material bedeckt, während Loos instinktiv schon damals das Glatte, so wenig wie möglich Kannellierte oder Eingefaßte suchte. Seine Leidenschaft für glatte, kostbare Flächen war eine unbewußte Vorliebe, die er, wie ich zeigen möchte, später rationalisierte. Wie Loos in ein oder zwei autobiographischen Skizzen erkennt, brachte er sein Interesse am Ornament aus seiner Zeit an den Kunstgewerbeschulen mit, doch als er nach Österreich zurückkehrte, kam es ihm vor, als sei sein Geschmack durch die scharfe und klare angelsächsische Luft, die er geatmet hatte, gereinigt worden. Er begrüßte es, daß das urteilsfähige Wiener Bürgertum die modischen Schmuckformen, die in Deutschland und Frankreich so beliebt geworden waren, ablehnte. Natürlich war er ein Mythomane. Seine Vorstellung, daß die amerikanische Küche niemals nach Zwiebeln rieche und daß die amerikanische Hausfrau die erlesenste Mahlzeit in einer Viertelstunde bereiten könne, wie ein Vogel zwitschere und immer lächle, konnte nicht auf sehr viel direkter Erfahrung beruhen. Trotz des Besuchs bei seinen Vettern in Philadelphia scheint sein Amerikaaufenthalt ausgefüllt gewesen zu sein mit nächtlichem Aufwaschen in Restaurants, Übernachtungen im CVJM und in ärmlichen Herbergen, einigen journalistischen Arbeiten und gelegentlichem Einreihen in die Schlange der Bedürftigen. Diese drei Jahre in den Vereinigten Staaten haben jedoch seine Vorstellung von dem, was seine Aufgabe sein sollte, entscheidend geprägt: Er mußte Architekt werden und in diesem Sinne ein Baumeister wie sein Vater. Er sollte aber auch die unschätzbare Gabe der abendländischen Kultur nach Wien bringen; seine kleine Zeitschrift (von der nur zwei Nummern erschienen), *Das Andere*, trug den Untertitel: »Ein Blatt zur Einführung abendländischer Kultur in Österreich«. Diese abendländische Kultur hatte eine eigenartige Physiognomie. Ihre Grundform ließ sich nicht beschreiben; sie bestand aus Oberflächendetails, die zusammengenommen den Umriß eines legendären und höchst erstrebenswerten Zustandes ergaben. Aufschlußreich sind die Fragen, mit denen *Das Andere* sich beschäftigte: Kleidung, Sitten (besonders Tischsitten), Betteln, sexuelles Verhalten der ganz jungen Leute, die Überdekoration des *Tristan* in der Wiener Oper, die Unsitten der ganz Großen (Kaiser Wilhelm II. wird genannt), Straßendekorationen für Staatsbesuche und so fort.

Henry van de Velde,
*Laden der Habana-
Compagnie,* Berlin
1899–1900, Innen-
ansicht.

Immer werden die Sitten der angelsächsischen Länder als vorbildlich, als Maßstab hingestellt. Die richtige Weise, die Dinge zu tun, ist die im Herzen der Zivilisation übliche, und dieses ist entweder London oder New York. Verglichen mit dem dortigen Lebensstil erweisen sich die österreichischen Sitten in jedem Punkt als mangelhaft. Große Aufmerksamkeit findet beispielsweise das Fehlen von Löffeln für die Salzfäßchen in den Wiener Restaurants. Manchmal hat seine Hartnäckigkeit einen ungewöhnlich langen Atem: Loos entdeckt die (in Europa seit dem sechzehnten Jahrhundert bekannte) Aubergine als die amerikanische Eierfrucht wieder und sorgt dafür, daß in amerikanischer Weise zubereitete Eierpflanzen acht Tage lang täglich zu Mittag in einem namhaften vegetarischen Restaurant angeboten werden, in der Hoffnung, die Wiener Hausfrauen und Gastronomen zur Nachahmung anzuregen.

Dies mag von der Haupttätigkeit von Loos, der Architektur, sehr entfernt scheinen, und doch war es das für ihn nicht. Bei seiner Arbeit war er in einer fast obsessiven Weise daran interessiert, wie ein Haus benutzt wurde. Seine große Gegnerschaft zur Sezession, der

Otto Wagner, *Linke Wienzeile 38,* Wien 1898–99, Detail von der Fassade mit Medaillons von Koloman Moser.

Gruppe antiakademischer Wiener Architekten, die der österreichische Ableger des Jugendstils war, drehte sich ebenfalls um diesen Punkt. Die Architekten und Entwerfer des Jugendstils glaubten, daß ein neuer Stil für ihre Zeit durch ein ornamentales Vokabular geschaffen werden konnte, das keinerlei Beziehung zur historischen Ornamentik hätte, sondern ganz und unmittelbar von der Natur abgeleitet war. Manche gingen sogar noch weiter. Sie meinten, daß sich diese ornamentale Oberfläche nicht nur auf Wände, Fenster, Fußböden und Möbelstücke applizieren ließ, sondern in nahezu wissenschaftlicher Weise auch auf Kleidungsstücke und Schmuck, um Gefühlszustände hervorzurufen oder widerzuspiegeln.

In mancher Hinsicht hat diese Einstellung zum Ornament ihren Ursprung in der Psychologie (und später Ästhetik) der Einfühlung, einer Lehre, die auch heute noch nicht ganz überholt ist und derzufolge wir unsere Daseinsverfassung in die uns umgebenden Dinge hinein-»lesen«, und dies in einer besonders gesteigerten Form, wenn diese Dinge sich unserer Aufmerksamkeit mit dem Nachdruck aufdrängen, wie es die Kunstwerke zwangsläufig tun. Während diese Idee die speziellen Untersuchungen von einigen Gestaltern wie Henry van de Velde, dem Loos seinen vernichtendsten Hohn entgegenschleudert, angeregt hat, ist der Begriff eines Stils, der durch seine ornamentalen Formen erschöpfend erfaßt werden kann, unter anderem von dem großen deutschen Kunsthistoriker und Architekten Gottfried Semper formuliert wurden. Er hielt die »Bekleidung« für den ersten Anreiz aller Kunstübung, wobei unter Bekleidung nicht nur der Schutz, sondern auch die Ausschmük-kung des menschlichen Körpers verstanden wurde. Semper war vielleicht der erste, der die Tätowierung zu den Künsten der Menschheit zählte.

Loos war offensichtlich von Tätowierungen fasziniert. In dem berühmtesten seiner Aufsätze, dem über »Ornament und Verbrechen«, stellt er den Papua als Beispiel für jemanden hin, der sich noch nicht zu den moralischen und zivilisierten Verhältnissen des modernen Menschen erhoben hat und der seine Feinde deswegen abschlachten und verzehren wird, ohne damit ein Verbrechen zu begehen. Wenn der moderne – gemeint ist ein abendländischer – Mensch dasselbe täte, so sähe man ihn entweder für einen Verbrecher oder einen Degenerierten an. Aus dem gleichen Grunde tätowiert der Papua »seine Haut, sein Boot, sein Ruder und alles, was ihm erreichbar ist... Er ist kein Verbrecher... Die Tätowierten, die nicht in Haft sind, sind latente Verbrecher oder degenerierte Aristokraten. Wenn ein Tätowierter in Freiheit stirbt, so ist er eben einige Jahre, bevor er einen Mord verübt hat, gestorben.«

Horror vacui ist der Uranfang der bildenden Kunst. »Alle Kunst ist erotisch.« Aber der Mensch hat sich entwickelt. Loos stellt das Axiom auf, daß Evolution der Kultur

Joseph Maria Olbrich, *Haus Feinhals*, Köln-Marienburg 1908, Gartenfassade.

Karl Friedrich Schinkel, »*Perspectivische Ansicht der verlängerten Wilhelmstraße*«, großdimensionierte Durchfahrt und Ladenstraße. aus den *Architectonischen Entwürfen*, Berlin 1818.

gleichbedeutend ist mit dem »Entfernen« des Ornaments aus dem Gebrauchsgegenstand. Als er 1908 diesen Aufsatz schrieb, war es leicht, die kunstvolle Konfektion von van de Velde, Otto Eckmann oder auch Joseph Olbrich als wertlos zu verwerfen. Der Jugendstil gehörte schon der Vergangenheit an. Loos' Geringschätzung für ihre Bemühungen hatte sich als gerechtfertigt erwiesen, während Kunstschulen, Ministerien und Berufskörperschaften auf Ornamentstudien immer noch Wert legten. Doch selbst der Sieg von Loos ist nicht ohne ein Element von Unstimmigkeit. Seine Schuhe sind, wie er eingesteht, über und über von Ornamenten bedeckt, Lochmustern im englischen Stil, wie man annehmen muß. Loos spielt mit dem Gedanken, seinem Schuster einen Sonderpreis für die Schuhe anzubieten, ein Viertel mehr als üblich, und der Schuster wird glücklich sein über einen Kunden, der seine Arbeit würdigt. Würde er den Schuster aber bitten, die Schuhe ganz glatt, ohne jedes Ornament zu machen, dann würde er ihn von den seligsten Höhen, zu denen er ihn durch sein Angebot erhoben hatte, in den tiefsten Tartarus stürzen. Das Schaffen des Ornaments ist die Freude des Schusters, und das, so meint Loos, macht es erträglich. »Ich ertrage Ornamente am eigenen Körper, wenn sie die Freude meiner Mitmenschen ausmachen.« Schuhe mit Lochmustern, Kelims vom Balkan, all das ist erträglich, sogar erwünscht. Aber ich, sagt Loos, predige den Aristokraten. Und Aristokraten sind diejenigen, die – im Unterschied zum Schuster – nach des Tages Mühen zu Beethoven oder in *Tristan* gehen, um sich zu entspannen. Und einer, der sich die Neunte Symphonie anhört und sich dann hinsetzt, um ein Tapetenmuster zu zeichnen, ist entweder ein Hochstapler oder ein Degenerierter.

Der besondere Haß auf die ornamentalen Muster des Jugendstils hatte noch einen weiteren Grund. Loos schrieb die moralische Geschichte »von einem armen, reichen Manne«, der sein Haus, in dem er bis dahin so friedlich und zufrieden gelebt hatte, in ein Kunstwerk verwandeln ließ, weil ein Leben ohne Kunst ihn nicht mehr befriedigte. Der Architekt gestaltete jedes Detail des Hauses des reichen Mannes, bedeckte alle Flächen über und über mit Ornamenten und dachte an alles, selbst an die Hausschuhe des reichen Mannes. Der Tag kam, als die Familie des armen, reichen Mannes ihm Geburtstagsgeschenke brachte, die sie in den anerkanntesten Kunstgewerbewerkstätten gekauft hatte. Der Architekt, der gerufen wurde, um dafür in seiner Komposition den richtigen Platz zu finden, war wütend, daß ein Kunde es *gewagt* hatte, Geschenke anzunehmen, ohne ihn vorher zu konsultieren. Denn das Haus war rundum fertig, wie sein Klient: er war komplett. »Von einem armen, reichen Manne« wurde im Jahre 1900 geschrieben, auf dem Höhepunkt des Jugendstils. Die Ansicht von Loos war damals unter den Gebildeten unpopulär und die einer Minorität; es wirkte so, als wolle er für die Philister streiten, die ihr Sattelzeug und Silber weiterhin glatt und ohne Schmuck wollten. 1908, als »Ornament und Verbrechen« erschien, hatte sich das Klima geändert. Selbst die Wiener Häupter der Sezession, wie Joseph Olbrich, arbeiteten in einem nüchternen, von Ornamenten gereinigten klassischen Stil. Olbrichs letzte Häuser (er starb 1910) und Hoffmanns Bauten – wie sein Pavillon für die Werkbundausstellung von 1914 – stellen sie in eine Reihe mit den »fortschrittlicheren« unter den deutschen Architekten: mit Peter Behrens, Bruno Paul, Hermann Muthesius und Heinrich Tessenow.

Aber der blutleere Klassizismus, den sie praktizierten, war nichts für Loos. Sie waren die Baumeister – damals jedenfalls – eines selbstsicheren Bürgertums, das glaubte, daß die Probleme Deutschlands (und entsprechend der übrigen Welt) in einer vernünftigen Weise gelöst würden: daß die Werkbundideale von kultiviertem Geschmack und guter Form den expandierenden Märkten zugute kommen würden, und daß alle diese guten Dinge durch eine Verbesserung der Kunsterziehung nach dem Modell der englischen »Arts and Crafts«-Schule gefördert würden. Die Architekten, die diesen Idealen anhingen, beriefen sich als ihr Vorbild auf eine Architektur der Vernunft – auf die Architektur des Zeitalters der Vernunft und des Geschmacks. Das bevorzugte Modell war die Spielart des Klassizismus, die sich in Deutschland und Österreich im Gefolge der französischen Meister entwickelt hatte und im Werk Schinkels kulminierte. Das offensichtlich grundlos sklavische Verhältnis der neoklassizistischen Architekten zur historischen Vergangenheit wurde jedoch abgelehnt. Sie war ein Vorbild, dem man nacheiferte, aber nicht etwas, was man kopierte. Das Ornament wurde jedenfalls als etwas Abstraktes angesehen, und die Vorstellung der achtziger und neunziger Jahre, daß Ornament und Linie eine Stimmung oder sogar eine Aussage mitteilen konnten, war ihnen fremd. Für Behrens wie für Hoffmann war das Ornament etwas, was das Spiel des Lichtes auf der Oberfläche akzentuieren konnte, bestenfalls der beschwichtigende Nachklang einer allgemeinen melancholischen Neigung zur Vergangenheit, schmückende Beigabe zur wesentlichen Geometrie, die – so meinten sie – seit je von der Vernunft vorgeschrieben wurde.

Wie viele Architekten der Zeit vor 1914 war Loos ein überzeugter Moderner. Darauf habe ich bereits hingewiesen. Er hatte auch noch andere Gemeinsamkeiten mit ihnen. Sein großzügiger, manchmal fehlgeleiteter Enthusiasmus für alles Englische zum Beispiel. Aber Loos blieb unberührt von dem allgemeinen Werkbundoptimismus. Nicht durch die Reform eines traditionslosen Handwerks in den Kunsthallen, so gut es auch ausgeübt werden mochte, würde gute Gestaltung in der ganzen Gesellschaft sich durchsetzen. Soweit gute Formen erreichbar waren, verdankten sie sich dem rohen Handwerk des Sattlers, des Silberschmiedes, des Tapezierers und sogar dem des »Plumbers« – vor allem aber dem Schneider und Schuster –, die bereits einen gewissen Bestand hervorragender Dinge für den täglichen Gebrauch geschaffen hatten. Dies war die frühe Erkenntnis der Vollkommenheit und Überlegenheit der ungeschmückten Gegenstände, wie sie aus der Hand des »unverdorbenen« Handwerkers kamen. In diesem Punkt blieb Loos konsequent: Sieht man sich seine privaten oder gewerblichen Inneneinrichtungen an (er hat nie ein öffentliches Gebäude entworfen), dann wird man entdecken, daß er niemals »modern« gestaltete Möbel verwendete. Er bevorzugte den englischen Stil, Chippendale oder Hepplewhite-Stühle oder auch billigeres Rohrgeflecht. Gelegentlich benutzte er die Standardstühle von Thonet aus Bugholz, die man aus den billigen Cafés in ganz Europa kennt. Die Sessel sind bei ihm gewöhnlich bequem, biedermeierliche Polsterarbeit, und gelegentlich ist auch ein Chesterfield darunter. Die Fußböden wurden vorzugsweise mit orientalischen Teppichen ausgelegt.

Ich vermute, daß dies der Grund ist, warum es so wenige Photographien von dem Haus gibt, das Loos für seinen berühmtesten Kunden, Tristan Tzara, in der Avenue Junot auf

Plan I

Plan II

Plan III

Plan IV

Plan V

Plan VI

Adolf Loos, *Haus Tristan Tzara*, Paris 1926, Querschnitt und Grundrisse. »Plan VI« ist das unausgeführt gebliebene oberste Stockwerk; der siebente Grundriß ist der des dritten Stockwerks, so wie es gebaut wurde.

Adolf Loos, *Haus Tristan Tzara*, retuschierte Photographie mit dem nicht gebauten obersten Stockwerk.

Montmartre entworfen hat. Zur Straße hin hätte das Haus (wenn das projektierte Oberge-schoß gebaut worden wäre) ein großes weißes Quadrat über einem Bruchsteinsockel gezeigt. Der Sockel enthielt eine Garage und ein Benzinlager sowie in der Mitte eine Nische mit dem Haupteingang unter einem Balkon, auf den sich die Fenster einer Mietwohnung

Adolf Loos, *Haus Müller,* Prag 1930, Außenansicht.

öffneten. Diese Wohnung war von der Rückseite des Gebäudes aus zu betreten. Die Hauptwohnung bestand aus Diele und Küche, deren Fenster sich über dem Sims oberhalb des Sockels befinden, während die wichtigeren Räume sich um die große Nische gruppieren, die die halbe Höhe des großen Quadrates und ein Drittel seiner Breite hat, tief eingeschnitten in die große weiße Fläche, eine Negativform zu der, die Loos später bei dem Haus Müller in Prag vervollkommnen sollte. Die Nische war in die Mitte des Quadrates gesetzt, so daß ein weißes Band von einem Drittel der Breite des Quadrates sie an drei Seiten umlief.

Die innere Komplexität des Grundrisses war eine für Loos typische Lösung für einen schwierigen Bauplatz. Diese Komplexität hatte ihren Witz ebenso wie der eigenartig hochabstrakte Anthropomorphismus der Fassade oder die für Pariser Gewerbebauten typische Behandlung der Untergeschosse, die Form der unteren Nische, die wiederum eine Umkehrung des von Loos bevorzugten Erkerfensters ist. Die Gestaltung ist der der Villa nicht unähnlich, die Le Corbusier genau zur gleichen Zeit für Leo Stein in Garches gebaut hat: eine glatte Fassade, zur Straße hin sparsam durchbrochen, und ein offenes verglastes Gehäuse zu den Terrassen und Gärten auf der Rückseite hin. Die Komplexität von Loos bleibt jedoch immer hart, die Räume werden nie zu plastischen, geformten Innenräumen modelliert wie bei Le Corbusier.

Wiederholt hat Loos betont, daß der Architekt es mit dem *immeuble* zu tun habe, der Handwerker mit dem *meuble.* Der Architekt beschäftigt sich mit dem trägen Volumen, den

Adolf Loos, *Kärtner Bar,* Wien 1907, Innenansicht.

Wänden, Decken und Fußböden, den unbeweglichen Einbauten wie Kaminen und Feuer-
stellen (gehämmertes Kupfer war eines der von Loos bevorzugten Materialien). Die
haptische Auffassung seiner Bauten spielte hier die entscheidende Rolle.

Wann immer er konnte, verwendete Loos edle Materialien an Wänden und Decken:
Metallplatten, Leder, geäderten Marmor oder furnierte Hölzer, auch als Verkleidung für
eingebautes Mobiliar, doch im Unterschied zu seinen Zeitgenossen benutzte Loos diese
Materialien niemals als zu gestaltende Stücke, sondern immer als ganze, zusammenhängende
Flächen, immer so glatt wie möglich und immer ihre eigene Materialbeschaffenheit
betonend, fast so als wären sie selbst eine Art Ornament, ein Ornament, das die Freude
erkennen ließ, die die Vorsehung hatte, als sie sie schuf, so wie der geläufigere Typ des
Ornaments die von seinen Mitmenschen empfundene Freude vermittelte.

Eigenartig, dieser Sinn für dekorative Wirkung des Gestalteten bei dem Erzfeind jeglichen
Ornaments. Noch sonderbarer ist seine beharrliche Verwendung klassischer Säulen und
Formgebungen. Das krasseste Beispiel dafür ist sein Projekt für die *Chicago Tribune,* ein

Adolf Loos, *Haus auf
dem Michaelerplatz,*
Wien 1910.

unplazierter Wettbewerbsbeitrag. Es war ein ungewöhnlicher Entwurf, eine riesige dorische Säule (deren Schaft allein 21 Stockwerke hoch war) auf einem Parallelepiped als Sockel. Loos hatte dieses Projekt jedoch völlig ernst gemeint. Das Gebäude sollte eine reine klassische Form erhalten, klassisch und deshalb von Modeströmungen unabhängig, so daß die Forderung der Wettbewerbsträger erfüllt wurde, »to erect the most beautiful and distinctive office building in the world«.

Säule und Basis sollten mit schwarzem poliertem Granit belegt werden. Die Feinde von Loos rechneten bei dem Bau des riesigen runden Schaftes mit großen Schwierigkeiten. Ihm aber lag nur daran, diese große evokative Form im urbanen Kontext von Chicago zu schaffen: »Die große, griechische dorische Säule wird gebaut werden. Wenn nicht in Chicago, so in einer anderen Stadt. Wenn nicht für die ›Chicago Tribune‹, für jemand anderen. Wenn nicht von mir, so von einem anderen Architekten«, schrieb er am Schluß seines Wettbewerbsberichtes. In kleinerem Maßstab hatte er beständig klassische Säulen verwendet. Das wichtigste Beispiel vielleicht war das Goldman & Salatsch-Haus am

Adolf Loos, *Projekt eines Hauses für Josephine Baker,* Paris 1928.

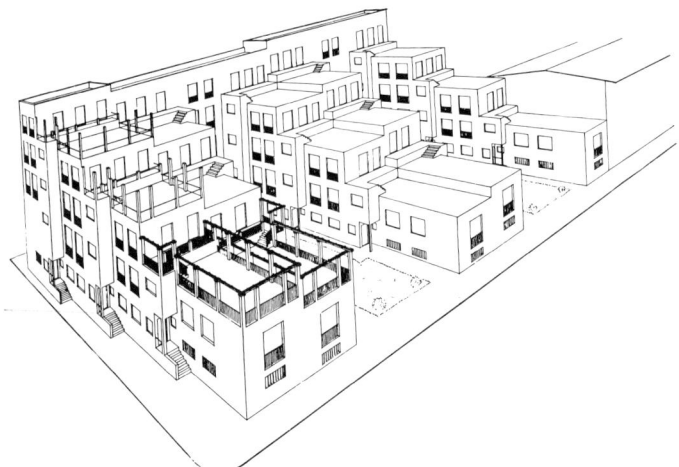

Adolf Loos, *Gruppe von zwanzig Häusern,* 1923, perspektivische Zeichnung. Das Dach des einen Hauses dient als Garten für das Haus dahinter.

Michaelerplatz in Wien. Dieses Haus hat einen Sturm der Entrüstung entfacht. Das Stadtbauamt versuchte den Bau zu unterbinden. Loos wurde mündlich und in der Presse andauernd angegriffen (wenngleich er einflußreiche Fürsprecher hatte wie Otto Wagner), und aus Erbitterung wurde er eine Zeitlang krank. Heute wirkt das Gebäude unauffällig, fast harmlos.

Damals jedoch war der Widerstand dagegen aus denselben Gründen so stark, die heute an Schärfe verloren haben. Das Gebäude liegt gegenüber der Hofburg an einem Platz, der kürzlich erst vergrößert worden war und an die feudale Vergangenheit erinnerte. Die unteren Geschosse, in denen das Geschäft sich befand, wurden deshalb, wie Loos sorgfältig erläuterte, mit Marmor verkleidet. Mit Rücksicht auf die Umgebung wurde die Fassade mit römischen dorischen Säulen verziert, tektonischen Säulen, steinernen Monolithen, deren Ornamentik von Handwerkern gearbeitet war. Die Fenster oberhalb des Schaufenstergeschosses waren angloamerikanische Erkerfenster, um der Fassade die nötige Plastizität zu geben.

Das Obergeschoß hatte einen ganz anderen Charakter: oberhalb des Gesimses der traditionelle Wiener Verputz, Kalk, nicht ornamental gestaltet, sondern entsprechend dem, was er materiell gesehen ist, nämlich eine Haut und deshalb ohne Verzierung. Oberhalb des Kalkputzes noch ein Gesims und ein schweres Kupferdach, das, wie Loos vorgesehen hatte, ganz schwarz wurde und das er auch zu verteidigen hatte.

In seinen manchmal sehr groben, manchmal subtileren Polemiken geht es ihm fast immer um die symbolische Lesart seiner gebauten oder ungebauten Architektur. In der Beschreibung seines Projektes für das neue Kriegsministerium betont er, daß das Gebäude mit schwarzem Granit verkleidet und mit gelben Terrakottaverzierungen eingefaßt werden solle, um die Habsburger Farben zu zeigen. In ganz anderer Weise argumentiert er bei einem seiner berühmtesten Entwürfe, dem Haus für Josephine Baker in Paris. Von allen Häusern von Loos kommt es seinem Ideal vielleicht am nächsten, weil seine evokative Intention deutlich in Erscheinung tritt. Die in scharfe Kontraste gebrachte Geometrie der Baukörper, die Flachdächer, die großflächigen fensterlosen Mauern, all dies ist bewußt exotisch, fast afrikanisch, ebenso wie die ungewöhnliche Verkleidung abwechselnd weißer und schwarzer Streifen von Marmorplatten. Die fensterlosen Mauern oberhalb des glatten Sockels umschließen ein Schwimmbecken, das von einer Laterne in der Decke erleuchtet wird: Die Wasseroberfläche befindet sich im Obergeschoß unmittelbar unterhalb des Fußbodenniveaus der Schlafräume. Der Besucher betritt das Haus unter dem runden Turm – ein bevorzugtes Bauelement bei Loos – und bewegt sich eine große Treppe hinauf. Durch einen Säulengang, einen großen Piano nobile-Salon, führt eine halbrunde Treppe zu einem Foyer, an das sich, durch weitere Säulen hindurch, das Eßzimmer und mehrere Schlafräume anschließen. Alle haben Zugang zum Swimmingpool. In dem Geschoß darunter, dem des Salons, wird ein schmaler Gang um den Wasserbehälter zu einem Boudoir und einem winzigen »Café« in dem runden Türmchen herumgeführt. Gang und Boudoir haben außerdem Sicherheitsglasfenster zum Schwimmbecken, durch die man die Badenden im Wasser sehen kann.

Eine freche Extravaganz, mag man einwenden. Natürlich. Aber Loos war in seinen Überzeugungen gefestigt genug, um sich auch das zu erlauben. Er hatte sich in diesem Haus eine bestimmte Lebensform vorgestellt; die glücklichen Einfälle des Entwurfs zielen alle darauf, wie das Haus bewohnt werden sollte, wie in ihm zu leben war, und sie tun alles, um es durch eine ruhige, unaufdringliche Intelligenz formal zu veredeln. Auf dieser Ebene war Loos am meisten zu Hause. Die Privathäuser sind seine Meisterstücke, sie, die Bars, die Textilgeschäfte, alle Bauten im kleinen Format – die größeren Dimensionen der öffentlichen städtischen Bauten vermochte er nicht recht zu meistern. Aber vielleicht ist das ein wenig ungerecht. 1920 wurde er nach der Abdankung des Kaisers und am Beginn der neuen Republik zum leitenden Architekten der »Siedlungen« Wiens ernannt. Hier kam er dem positiven Ausdruck der abendländischen Kultur, um den es ihm in der Architektur ging, am nächsten. Auch hier beherrschten ihn ein oder zwei Einfälle, die er nie ganz ausgearbeitet hat: das Reihenhaus mit tragenden Scheidemauern und einer Fassadenwand in Leichtbauweise (was er als »das Haus mit *einer* Mauer« bezeichnete); die Verwendung gestufter Terrassen, so daß das Dach des einen Hauses als Garten für das nächste dienen konnte; ein eigener Zugang für jedes einzelne Stockwerk, so daß die Terrasse tatsächlich so etwas wie eine *immeuble villa* wurde, um Le Corbusiers Ausdruck zu verwenden. Seine Anstellung war jedoch nicht von Dauer und konnte es nicht sein. Nur eine seiner Siedlungen wurde gebaut (wobei seine Entwürfe nur zum Teil befolgt wurden), ehe er sich irritiert und verbittert in Paris niederließ. Man macht es sich zu leicht, wenn man sagt, daß dies schicksalhaft vorbestimmt war, daß er der Architekt des Einzelhauses hätte bleiben sollen. Obwohl seine Projekte für große öffentliche Bauaufgaben am wenigsten gelungen sind, fesselte der Hausbau für kleine Einkommen sein ingeniöses Talent und forderte das ganze Engagement des egalitär Denkenden und des Moralisten.

Mag sein Scheitern auch in erster Linie politisch bedingt sein, so ist seinen Projekten doch eine gewisse Naivität eigen, eine Konzentration auf den Übergang von einem Material zum anderen, das Fehlen eines Sinns für den urbanen Kontext, das Fehlen eines, wie man mangels eines besseren Wortes sagen kann, Sinns für Struktur. Das Vergnügen, das seine Architektur bietet, ist jedenfalls das der Berührung. Und doch war er sich dunkel eines Mysteriums dahinter bewußt, eines Mysteriums, das er nicht eigentlich zu benennen vermochte. »Alle Kunst ist erotisch«, hatte er in »Ornament und Verbrechen« geschrieben, aber das erotische Element in der Kunst mußte sublimiert werden. Der Mensch, der die Wände mit erotischen Symbolen beschmiert, ist, wie alle Tätowierer, ein Verbrecher oder ein Degenerierter. Und doch kann man auf das Ornament nicht ganz verzichten, denn die Aufgabe der Architektur ist letztlich evokativ. Bei dem Versuch, seiner Vorstellung näher zu kommen, verfiel Loos auf ein eigenartiges Bild. »Wenn wir im Walde einen Hügel finden, sechs Schuh lang und drei Schuh breit, mit der Schaufel pyramidenförmig aufgerichtet, dann werden wir ernst und es sagt etwas in uns: Hier liegt jemand begraben. *Das ist Architektur.*«

Fast besessen (und in seinen späteren Jahren immer verzweifelter) folgte Loos dem Ideal einer Architektur, die etwas mitzuteilen vermochte, mitzuteilen über den vollkommenen Lebensstil, der ihm in den angelsächsischen Ländern, in seinem Paradies, verwirklicht schien. Loos hat sich nie an einer systematischen Darstellung seiner Ansichten, einer kohärenten Theorie der Architektur oder etwas ähnlichem versucht. Er war besessen von unmittelbaren Empfindungen als Elementen eines vollkommenen Lebensstils. Die Qualität eines Geruchs oder einer Berührung, das Nebeneinander von Materialien, die Wege der Bewohner von einem Raum zu anderen, all dies beobachtete er mit einem scharfen und liebenden Auge.

Darüber hinaus, tastender, suchte er nach einer Architektur, die der Mitteilung fähig war und den Menschen mit seinem Schicksal zu versöhnen vermochte. Aber auch hier ging es ihm nicht um den Menschen im allgemeinen, sondern um eben den Bewohner seiner Häuser, dessen Sinne er reizen und befriedigen wollte. Und außerdem um den Vorübergehenden: Keines seiner Gebäude ist ein Labyrinth, in dem ein Lebensstil gefangen ist, sondern immer etwas Gegenwärtiges, das mit seinen leblosen Nachbarn kommuniziert.

Durch diese beiden Leidenschaften wird Loos zu einer faszinierenden Gestalt: Er versuchte, Dinge einzufangen und zu preisen, die seine Zeitgenossen für etwas Selbstverständliches genommen hatten und im Namen des Fortschritts aufgaben. Heute (wo diese Dinge endgültig verloren sind) fehlen sie uns in einem Maße, wie es unsere Väter, die Zeitgenossen von Loos, sich nie hätten träumen lassen.

Die 15. Triennale

Dieser Text, der zuerst in Domus *530, Januar 1974, erschien ist lediglich um Details gekürzt worden, die seine hauptsächliche polemische Absicht verdunkelten. Obwohl man sich von seiten der betroffenen Parteien indirekt auf diesen Text bezogen hat – Rossi beklagt sich über Angriffe von »servilen Akademikern und von Möbel- und Modekritikern« (ich hoffe, daß nur letzteres sich auf mich bezieht), während Tafuri mir vorwirft, daß ich ihn nach Scolaris Einleitung zum Katalog der Rationalistischen Ausstellung zitiere (obwohl er nicht sagt, daß ich ihn falsch zitiere...) –, warte ich noch immer auf eine direkte Antwort.*

Wie bei einer alternden Primadonna wirkt jede neue Veranstaltung der Triennale wie ein Abschied: Jede Triennale, so hören wir von ihren Kritikern, ist so viel schlechter als die früheren, daß sie nur die letzte sein kann.

Inzwischen hat sich mit der 15. Ausstellung ein halbes Jahrhundert gerundet. Abgesehen einmal von der rechnerischen Ungenauigkeit – aufgrund der Kriege und der Unsicherheiten im Frieden – ist das eine beachtliche Leistung. Eine Retrospektive ist deshalb durchaus angebracht. Wäre das dreißigste Jubiläum nicht so ausgiebig und gut gefeiert worden (rechnerisch genauer bei der 10. Triennale), dann wäre diese Retrospektive freilich willkommener. Sie wird am Ende einer monumentalen Treppe durch eine Komposition angekündigt, die auf dem Kontrast eines Citroën DS 23 in Originalgröße und Arturo Martinis *Madonna mit dem Kind* von 1930, im selben Maßstab, beruht. Es geht weiter um die Apsis im ersten Stock des Palazzo d'Arte herum mit dem ganzen Material der früheren Ausstellungen, das heute schon wieder in Mode kommt. Die Exponate stehen vor einem Hintergrund von rostigem Stahl, der zwar gut aussieht, aber wohl nicht ganz die Assoziationen weckt, die die Veranstalter erzeugen wollten. Aber er ist sicherlich angemessen und auch akzeptabel, denn er gehört zu dem Wenigen, was bei dieser im allgemeinen kläglichen Ausstellung mehr oder weniger gelungen ist. Die Gedanken des Besuchers werden dadurch auf den Zweck des ganzen Unternehmens zurückgelenkt, das schließlich als die Mailänder Antwort mit »angewandter« Kunst auf die venezianische Ausstellung der »schönen«Künste begann, teils um zu einem Austausch auf der Ebene des Ausstellens und der Diskussion anzuregen, aber auch um das Beste zu fördern und sogar um interessante Arbeiten anzukaufen. All dies hat die Triennale zu ihrer Zeit fraglos geleistet, und sie hat nicht nur Architekten, sondern auch ihre öffentlichen wie privaten Kunden über das unterrichtet, was gerade an der Tagesordnung war. Der Höhepunkt wurde mit der 13. Triennale erreicht. In gewisser Weise kam sie der Idee einer Ausstellung nahe, die selbst soweit wie möglich ein geschlossener und kohärenter Gegenstand ist: eine Art Karneval. Gleichwohl war sie von einer vernichtenden Ironie, fast zynisch gegenüber der Rolle des Designers in der Gesellschaft.

Dann kam das *dénouement*. 1968 wurde die Triennale, die diesmal die Rolle des Designers und Künstlers sogar noch beißender darstellte als ihre Vorgänger, von Studenten und einer Reihe von Architekten, Künstlern und Designern besetzt, die das ganze Unternehmen in Frage stellen wollten. Die üblichen großzügigen Gesten, die Posen, die edlen Worte: Es endete im Schmutz der Niederlage. Ich sage bewußt Schmutz. Der Rechtsruck in der Politik und Förderung bestimmter Karrieren, all das ist bekannt und wohldokumentiert. Soweit es Architektur und Design betrifft, hat die Operation fraglos einen bescheidenen Erfolg gehabt: die Krise spitzte sich zu. Nicht daß die monumentalen Baracken in La Défense oder Montparnasse, in den Vorstädten von Mailand und Rom (und genauso von New York, Chicago, Moskau, Bukarest und Warschau) unverzüglich gestoppt wurden, nein, sie wuchsen weiter, manchmal durch einen Streik etwas langsamer. Nur ein paar Designer, die ihre Arbeit ernst nehmen, sind von dieser Krise in ihrem beruflichen Leben betroffen worden: Die Linien wurden schärfer gezogen, und gegensätzliche Gedanken verhärteten sich. Der Protest starb.

Die wenigen Studenten, die bei der Eröffnung der 15. Triennale demonstrierten, erreichten wenig. Obwohl ich dabei war, habe ich erst eine ganze Weile später gehört, daß drei von ihnen verhaftet wurden. Die Protestierenden von '68 waren 1973 entweder nicht anwesend oder unter den Ausstellern. Trotzdem hatten die Protestierenden recht. Einer von ihnen forderte mich auf, ein Manifest zu unterzeichnen. Ich wollte es nicht, nicht weil ich dachte, daß er unrecht hätte, sondern weil sein Manifest nicht weit genug ging. Es richtete sich gegen die Triennale, weil sie politische Manöver kaschierte, weil sie darüber hinweg-täuschte, daß eine bestimmte Partei sich in der Wohnungsfrage nicht engagierte (als ob andere das ernsthaft täten), und protestierte gegen die Unterbindung »wissenschaftlicher« Arbeit an der Mailänder Architekturfakultät. Natürlich beklage ich das Fehlen einer Wohnungspolitik, aber ich weiß auch, daß an der Mailänder Fakultät, nach meinem Verständnis von Wissenschaft, herzlich wenig »wissenschaftlich« gearbeitet wird. Außer-dem meine ich, daß diese Art von Forschung an einer Architekturfakultät nichts zu suchen hat. Und überhaupt, ich bin nicht grundsätzlich gegen die Triennale, jedenfalls nicht, wenn sie das bescheidene Ziel verfolgt, für das sie geschaffen wurde.

Diese autobiographischen Einzelheiten erzähle ich nicht deswegen, weil ich mir wegen meiner Unterschrift ein Gewissen machte. Vor langer Zeit habe ich von dem klugen Meister Martin Buber gelernt, nie Manifeste *gegen etwas,* sondern nur Manifeste *für etwas* zu unterschreiben. Reiht man sich in die gewöhnliche Opposition ein, dann findet man sich immer in unerfreulicher Gesellschaft wieder. Ich erzähle das, weil ich mich anschicke, etwas gegen diese Triennale zu sagen, und ich möchte von vornherein deutlich machen, daß meine Opposition weniger geräuschvoll, letztlich aber radikaler ist als die der Studenten.

Zunächst möchte ich von den Dingen, die ich im Palazzo dell'Arte fand, loben, was ich loben kann. Über die Retrospektive habe ich bereits etwas gesagt, aber es gibt da noch etwas Besseres: eine Ausstellung von Stühlen von C. R. Mackintosh, liebevoll, pedantisch rekonstruiert von Filippo Alison und begleitet von einer sorgfältigen Auswahl von Zeichnungen des Meisters. Sind wir vom Neo-Liberty-Stil schon weit genug entfernt, um diese Reproduktionen so aufzunehmen, wie wir es bei den Modellen eines beliebigen historischen Gebäudes tun würden? Und wenn sie, was unvermeidlich geschehen wird, kommerziell reproduziert werden, wie sollen wir dann darüber denken? Mit der Verachtung, wie wir sie für gefälschtes Louis-seize oder nachgemachtes Chippendale haben? Mit der sachlichen Zustimmung, die wir unvergänglichen Produkten wie den Thonetstühlen entgegenbringen? Oder der nostalgischen Bewunderung, die wir den Nachbildungen von Le Corbusier- oder Breuer-Möbeln vorbehalten?

Man mag das Problem etwas weit hergeholt finden, aber, um die Wahrheit zu sagen, ich wäre geneigt, diese Art von Fragen empirisch zu entscheiden und würde mich nicht scheuen, ein schönes Stück nachgemachtes Louis-seize zu gebrauchen. Der Abstand vom Neo-Liberty bringt mich jedoch zu der anderen so auffälligen Erscheinung auf dieser Ausstellung: der neo-rationalistischen Erneuerung oder der Bewegung, der *Tendenza*, wie Massimo Scolari sich ausdrückt. Das ist schon eine ganze Weile in Gang, doch die theoretische Grundlage dafür wurde erst kürzlich formuliert. Manfredo Tafuri hat von seinem isolierten Tolentinikloster in Venedig aus den Tod der Architektur verkündet. Ein wenig später hat er seine Ansicht modifiziert. Ein anderer Brennpunkt war Aldo Rossis Wettbewerbsentwurf für den Friedhof von Modena: eine strenge Anordnung elementarer geometrischer Formen, die das Panorama dieser Ausstellung noch immer beherrscht. Die Verknüpfung dieser beiden Namen ist kein Zufall. Rossi, der das Team leitet, das den wichtigsten Teil dieser Ausstellung – den über »rationale« Architektur, Bauen und Stadt – organisiert hat, hat oft und laut genug die Unabhängigkeit, die Abstraktion der Architektur von jeglicher Ideologie und jeder, um ein Wort von ihm selbst zu gebrauchen, »Erlösungs«-Funktion proklamiert. Seine Architektur ist eine »reine« Architektur, Form ohne Utopie, die bestenfalls zu erhabener Unbrauchbarkeit führt: Tafuris Worte, seine Rechtfertigung für Rossi, lauten folgendermaßen: »Gegenüber jedem mystifizierenden Versuch, der Architektur ein ideologisches Gewand überzuwerfen, werden wir immer Rossis Aufrichtigkeit vorziehen, der den Mut hat, von ihrer schweigenden und bedeutungslosen Reinheit zu sprechen.«

Das wär's also. Die Architektur wird lebendig bleiben, solange sie stumm bleibt. Stumm und schön vielleicht, aber stumm. Wer diese Voraussetzung nicht teilt, wird unnachgiebig beiseite geschoben. In gewisser Weise hat Tafuri natürlich recht. Die Architektur ist wirklich tot. Selbst wenn die pessimistische Rechnung über den Anteil der Architekten an dem Bauvolumen der Welt, die Constantin Doxiadis aufgestellt hat (5 %), nicht stimmt, kann man den prozentualen Anteil höchstens verdoppeln. Davon erreicht (optimistisch gesprochen) ein kleiner Prozentsatz, sagen wir ein Zehntel, die unteren Sprossen des Mittelmaßes, was man, en passant, von dem erschreckenden italienischen Teil der Ausstel-

Aldo Rossi, *Friedhof von Modena*, 1973, preisgekrönter Entwurf (gemeinsam mit G. Braghieri).

lung, den man am besten vergessen sollte, nicht sagen kann. Architekturtheorie und -kritik befassen sich demnach, optimistisch geschätzt, mit einem Tausendstel von dem, was auf der Welt gebaut wird. Spielt sie, kann sie für die Weltbevölkerung eine Rolle spielen? Nur dann, wenn man der Ansicht ist, daß dieses Tausendstel der Hort der Baukunst ist, die Hefe, die den Rest aufgehen läßt, und daß sie dieselbe Funktion hat wie die Poesie für das gesprochene und geschriebene Wort, nämlich die Sprache zu reinigen.

Meiner Ansicht nach lohnt die Architektur nur dann die Mühe, wenn sie in dieser Weise verstanden werden kann, wenn sie der leidenschaftliche, engagierte Versuch ist, den Beschauer/Bewohner zu ermahnen, zu erheben, zu informieren und zu beeinflussen, indem sie das visuelle System der Kunst des Bauens zur Geltung bringt. Selbstverständlich sollten Häuser nicht einstürzen, aber sie davor zu bewahren, gehört nicht zur Architekurtheorie, sondern ist ein Aspekt der Technik, von der die Architektur ausgeht. Natürlich sollten Häuser zweckdienlich, sogar bequem sein, soweit das möglich ist. Es wäre ein leichtes, das in der Frage der Konstruktion vorgebrachte Argument noch einmal zu wiederholen, aber ein kurzer Besuch in der Architekturabteilung der Triennale und ein Blick in den Katalog werden den Leser davon überzeugen, daß die Architekten der *Tendenza* sich um Zweckdienlichkeit (Funktion, wie man es gewöhnlich nannte) keineswegs so bemühen, wie man annehmen sollte. »Die Gleichgültigkeit der Architektur gegenüber der Funktion läßt sich auf verschiedene Weise zeigen«, bemerkt Rossi dazu. »Gleichgültigkeit gegenüber funktionalen Gesichtspunkten« (so wenigstens verstehe ich sein »indifferenza distributiva«) »ist eine Eigentümlichkeit der Architektur: Die Transformation antiker Bauten ist ... ein hinreichender Beweis dafür. [Diese Gleichgültigkeit] hat die Gewalt eines Gesetzes: ... Die Umgestaltung von Amphitheatern [Arles, Kolosseum, Lucca] vor der Umgestaltung der [römischen] Städte bedeutet, daß die größte architektonische Präzision – in diesem Fall des Baudenkmals – potentiell den größten funktionalen Spielraum bietet ...«

Es handelt sich hier um eine so gewaltige Petitio principii, wie man sie nur zu finden wünschen kann. Hat Aldo Rossi antike Bauten nur auf Stichen von Canina angesehen? Hat er je darüber nachgedacht, wie sie benutzt wurden? Oder daß »die Architektur der Römer von Anfang bis Ende eine Kunst war, die den Raum um ein Ritual herum formte« (ich zitiere Frank E. Brown, den in jüngster Zeit brillantesten Interpreten der römischen Architektur)? Erinnert er sich nicht aus seiner Kindheit an die Lichter- und Weihrauchprozessionen bei der Verlesung des Evangeliums? Ist er sich nicht darüber im klaren, daß er dabei einer Fortführung des wohl über 2500 Jahre alten Zeremoniells vor dem römischen Zivilgericht zugesehen hat?

Die Bauten, von denen er redet, die Amphitheater, Theater, Heiligtümer, Bäder, können nicht als »Typen« verstanden werden in dem Sinne, wie er das Wort benutzt. Es sind keine leeren Formen, die in verschiedenen Kontexten und außerhalb ihrer wiederholt werden, sondern es sind lebendige Formen, die sich in Jahrhunderten des Gebrauchs entwickelt haben und von ihm abgeschliffen sind wie Kieselsteine im Fluß. Die gebauten Formen wirken in einem dialektischen Prozeß auf die Verhaltensformen ein, sie sind Gehäuse eines Verhaltens, das schon vorher vorhanden ist, und sie können das später kommende Verhalten und die Denkweisen prägen.

Was für römische Bauten gilt, trifft gleichermaßen auf die Villa Savoye oder das Haus Schröder zu. Aber ich möchte nicht nur Privathäuser nennen. Nehmen wir beispielsweise Terragnis Casa del Fascio oder Rietvelds Haus in Utrecht, jedes für eine bestimmte Weise des Verhaltens maßgeschneidert und jetzt eine zweite Generation von Benutzern prägend. Rietveld ist aber keiner von Rossis Helden, seine Abwesenheit im Pantheon, im Katalog, das Fehlen jeglichen Hinweises auf ihn ist aufschlußreich, da man uns einen anderen Kulturheroen anbietet, Hans Schmidt, einen Schweizer Architekten, am ehesten bekannt durch einige Privathäuser, die er zusammen mit Paul Artaria in und um Zürich gebaut hat, wo er in

Gerrit Thomas Rietveld, *Haus Schröder*, Utrecht 1924.

den Jahren 1930–32 an der Siedlung Neubühl mitarbeitete. Er ist eine (posthume) Entdeckung, und wem daran liegt, der mag ihn als einen der Väter des »Existenzminimums« einordnen, jenes scheußlichen Begriffs, der jetzt in den Bibliotheken wieder ausgegraben wird. Es ist merkwürdig, ihn in der Halle der Architekturabteilung der Triennale zusammen mit dem menschlichen und brillanten Ernesto Rogers und dem ungeschickten Piero Bottoni, dessen QT8 von Le Corbusier brutal (und meiner Ansicht nach zu Recht) kritisiert wurde, gefeiert zu sehen.

Neben ihnen, nicht gefeiert in dem kleinen Pantheon, aber in den Rechtfertigungen der *Tendenza* immer wieder genannt, erscheint eine ominöse Gestalt: Ludwig Hilbersheimer, der Schöpfer jener ausgesprochen häßlichen Großstadtplanungen, der Mann, der Mies übertreibt und aus seinem Chicagoer Stil etwas wirklich Unerträgliches macht, indem er den Maßstab von allem mit 100 multipliziert und dies als die inhumane, monströse Zumutung vorführt, die es ist. Der Katalog der Ausstellung, wenn nicht die Ausstellung selbst, will nun in der Tat unsere Bewunderung wecken für ein ziemlich abstoßendes Hilbersheimersches Gebilde, die ostdeutschen Wohnbauten des Kollektivs Halle-Neustadt. Zwar wird dies nur

Hans Schmidt, Paul
Artaria, M. E. Häfeli,
C. Hubacher, W. M.
Moser, E. Roth und
R. Steiger, *Siedlung
Neubühl*, Zürich
1930–32.

Ludwig Hilbershei-
mer, *Wohnquartier*
1927, perspektivische
Zeichnung.

als leuchtendes Beispiel einer Arbeitsmethode und nicht als eine architektonische Leistung
vorgeführt, doch Gott bewahre uns, meine ich, vor Arbeitsmethoden, mögen sie auch
kollektiv sein, die zu solchen Resultaten führen.

In einem Punkt bin ich mit Rossi einig: »Es gibt keine ideologische Rechtfertigung für
schlechte Architektur, ebensowenig wie für eine einstürzende Brücke.« Aber was für eine
Ideologie oder Anti-Ideologie ist es, die die Wohnhäuser von Halle-Neustadt unserer
Bewunderung darbieten? Und es gibt noch Schlimmeres. Die fragwürdigen Beispiele häufen
sich. Wie soll man Leon Kriers *sventramento*, seine Sanierung von Echternach, einer
reizvollen mittelalterlichen Stadt, rechtfertigen, eine Ausweidung, die von den »Heimat-
kunst«-Fassaden ihrer Bauten nur dürftig verhüllt wird? Und so geht es weiter, ein Katalog
befremdlicher, tendenziöser Übungen, die von der Theorie untermauert werden. *Sventramento* im großen Maßstab (Salvatore Bisognis Montecalvario in Neapel ist ein gutes Beispiel,
das eigens für die Ausstellung auf der Triennale geschaffen wurde: eine modernisierte
Fassung von Bramantes Vatikanpalast, an den Fuß der Certosa di San Martino gesetzt)

erfreut sich großer Beliebtheit, und daran erkennt man die wahre Natur der *Tendenza*. Ihr Rationalismus ist nicht der eines Persico oder Albini, von Terragni und Pagano, sondern es ist der »Rationalismus« von Piacentini und Muzio, von Portaluppi und de Finetti, durch ein Kahnsches Netz gefiltert, ein wenig verfeinert und gemäßigt. Bestenfalls sind die Bauten so, wie die von Louis Kahn gewesen wären, wenn Sironi sie hätte sehen können: *Tendenza* ist eine Wiederbelebung des Novecento und war zu erwarten. Wie können wir die Gruppo 7 wiederbeleben, ohne vorher Novecento wiederbelebt zu haben? Nach Neo-Liberty fordert die Reihenfolge Neo-Novecento. Neo-Gruppo 7 und Neo-Quadrante sind Stile der Zukunft.

Macht man einen Rundgang durch die so bewußt tendenziöse Ausstellung, dann ist es eigenartig zu sehen, was zu ihr paßt: die Sanierungen von Krier passen nur zu gut, auch Costantino Dardi und Adolfo Natalini (wenn er besonders apokalyptisch ist) gehören eindeutig dazu. Aber was hat James Stirling hier zu suchen? Oder gar Vittorio Gregotti? Oder noch kurioser, was haben die fünf New Yorker Architekten in dieser *galère* zu suchen mit ihrer kabbalistischen Neudeutung der nächsten zur Wiederbelebung anstehenden historischen Phase (ich meine die Phase Persico-Albini-Terragni) oder, noch abgelegener, mit ihrer gesuchten Überführung einer kubistischen Plastizität in den Shingle Style?

Dies ist ein wenig ungerecht gegenüber den fünf Architekten, die keine homogene Gruppe bilden. Sicherlich würde Michael Graves die theoretische Position der *Tendenza* nicht teilen, und ich möchte sogar vermuten, daß er ihr widersprechen würde; dasselbe gilt, in geringerem Maße, von Richard Meier und sogar von Peter Eisenman. Hejduk stand ihnen an einem Punkt vielleicht am nächsten, aber auch er wandelt sich. Ihre fast dekorative Verwendung des kubistischen Idioms im kleinen Maßstab und die gelegentliche Übernahme von De Stijl-Techniken (besonders in Hejduks Fall) versuchen bewußt, die Art von Abwechslung zu erreichen, die Rossi und seine Anhänger ebenso bewußt zu vermeiden suchen. Am deutlichsten ist das vielleicht bei der Proportion. Die fast ausschließliche Bevorzugung der drei elementarsten Figuren – Quadrat, Kreis, gleichseitiges Dreieck – durch die *Tendenza* gibt ihren Bauten das Aussehen einer gewollten Strenge. Die Fibonacci-Reihe oder selbst ein $\sqrt{2}$-System haben eine Gefälligkeit und Elastizität, die sie beunruhigend finden dürften. Wie sie die verspielten Unschlüssigkeiten, die freundlichen Proportionen sowie ihre eigenwilligen Theorien dulden konnten, bleibt rätselhaft.

Die Architekturabteilung der Triennale hat weder das Verdienst, wirklich tendenziös zu sein, noch ist sie, trotz Rossis reizvoller Projektionszeichnung, visuell kohärent. Sie ist unzusammenhängend, beinahe minderwertig, um – so vermute ich in polemischer Absicht – die Verachtung für die Verführungstechniken früherer Zeiten so recht deutlich zu machen. Es ist eine Ausstellung für Architekten, von Architekten und über eine Architektur, die nur die Architekten etwas angeht, und wenn Laien da hineingeraten, sind sie es, so scheint man sagen zu wollen, selber schuld. Ich habe mich so lange bei der Architektursektion der Triennale aufgehalten, weil sie die wichtigste Abteilung ist und sicherlich viel Aufmerksamkeit auf sich zieht und, wie ich vermute, beträchtlichen, meist verhängnisvollen Einfluß ausüben wird.

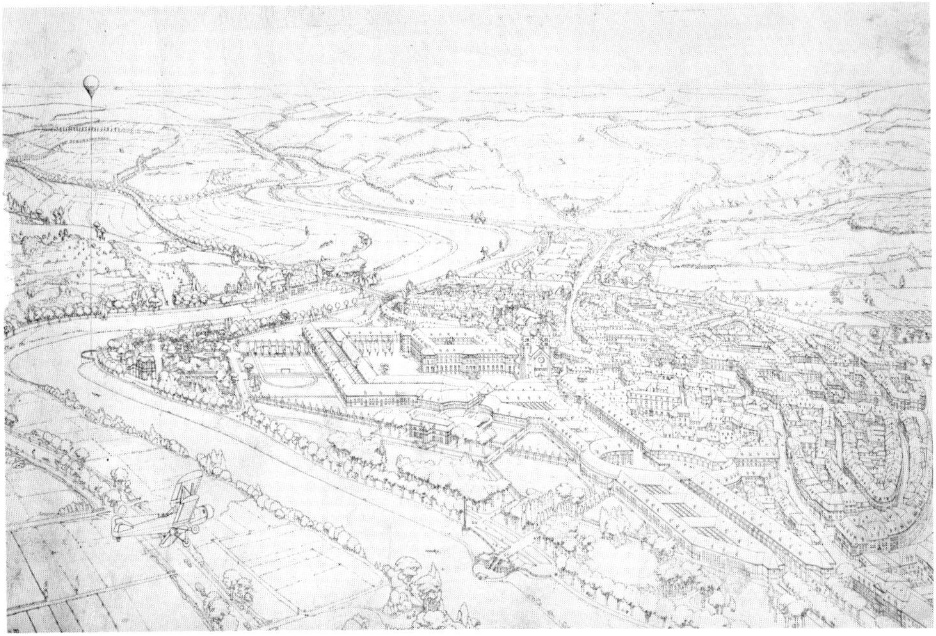

Leon Krier, *Projekt für Echternach*, 1970, perspektivische Ansicht mit der Erweiterung des Gymnasiums und der neuen Fußgängerzone auf ehemaligem Eisenbahngelände.

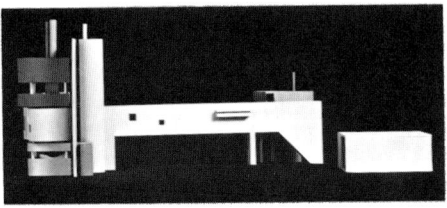

Michael Graves, *Wandbild für die 15. Triennale*, 1973.

John Hejduk, *Bye Residence*, 1972–74.

Es bleiben zwei Sektionen zu besprechen. Die erste befaßt sich mit Industriedesign – eine verdunkelte Kammer, in der, wie nachts auf einem Flughafen, im Abstand von Schritten kleine blaue Lichter aufleuchten. Auf etwa zwanzig Fernsehapparaten werden jeweils verschiedene Filme aus unterschiedlichen Ländern abgespielt, zwangsläufig ohne Ton, so daß der Zuschauer herumwandern, Kopfhörer aufsetzen und die Filme für sich ansehen muß. Nach meiner konservativen Rechnung würde man mindestens zehn Tage ununterbrochenen Zuschauens während der Öffnungszeiten der Ausstellung brauchen, um alle Filme sehen zu können. Als ich die stummen Fernsehkästen aufsuchte, gab es keinen Hinweis darauf, was auf jedem Gerät zu sehen war und zu welcher Zeit. Außer mir waren noch drei Leute anwesend. Vielleicht wird man in Zukunft darauf hinweisen, was auf welchem Gerät und zu welcher Zeit gezeigt wird. Wir vier wanderten unglücklich umher, nahmen hier und da einen Kopfhörer auf und versuchten einen Film zu finden, den wir ganz ansehen wollten. Unsere Desorientiertheit war auch die Folge einer Fehleinschätzung von Aufmerksamkeitsstufen, oder war es einfach eine List – ein weiterer Schachzug gegen die Konsumgesellschaft?

Eine kleine Schau ist noch erwähnenswert, weil sie einen Außenseitercharakter hat, die Ausstellung der Kunsthandwerker, die zwischen den dunklen Fernsehraum und die mißglückte italienische Sektion eingezwängt ist, ein Phänomen, das durch einen Hinweis als unter dem Patronat von André Leroi-Gourhan (einem der größten lebenden Anthropologen) stehend erklärt wird und das dem Anliegen der Triennale zu widersprechen scheint. Gezeigt werden Arbeiten von Ateliertöpfern und -goldschmieden, nicht von traditionell ausgebildeten Handwerkern. Trotzdem ist es die Ankündigung einer Art von Protest gegen die Konsumgesellschaft, wie man ihn aus der angelsächsischen Welt kennt und zu dem sowohl die Fernsehvorführungen der internationalen Design-Sektion wie auch die größenwahnsinnige Pose der *Tendenza* nichts zu sagen haben. Die Ausstellung ist zu klein und auch vom Kontext zu wenig abgehoben, um zum Mittelpunkt eines Protestes zu werden, der möglich gewesen wäre.

So bietet man dem Besucher die Überfülle der italienischen Sektion unten oder die abschreckende Dunkelheit des internationalen Design-Raums, und als Alternativen bleiben der schäbige Hermetismus, die gekünstelte Sicherheit der Architektursektion. Um dies mit den oberen Räumen – der Retrospektive, den Mackintosh-Stühlen und den nationalen Sektionen (bei denen die japanischen am besten abschneidet) – zu verbinden, gibt es ein Foyer und einen Treppenaufgang, wo sich die verschiedensten Happenings abspielen. Ich will es gleich sagen – so oft auch Joseph Beuys mit seinem melancholischen Gesicht (mit oder ohne Hut) die Treppe hinauf- oder hinuntergehen und dabei über Nietzsche oder Zen sprechen mag, die gespreizte Trivialität dieser Umgebung wird dadurch nicht erträglicher.

Ist dies also die letzte Triennale? Man hat zweifellos das Gefühl. Die Ader scheint endgültig erschöpft. Trotzdem, eine ähnliche Situation gab es schon einmal 1957, als die ganze Sache verloren und aus dem Gleis schien. Es war die Zeit, als der Studentenprotest an Stoßkraft gewann. Als Zugeständnis erlaubte man einem Studenten, vor dem Studienzentrum zu sprechen, das der Triennale eine neue Leitung geben sollte. Ich erinnere mich daran, wie er, verloren und ungepflegt, das Verdammungsurteil der Studenten über die politische

Linie der Triennale und ihre Empfehlungen für die Zukunft verlas, so schnell, daß man ihn kaum verstehen konnte. Als ich ihn hinterher nach dem Grund fragte, gestand er, daß er Angst hatte, man würde ihn nicht ausreden lassen. Die damaligen Empfehlungen der Studenten und jüngeren Architekten wurden natürlich nicht beachtet, obwohl ich vermute, daß die 13. Triennale letztlich auf ihnen beruhte. Sie kam zu spät.

Die Triennale ist eine robuste Pflanze, und sie wird von Mailänder Kapital gedüngt. Irgend etwas wird ohne Zweifel geschehen, damit sie sich von ihrem Tiefpunkt von 1973 erholt, doch so, wie es jetzt aussieht, hat sie ihre Funktion verloren. Italienische Waren brauchen die Exportmesse für Qualität im Palazzo dell'Arte nicht. Die ursprünglich wertvollen Zielsetzungen haben ihren Sinn verloren, und die Funktion der Triennale als Forum wird oft genug von Konferenzen, Ausstellungen und Festivals übernommen. Die Triennale muß sich verwandeln, etwas Neues werden: Zu sagen, was dies sein könnte, ist nicht meine Sache. Nur soviel weiß ich, daß Mailand an Attraktion nicht verloren hat und daß eine Verschwendung von Talent und Mitteln, wie die gegenwärtige Triennale sie vorführt, unerträglich ist. Eine Alternative *muß* gefunden werden.

Kunst als Sehen von Dingen

Um eine Diskussion über den gegenwärtigen Stand der Kunstgeschichte in Gang zu bringen, wurde der vorliegende Aufsatz vom Times Literary Supplement *für die Ausgabe vom 24. Mai in Auftrag gegeben, die diesem Thema gewidmet war. Die Kritik positivistischer Geschichtsschreibung ist ebenso dringlich wie die Kritik positivistischer Kunsttheorie.*

Obwohl die in diesem Aufsatz herangezogenen Beispiele damit zu tun haben, daß er in London geschrieben wurde, scheint mir seine Argumentation gleichermaßen auf Buenos Aires, Rom, New York oder Tokio anwendbar.

Der Abdruck erfolgt mit freundlicher Genehmigung der Times Newspapers Ltd.

Man könnte den Eindruck haben, daß die Kunstgeschichte im Augenblick sehr populär ist. Ständig werden bedeutende Kunstwerke um die Welt geschickt, um in einer Anzahl von Großstädten ausgestellt zu werden, wo lange Schlangen von Neugierigen Stunden warten, um einen Blick auf sie werfen zu können; die sensationell hohen Summen, die die Fernsehgesellschaften für die Ausstrahlungsrechte an Sir Kenneth Clarks Fernsehserie über die Zivilisation gezahlt haben, und die riesigen Zuschauerzahlen haben große Aufmerksamkeit gefunden; an den englischen Universitäten sind eine Reihe von kunstgeschichtlichen Abteilungen geschaffen worden, und es mangelt ihnen nicht an Studenten.

Das alles ist merkwürdig genug, denn es ist die Kehrseite einer bedrohlichen Situation: In Museen und Kunstgalerien sind wir Zeuge dessen, was ein amerikanischer Kritiker die Entästhetisierung der Kunst genannt hat, und die Qualität der Architektur scheint im umgekehrten Verhältnis zu der katastrophal wachsenden Bautätigkeit zu stehen. Die unvermeidliche Folge ist, daß viele Künstler sich machtlos fühlen, weil sie auf eine solche Umgebung keinen wirklichen Einfluß nehmen können, und sie flüchten sich in verschiedene Formen der Selbstzelebrierung, während das Publikum und sogar die Elite der Kenner ihre Augen von der Gegenwart abwenden. Einige Implikationen dieser Situation wurden vor einigen Jahren an dem grotesken Gebäude des Churchill Hotel deutlich, das sich in unmittelbarer Nachbarschaft zum Courtauld Institute befindet, *mater et caput* aller unserer kunsthistorischen Lehranstalten.

Ist das intensive Interesse des Publikums am Studium der Kunst der Vergangenheit (gemessen an der Gleichgültigkeit gegenüber dem, was in der Gegenwart geschieht) vielleicht das Anzeichen eines Risses, einer Lücke in unserem sozialen Gewebe? Und hat der

Morris Lapidus, *Churchill Hotel*, London.

Kunsthistoriker von seinem Beruf her dazu vielleicht etwas zu sagen? Meiner Ansicht nach ist dies seine vorrangige Pflicht. Er wirkt ja in dieser Situation. Seine visuelle Sensibilität (der wichtigste Bestandteil seiner professionellen Ausrüstung) wird in ihr ausgebildet, und ein Ausweichen in die Vergangenheit ist nicht möglich. Jeder Kunsthistoriker, der diesen Namen verdient, wird deswegen ein vitales Interesse, auch öffentlich, an der visuellen Qualität seiner Umgebung haben, nicht nur an dem Export irgendeines bedeutenden Meisterwerkes oder der Zerstörung eines kostbaren Denkmals – Vorgänge, die den üblichen und manchmal wirkungsvollen Brief an die *Times* fordern.

Ein anderer Aspekt der unmittelbaren Gegenwart des Kunsthistorikers, zu der all dies gehört, ist, daß er sich heutzutage selten mit dem Schaffen der zeitgenössischen Künstler beschäftigt. Er übt sein Metier nicht für die Künstler aus. Der wichtigste und deshalb vielleicht auch vitalste Konsument der Produkte der Kunstgeschichte ist der Kunstmarkt, dessen Weltmetropole London ist. Was dem ehrgeizigen Kunsthistoriker gegenwärtig ist, ist nicht nur durch die von mir beschriebene Situation, sondern es ist eindeutig *nicht* durch Ateliers und Akademien (was immer deren heutige Entsprechungen sein mögen) geprägt, vielmehr durch Auktionsräume und Galerien alter Meister. Dazu gehören heute Händler, die auf Impressionismus, Postimpressionismus und sogar die ganzen »Ismen«, vom Kubismus bis zur Abstraktion, spezialisiert sind. Nach meiner Erfahrung verlaufen sich nur wenige Kunsthistoriker (und sogar Studenten) in die experimentierfreudigeren Galerien, die mit dem kommerzialisierten Abfall der verschiedenen Formen künstlerischen Schaffens handeln, wofür ein beschreibendes Etikett zu finden oft schwerfällt.

Auch wenn er keinen anderen Wunsch hat, als angehenden Malern und Architekten die Geschichte ihres Handwerks beizubringen, wird selbst der zur Unabhängigkeit entschlossene Kunsthistoriker von dieser Sachlage unvermeidlich beeinflußt sein. Seine Sensibilität wie sein Handwerk werden von der Gegenwart geprägt. In einem zu Unrecht nicht beachteten Buch, *The Shape of Time (Die Form der Zeit)*, zitiert der amerikanische Historiker George Kubler die selbstzweiflerischen Worte seines Lehrers Henri Focillon: »Le passé ne sert qu'à connaître l'actualité; mais l'actualité m'échappe. Qu'est-ce que c'est donc l'actualité?« Was ich bisher gesagt habe, sollte nicht der Versuch einer Antwort auf die

Frage des großen Historikers sein. Natürlich hat sie eine rhetorische Seite: In gewisser Weise formuliert sie die Abhängigkeit des Kunsthistorikers von seiner Gegenwart, auf die ich bereits eingegangen bin. Kubler vergleicht die Tätigkeit des Historikers und besonders des Kunsthistorikers mit der des Astronomen: »So fragmentarisch ein Kunstwerk auch sein mag«, bemerkt er, »es ist doch immer ein Stück angehaltenen Geschehens... Es ist der Niederschlag einer jetzt zur Ruhe gekommenen Tätigkeit, sichtbar gemacht wie astronomische Körper durch das Licht, das mit der Tätigkeit entstand...«

Ich glaube, niemand würde die in dieser Metapher enthaltene Binsenwahrheit bestreiten. Sie zeigt jedoch eine Akzentverschiebung an, die viele unangemessen finden werden: Die

Marcel Duchamp, mit dem auf einen Hocker montierten Rad spielend.

KUNST ALS SEHEN VON DINGEN

Aufmerksamkeit des Historikers wird von dem untersuchten Gegenstand auf die Tätigkeit verschoben, die ihn hervorgebracht hat. Dies ist keine Aufforderung, die Tätigkeit von dem Gegenstand herzuleiten, ein Vorgehen, das häufig genug in die Irre führt; im Gegenteil, wenn der Historiker sich ebenso eingehend mit der Tätigkeit, die den Gegenstand hervorgebracht hat, wie mit dem Gegenstand selbst beschäftigt, wenn er den Gegenstand als Resultat eines nachvollziehbaren intellektuellen und technischen Vorganges sieht, beinahe als den Versuch des Künstlers, durch seine Hervorbringung eine bestimmte Situation zu interpretieren, erst dann wird er imstande sein, den Gegenstand zu »lesen«. Wenn er aber in dieser Weise vorgeht, wird er entdecken, daß die Gegenstände, die gewöhnlich vom Kunsthistoriker untersucht werden, und die, die er gewöhnlich als außerhalb seines Interesses oder seiner Zuständigkeit liegend vernachlässigt, gar nicht so verschieden sind.

Unter »Kunsthistoriker« verstehe ich den Historiker der bildenden Künste, nicht den Literatur- oder Musikhistoriker. Die Gegenstände, die ihn interessieren, interessieren ihn daher zuerst als »gesehene Dinge«. Diese Beschränkung bedeutet aber eigentlich eine Erweiterung seines Zuständigkeitsbereiches über das heute Übliche hinaus. Die alte Kategorie des »Kunstwerks« hat ziemlich elastische Grenzen, auch wenn ihr Zentrum eindeutig genug ist: Gemälde, Skulpturen, Monumentalbauten.

Nehmen wir einmal die letzte dieser Kategorien: Was genau könnte »Monumental«-Bau für unsere Zwecke bedeuten? Wenn dazu alles gehört, was in theoretischen Abhandlungen einer Erörterung für wert befunden wird, dann sollte diese Kategorie jetzt sogar kleine Landhäuser einschließen, die im achtzehnten Jahrhundert in die Standardwerke der Architektur Eingang gefunden haben. Vor einigen Jahren hat Nikolaus Pevsner eine sehr bequeme Unterscheidung zwischen Architektur und Bauen eingeführt: »Ein Fahrradschuppen ist ein Gebäude; die Kathedrale von Lincoln ist ein Stück Architektur... Der Begriff Architektur läßt sich nur auf Bauten anwenden, die mit Blick auf ästhetische Wirkung entworfen wurden...« Da mit diesen Worten sein berühmtes Buch *Outline of European Architecture* beginnt, dürfte es sich um eine sehr nützliche Unterscheidung handeln. Doch kurz bevor das Buch erstmals veröffentlicht wurde, entwarf Gerrit Rietveld einen meisterhaften kleinen Fahrradschuppen gegenüber der Kathedrale von Utrecht – ein Hinweis darauf, daß der Architekturhistoriker sich auch mit Trivialitäten dieser Art wird beschäftigen müssen. Ich möchte den Leser jedoch gerne auf mit dem Bauen zusammenhängende Erscheinungen hinweisen, die auf den ersten Blick vielleicht noch trivialer wirken. »Architectus«, predigte der hl. Augustin, »aedificat per machinas transituras domum manentem.« Was ist mit diesen »machinae transiturae« gemeint? Gerüste, Kräne und Maurerwerkzeug – sind sie Teil des »Gesehenen« im selben Sinne wie die Bauten selbst?

Natürlich wirkt dies sehr weit hergeholt. Nur der »domus manens« der Predigt Augustins wird von den Kunsthistorikern gewöhnlich für studierenswert erachtet. Doch schon vor einem halben Jahrhundert wurde die Aufmerksamkeit auf das gelenkt, was er als banal ablehnen würde. Marcel Duchamp und die Dadaisten nobilitierten das *objet trouvé* (es erübrigt sich fast, darauf hinzuweisen, daß das Ur-*objet* ein Pissoir war), und seitdem hat der Kunstmarkt sich angeschlossen: Maurerwerkzeug und die Zeichengeräte des Architekten

Der Turmbau zu Babel, Fresko von
Benozzo Gozzoli im Campo Santo
von Pisa (zerstört).

werden in den Antiquitätenläden bereits angeboten, und bald werden sie in den Auktionslo-
kalen auftauchen.

Diese letzten Kategorien sind vielleicht Sonderfälle. Nehmen wir aber einmal die andere
Seite des Kunstspektrums: Photographie und Film. Wenn der Historiker an den alten
Kategorien festhält, wird er sich den Zugang zu einem so weiten Feld gegenwärtiger visueller
Erfahrung verbauen, so daß ein Großteil der Kunst des neunzehnten und zwanzigsten
Jahrhunderts ihm unerklärbar wird, nicht nur insofern die Photographie im neunzehnten
Jahrhundert Eingang in das Atelier des Künstlers gefunden hat, sondern, wie Walter
Benjamin in seiner *Kleinen Geschichte der Photographie* gezeigt hat, in einem viel
grundlegenderen Sinne. Ein *objet trouvé* kann seiner Definition nach nicht vervielfältigt
werden. Aber der Künstler muß von irgend etwas leben, und so kann man es höchst getreu
durch Photographien wiedergeben, die ihrerseits marktfähig werden. Die Exponenten
bestimmter (wie es noch immer heißt) avantgardistischer Prozeduren »machen« paradoxerweise Objekte, die sie »finden«, indem sie sie photographieren, und es sind diese möglichst
unvollkommenen Photographien, die zu dem oben erwähnten Abfall gehören.

Photographie oder Film haben aber ein ganzes Feld visueller Erfahrung erschlossen, das
bis dahin verborgen geblieben war. Das Werk von Muybridge und vor ihm das von Marey

enthüllten die lange geahnten Geheimnisse der menschlichen und tierischen Bewegung. In jüngster Zeit sind die Photographien von Muybridge von einer Reihe von Künstlern, von denen Francis Bacon der bekannteste ist, benutzt worden. Wenn ich dieses Beispiel auf mein anfängliches Kategorienproblem beziehe, erkennt man, daß das Feld des Kunsthistorikers sehr erweitert worden ist. Nicht nur das Haus, das man durch das Gerüst hindurch sieht, sondern das Gerüst selbst und auf dem Gerüst die Werkzeuge des Maurers, seine Kleidung und sogar seine Stellungen können Gegenstand der Aufmerksamkeit werden. Als das Bauen noch ein viel längerer Prozeß war, spielte die Beschaffenheit des Gerüstes unvermeidlicherweise eine vielleicht noch größere Rolle; die Kunst des Gerüstbaus und der Wölbung war ein wesentlicher Teil des Architektenhandwerks. Brunelleschis Wölbgerüst für den Dom von Florenz ist vielleicht das berühmteste Beispiel des Gerüstbaus in der Geschichte des Bauens.

Heute hat sich die Situation umgekehrt. Kaum ein Architekt würde dem Gerüst die geringste Aufmerksamkeit schenken, da der Bauvorgang sich sehr beschleunigt hat. Gerüste sind in verschiedener Hinsicht der Verpackung ähnlich geworden, und zwar schon allein dadurch, daß sie häufig Plakate tragen. Die Verpackung selbst aber ist eine Kunstform geworden, sowohl als Warenbehälter, als der sie das Feld des Graphikers und Produktdesigners ist, wie auch als Riesenkunstwerk in den Händen des bulgarischen Künstlers Christo, der kürzlich bei der Einrüstung des Mailänder Doms, der für viele Monate verpackt blieb, herangezogen wurde.

Was die Arbeiter auf dem Gerüst angeht – um in meinem Bild zu bleiben –, so ist ihre Haltung bisher noch kaum untersucht worden, obwohl es sich dabei eindeutig um einen Bereich der Kunstgeschichte handelt. Vor einigen Jahren hat Richard Brilliant in einer zu wenig beachteten Monographie, *Gesture and Rank in Roman Art*, eine ganz bestimmte Kategorie von Haltungen, nämlich die der römischen Statuen, mit Bezug auf die Gebärdensprache, wie sie in den antiken rhetorischen Handbüchern entwickelt wird, untersucht.

Andrea di Jorio, aus *La Mimica degli Antichi investigata nel Gestire Napoletano. Links* 1. Je nach dem Kontext und der Art, wie die Hand bewegt wird, kann diese Gebärde bedeuten: langsam, Überraschung, Drohung und Mittelmaß; 2. Die »gehörnte Hand«, ein Zeichen der Verachtung, von etwas Wertlosem (denn das Horn ist leer) oder eine Gebärde des Abwehrzaubers gegen Unglück, vor allem gegen den bösen Blick; 3. Gerechtigkeit und Vollkommenheit oder Drohung; 4a. und b. Wenig, klein; 5. Der erhobene Zeigefinger kann je nach Bewegung und Kontext eine Vielzahl von Bedeutungen haben; 6. »Schiopetto« (kleines Gewehr): Freude, Tanzen, Verachtung, vertrauliche Aufforderung; 7. Diebstahl, Unehrlichkeit; 8. Trinken (wenn der Daumen zum Mund zeigt) oder Hindeuten (hinter sich) *Rechts* 1. Schweigen; 2. L . . . mich; 3. Hübsch! 4. Ich bin hungrig! 5. Ätsch! 6. Ich bin müde! 7. Dummkopf! 8. Scheeler Blick; 9. Hinters Licht führen. 10. Scharf, bitter. *Unten* Mezzotinto vom Baron Clugny de Nuis nach einer Zeichnung von Gaetano Gigante. »Was soll ich schreiben?« Das sitzende Mädchen erklärt, indem sie sich vorbeugt und ihre Hand auf ihr Herz legt, daß sie eine Liebesbotschaft an ihren abwesenden Ehemann senden und ihm seinerseits um einen Gruß bitten möchte. Der fahrende Sekretär formuliert mit der Berührung von Daumen und Zeigefinger die Frage. Das stehende Mädchen mißbilligt die Botschaft durch ihre erhobene Hand und deutet durch Reiben von Zeigefinger und Daumen der anderen Hand an, daß der Brief um Geld, nicht um Liebe bitten sollte.   ▷

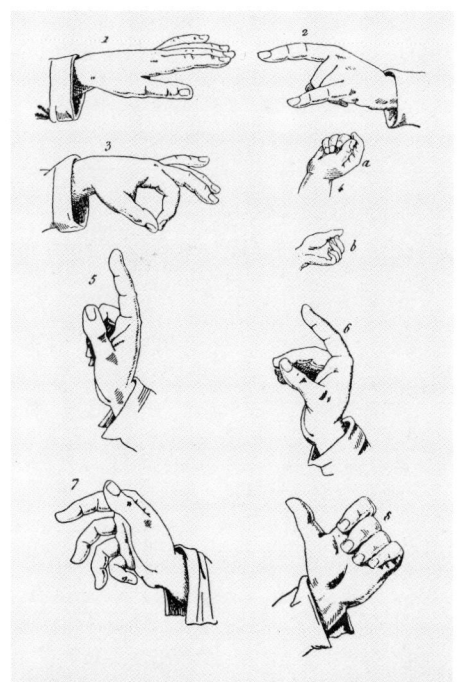

Giambattista Piranesi, *Il Campo Marzio dell' Antica Roma*, 1762, Titelblatt.

Mehr als ein Jahrhundert zuvor untersuchte ein Altertumsforscher und früher Volkskundler, der neapolitanische Domherr Andrea di Jorio die Gebärdensprache in der antiken Kunst und Literatur und verglich sie mit den im Neapel seiner Zeit gebräuchlichen Gebärden. *La Mimica degli Antichi investigata nel Gestire Napoletano* ist trotz der Publizität, die Benedetto Croce diesem Werk gegeben hat, und trotz des Gebrauchs, den Anthropologen und Linguisten davon gemacht haben, der Aufmerksamkeit der Historiker entgangen.

Von den Kunsthistorikern hat allein Sigfried Giedion sich ernsthaft mit der Körperhaltung als einem eigenen Gegenstand des Nachdenkens beschäftigt, und zwar in dem langen Abschnitt über den Komfort, der im Mittelpunkt seines Buches *Die Herrschaft der Mechanisierung* steht. Giedion ist, soweit ich sehe, der erste gewesen, der die Entwicklung der verschiedenen Möbelformen auf die Erfordernisse der Haltung und den damit zusammenhängenden Wandel in der Auffassung der Bequemlichkeit bezogen hat. Diese Beziehung wird als Indikator für die sich wandelnde Auffassung vom Raum und unserer körperlichen Präsenz in ihm gelesen.

Die Art und Weise, wie Giedion den Komfort behandelt, wird nicht von jedem als richtige Kunstgeschichte anerkannt. Seine leidenschaftliche Betonung der Werte des inneren Gleichgewichts gegenüber dem bemühten Komfort der Elastizität, sein Verdammungsurteil über die Exzesse des Polsterers empfand man als unangemessen für eine nüchterne Erörterung der Geschichte des Mobiliars, ohnehin einer untergeordneten Kunst. Manch einer würde so weit gehen, Giedions Geschichtsschreibung eher als Sozialkritik denn als Historiographie zu beschreiben, nicht nur wegen seiner Parteilichkeit, die in der Geschichtsschreibung als ungehörig empfunden wird, sondern auch, weil er sich mit einer ganzen Reihe von Gegenständen (Schlachthäusern, Mähdreschern, Staubsaugern, Brotlaiben) beschäftigt, die ganz und gar nicht in das Genre der »Kunst« passen. Giedion jedoch behandelt sie alle als »gesehene Dinge«. Jeden Gegenstand behandelt er als einen Mikrokosmos, in dem eine komplexe Situation zusammengefaßt und untersucht werden kann. Das Kapitel über den Schlüssel, das er als Muster seiner Methode ansah, ist ein gutes Beispiel: Linus Yales Erfindung des Zuhaltungsschlosses in den fünfziger Jahren des neunzehnten Jahrhunderts und seine Vorläufer im achtzehnten Jahrhundert werden der technischen Qualität der orthodoxen Schloßschmiede ihrer Zeit gegenübergestellt. Giedion erkennt jedoch den Archetyp der Yaleschen Erfindung im hölzernen Fallriegelschloß, das vielleicht irgendwo in Zentralasien erfunden, in Europa während der Mittelalters vervollkommnet wurde und mit den deutschen oder skandinavischen Siedlern nach Nordamerika kam, und er führt die Verwandlung eines Archetyps in eine hochmechanisierte Vorrichtung vor, wobei der Übergang sowohl begrifflicher wie technologischer Natur war und seinerseits unerkannte Veränderungen alltäglicher Gewohnheiten nach sich zog.

Es war eine ungewöhnliche visuelle Sensibilität, die Giedion in die Lage versetzte, ein so einfaches und grundlegendes Bild eines Gegenstandes zu geben. Er begriff sehr klar, daß viele Nebenprodukte einer solchen Entwicklung sehr folgenreich sein können. Bei den verschiedenen Formen des einbruchsicheren Schlosses handelt es sich nicht bloß um eine Abfolge von Problemlösungen, die bei jedem Scheitern neu formuliert werden. Jede Lösung ist selbst eine Neuformulierung, eine provisorische Summe: ein gesehenes Objekt, dargestellt auf Stichen und Gemälden, mit Implikationen, an die Erfinder oder Hersteller vielleicht niemals gedacht haben. Die Unangemessenheit des Modells Problem/Lösung für das Begreifen künstlerischer Tätigkeit wird von Giedion nie ausdrücklich formuliert, ist jedoch zweifellos dem Buch über die Mechanisierung wie seinem übrigen Werk implizit.

Der problemlösende Künstler ist bei »wissenschaftlich« gesonnenen Kritikern sehr populär gewesen, und positivistische Historiker haben sich ihnen angeschlossen. Man kennt ihre Rede von bestimmten Tropen, sagen wir der Tondo-Madonna oder den freien Strebepfeilern, so als könnte es ein vollkommenes Beispiel eines bestimmten Typus geben, eine vollkommene Lösung für diesen formalen oder jenen ikonographischen Einfall. Wenn das künstlerische Tun ein Problemlösen wäre, dann würde es ohne jeden Zweifel nach einer Anzahl von Fehlversuchen einen Treffer geben, und das Problem wäre gelöst. Bei einem komplexen »Problem«, wie dem der gotischen Kathedrale, hat sich noch niemand zu der Behauptung verstiegen, daß es für alle ihre Elemente eine endgültige Lösung geben könnte.

In den meisten gotischen Kathedralen hat man einer Reihe von Problemen, teils technischer und mechanischer, teils visueller und begrifflicher Natur, Rechnung getragen, wenn man sie nicht gar gelöst hat. Aber jede einzelne Kathedrale ist ein Gegenstand, der auch ein Komplex von Interpretationen ist, Resultat eines sozialen »großen Werkes«, um ein Wort aus der Alchemie zu verwenden.

Beschreibt man eine Kathedrale in dieser Weise, dann bedeutet das keine Aufforderung zu Verallgemeinerungen. Im Gegenteil, der Historiker wird sich nur dann einen sinnvollen Begriff davon machen können, wenn er seinem »Objekt« die genaueste Aufmerksamkeit widmet, wenn er seine Maße berücksichtigt, sein äußeres und inneres Volumen betrachtet, es leer und in Benutzung sieht (falls es noch in Benutzung ist), sein ikonographisches Programm in den Skulpturen und Glasmalereien entziffert. Es mag sein, daß er nie den *Durch*blick gewinnt, und er muß sich darüber klar sein, daß, welche Lesart auch immer er für sein Studienobjekt vorschlagen mag, das Objekt selbst auf widerborstige Weise unreduzierbar bleiben wird; manchmal wird es sogar noch nach seiner physischen Zerstörung Deutungen herausfordern, wie die große Athene des Phidias, die nur in Kopien und Nachbildungen bekannt ist.

Doch nicht nur große Kathedralen und überwältigende Meisterwerke bleiben für Kritiker und Historiker eine Herausforderung. Meiner Ansicht nach sollten wir in der Lage sein, die Herausforderung des bescheidensten Gegenstandes anzunehmen. Die meisten meiner Kollegen würden eine Deutung eines Bischofsstabes aus Elfenbein oder Silber als geeigneten Gegenstand ihrer Bemühungen anerkennen, es aber für eine Vergeudung ihrer methodischen Anstrengungen ansehen, wenn sie sich mit Handbohrern des siebzehnten oder achtzehnten Jahrhunderts beschäftigen sollten. Man stelle sich aber einmal vor, welch ein Thema dies wäre, wenn man es im Sinne Giedions auffassen würde! Der Handbohrer könnte als Nachfolger des Bogens zum Feuermachen angesehen und zu neolithischen Steinbohrern in Beziehung gesetzt werden. Man könnte auf die Anpassung des Bohrers an die Hand ebenso wie auf seine Gliederung eingehen, und all dies könnte zur Illustration einer Fülle von untergeordneten Fragen dienen.

Eine derartige Untersuchung wäre zwangsläufig kritisch. Vielleicht gehört dies aber zur wirklichen Kunstgeschichte, deren Ahnherr Winckelmann es allen Künstlern zur Pflicht machte, die Kunst einer Periode nachzuahmen, die er als das Produkt einer Gesellschaft und eines Klimas sah, die von der deutschen und italienischen Gesellschaft seiner Zeit ganz verschieden und ihnen überlegen waren. Die atemberaubende Größe des Werkes von Piranesi liegt in der Verwandlung seiner archäologischen Zeichenkunst in soziale Denunziation, und so könnte man fortfahren. Burckhardts *Kultur der Renaissance* ist ein sozialkritisches Werk, jedenfalls implizit. Morellis politische Motivation ist nicht zu übersehen, und Sempers Vision der Totalität von Kunst und Industrie steht im Gegensatz zur Praxis seiner Zeit. »Unbeteiligte« und »objektive« Kunstgeschichte als Flucht aus der Gegenwart ist etwas relativ Neues, und in der Tat ist Geschichtsschreibung als pseudowissenschaftliche Disziplin, ohne jede Parteinahme, eine Erscheinung unserer Zeit und macht ihr wenig Ehre. »Wir müssen eine solche geistige Einstellung entschieden zurückweisen«, schrieb vor zwanzig Jahren der Historiker Henri-Irénée Marrou, »denn sie ist eine der größten Gefahren für unsere abendländische Kultur, die bestimmt scheint, einer schrecklichen technologischen Barbarei anheimzufallen.«

Marrous Angriff galt vor allem dem unkritischen Historiker, der eine Methode benutzt, »deren logische Konstruktion er nicht kennt und deren Regeln er in ihrer Geltung nicht zu beurteilen vermag; er gleicht einem Aufseher an einer Maschine, der nur ihr Funktionieren zu überprüfen versteht, aber außerstande wäre, sie zu reparieren, geschweige denn sie zu bauen.« Marrou sprach vom Historiker im allgemeinen, und ich habe den meiner Ansicht nach noch größeren geistigen Verrat des Kunsthistorikers beklagt. Beunruhigend scheint mir nicht nur der Mangel an methodischer Reflexion, sondern die fraglose Hinnahme der Kategorie der »Kunst«, so wie sie in den Debatten der Akademien des siebzehnten Jahrhunderts geprägt und von den positivistischen Historikern des neunzehnten Jahrhunderts kanonisiert wurde, um vom Kunstmarkt übernommen zu werden.

Wie ich bereits angedeutet habe, ist der Kunstmarkt selbst im Wandel begriffen, in erster Linie, weil die Menge der Kunstwerke, die noch in privater Hand sind, rasch abnimmt, während die Nachfrage nach ihnen steigt. Daher erweitern die Auktionshäuser ihr Repertoire: alte Theaterkostüme, frühe Photoapparate und Grammophone, selbst Autoveteranen. Die jüngste Wiederentdeckung des Art Déco gibt interessante Einblicke in die gegenwärtigen Entwicklungen. Sie hat bereits eine Flut nostalgischer Ausstellungen und Prachtbücher hervorgebracht. Die Museen haben begonnen, Ausstellungsräume für die zwanziger und jetzt sogar für die dreißiger Jahre einzurichten. Wie ich bemerkt habe, sehen Glockenhüte sehr gut aus (wir nähern uns in diesem Moment dem Ende der Great Gatsby-Mode – alles schön und gut und in gewisser Weise unvermeidlich).

Das ist aber genau der Punkt, wo der bescheidenste Historiker anfangen muß, Unterscheidungen zu treffen: Glockenhüte ja, Zigarettenanzünder in Gestalt nackter Damen nein. Der Historiker wird sich entsinnen, daß die Wurlitzerkinos, die in England in den dreißiger Jahren massenhaft gebaut wurden, die illegitimen Abkömmlinge der *petite noblesse*, der holländischen Architektur der zwanziger Jahre waren, die ihrerseits von dem Werk Frank Lloyd Wrights in früheren Jahrzehnten herkommt. Während solche Kinos in einem Gürtel um London aus dem Boden schossen, arbeitete Wright noch, und sie waren Zeitgenossen einiger seiner späten Meisterwerke, vom Imperial Hotel in Tokio bis zur Johnson Wax-Fabrik in Racine, Wisconsin. Es war auch die Zeit der besten Werke von Le Corbusier. An diesen Maßstäben, am Maßstab der Produkte des Bauhauses, läßt sich das Werk der Architekten und Gestalter der zwanziger und dreißiger Jahre kritisieren und einschätzen. Diese Kritik wird viele Kriterien berücksichtigen müssen, zum Beispiel die unübersehbare Flut des Kitsches, in dem die qualitätvollen Arbeiten dieser Zeit ertrinken. Wenn der Historiker so vorgeht, wird er auf seine eigene Sensibilität angewiesen sein: Historische Parallelen werden ihm nicht zu Hilfe kommen. Kitsch verhält sich zum Werk Le Corbusiers nicht wie die *rocaille* zu der Architektur Gabriels. Der Wandel der Sensibilität, den Giedion zeitlich so genau verzeichnet und den Benjamin so großartig aufgedeckt hat, ist nicht mehr rückgängig zu machen.

Die Korrumpierung des Publikumsgeschmacks, die schon das Wort Kitsch impliziert, muß chronikalisch festgehalten und berücksichtigt werden. Ohne eine gewisse Liebe dazu wird die Arbeit des Historikers steril bleiben, und trotzdem muß er kritisch sein; den Kitsch mit dem Maßstab der besten Werke zu kritisieren, ist etwas anderes, als an Canaletto zu denken, wenn man den unbedeutenderen Nachfolgern von Carlevaris und Visentini nachgeht: Es besteht ein krasser Qualitätsbruch und nicht eine stufenweise Qualitätsminderung. Der Bruch entspricht dem Riß im sozialen Gewebe, von dem ich zu Beginn dieses Aufsatzes gesprochen habe. Ihn zu heilen, ist eine Voraussetzung, um ihn überhaupt zu erkennen. Wenn dem Historiker an dieser Erkenntnis gelegen ist, dann wird er sich von dem Reiz und den Abwechslungen des Kunstmarktes abwenden und sich den Künstlern seiner Zeit wieder zuwenden müssen. Schließlich schuldet er ihnen seine Existenz.

Eine bestimmte Weise, über ein Haus nachzudenken

Eine allgemeine Einführung, geschrieben als Vorwort zum ersten von drei Heften der Zeitschrift Lotus *über Häuser, unter dem Titel »*One Way of Thinking about a Home*« zuerst veröffentlicht in* Lotus 8, 1974.

Im westsemitischen Alphabet – und deshalb in allen Alphabeten, denn sie leiten sich von diesem her – zeigen die beiden ersten Buchstaben, *A, B,* die wesentlichen Errungenschaften des zivilisierten Menschen: das domestizierte Tier und das Haus, *Aleph, Beth.*

Aleph: Schreibt man es als *A,* so ist sein Ursprung nicht so augenfällig. Schreibt man es aber altphönizisch oder moabitisch, ▷, und versieht es noch mit Augen und Ohren, ⏁ dann wird sein piktographischer Charakter von selbst deutlich. Es ist ein Viehkopf, Ochse oder Stier; außerdem ist es die Grundeinheit des Zählens, Eins. Und es ist männlich.

Beth ist weiblich; als zweiter Buchstabe des Alphabets steht es für die Zahl Zwei. Seine ursprüngliche Bedeutung war *Haus;* dem glich auch seine Gestalt. Die älteste phönizische Form, eine geschlossene Figur mit einem Schwanz, stellte vermutlich den Grundriß eines Raumes mit einer umgebenden Mauer dar. Da die ältesten alphabetischen Inschriften etwa aus der Zeit zwischen 1500 und 1000 v. Chr. stammen, kann man es durchaus dem Einfallsreichtum ihrer Entwerfer zutrauen, daß sie ein Haus auf die kalligraphische Grundrißgestalt reduzierten. Die ältesten maßstabsgetreuen Grundrisse, die bis heute aufgefunden wurden, sind mehr als ein Jahrtausend älter. Schon die Ägypter hatten fast zweitausend Jahre früher aus dem einfachsten Hausgrundriß einen Buchstaben oder genauer eine Hieroglyphe gebildet: *h, hwt:* ⌷, ⌷, ⌷, hat die Form des Grundrisses einer Einfriedung und wird gewöhnlich als Haus oder Wohnsitz übersetzt; meistens wird es in Kombinationen verwandt, um Palast, Tempel oder ähnliches vorzustellen. Das hieroglyphische Repertoire war jedoch weit reicher als irgendein Alphabet und enthielt noch ein weiteres Zeichen für Haus, *nht, nat:* ⌷, das Zuflucht, Heim, Wohnsitz bedeutete. Der unvermeidliche Euphemismus für den Himmel war natürlich das Haus der Himmelsgöttin: ⌷. Die Himmelsgöttin hieß Nut, und ihr Name ebenso wie der ihres männlichen Gegenparts, *Nu* (der aber nicht ihr Gatte war), wurde auf das einfache Zeichen *nu* ⏁, Flüssigkeit, Gefäß bezogen. Möglicherweise war die Beinahe-Identität des Namens der Göttin und des Wortes für Haus zufällig, jedenfalls hatte der Laut viele Bedeutungen, zum Teil ohne Beziehung zueinander. Nuts Gemahl war nicht Nu, ein Himmelsgott, sondern der Erdgott Geb, und sie wird häufig sein Bild überschattend dargestellt. Sie stand auf ihm, sich mit Händen und Füßen aufstützend, während er sie am Zwerchfell hochhielt, und ihr bestirnter Leib bildete über ihm ein Himmelszelt. Die Sonne durchwanderte ihren Leib des Nachts, indem sie durch den Mund in ihn einging und am nächsten Morgen aus ihren Genitalien wiedergeboren wurde. Ebenso aber, wie Gemälde auf der Innenseite des Deckels jedes Mumiensarges es zeigen, stand sie über dem Leib des Toten, der zu seiner Wiederauferstehung so wie die Sonne über das Himmelszelt reiste:

>»Ich durchwandere den Himmel, ich gehe auf Nut
Mein Haus ist das Binsenfeld
Mein Reichtum ist im Feld der Opfergaben.«

Das Binsenfeld war das ägyptische Paradies: Der Himmel, Nuts Leib, war auch der Seelenpfad, ihr Weg nach Hause.

Durch das Bild Nuts wurde der Sarg zur Wohnstatt der Mumie und auch der Garant ihrer Unsterblichkeit. Es weist auf das weibliche Wesen des Hauses als eines weiblichen Dinges hin. Diese Bedeutung scheint durch die fast unmerklich vollzogene Verwandlung vom westsemitischen $\mathcal{G}$ zu β bestätigt zu werden, dessen wahres Wesen als Piktogramm durch den Beinamen »der Versorger, der Ernährer« angezeigt wird, den einige hermetische Autoren prägten. Diese Folgerung wird offenkundig, wenn man den Buchstaben kippt, etwa so: ∞.

Das alles kann kaum eine Grundlage für große Verallgemeinerungen sein. Die Buchstabenformen sind nur Hinweise auf Einstellungen und Überzeugungen. Überall in der Welt haben die Menschen Häuser von verschiedener Gestalt gebaut: schwer und quadratisch, leicht und rund. Es gibt Iglus, Jurten, Grashütten, Felswohnungen – die Aufzählung ließe sich beliebig fortführen.

Trotzdem durchzieht alle diese verschiedenen Formen ein unvermeidliches Thema: Der Mensch kommt aus dem Schoß, und er muß wiederum in die Materie zurückkehren, aus der er gekommen ist. Das Haus, das er zwischen diesen beiden Stationen seiner unumgänglichen Reise bewohnt, muß auf sein Dasein Bezug nehmen und ihm Mut und Selbstgewißheit geben. So kommt es, daß Schoß und Grab den Hausbauer immer beschäftigen. Die Vielfalt der Formen, die die Häuser annehmen, zeigen, in welcher Weise die Bewohner mit ihrem Dasein und dem Ort ihres Lebens ihren Frieden machen. Die Versöhnung dominiert den vertikalen Aufbau des Hauses, vom Keller bis zum Dach, wie Gaston Bachelard (*La Poétique de l'espace*, S. 35) es gesagt hat. Der Keller ist der dunkle, verborgene, irrationale Teil des Hauses: Viele Völker haben ihre Toten unter dem Boden bestattet und die Knochen dem Fundament ihrer Häuser einverleibt. Der Keller, die Gruft oder auch einfach ein Loch im Boden war das Behältnis für die Vergangenheit der Familie, aber auch für ihre irdischen Güter. Wo der Korn- und Ölvorrat des Haushalts in dem einzelnen Haus und nicht von der sozialen Gruppe verwahrt wird, wird er meistens in den Boden eingesenkt oder im Kellergewölbe gelagert, wie jene riesigen Pithoi im Untergeschoß des Palastes von Knossos. Die Gleichsetzung von Gedächtnis und Vorratslager, der Toten, deren Wiederauferstehung eine Hoffnung, und des Getreides, dessen Wiederkommen eine Notwendigkeit ist, ist einer der ältesten Topoi des menschlichen Glaubens.

Seit die Menschen aufgrund des Zwangs zum Seßhaftwerden ihre nomadische Lebensweise aufgegeben haben, haben sie ihre Vergangenheit unter ihren Häusern begraben. So wie jede nächstfolgende Schicht zur vorhergehenden hinzukommt, wird ein weiteres Stück Vergangenheit in den Vorrat der Erinnerungen aufgenommen oder aus ihm ausgeschieden. Dies ist der dunkle und irrationale Teil des Hauses. Demgegenüber ist das Dach sein evidenter und expliziter Aspekt. Wie es gedeckt ist, seine Neigung, seine Begrenzung und Einfassung machen deutlich, in welcher Weise die Bewohner mit den Elementen umgehen. Wo die Gestalt des Daches von innen erkennbar ist, ist sie ebenfalls eine klar verständliche konstruktive Aussage. Das Dach ist das Haupt des Hauses – und da es sich zwischen den Bewohnern und dem Himmel befindet, ist es in der kleinen Welt des Hausbewohners auch ein Surrogat des Himmels.

Das Haus, in dem man lebt, das Haus, in dem man gezeugt wurde und in dem man seinerseits wieder zeugt, dies ist eine Vorstellung, die uns Stadtbewohnern, die in kurzen Abständen von einer Wohnung in die andere umziehen, abhanden gekommen ist. Für diejenigen aber, die für viele Generationen am selben Ort leben, ist das Haus der Schauplatz der Urszene. So ist es kein Wunder, daß einige Völker, wie die Dogon, das Haus nicht nur als ihren Schauplatz, sondern auch als ihre Darstellung ansehen: Der Grundriß des Hauses ist die auf dem Rücken liegende Frau, das Dachgebälk ist der Brustkorb des Mannes, die vier Säulen, die es gewöhnlich tragen, sind seine Arme und Beine. Dies ist eine »Lesart« des Gebäudes, die die ägyptische Ordnung, in der die Göttin Nut der Himmel war und ihren Gemahl Geb überschattete, umkehrt. Der Leser muß aber im Auge behalten, daß ich kein unveränderliches Schema meine, sondern eine unveränderliche Erwartungshaltung bei den Hausbewohnern oder den Vorübergehenden, die nicht immer darauf achten, ob dieselbe Bedeutung beständig wiederkehrt, sondern von ihrer Umgebung erwarten, daß sie die beständigen Grundzüge ihres Daseins interpretiert. Reife bedeutet, unter anderem, die Kraft, sich der Urszene, dem elterlichen Beischlaf, konfrontieren zu können, der seinerseits das Bild der Vermählung von Erde und Himmel, Urbild der Schöpfung ist. Daher bietet das Haus in seiner Struktur nicht nur deren Symbole dar, sondern Bauen ist von Ritualen begleitet, die dieses Bild enthüllen, und selbst Arbeitsgesänge, die beim Bauen gesungen werden, hängen immer mit Kosmogonien zusammen, Schöpfungsmythen, deren um vieles verkleinerte irdische Aufführung das Bauen eines Hauses ist.

Bisher habe ich von Einzelhäusern gesprochen. Doch ihre Anordnung zu Kollektivgruppen, zu Dörfern und Städten, ist in der Regel, in größerem Maßstab, die Widerspiegelung der Ordnung des Familienwohnsitzes. Es gibt aber Völker, die niemals für eine Einzelfamilie bauen und deren Kollektivbehausungen sehr viel wichtiger sind als ihre Einzelbehausungen; für die Mehrzahl der menschlichen Völker gelten jedoch die von mir getroffenen Verallgemeinerungen. Je kleiner und enger außerdem das Einzelhaus, desto lockerer anscheinend auch die Organisation des Kollektivs. Wenn die einzelnen Behausungen aber in die Struktur (das Netz des gemeinschaftlichen Wohnens) einbezogen werden, wie das Dorf sich zu einer Stadt entwickelt, so erwarten die Bewohner allmählich von dem Kollektiv einige der Dinge, für die früher ihre eigene Behausung in befriedigender Weise aufkam. Dies ist eine der Bedeutungen der engen und wesentlichen Beziehung zwischen Haus und Tempel. Der Tempel übernimmt einige der sakralen Funktionen des Hauses und beraubt es ihrer zugleich. Das geschieht manchmal auch durch die Form der Stadt. Die Beziehung zwischen Haus, Tempel und Stadt ist eine dreifältige: Mit dem Wachstum der Stadt übernehmen ihre Quartiere vermittelnde Funktionen. Der Tempel wird zur Kathedrale, ihre vermittelnden Repräsentanten in den Stadtvierteln sind die Gemeindekirchen, und die Einheit des Viertels wird in kleinerem Maßstab im Haus zusammengefaßt. Diese Art der Organisation wird immer wichtiger, je dichter die Stadt wird und je mehr die Wohnungen übereinander und in mehrgeschossigen Wohnhäusern angeordnet werden. Auf diese Weise werden die alten, ursprünglich zum Haus gehörigen Funktionen zunehmend auf »repräsentative« Gebäude übertragen.

Interessant in diesem Zusammenhang sind die Obertöne des vertrauten lateinischen Wortes *domus:* Meistens wird es schlicht mit Haus *(casa)* übersetzt, in seiner Bedeutung kommt es jedoch dem Wort »Heim« viel näher, und oft wird es fast synonym mit »Familie« gebraucht. Aber es ist auch das Wort für die physische Substanz des Hauses und hängt eng mit einer ganzen Gruppe von Wörtern in anderen indoeuropäischen Sprachen zusammen, die sich auf den Hausbau beziehen *(timber, Zimmer),* wie Emile Benveniste ausgeführt hat (*Vocabulaire des Institutions Indo-Européennes*, I, S. 293 ff.). Auf der anderen Seite bedeutet *dominus* eindeutig »Mann des Hauses, Herr der Sippe«, so daß das Wort den ganzen mit dem Haus verbundenen Vorstellungsbereich deckt. Und sowohl *domus* wie *dominus* gehen über die ursprüngliche Größenordnung hinaus, um die Bedeutung von »Palast, Tempel« und »Herr, Kaiser« anzunehmen. So sehr das Wort erweitert wurde, bleibt es doch in seiner ursprünglichen Bedeutung erhalten. Die Funktion des Hauses ist am Ende unreduzierbar.

Der Sonderfall des Hauses der Toten wird vielleicht ein wenig klarer machen, was ich meine. Viele Völker bestatteten, wie ich bereits gesagt habe, ihre Toten unter dem Boden ihres Hauses: Manchmal handelte es sich dabei um Zweitbestattungen, wie beispielsweise in Çatal Hüyük, wo die neolithischen Stadtbewohner ihre Toten zunächst den Geiern ausgesetzt zu haben scheinen, bevor sie ihre Gerippe begruben. Zu anderen Zeiten sind es einfache Erstbestattungen, oft in der Embryonalstellung mit unter das Kinn hochgezogenen Knien. Es gibt Fälle, in denen der Sinn der Bestattung dadurch hervorgehoben wird, daß der Leichnam mit dem Kopf nach unten begraben wird. Diese Haltung wurde in den alten Steinzeitgräbern ebenso wie bei den berühmten Skeletten der »Grotte des Enfants« in Grimaldi eingenommen. Die dieser Praxis zugrunde liegende Vorstellung ist einleuchtend genug: Die Toten wurden ihrer Mutter, der Erde, in der Haltung zurückgegeben, in der sie sie gebar und aus der sie wiedergeboren werden sollten. Auch in Ägypten, wo die Toten oft in dieser Haltung in dem heißen Wüstensand bestattet wurden, der den Leichnam jahrhundertelang ohne Verwesung konservierte, treten lange vor der Schaffung einer dynastischen Königsherrschaft Bestattungen in Särgen von fast uniformer Gestalt auf. Der Sarg stellte offensichtlich ein geräumiges Haus dar. Als man über dem Grab die ehrgeizigen Gebilde errichtete, wurde die Gliederung der Wandfläche, die man bei dem Sarg angewendet hatte, lediglich in ihrem Maßstab vergrößert: Sarg zu Mastaba; und später dann, als die

Mastaba in die Pyramide verwandelt wurde, schloß die Wandgliederung den gesamten Pyramidenbezirk mit ein und war deshalb weit größer als das ursprüngliche Privathaus, von dem man ausgegangen war.

Sogar noch früher als die ägyptischen Haussärge tauchen Hüttenurnen im Gebiet des fruchtbaren Halbmonds auf. Die Verbrennung der Toten und die Bestattung ihrer Überreste in dem Modell eines Hauses ist so verbreitet wie die Feuerbestattung selbst. Wo Feuerbestattung nicht praktiziert wird, werden Hausmodelle, wie in China und bei bestimmten amerikanischen Indianervölkern, verwendet, um die Reliquien der Ahnen oder Opfergaben für sie aufzunehmen. Die griechische und römische Welt übernahm solche Praktiken von einer weiter zurückliegenden Vergangenheit, obwohl diese Gebräuche jeweils in einem ganz anderen Glaubenskontext standen. Der in der antiken Welt verbreitete Sarkophagtyp war der eines Hauses mit Stützen an den Schmalseiten; die Herkunft des Vorbildes wurde oft dadurch betont, daß man Ornamente wie Eckakroterien oder umlaufende Säulen auf dem Sarkophag verwandte. Solche großen Marmorgräber waren natürlich nur für die Reichen bestimmt. Aber selbst die ganz Armen wurden oft, wenn sie nicht verbrannt wurden, in Rückenlage bestattet, mit einem kleinen Dach aus echten Dachziegeln über dem Körper. Solche einfachen Praktiken blieben bis in christliche Zeit lebendig, und das Fortleben dieser Praktiken bezeugt, welche Kraft der Typus durch die verschiedensten Glaubensveränderungen hindurch besaß. Abwandlungen des Typus lassen sich in den verschiedensten Kontexten verfolgen, ihre Kraft beruht jedoch auf der Tatsache, daß die Praktik ihren Ursprung nicht einer willkürlichen, sondern einer notwendigen und positiven Assoziation verdankt.

Ebenso weit verbreitet ist eine andere und parallele Vorstellung. Hüttenurnen trifft man häufig in Verbindung mit einem anderen Bestattungstypus, vor allem der Feuerbestattung, in bikonischen Urnen. Im Italien der Eisenzeit gibt es eine ganze Skala von Praktiken und Formen, die die Hüttenurne mit der bikonischen Urne verbindet. Wo die Deckel der bikonischen Urnen nicht Helme oder Tassen sind, können sie die Form von Hüttendächern annehmen oder von kleinen Hausmodellen gekrönt sein, oder aber auch der ganze obere Teil des Doppelkegels kann die Form einer Hütte annehmen. Die Urne selbst ist oft in rudimentärer Form nach dem menschlichen Körper modelliert: beispielsweise ein Gesicht ist in den oberen Teil eingeritzt. Alle diese Spielarten bringen den Toten mit einem Haus in Verbindung, aber auch mit einer anderen machtvollen Idee, auf die ich hingewiesen habe, nämlich daß die Hütte, wie der Körper, Zeichen umfassender Ganzheit ist. Die Implikationen der bikonischen Urne – eine Form, die überall zwischen Nordeuropa und dem Amazonasbecken anzutreffen ist – und ihre Assoziation mit dem Dach führen auf das bereits erwähnte Thema zurück: daß die Urne die Unterwelt darstellt, die Gruft, und das Dach die obere Welt. Die in einer bikonischen Urne bestattete Person ist, unabhängig von allen Abwandlungen, in einem Mikrokosmos, einem organischen Modell des Universums eingeschlossen. Ihre Vollständigkeit und symbolische Reduktion auf einen winzigen Maßstab ist der Garant der Unsterblichkeit.

Die Vorstellungsidentität von Haus und Sarkophag wird in der antiken Welt von einer anderen Praktik unterstrichen. Griechen und Römer malten die Himmelsgöttin nicht mehr auf der Innenseite der Sargdeckel, häufig aber variierten sie die Dachform und formten sie manchmal zum Bild des Verstorbenen. Das Bild des Toten erneuert gelegentlich – wie bei den etruskischen Sarkophagen, wo ein verstorbenes Paar sich auf den Seiten des Daches zurücklehnt – die wesentliche Vorstellung der Identität von Haus und Körper.

Zweidimensionale Kunst für den zweidimensionalen Menschen: Über Klein und Manzoni

Ursprünglich geschrieben für die Zeitschrift Domus *als Rezension der Ausstellung in der Tate Gallery von März bis Mai 1974. Berichtenswert ist, warum die Veröffentlichung sich so lange verzögerte. Die Rezension blieb mehrere Monate liegen und wurde dann abgelehnt – was in meiner zehnjährigen Zusammenarbeit mit der Zeitschrift so gut wie nie geschehen war –, mit der Begründung, daß sie einen sachlichen Irrtum enthalte: Klein habe sich bei seinem* »Mensch im Raum«-*Experiment nicht verletzt (im Ausstellungskatalog hieß es, daß das der Fall war . . .), und daß sie die ehrenrührige Behauptung enthalte, Klein habe die Goldbarren für sich selbst verwendet.*

Die Vermutung schien mir naheliegend. Schließlich waren die sonderbaren Aktivitäten, aus deren Resten die Ausstellung bestand, Kleins ausschließliche Beschäftigung, und ich sah nicht ein, warum er davon nicht leben sollte.

Damals bekam ich mit der Biennale in Venedig zu tun, und ich wollte meinen kritischen Standpunkt öffentlich und unzweideutig zu erkennen geben. Deshalb bot ich den Artikel der Zeitschrift Casabella *an, die einer unveränderten Publikation zustimmte, mit einem offenen Brief an die Herausgeber von* Domus, *in dem erklärt wurde, warum zwischen Ausstellung und Rezension so viel Zeit verstrichen war und warum ich ein besonderes Interesse an der Veröffentlichung hatte. Einige Wochen später erhielt ich ein Telegramm von einem der Mitherausgeber, der mich bat, den Artikel zurückzuziehen, um* »unnötige Polemik zu vermeiden«. *Meine telegraphische Antwort, daß* »Polemik immer nützlich« *sei, blieb ohne Antwort, doch auf Drängen der Herausgeber von* Domus *wurde der offene Brief des Herausgebers von* Casabella *zurückgezogen. Da die angesprochenen Fragen mit meinen parallelen Interessen in der Architektur sehr eng zusammenhängen und sich meine Position durch Dinge, die seither geschehen sind, nicht geändert hat, scheint mir dieser Aufsatz, der schließlich in* Casabella 398, Februar 1975, *erschien, als Ergänzung zu* »Kunst als Sehen von Dingen« *geeignet.*

In der ganzen Welt gibt es nur wenige Museen, deren Retrospektiven zusammen mit ihren Katalogen für die Kunstwelt das Gewicht einer Kanonisierung im Petersdom haben.

Zu nennen sind das Museum of Modern Art in New York, das Musée National d'Art Moderne in Paris, das Stedelijk Museum in Amsterdam und die Tate Gallery in London. Oft sind es Lebende, die einer solchen Kanonisierung teilhaftig werden: Diesmal werden zwei

Piero Manzoni, Magischer Sockel, 1961.

verstorbene Künstler gefeiert, Yves Klein – Klein le Monochrome – und Piero Manzoni. Beide sind zu ihren Lebzeiten schon berühmt gewesen, und beide sind sehr jung gestorben: Manzoni als Dreißigjähriger 1963, und Klein ein Jahr vorher, vierundvierzig Jahre alt, auf dramatische Weise. Sein Herzanfall wurde ausgelöst (so erfährt der Besucher aus dem Katalog) durch die erschütternde Entdeckung, daß Jacopettis *Mondo Cane* ihm nicht zur Gänze gewidmet war.

»De mortuis nihil nisi bene.« Ich sage nichts Böses, denn seine Witwe und seine Bewunderer sind es, die diesen traurigen Vorfall berichten. Ohnehin will ich nicht eigentlich von den Toten reden, sondern über die Lebenden, die Lebenden, die diese große und aufwendige Ausstellung zusammengetragen haben. Trotz ihres guten Willens (den ich nicht einen Augenblick in Zweifel ziehen möchte) ist das Ergebnis eine traurige und schmutzige Angelegenheit. Die Traurigkeit verdichtete sich in mir beim Anblick von Piero Manzonis »magischem Sockel«, einem Podest mit quadratischem Grundriß und abgeschrägten Seiten, auf der Oberseite zwei Einlagen aus Schaumgummi, wie man sie in die Schuhe legt, befestigt in der konventionellen Statuenhaltung. Offensichtlich wollte Manzoni, daß man sich darauf stellt und eine Statue ist: Am Fuß des Podests befindet sich aber ein großer gedruckter Hinweis BITTE NICHT BERÜHREN ODER BETRETEN. Es wäre natürlich einigermaßen komisch, wenn sich jemand darauf stellen würde und das Podest würde zusammenbrechen. Das ist aber nicht die Art Komik, die Ausstellungsmacher goutieren können: Das Podest soll ja auch einen Monat lang stehen! Bei einem der komplexeren Exponate von Klein mahnt eine gekritzelte Notiz, nicht mit dem blauen Farbpulver herumzuspielen, das unter vier blauen Schnüren aufgehäuft ist, im Hintergrund eine von den blauen Leinwänden. Ob Klein es wirklich wollte, daß man *nicht* mit der blauen Plakatfarbe herumschmiert? Ganz gewiß nicht. Es handelt sich um die Zutaten für eine *do-it-yourself*-Anthropometrie.

Die »Anthropometrien«, erinnere ich mich, hießen einstmals »Suaires«, Leichentücher. Nackte Frauen, bemalt mit Kleins Lieblingsfarbe, gewöhnlich einem hellen Ultramarin, berührten zu den Klängen seiner monotonen Symphonie, die von einigen Musikern gespielt wurde, weiße Leinwände, natürlich in Gegenwart des Künstlers. Die Vorführung bot jene Art von Schauer, wie er einen beim Anblick von im Schlamm ringenden Frauen überkommt (ein in Hamburg, wie ich höre, sehr beliebtes Vergnügen).

Man macht es sich zu leicht, wenn man Klein kommerzielle Spekulation vorwirft. Aus der »Anthropometrie« ließe sich natürlich ein sehr teures öffentliches Spektakel machen, und die Resultate könnten anschließend ausgestellt werden. Aber das spielt jetzt keine Rolle. Die »Anthropometrien« bleiben: große Leinwände, beschmiert mit erkennbaren Spuren weiblicher Anatomie, elende Relikte, wie Klein selbst gesagt hat, eines Rituals. Seine obsessive Beschäftigung mit Ritualen, so kindisch sie auch war, wird in der Ausstellung und im Katalog sorgfältig verzeichnet. Vorbei die Zeiten, wo es, wie Erik Satie gesagt hat, nicht als ehrenhaft galt, wenn man die Ehrenlegion ablehnte, sondern wenn man nichts tat, um sie sich zu verdienen. Für Klein zählte jede Auszeichnung und jedes Diplom: Seine viel vorgezeigte Mitgliedschaft im Ritterorden des Hl. Sebastian (was mag sich wohl der Bischof von Sens, der die Urkunde unterzeichnet hat, dabei gedacht haben?), seine speziellen Briefmarken, seine Vorlesungen an der Sorbonne, seine Briefe an berühmte Leute (die nicht immer beantwortet wurden!), all das ist Teil der »persona«, die die Ausstellung vorführt. Und natürlich ist die genaue Aufzeichnung all dieser Mini-Ereignisse für ihre Erzeugung wesentlich.

Gelegentlich hatte Klein für diesen Vorgang persönlich aufzukommen, zum Beispiel, als er sich einmal von einer fünf Meter hohen Mauer herunterwarf, um sich in eine »Mensch im

Yves Klein, Erste öffentliche Ausstellung von »Anthropometrie«, 9. März 1960.

155

Yves Klein, »*Immaterielle pikturale Sensibilitätszone*«, Nr. 5, Serie 1, 26. Januar 1962. Klein tauscht 20 g Blattgold von dem »Käufer« Dino Buzzati ein.

Yves Klein, »*Immaterielle pikturale Sensibilitätszone*«, Nr. 6, Serie 1, 4. Februar 1962. Klein streut das Blattgold des »Käufers« Claude Pascal in die Seine.

Raum«-Montage zu verwandeln, und sich bei dem Sturz verletzte. Er hätte ohne Blessuren bleiben sollen. Der Judomeister (der er wirklich war) hätte die ganze Operation irgendwie mit makelloser Eleganz ausführen müssen. Die Rituale hätten vollkommen sein müssen, ja, aber auch anspruchsvoll für die Teilnehmenden. So war es aber nicht. Nehmen wir zum Beispiel Kleins Symphonie, die transzendentale Stimmungen herbeiführen sollte: Nach der Tonbandaufzeichnung, die auf der Ausstellung zu hören ist, ist sie ein tiefes Summen, überlagert von dem Lärm einer Baustelle in der Nähe, dem Scharren der Füße und von Gesprächsfetzen.

Bei einem der öffentlicheren Rituale verbrannten Kleins Kunden eine seiner scheckähnlichen Quittungen, die ihnen persönlich Anspruch auf eine »immaterielle pikturale Sensibilitätszone« gaben, für die sie mit Gold bezahlten: zur Hälfte Goldbarren, zur Hälfte Blattgold, das Klein ins Wasser streute (wobei er natürlich photographiert wurde). Was mit den Goldbarren geschieht, wird nicht erörtert: Das Ritual wird dadurch natürlich verstümmelt. Das Gold ist ein beachtlicher Preis für das Vergnügen, am Seinequai im Beisein von Klein und einem Sachverständigen (Klein legte Wert darauf, daß es sich um Museumsdirektoren, Kunstkritiker und dergleichen handelte) ein Stück Papier zu verbrennen, während Klein nicht nur die Barren einsteckte, sondern den Spaß hatte, das Blattgold ins Wasser zu werfen. Trotzdem haben sich eine ganze Reihe kluger und begabter Leute darauf eingelassen und können im Katalog in ihren Mänteln besichtigt werden (die meisten dieser Happenings scheinen bei kaltem Wetter veranstaltet worden zu sein). Dieser Zeitvertreib wirkt harmlos genug und ist vielleicht ein interessanter Gegenstand für eine soziologische Untersuchung. Nicht alle Aktivitäten Kleins jedoch waren so vergänglich und rituell.

Einige Jahre arbeitete Klein an der Ausstattung des neuen Stadttheaters von Gelsenkirchen mit. Dieses Gebäude mittelmäßig zu nennen, wäre stark geschmeichelt. Das war Klein aber gleichgültig. Der visuelle Aspekt seiner Umgebung interessierte ihn überhaupt nicht. Seine eigenen Sachen, wenn sie überhaupt in irgendeiner Weise »gestaltet« waren, zeigen das deutlich, zum Beispiel die vulgäre, grobe Lebendmaske seines Freundes, des Künstlers Arman, wie gewöhnlich ultramarin eingefärbt und vor einen Blattgold-Hintergrund gesetzt. Klein hat zu Recht protestiert, als Pierre Restany sein Vorgehen von den Dadaisten herleitete: Ihre Aktivitäten zeichnet ein schwarzer Humor aus, sie sind elegant und opponieren bestimmten sozialen Konventionen. Klein dagegen war im hohen Maße, fast obsessiv, konventionell, adrett gekleidet, begierig nach finanzieller wie sozialer Anerkennung, technisch unbegabt und vollkommen ernst. Die Eleganz, die die Dadaisten ihren Produkten mitteilten, reservierte er seiner mickrigen Person.

Um jetzt auf Piero Manzoni zurückzukommen, mit dem ich begonnen habe: Er betrachtete sich selbst in gewisser Weise als Schüler Kleins. Der Katalog für seinen Teil der Ausstellung verzeichnet ihre erste Begegnung und den Eindruck, den sie auf ihn machte. Manzoni war jedoch ein größerer Könner und dementsprechend eleganter (ich benutze dieses Worte ganz bewußt) als Klein. Die »Achrome«, die er während seiner kurzen Karriere produzierte, im wesentlichen weiß bis fahlgrau, waren nie so ungefällig wie Kleins billige ultramarinen Plakatfarben, und die Ereignisse, die er sich ausdachte, wie die Artophagie- (oder vielleicht genauer: Graphophagie-)Sitzungen, bei denen die Gäste aufgefordert wurden, hartgekochte Eier, die mit dem Daumenabdruck des Künstlers signiert und deshalb zu Kunstwerken erhoben waren, zu essen, waren witziger und schlichter als irgendeine von

Piero Manzoni schafft *Künstleratem*, 1960. Piero Manzoni mit *Künstlerscheiße*, 1961.

Kleins feierlichen Zeremonien. Ich für meinen Teil würde allerdings, wenn ich Kunst essen sollte, lieber eines von Ricardo Miraldas und Dorothée Selz' appetitlich aussehenden Objekten verzehren. Vielleicht mag ich hartgekochte Eier einfach zu wenig.

Da sind noch zwei andere Produkte: Luftballons, vom Künstler aufgeblasen, oder solche, die der Käufer mit seinem eigenen (wohl minderwertigen) Atem aufblasen kann. Außerdem die berühmten Dosen mit Künstlerscheiße (made in Italy...), die nach ihrem Goldgewicht verkauft wurden; auch Künstlerpisse, -schweiß und -blut wären unvermeidlich in marktmäßiger Verpackung gefolgt. Aber so weit ist der Künstler nicht gekommen. Diese Konzentration auf den Körper des Künstlers entspricht der obsessiven Ordentlichkeit von Klein, seinen Nadelstreifen. Sie lenkt die Aufmerksamkeit auf den Künstler und weg von seinen Objekten.

Dies alles gehört natürlich in die Welt Duchamps. Sein erstes signiertes Pissoir, die 50 Kubikzentimeter Pariser Luft haben ihre Nachkommen in dieser Art von protokonzeptueller Kunst. Ich möchte mich nicht in terminologischen Wortklaubereien verlieren; also sollte ich vielleicht genauer sagen, was ich meine. Nehmen wir eine andere Erfindung Manzonis. Er verkaufte Linien von verschiedener Länge. Sie werden in glatte Büchsen, Metallbüchsen verpackt, sogar in eine Bleibüchse (soviel ich weiß) für eine Linie von 7200 Meter Länge; das Einfachste waren freilich die leeren Büchsen, die eine unendliche Linie »enthielten«, die der Betrachter/Käufer sich selber vorstellen mußte.

Piero Manzoni, *Künstlerscheiße*, 1961

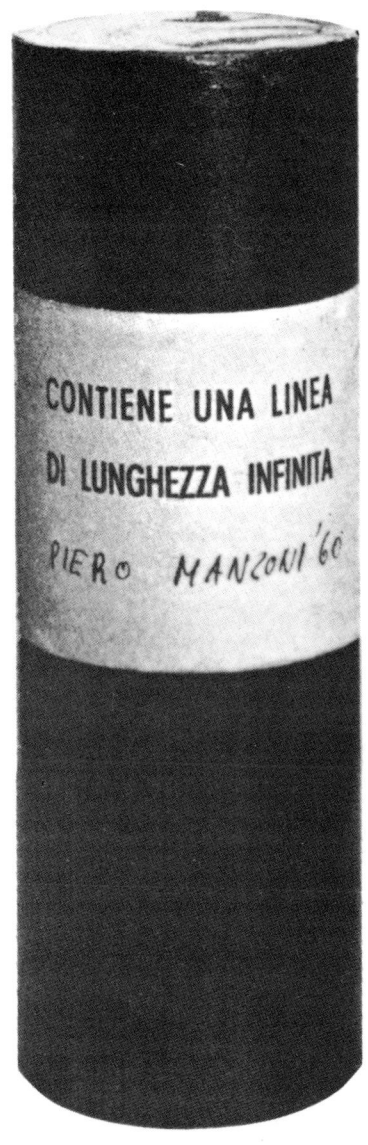

Piero Manzoni, *Linie von unendlicher Länge*, 1960.

Auch hier gibt es wieder eindeutige Vorläufer bei Duchamp – die »Three Stoppages« –, ebenso wie Manzonis Signieren seiner Freunde und die Urkunden, die er ihnen gab, um anzuzeigen, daß sie »lebende Kunstwerke« waren, der ganzen Spielerei von Klein mit Zertifikaten und Blattgold entsprechen. In der Tat erzählt der Manzoni-Katalog die pathetische Geschichte, wie Manzoni an Kleins Tür klopft und, als ihm geöffnet wird, sagt: »Sie sind Monochrom-Blau und ich bin Monochrom-Weiß, wir müssen zusammenarbeiten«, aber, wie der Katalog lakonisch hinzufügt, »es kam zu keiner Zusammenarbeit«.

Dieser kunsthistorische Exkurs führt mich zur Ausstellung zurück. Manzoni ließ seine Sockel nicht unter unschuldigen, vorgeblichen »Kunstwerken« zusammenbrechen, er wollte, daß jeder, der sich darauf stellte, auf irgendeine Weise verwandelt wurde: das war ihre Magie. Wenn man die Sockel ins Museum stellt und es jedermann verbietet, sich daraufzustellen, dann beraubt man sie der Möglichkeit, überhaupt zu »wirken«; sie werden kraftlos, witzlose Kunstgegenstände.

Die Museumsleute sind aber nicht daran interessiert, ob etwas »wirkt« oder nicht; sie wollen Objekte. Auf Befragen würden sie antworten, daß die hohen Versicherungskosten … daß unverantwortliche Leute … daß Kinder … daß Verschmutzung …, und sie würden damit ihre Gleichgültigkeit gegenüber der Intention des Künstlers zeigen – oder liegt ihnen etwa daran?

Soweit Manzoni und Klein in eine einzige Ausstellung gehören und gemeinsame Zielsetzungen hatten, werden ihre Absichten in dieser Weise verraten? Beide, das ist immer deutlich gewesen, waren Begriffslieferanten. Nicht der entkörperlichten Begriffe, die die konzeptuelle Kunst im eigentlichen Sinne liefert: Klein und Manzoni hatten beide das Bedürfnis, ihre Begriffe in Objekten zu verkörpern. Sie lebten von ihrer Kunst, und Begriffe lassen sich schwer verkaufen. So manipulierten sie die Situation in der Frühzeit des Happening, außerdem die üblichen Kunstmarktmechanismen: numerierte Ausgaben und Handanfertigungen von diesem oder jenem. Manzonis Scheiße beispielsweise wirbt sogar damit, daß sie frei von künstlichen Konservierungsmitteln sei, obwohl ich niemals eine Dose öffnen werde, um herauszufinden, ob das auch stimmt.

Ihre Objekte werden, wie altmodische Kunstwerke, mit Seltenheitswert versehen, sind gleichermaßen plump, immer ausstellbar, aber im Grunde anspruchslos. Ihr Begriff (im alten akademischen Sinne des *concetto*) war immer von brutaler Schlichtheit. Hat man die Idee einmal erfaßt, dann bleibt einem die physische Belästigung durch das Objekt, in dem sie verkörpert ist. Hatte man es gekauft, so konnte man sich darauf hinweisen lassen, daß man die Idee jedesmal verstand, wenn man das Objekt ansah. Abgesehen von der Wertsteigerung der Investition hielt der Gegenstand keinerlei Überraschung mehr bereit. Das gilt sogar für die schlicht blauen Leinwände, sobald man sie aus dem Zusammenhang einer Kollektivausstellung herauslöst und neben andere Bilder in einen Salon hängt. Der Besitzer war sichtbar der Eigentümer eines »Kunstwerkes«, jedoch eines Kunstwerkes unkritischer Natur: Es bot seinem Betrachter nichts und suchte keinerlei Wirkung auf die sichtbare Welt auszuüben. In dieser Hinsicht sind selbst die abstrusesten Anhänger der Arte Povera vitaler gewesen (ja, auch das ist schon Vergangenheit).

Nun kann man natürlich sagen, ich hätte gut nörgeln. Aber was soll ein armer Künstler tun? Duchamp und Malewitsch waren, zumindest was die Malerei angeht, am Nullpunkt angekommen. Dem kann man sich nicht entziehen. Nur die unmittelbare Gebärde kann ein Kunstwerk schaffen, und dies muß, wie Duchamp uns gelehrt hat, die »Gebärde des

Künstlers« sein – die Gebärde, für die er nur sich selbst gegenüber verantwortlich ist. Ich glaube nicht, daß dies wahr ist. Ich glaube nicht, daß dieses ganze Drucken von Scheckformularen und Urkunden irgend etwas mit unmittelbaren Gebärden zu tun hat oder gar mit Ritualen, ebensowenig wie ich glaube, daß Yves Klein an den Gelsenkirchener Untaten unschuldig ist, weil er ein Künstler ist. Es ist ein scheußliches Gebäude, und die blauen Schwammreliefs sind Teil seiner Scheußlichkeit. Es gibt viele Wege über den Nullpunkt hinaus, der vor fünfzig Jahren erreicht wurde: Die Idee, daß alles Kunst ist, ist vielleicht der wichtigste von ihnen. Klein und Manzoni haben dieser Einsicht entgegengearbeitet. Im gegenwärtigen Klima kann ich die Tatsache, daß der Kunstmarkt im Interesse von Exhibitionisten wirkt, wie charismatisch sie auch immer sein mögen, nicht als einen unterhaltsamen und harmlosen Zeitvertreib ansehen. Es ist eine Verschleierung der bösen Kräfte, die die Qualität unseres Lebens herabsetzen, und sie zu tolerieren bedeutet, daß man das Alibi der visuellen Umweltverschmutzer gelten läßt.

Ornament ist kein Verbrechen

Der Titel dieses Aufsatzes war, genauso wie der bekannte Titel von Loos, den er travestiert, ironisch in seiner Absicht, denn der Aufsatz war die Einleitung zu einer Diskussion über die Architektur und die Künste in einer Sondernummer von Studio International, *September/ Oktober 1975. Wenn ich etwas, was ich publiziert habe, bedauern muß, dann ist es der unglückliche und voreilige Gebrauch des Begriffs »postmoderner Stil«, den ich hier auf das Werk von Paul Rudolph angewandt habe. Trotzdem mag er stehenbleiben.*

Es gab einmal eine Zeit, als Maler und Bildhauer eine klare Vorstellung von ihrer Beziehung zum Architekten hatten: Alle drei waren sie Künstler des »Sichtbaren«. Die Kunst des Malers und Bildhauers ahmte jedoch die Natur nach, während die des Architekten dies nur teilweise tat. Architektur war Nachahmung, ja – aber nachgeahmte Kultur. Monumental-bauten reproduzierten die *notwendigen* Formen einer primitiven, aber wackligen Konstruk-tion in bleibendem und edlem Material. Soweit es zur Nachahmung der Natur kam, waren es die Proportionen des menschlichen Körpers, die der Architekt in seinen Abmessungen abstrahierte.

Diese Auffassung von der Baukunst, die ihre Weihe durch Theoretiker seit Vitruv (der auf viel ältere Quellen zurückging) erhalten hatte, war am Ende des achtzehnten Jahrhunderts ungeheuer einflußreich. Mit der Wende zum neuen Jahrhundert gab es einen Wandel der Einstellung, der sich in einem doppelten Angriff gegen die alte Auffassung zu erkennen gibt. Die Architektur, so sagten einige (mit Goethe und den Dichtern), ahmt nicht die primitive Bauweise nach, sondern sie ahmt die Natur nach – den heiligen Hain, das Höhlengrab. Die alte Überzeugung, daß die Architektur auf der Proportion des menschlichen Körpers basiere (das war die Hauptstütze für die Fürsprecher der Naturnachahmung), wurde in diesem neuen Argument vergessen. Doch selbst diese modifizierte Form des Naturarguments fand Widerspruch bei einer neuen und wichtigen Gruppe, den Polytechnikern. Ihrer Auffassung nach ahmte die Architektur gar nichts nach. Architektur war verkleidete Konstruktion. Die Polytechniker traten nicht dafür ein – jedenfalls zunächst nicht –, daß die Konstruktion in schamloser Nacktheit hervortreten sollte. Gefälligkeit, Anstand, Konvention – kurz die Gesellschaft – verlangten, daß die nackte Konstruktion verhüllt wurde, und diese Hülle war das Ornament.

Mit Ornament hatte man einst das gemeint, was den Eindruck des Schicklichen erzeugt, indem es einem wesentlichen Mangel abhilft. »Bescheidenheit«, so definierte das französische Akademie-Wörterbuch, »ist eine große Zierde des Verdienstes.« Das ist nicht, was die Polytechniker meinten. Das Ornament versah nicht das, was gut in sich selbst war, mit seinem wesentlichen Ergänzungsstück, sondern es verhüllte das nicht Erwünschte. Die Einhüllung befriedigte das triviale Vergnügen. In erster Linie hatte es die Architektur mit der Notwendigkeit zu tun, und ihre wahre wesentliche Schönheit hing von der unmittelbaren und ökonomischen Befriedigung der dringendsten, der physischen Bedürfnisse des Menschen ab. Die Schönheit der Notwendigkeit befriedigte den Verstand allein, während die von Assoziation und Gefühl nur die Einbildungskraft ansprach. Darin lag eine Dichotomie, die sich im Laufe des neunzehnten Jahrhunderts noch weiter vertiefen sollte.

Es gab zwei Arten von Architektur, die der Dichter und die der Polytechniker. Oft überschnitten sie sich, jedenfalls aber kam das Publikum zu der Ansicht, daß sie sich für verschiedene Arten von Bauten eigneten. Die Dichter konzentrierten ihre Aufmerksamkeit auf das historische und deshalb nostalgische Ornament, und die Polytechniker waren der Auffassung, daß, wenn beim Bauen der Schönheit Rechnung getragen werden müsse, dies durch die Proportion geschehe. Nicht durch die von den Theoretikern der Renaissance und des Barock geschätzten alten musikalischen Konsonanzen universeller Harmonie, sondern durch drei verschiedene und eigenständige Arten: durch die, die einfach von den Eigenschaften des Materials abgeleitet war, und durch die, die aus der Ökonomie, das heißt aus dem Bedürfnis nach der größtmöglichen Einfachheit der Geometrie folgte (wodurch der ausgiebige Gebrauch von Kreis und Quadrat gerechtfertigt wurde), sowie schließlich durch jene herkömmliche Art der Proportion, die mit den klassischen Ordnungen – und also mit einem Schmuckrepertoire – zusammenhing und deshalb für *nützlich* gehalten wurde, weil die Verhüllung des Bauwerks durch Konventionen den Benutzern des Gebäudes den Schock des Ungewohnten ersparte. Diese letztere Art der Proportion wurde in ihrer Anwendung als

A. W. Pugin, »Fabrik-schornsteine, staatliche Predigthallen, Zionka-pellen«, aus *The True Principles of Pointed or Christian Architecture.*

lokal auf Europa und das Mittelmeergebiet beschränkt angesehen. Baumeister in Persien oder Indien hatten keinerlei Bedarf nach solcher Verpackung und konnten sich allein auf Material und Ökonomie stützen, um daraus alles Nötige herzuleiten.

Als die Schüler der Polytechniker sich in ganz Europa, im Fernen Osten, im amerikanischen Westen und in Afrika ausbreiteten, nahmen sie diese Lehre mit. Es ist natürlich richtig, daß das neunzehnte Jahrhundert die große Zeit des angewandten Ornaments ist, aber im Laufe des Jahrhunderts wurde der rein konventionelle Charakter des Ornaments immer deutlicher, und es wurde von allen schöpferischen Künstlern verachtet. Selbst diejenigen, zu deren Praxis reiche ornamentale Erfindungen gehörten, nahmen einen theoretischen Standpunkt ein, der dem der Polytechniker nicht unähnlich war. An einem Gebäude sollte es nichts geben, was nicht die Konvenienz unbedingt erforderte, schrieb einer von ihnen; Konstruktion und Schicklichkeit und Ornament sollten die wesentliche Struktur eines Gebäudes bereichern. Heute wirken derartige Ideen als Rechtfertigung einer entschlossenen Rückkehr zur Nachahmung der englischen Architektur des fünfzehnten Jahrhunderts befremdlich. Solche Theorien wurden aber als Rechtfertigung des Gotischen und des Klassischen, der Hinduarchitektur, der maurischen und sogar der chinesischen Architektur vorgetragen. Im Grunde berief man sich auf die polytechnische Rechtfertigung des Ornaments als einer schockmildernden Verkleidung, die in einer Zeit struktureller Neuerungen und funktionaler Spezialisierung und Differenzierung notwendig war. Letztlich war dieses Argument freilich ruinös, denn die Rechtfertigung des Ornaments durch Konvention mußte fadenscheinig und zynisch wirken. Der Prozeß wurde durch eine weitere, ganz andere Entwicklung beschleunigt: Im Verlauf des neunzehnten Jahrhunderts wurden die Künstler, die schon früher aus ihren Zünften gelöst und in Akademien zusammengeführt worden waren, in den Geschmacksdisziplinen geschult. Zu der Zeit, als man die polytechnischen Lehranstalten schuf, wurden aus den Akademien Kunstschulen. In den Kunstschulen verlagerten die Künstler ihre Aufmerksamkeit vom Schaffen von Objekten, die den Beschauer erbauen, bewegen oder erregen sollten, auf den authentischen Ausdruck individueller Visionen, bei denen die Beziehung des Künstlers zum Beschauer *durch* das Objekt immer mehr an Bedeutung verlor, da die Künstler in jenes Reich einzogen, das als Bohème bekannt geworden ist.

Es gab Gegenbewegungen. Die Präraffaeliten entwarfen Glasmalereien und Teppiche für William Morris. Puvis de Chavannes malte einen Freskenzyklus im Pariser Pantheon. Aber das waren Ausnahmen. Die Auffassung des Ornaments als konventionelle Verhüllung hing mit einem bestimmten Stilbegriff zusammen. Seit etwa der Mitte des Jahrhunderts wurde Stil als vollständiger und umfassender »Ausdruck« einer Epoche verstanden. Am leichtesten charakterisierbar war er natürlich durch seine Oberflächengestaltung, sein Ornament.

Obwohl man verschiedene Versuche unternahm, ein Repertoire neuer Ornamentik für die kommende Epoche zu schaffen, wirkte die von mir beschriebene Entwertung als ein Hindernis. Einige der wagemutigereren Neuerer stellten sich einen idealen Zeitpunkt wie das englische fünfzehnte Jahrhundert oder das Italien der Renaissance vor, zu dem die Architekten zurückkehren sollten, da es sich um einen Schmelzpunkt handelte, und führten von dort aus eine eigenständige Entwicklung weiter, nachdem sie zuerst eine befriedigende Nachahmung des historischen Stils, für den sie sich entschieden, geleistet hatten.

Der Versuch schließlich, für die neue Zeit ein umfassendes und eigenständiges künstlerisches Gewand zu schaffen, dauerte alles in allem etwa fünfzehn Jahre. Er hatte verschiedene Namen: Art Nouveau, Jugendstil, Liberty-Stil und so fort. Einer der einflußreichsten Architekten der Zeit schrieb auf dem Höhepunkt dieses Stils: »Es besteht kein Zweifel, daß der Punkt erreicht werden kann und wird, wo nichts Sichtbares geschaffen wird, ohne eine *künstlerische* Taufe zu erhalten.«

Das ist eine gute Beschreibung dessen, worum man sich bemühte, aber natürlich stellte sich das Ziel bald als unerreichbar heraus. So kam es schließlich zum Sieg der Polytechniker im Feldzug gegen das Ornament. Zusammengefaßt wurde dieser Sieg in dem Aufsatz »Ornament und Verbrechen« des österreichischen Architekten Adolf Loos, der 1908 zuerst erschien und dessen Argumentation in seinem ganzen Werk mit Nachdruck wiederholt wurde. Vergnügen an der Architektur ist für Loos letztlich ein Vergnügen der Einbildungskraft, doch das ganze architektonische Gebilde muß die Einbildungskraft beschäftigen, und auch der Verstand muß zufriedengestellt werden. Erlaubt ist für Loos nur das Ornament, das die Freude des Produzenten ist: das des Polsterers (Zierleisten und Messingbeschläge auf Möbeln), das des nomadischen Teppichwebers (die Muster orientalischer Teppiche) und das des Schusters (Schuhe mit Lochmuster). Diese Ornamente sind ein Ausdruck der Freude des Herstellenden, nicht eine Konzession an das Auge des Benutzers. Der Zivilisierte (den Loos als einen Menschen definiert, der Beethovens Neunte oder den *Tristan* hört) hat eine echte Freude an glatten Gegenständen, die entworfen sind, um ihre Aufgabe so unauffällig wie möglich zu erfüllen: Der Reitsattel, die glatte silberne Zigarettendose sind Dinge, die Loos offensichtlich schätzte, ebenso wie die Produkte des Ingenieurs und der Industrie. Sie bereiten dem Verstand wie den Sinnen Freude. Seinen Ursprung hatte das Ornament – wie überhaupt alle Kunst – in dem obszönen, magischen Gekritzel des Höhlenmenschen. Die Kunst des modernen Menschen hat es nicht mit den instinktiven Bedürfnissen zu tun, die durch solche Schmierereien befriedigt werden, sondern sie wendet sich an die höheren Fähigkeiten. Soweit die Architektur mit Gefühl und Einbildungskraft zu tun hat, werden diese durch die Gesamtheit des Gebäudes und nicht durch irgendwelche Einzelheiten angesprochen.

Loos war nicht ganz frei von Widersprüchen, doch sein Angriff war symptomatisch und fand bei anderen Schriftstellern Widerhall. Der Soziologe Simmel beispielsweise schreibt im selben Jahr wie Loos, 1908, daß das Ornament, da es mit der Individualisierung von Gegenständen zu tun habe, im Handwerk überdauern könne, in der industriellen Produktion aber fehl am Platze sei und jedenfalls mit der größten möglichen »Verallgemeinerung« gleichgesetzt werden müsse, da Stil und Eleganz auf dem Fehlen von Individualität beruhen.

In den Monaten der Veröffentlichung jenes schicksalhaften Essays über Ornament und Verbrechen erhielt der Mann, den Loos manchmal als seinen Erzfeind betrachtete, den Auftrag, ein Theater in Paris zu entwerfen. Dieses Theater sollte ein kühner Bau werden.

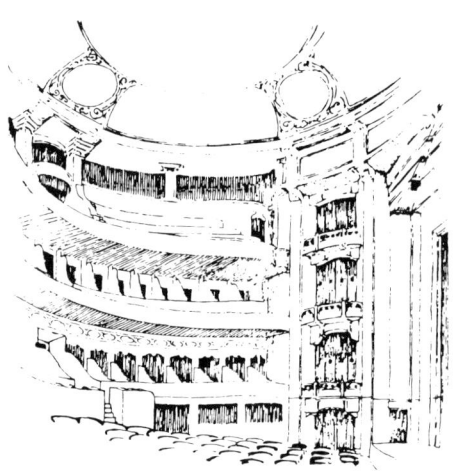

Henry van de Velde, *Théâtre des Champs Elysées,*
Paris, ursprüngliche Entwürfe für Fassade und
Zuschauerraum.

Van de Velde berichtet über dieses Projekt in seinen Erinnerungen in allen Einzelheiten,
obwohl er es natürlich nicht zu Ende führte: Das ursprüngliche Projekt wurde von Auguste
Perret verändert, der als Fachmann für Eisenbeton hinzugezogen worden war und
schließlich van de Velde verdrängte, so wie dieser seinen Vorgänger Roger Bouvard
verdrängt hatte. Zwei Männer jedoch behielten ihre Aufgaben unter der wechselnden Regie
der Architekten, der Maler Maurice Denis, ein Schüler Cézannes, der von Beginn des ganzen
Unternehmens an den Auftrag hatte, die Decke des Zuschauerraums auszumalen (und der
als Impresario des Theaters fungierte), und der Bildhauer Antoine Bourdelle, der die
Fassadenreliefs und die Dekoration des Foyers schaffen sollte. Die dekorative Einheit, die
van de Veldes Hauptanliegen war, wurde von Perret durchbrochen. Die fließenden
Jugendstillinien, die durchbrochenen und flackernden Oberflächen ersetzte er durch den
glatten, strengen, französisch-klassischen Stil, der der Kommission, die ursprünglich den
Bauauftrag vergeben hatte, weit mehr lag als van de Veldes Dekorationen. Auch war die
dadurch gegebene Aufteilung zwischen architektonischer Gliederung und Kunstwerken
mehr nach dem Geschmack von Bourdelle und Denis. Dieses Theater bezeichnet eine Zäsur
in der Geschichte des europäischen Geschmacks, hinter die nicht mehr zurückzugehen war.

Natürlich hatte Perret früher Ornamente verwandt, wie den reichen Blumenschmuck der
Glasziegelverkleidung seines eigenen Wohnhauses in der rue Franklin, das 1902–03
entstand. Dort hatte er auch bereits seine Unabhängigkeit von dem üblichen Jugestil-
Linienwerk und seinen Glauben an ein neues Material, Eisenbeton, demonstriert. Er
benutzte ihn als Skelett, das zu einer strengen Formung führte, die er in »klassischer« Manier

Auguste und Georges Perret, *Théâtre des Champs Elysées,* Paris 1911–13. *Oben links* Fassade und ▷
Ecklösung mit Reliefs von Antoine Bourdelle; *oben rechts* Zuschauerraum mit Deckengemälde von
Maurice Denis und mit vor den Logen umlaufenden Balkons; *unten* Foyer.

COMEDIE
COMEDIE
COMEDIE

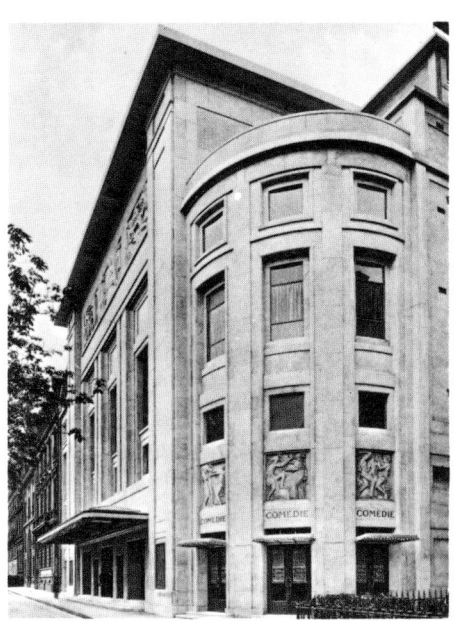

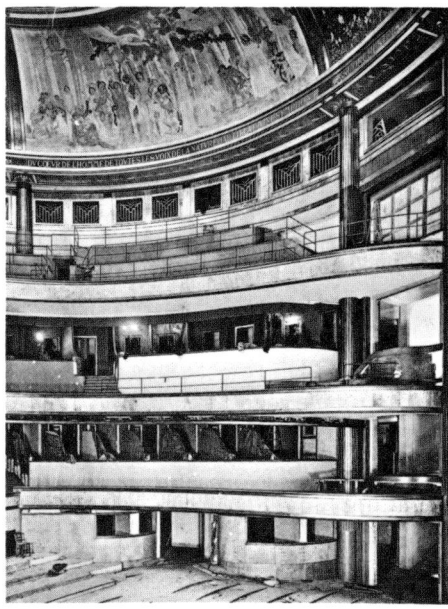

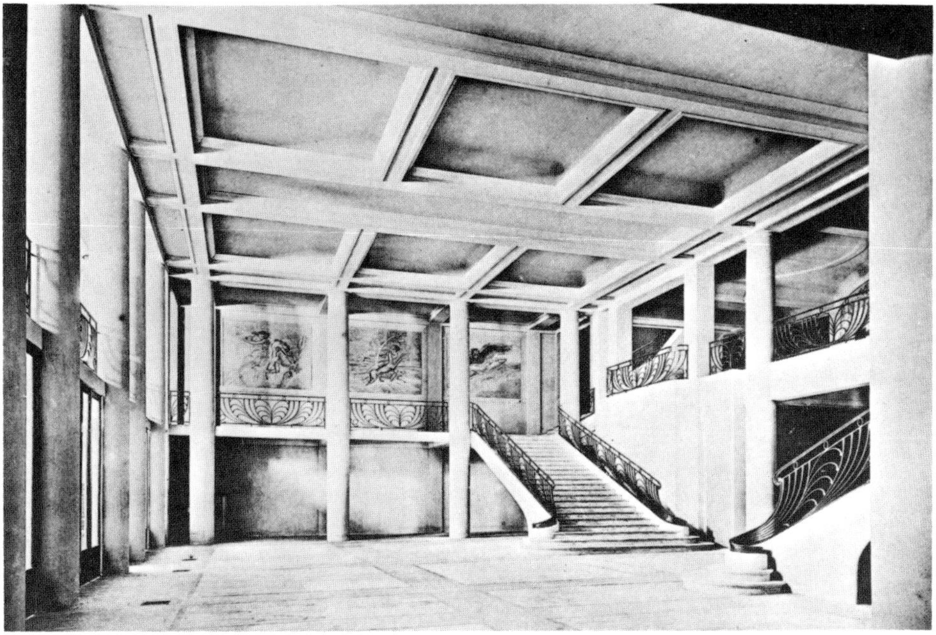

interpretierte. Die reiche Verwendung von Skulpturen und Malereien am Théâtre des Champs Elysées war nicht, was er normalerweise schätzte; hier war es Teil des Auftrags, und Bourdelle und Denis waren schon vor ihm da. Mit Maurice Denis arbeitete er später noch einmal zusammen, an der Kirche Notre Dame in Le Raincy, 1922–23, wo Denis für die farbigen Fenster verantwortlich war, die die Felder zwischen den schmucklosen und überlangen klassischen Säulen füllen. Obwohl Perret auf der Grundlage des Baugedankens von Raincy noch andere Kirchen baute, blieb dies der einzige weitere Fall einer Zusammenarbeit mit einem bedeutenden Künstler. »Was schön ist, bedarf keiner Dekoration, denn es ist selber dekorativ«, pflegte er einem Bewunderer zufolge zu sagen und umging so das Problem. (Perret meinte damit mehr, als das Wort »Dekoration« wiedergibt, nämlich Würde, »Decorum«.) In den zwanziger Jahren kam eine sehr bestechende Unterscheidung auf zwischen dem Werk von Bildhauern oder Malern, »Kunstwerken«, die »dekorativ« verwendet wurden, und dem repetitiven Ornament von bloßen Handwerkern. Perret bediente sich beider Formen, trotz seines hehren Aphorismus. Auf die getriebenen und eingelegten Schmuckformen des blutleer gewordenen Klassizismus, von dem ich bereits gesprochen habe, hat er nie ganz verzichtet – nicht einmal nach dem letzten Krieg bei dem Wiederaufbau von Amiens und Le Havre auf die freistehenden Kolonnaden mit ihrem vom Stil des *grand siècle* hergeleiteten Apparat von Einzelformen. Inzwischen war sein alter Gegenspieler van de Velde zu einer ähnlichen Überzeugung, wenn nicht einer ähnlichen Manier bekehrt worden, zu dem Glauben nämlich, wie er es formuliert hat, daß »die rationale Auffassung Werkzeuge und Waffen aus Feuerstein und geschnittenem Onyx hervorgebracht hat... (Sie) ist die unerschöpfliche und immer frische Quelle jener Rasse, die – durch die Jahrhunderte – Zeugnis abgelegt hat von der Existenz und beständigen Lebenskraft eines Stils, der niemals altert und jedem Zeitalter angehört und angehören wird.«

Diesen zeitlos modernen Stil präsentierte van de Velde dem Pariser Publikum während der Kunstgewerbeausstellung von 1925 in Kommentaren und fast polemischen Stellungnahmen. Diese Ausstellung war der Höhepunkt des Art Déco, so wie es 1902 die Turiner Ausstellung für den Jugendstil gewesen war. Alles, was dann als Neues Bauen bezeichnet werden sollte, war ein Protest gegen ihren weitreichenden Einfluß.

Das Neue Bauen vermied das Ornament mit der größten Entschiedenheit, verzichtete aber nicht auf das mehr oder weniger »dekorative« Kunstwerk. Mies van der Rohe, der strengste der Formalisten des Neuen Bauens, verwandte nicht nur Skulpturen von Kolbe und Lehmbruck als die einzigen photographierbaren Bewohner seiner Bauten, sondern nahm Lehmbrucks Plastiken auch als Vorbild für die Figuren in seinen Zeichnungen. Le Corbusier verwandte Arbeiten von Jacques Lipchitz und von Léger und in seinem späteren Werk – wie er selbst wußte, manchmal in Ermangelung eines Besseren – eigene Gemälde oder sogar Plastiken. Von einem Bau jener Zeit, dem spanischen Pavillon auf der Pariser Weltausstellung von 1937 weiß man zwar nur noch wenig, aber das Gemälde, das eigens dafür geschaffen wurde, Picassos *Guernica,* ist das bekannteste Bild des zwanzigsten Jahrhunderts geworden. Der Pavillon enthielt außerdem Mirós geheimnisvolles Bild

(Aufbegehrender katalanischer Bauer oder *Der Schnitter)*, und auch der Quecksilberbrunnen von Calder, der vor ihm stand, ist relativ bekannt. Das Gebäude selbst hätte Besseres verdient, als die Sixtinische Kapelle des zwanzigsten Jahrhunderts zu werden, aber es steht völlig im Schatten der Kunstwerke, die es beherbergte und die zum Teil von den Architekten in Auftrag gegeben und ihnen gelegentlich – wie im Falle des Quecksilberbrunnens – sogar zugeschrieben wurden. Gebäude wie dieses repräsentieren so etwas wie den Gipfelpunkt dessen, was man für die dreißiger Jahre als »Architekten-Architektur« bezeichnen könnte. Die kleineren Meister waren natürlich in der Vermeidung des visuell »Belanglosen« konsequenter. Die allgemeine Überzeugung, daß das Schöne der Ausschmückung nicht bedürfe, weil selbst *décor,* wurde noch erweitert. Etwas war schön, weil es seinen Zweck ganz unmittelbar erfüllte, und deshalb konnte das, was seinem Zweck ganz unmittelbar diente, für sich genommen zu einem Objekt *à émouvoir* werden. Das Urbild eines solchen Objektes war natürlich das technische Produkt, das die dem Künstler zur Verfügung stehenden Mittel im zwanzigsten Jahrhundert von Grund auf verändert hatte. Bis zur Mitte des neunzehnten Jahrhunderts, als es zum Feind wurde, hatte man es als Sklaven betrachtet. Die technischen Gegenstände nahmen jedoch an Zahl und Bedeutung zu, und der Umgang mit der maschinellen Produktion bekam einen neuen Ton. Der Feind des neunzehnten Jahrhunderts wurde zum Herrn, zum *deus* (in zweifacher Weise, könnte man sagen) *ex machina.* Die gottgeschaffene Natur (im Unterschied zu der vom Menschen geschaffenen) wurde zum Schweigen gebracht und trivialisiert. Der Städter des zwanzigsten Jahrhunderts wurde nicht mehr von Dürre, Sturm und Überschwemmung bedroht, die großen Gefahren gingen vielmehr von einer anderen Natur aus: von der zwischen Hochkonjunktur und Krise schwankenden Wirtschaft, von den Methoden unmerklicher Beeinflussung und Unterdrückung und von den allgegenwärtigen Zerstörungsgewalten, die wir selbst geschaffen haben – Gas, Bakterien, Nervengiften im Trinkwasser, der BOMBE oder auch sogar von den Folgen der zunehmenden Funktionsmängel unserer großartigen Erfindungen: Umweltverschmutzung, Übervölkerung, Verkehrsstau und steigende Flut des Abfalls.

Die Künstler vermochten das technische Produkt in ihr Werk nicht einzubeziehen und mußten es deshalb ironisch verarbeiten, durch Benennen, Hinweisen und Zitieren. Das begann ganz zahm mit Collage und Frottage und beschleunigte sich mit dem berühmten Urinoir von R. Mutt, über das schon so viel gesagt worden ist. Dieser Versuch, das Industrieprodukt zu assimilieren und in die Kultur zu heben, war ein viel gewaltigeres und gewagteres Zauberkunststück, als wir uns heute klarmachen können. Aber der Zauber verbrauchte sich (mit dem Krieg) und mußte erneuert werden. Die Bemühungen reichten von dem solipsistisch übertriebenen Trotz bis zur Ulmer Haltung des totalen Sich-Einlassens, von den bewundernden Nachahmungen Tinguelys bis zu Warhols abstoßenden *longueurs.* Was die Künstler schufen, stand abseits von der rationalen Normalität dessen, was gebaut und bewohnt wurde. Zunehmend wurden die Bauten zu Abbildern der technischen Produktion, aus der die Welt der Imagination verbannt war. Während jedoch der Künstler immer weniger mit der Gesellschaft – und folglich mit der Normalität – zu tun hatte, machten Architekten und Designer ernsthaft den Versuch, ihr Vorgehen dem der

Maschine anzugleichen. In den heroischen Tagen des De Stijl, der russischen Konstruktivisten und zu einem gewissen Grade im späteren Bauhaus war der Sprung ins Reich des Quantitativen erregend, allein schon wegen seines verzweifelten Charakters. Bedauerlicherweise waren die Folgen alles andere als erfreulich. Das Hineinpressen aller imaginativen Anstrengung ins Schema eines Pseudo-Rationalismus (der besonders naiven Spielart, die sich in den späten dreißiger Jahren und unmittelbar nach dem Krieg ausbreitete) hat die wichtigsten Kunden des Architekten, die verschiedenen Behörden und die Aufsichtsräte der großen Firmen, davon überzeugt, daß die Beantwortung ihrer Probleme durch das, was man heute »built form« (das heißt Architektur und Bauen) nennt, eine gute Form von sozialer Fürsorge ist, vorausgesetzt, die avisierten Lösungen lassen sich tabellarisch präsentieren, und die Zahlen weisen, wie ungenau sie auch berechnet sein mögen, ein positives Resultat aus. Die verschiedenen Produkte des »System-Design« und ihre noch weniger genau zu erfassenden Nebenprodukte (wie die Arbeiten der Ulmer Hochschule) sind sogar in das trübe Zwischenreich moderner Mythologie eingegangen.

Produktion ist das Ergebnis unseres Dialoges mit der Natur, und diesen Prozeß von Dialog und Produktion nennen wir Kultur. Vielleicht ist das keine adäquate Definition, jedenfalls aber vermag sie einige der verschiedenen Bedeutungselemente von Kultur, wie Kultus, Bodenbearbeitung, Auslese, Übung und Erziehung, zu verknüpfen und unterscheidet sie von den städtischen und sogar bürgerlichen Merkmalen der Zivilisation. Die Wahrheit ist, daß die Technologie ein »Sohn der Kultur« ist, wie es in den Titeln von Horrorfilmen heißt, aber die Kultur hat nicht gelernt, ihren gewaltigen Sprößling im Auge zu behalten, jedenfalls nicht auf bewußter Ebene.

Die traurigen und komischen Versuche in den vierziger und fünfziger Jahren unseres Jahrhunderts, auf der Grundlage der Maschinentechnik (und maschinell hergestellt) eine allgemein akzeptable Ornamentik zu schaffen, sind eine Warnung vor der Vergeblichkeit jeder Art von Verkürzung oder Vereinfachung. Gerade heute sind wir Zeuge eines ähnlichen und gleichermaßen sinnlosen Vorganges, nämlich der Wiederbelebung dessen, was man den »Cinema Style« genannt hat, die dekorative Fröhlichkeit der Odeon-Kinos und Lyons Corner Houses in England, die die Mehrzahl der amerikanischen Wolkenkratzer der zwanziger und frühen dreißiger Jahre nachahmen. Diese Wiederbelebung stellt ein Problem, das mit einem Phänomen der Subkultur zusammenhängt: Für die soziale Orientierung des Geschmacks wurde nun eine Diktatur der Arbeiterklasse, genauer der angelsächsischen Arbeiterklasse, ausschlaggebend, was sich am Kult der Beatles und der Stones oder des graphischen Stils von Alan Aldridge zeigt. Dieser Stil hat seinen Höhepunkt bereits überschritten, obwohl seine Quellen – aus dem Zeichentrickfilm – ein dauerhaftes Element unserer Gesellschaft sind und dieselbe Art irrationalen Vergnügens bieten wie der »Cinema Style«: ein Vergnügen, das durch das Medium des populär Marktgängigen wirkt – die Leute mögen etwas, weil sie es kaufen, *ergo* ist es gut, weil die Menschen gut sind. Die bedenklich stimmende Akzentverlagerung von einer bürgerlichen Kulturform zu einer proletarischen hat dazu geführt, daß die Reize von Kino-Innenräumen exotisch ferngerückt erscheinen.

Diese Einstellung hat ihre soziologische und folglich (wie es heutzutage häufig geschieht) philosophische Rechtfertigung in der Arbeit eines amerikanischen Soziologen, Herbert Gans, gefunden, dessen Buch *Levittowners* gegen die zahlreichen Kritiker der amerikanischen »suburbia« zu Felde zieht. Das Buch konzentriert sich auf das Leben einer kommerziellen Vorstadtsiedlung, ein Beispiel aus einer erfolgreichen Siedlungskette, die aus in Massenproduktion gefertigten und relativ billigen Häusern (in verschiedenen Stilen bei identischer Bauweise) eines industrialisierten Bauunternehmens an der Ostküste der Vereinigten Staaten entstand. Levittown, wie diese Vorstädte heißen, ist sowohl ein Schlagwort wie der Name eines kommerziellen Unternehmens geworden. Es entspricht jenem Spektrum von Einstellungen, wonach jeder das Recht auf seinen eigenen Lebensstil hat, vorausgesetzt, daß dieser im Rahmen der Möglichkeiten bleibt und nicht gezielt antisozial ist; weiterhin hat keiner das Recht, einem etwas anderes einzureden, vor allen Dingen nicht Planer und Architekten, deren eigentliche Aufgabe darin besteht, für einen bestimmten Lebensstil das richtige Ambiente zu liefern, einschließlich der Schmuckformen, die der Bewohner sich persönlich aussuchen darf.

Unvermeidlich hat diese Haltung auch unter den Architekten der gehobenen Kultur Fürsprecher gefunden, nämlich in der Trias Robert Venturi, Denise Scott-Brown und John Rauch. Als Venturi für sich allein sprach, in *Complexity and Contradiction in Architecture* (1966), ersetzte er das Paradoxon Mies van der Rohes: »Less is more«, durch den Kalauer »Less is a bore«. In seinem Aufruf gegen den Purismus des alten Neuen Bauens, gegen die Uniformität und Langeweile der Meister plädierte er für eine Architektur der Vielfalt und (wie der Titel sagte) von visueller und volumetrischer Komplexität. Fast so häufig wie Le Corbusier wurde Lutyens zitiert, vor allem aber »Main Street«, auf die so viele »puristische« Kritiker (Venturi griff vor allem Peter Blake an) fixiert waren – die schmutzige, unordentliche, kommerzialisierte Hauptstraße war *fast* in Ordnung.

Seinen nächsten Schritt hätte man vielleicht voraussehen können. Wenn Main Street fast in Ordnung war, dann ließ sie sich ganz in Ordnung bringen, indem man sie in Anführungszeichen setzte. Das also tat Venturi. »Häßlich und gewöhnlich«, so beschreibt er jetzt das Gebäude, das er entwerfen möchte. Man achte aber auf die Anführungszeichen. Nicht häßlich und gewöhnlich, sondern »häßlich und gewöhnlich«. Diese Bauten gehören zur hohen Kultur und müssen nach denselben Maßstäben beurteilt werden wie die »Architekten-Architektur«, so wie die Rolling Stones sich selbst zwischen Anführungszeichen setzten, als sie mit Jean-Luc Godard *Sympathy for the Devil* machten.

Das Schlagwort vom Häßlichen und Gewöhnlichen soll kein kritisches Urteil über diese Architektur sein, obwohl es aus den Bemerkungen einer Jury zu einem Wettbewerbsentwurf Venturis stammt. Unglücklicherweise enthält auch die zweite apologetische Schrift, *Learning from Las Vegas* (1972), keine höhere transzendentale Idee als die der Vielfalt zur Rechtfertigung dieses Ansatzes. Kein Gedanke darüber, wozu diese Vielfalt gut sein könnte. Vielfalt wird als Wert an sich präsentiert, und das Buch wirft so viele Fragen auf, wie es beantwortet. *Learning from Las Vegas,* war, so könnte man sagen, der architektonische Schwanz des Kometen, dessen leuchtender Kopf Tom Wolfe war. Die analytischen

Jeremiaden, die bevorzugte Ausdrucksweise amerikanischer Journalisten-Soziologie, wie sie in ihrer besten Form von Vance Packard und William H. Whyte jr. geliefert wurde, hatten ihr architektonisches Gegenstück im postmodernen Stil von Paul Rudolph. Er war natürlich das Hauptziel der Attacken Venturis. Architektur ist aber teurer als Kleidung und sogar Autos, und die architektonische Mode läuft anderen Modeerscheinungen hinterher, die billiger, flüchtiger und für den Wandel des sozialen Klimas aufnahmefähiger sind.

Der Kult von Levittown, der als repräsentativ für das amerikanische Vorstadtleben gelten mag, vereint in sich die Selbstgenügsamkeit und den Individualismus der in den fünfziger und frühen sechziger Jahren aufgewachsenen und jetzt mit dem universellen Besitzstand von Weib, Kind, Hypothek und Arbeit ausgestatteten Generation. Levittown bedeutet innerhalb des Vorstadtmilieus ein Plus an Individualität. Die Vielfalt, die Venturi in *Complexity and Contradiction* gepriesen hatte, ist in Levittown ebenso zu haben wie auf dem Strip von Las Vegas, obwohl sie ein ganz anderes Produkt ist als die geheimnisvolle Komplexität der Entwürfe von Lutyens.

Die Gegenüberstellung von Las Vegas und Levittown ist jedoch noch aus einem anderen Grunde interessant. Die Untersuchung in *Learning from las Vegas* beschäftigt sich nur mit dem Strip. Kein Wort vom Wohnen in Las Vegas, obwohl ein Blick auf die Stadtpläne bei Venturi, auf denen der Strip der Bewunderung unterbreitet wird, zeigt, daß Las Vegas nahezu quadratisch ist. Trotzdem erscheinen die hinter den Fassaden gelegenen Teile der Stadt höchstens am Rande von ein oder zwei Luftaufnahmen, die sich ganz auf die exzentrische Gestalt der Kasinos und Hotels, aber mehr noch auf ihre Schilder und Zeichen konzentrieren.

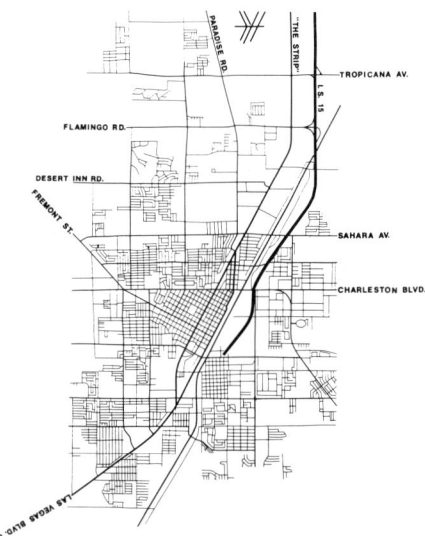

Straßenkarte von Las Vegas, 1972, mit dem Strip in Relation zur übrigen Stadt.

»Long Island Duckling« aus Peter Blake, *God's Own Junkyard.*

»Ente und dekorierter Schuppen« aus *Learning from Las Vegas.* Die Ente wird definiert als das Gebäude, das selbst ein Symbol ist, während der dekorierte Schuppen das konventionelle Gehäuse mit darauf oder daneben angebrachten Symbolen ist.

Die Vielfalt der Neonreklamen und anderer elektrischer Signale übt natürlich nach wie vor eine Anziehungskraft auf Journalisten ebenso wie auf Architekten und Designer aus, die auf ihrer Bildungsreise nach Las Vegas kommen. Tom Wolfe, der das Ganze populär gemacht hat, hat auch bereits vor Jahren eine Warnung ausgesprochen: Sein erster Held des Las Vegas-Abenteuers, den er »Raymond« nannte und der – obwohl kein typischer Las Vegas-Tourist – ein »gutes Beispiel dafür ist, wie Las Vegas auf die Sinne wirkt«, zeigte, daß diese Wirkung, verstärkt durch abwechselnd eingenommene Amphetamine und Meprobamate (zusammen mit Alkohol) eine Art toxischer Schizophrenie erzeugt hatte.

Die Venturis haben ihre Aufmerksamkeit dann auf viel schmerzlosere Spielarten der »maßgeschneiderten« Levittown-Häuser gerichtet, was im Ansatz eine (ungelöste und unlösbare) Dualität zeigt. Auf der einen Seite die öffentliche Sphäre von Las Vegas, und auf der anderen Seite die private der Vorstadt der Spekulanten. Vielfalt ist dabei der eine große transzendente Wert, dem sie alle Aufmerksamkeit zollen. In dem ersten Buch der Venturis gab es jedoch durchgängig noch die Annahme, daß Vielfalt ohne Einheit, der sie subsumiert wird, bedeutungslos sei.

In den späteren Untersuchungen ist von Einheit kaum noch die Rede. In dem Buch über Las Vegas wird der grundlegende Versuch gemacht, alle Gebäude in zwei Hauptklassen einzuteilen: einmal »Enten«, das heißt Gebäude, die dreidimensionale, volumetrische Hüllen für eine gegebene Funktion sind (ein Drive-in in Gestalt einer riesigen Ente war in einem Buch von Peter Blake, *God's Own Junkyard,* abgebildet und wurde darin lächerlich

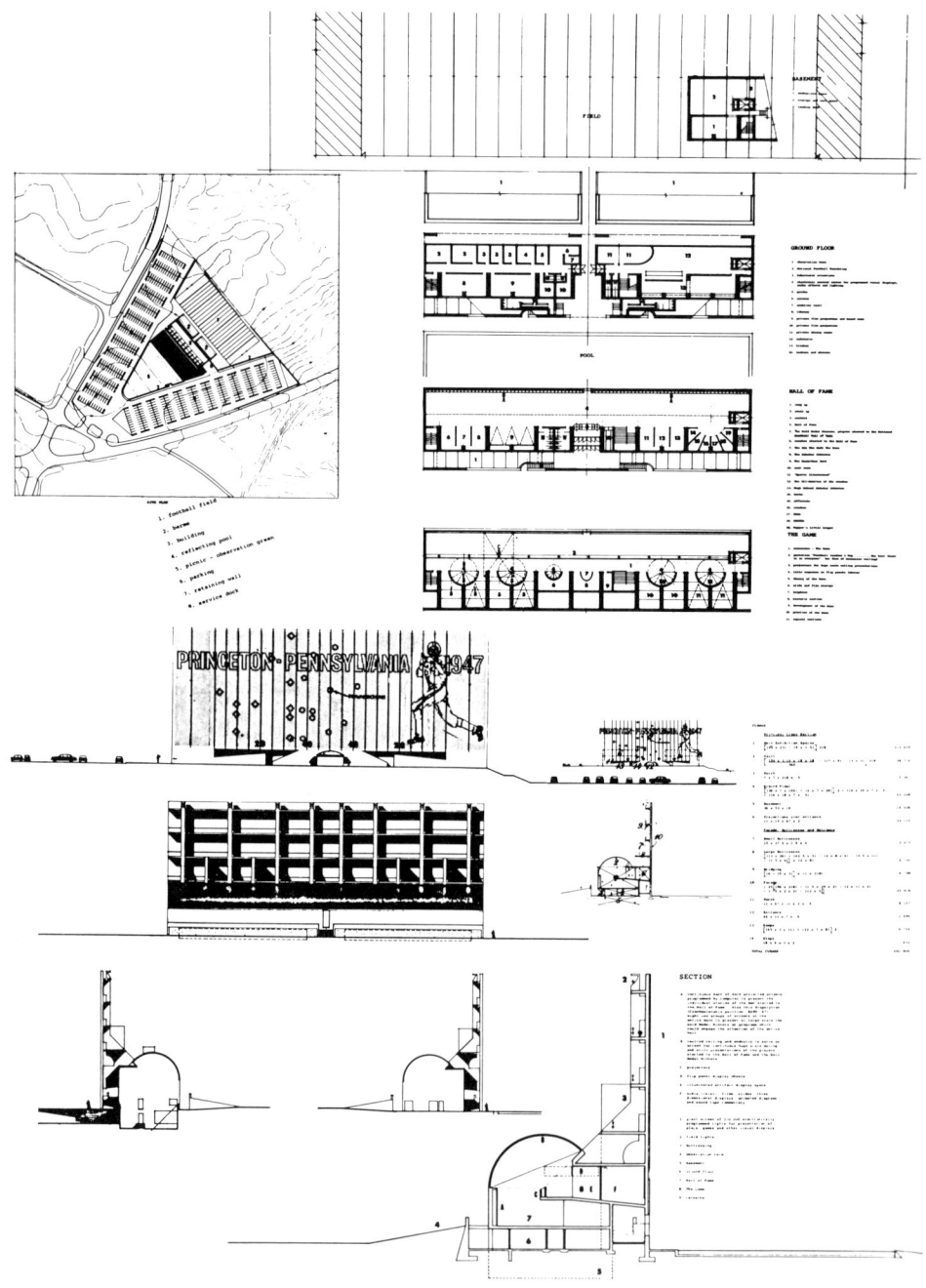

gemacht), und zweitens »dekorierte Schuppen«. Venturi ist der Ansicht, daß der Großteil der modernen »Architekten-Architektur« aus »Enten« besteht, Bauten, bei denen die symbolische Form organisierendes Prinzip von Struktur, Volumen und Programm ist. Während diese Form in der Vergangenheit (gotische Kathedrale) fraglos ihren Wert gehabt hat, schlagen die Venturis als Typus des modernen Bauens den »dekorierten Schuppen« vor, bei dem das Gehäuse selbst von Nützlichkeitserwägungen bestimmt ist, während die symbolischen Mitteilungen an der Frontseite angebracht werden: Fassade, Reklamewand oder Zeichen. Venturi hat diese Theorie mit Entschiedenheit in die Praxis übertragen. Dekorierte Schuppen, »häßlich und gewöhnlich«, das ist es, was er bauen will, obwohl er gelegentlich auch einmal eine Ente produziert – jedenfalls sind Enten in seiner Theorie nicht verboten.

Die Zweierklassifikation mit ihrer emphatischen Bevorzugung des dekorierten Schuppens wirft jedoch ein sehr wichtiges Problem auf, und um es zu formulieren, mag sich ein Blick auf eines dieser Gebäude lohnen. Der überholte Entwurf von 1967 ist deswegen interessant, weil er den Ansatz auf einer fast parodistischen Ebene veranschaulicht. Es handelt sich um den Wettbewerbsentwurf für die National Football Hall of Fame in der Nähe des Rutgers Stadium in New Jersey. Der Entwurf besteht aus einer niedrigen (dreistöckigen) überwölbten Halle, mit einer kümmerlichen Haupttribüne zum Spielfeld auf der Rückseite. Das wichtigste Element aber ist die riesige elektrische Anzeigetafel (»Bill-Ding-Board«) von der Größe eines ganzen Football-Feldes, doppelt so hoch wie die eigentliche Halle und über ihre ganze Breite sich erstreckend. Die dreieckige Piazza vorne, das Gebäude und das Spielfeld sind nach der Straße zu von der Umgebung durch einen Parkplatz isoliert, der etwa die doppelte Fläche einnimmt wie Piazza, Gebäude und Football-Feld. Deshalb ist das Gebäude so extrem dekoriert und zugleich in der städtischen Zone New Jerseys derart isoliert, daß es, getarnt als harmloses Objekt unter anderen, Teil der Vorstadtlandschaft wird. Das ist der entscheidende Punkt. Das Akzeptieren von Schuppen und Reklamewand, das in *Learning from Las Vegas* theoretisch untermauert wurde, ist ein Akzeptieren des technischen Produkts als Verkörperung einer der maschinellen Produktion immanenten natürlichen Kraft und wird deshalb als unabhängig von der kritischen, urteilenden Instanz irgendwelcher kultureller Maßstäbe präsentiert. Insofern hat Venturis Gedankengang eine merkwürdige Parallelität zu dem von Loos. Die Bedürfnisse diktieren den »Schuppen«, der nicht in ein »skulpturhaftes« Gebilde verwandelt werden sollte, denn dadurch würde er teurer und hätte keine so unmittelbare Beziehung mehr zur Befriedigung der Bedürfnisse. Soweit hat die Argumentation manches mit der differenzierteren Überlegung gemeinsam, mit der Loos das Wirken des Ingenieurs rechtfertigt, im Vergleich zu den fragwürdigen Folgen der Unempfänglichkeit des Architekten für die Wirklichkeit des Menschen und der Natur. Venturis Argumentation führt jedoch noch eine ziemlich gewichtige Ergänzung ein, die das

◁ Venturi und Rauch, *National Football Hall of Fame*, Wettbewerbsentwurf, 1967, Grundrisse und Schnitte.

Venturi und Rauch, *National Football Hall of Fame*, Wettbewerbsentwurf, 1967, Seitenansicht des Modells.

Ergebnis auf den Kopf stellt. Da Vielfalt ein wesentliches menschliches Bedürfnis ist und da die Bauten irgendwie etwas über ihre Bestimmung aussagen müssen, so wird man diesem zusätzlichen Bedürfnis und dem Erfordernis der Etikettierung dadurch gerecht, daß man die unterschiedlichsten Dinge an dem Gebäude selbst anbringt, und das ist dann die neue Architektur, die überdies den großen Vorzug hat, daß sie sich von allen anderen Bauten um sie herum nicht im geringsten unterscheidet.

So sehr sind die Venturis bemüht, die Einheit ihrer Bauten mit allem, was sie umgibt, zu betonen, daß die Unterscheidung zwischen dem »*fast* in Ordnung« der Main Street und dem wahrscheinlich »völlig in Ordnung« der Venturischen Architektur häufig verwischt wird, obwohl man sie vielleicht an der Komplexität und Widersprüchlichkeit des Häßlichen und Gewöhnlichen bemerken kann.

Ich sage das ganz ohne Bosheit, denn ich benutze hier zur Charakterisierung der Arbeiten der Venturis ihre Lieblingsworte, mit denen sie ihre Zustimmung zum Ausdruck zu bringen pflegen. Da sie heute in der angelsächsischen Welt (unter den Jüngeren) das bekannteste Architektenbüro haben, ist die gegenwärtige Problematik des Ornaments gleichzusetzen mit der Formulierung, die sie ihr geben. Tatsächlich ist dies schon einige Zeit der Fall. Vor etwa zehn Jahren hat das Zürcher Kunstgewerbemuseum die Auseinandersetzung um diesen Sachverhalt visuell, durch eine Ausstellung, vorgeführt, und das Problem ist in ganz unterschiedlicher Weise immer wieder einmal aufgetaucht. Bekanntlich haben so verschiedene Architekten wie James Sterling (Klimaanlage in der History Faculty Library in Cambridge) und Richard Rogers und Renzo Piano (mit ihren Versorgungssträngen außen am Centre Pompidou in Paris) Versorgungseinrichtungen in einer Weise gehandhabt, die den Eindruck entstehen läßt, sie hätten das Problem, zumindest für sich, klar formuliert. Grundsätzlicher ist es von der Wiener Gruppe angegangen worden: von St. Florian, Pichler, Abraham, Hollein und anderen. Aus Platzgründen greife ich willkürlich Hans Hollein als Repräsentanten der Gruppe heraus. Er hat nicht die populistischen Neigungen der Venturis, obwohl es ihm ebenfalls um das Gewöhnliche, wenn nicht das Häßliche geht. Vor allem hat er die Methode ironischer Wahl zu einer Übung erhoben, die er »Alles ist Architektur« genannt hat. Zu seinen Hilfsmitteln zählt ein Zerstäuber, der eine »Instant-Umgebung« herstellt, und eine Schachtel mit unterschiedlichen Pillen, um die Umgebung »aus deinem Inneren heraus« zu verwandeln. Zu seinen greifbareren Projekten gehört häufig die Verwandlung irgendeines technischen Gerätes (Zündkerze, Flugzeugträger) in ein rätselhaftes architektonisches Objekt durch die Veränderung von Maßstab und Kontext. Diese Bauten sind ganz und gar Ornament, genau das, was die Venturis ablehnen. Um ihre Ablehnung zu unterstreichen, zitieren sie eine Bemerkung von Pugin (aus einem Buch, das er 1843 veröffentlichte), wo er beklagt, daß Ornamente »konstruiert« werden, »anstatt daß sie die Dekoration der Konstruktion bilden«. Tatsächlich wollte Pugin mit dieser Bemerkung die »dekorierten Schuppen«, wie die Venturis sie lieben, verdammen, wie aus dem

Hans Hollein, *Collage der New Yorker Skyline,* 1962.

Hans Hollein, *Hochhaus,* 1964.

177

Claes Oldenburg, *Weiche Toilette*, 1966.   Claes Oldenburg, *Feste Schalter*, 1964.

ersten Teil seiner Bemerkung hervorgeht: »Ständig heftet man architektonische Formen an Gebäude, zu denen sie keinerlei Beziehung haben, und zwar nur für das, was man Wirkung nennt...«

Wenn man die Aufschrift »Eat here« an einem Café oder einer Imbißstube anbringt, dann hat das nichts mit dem zu tun, was Pugin die »Dekoration der Konstruktion« nennt. Er hat vielmehr gemeint, daß das Ornament in die Art und Weise, wie das Haus gebaut und wie es benutzt wird, integriert sein müsse. Dieses so verstandene einheitliche Ganze werde dann zu einer Art von sozialem Geschehen. Solche Bauten setzte Pugin den dekorierten Schuppen seiner Zeitgenossen entgegen. Für ihn, genauso wie für mich heute, ist das Problem der architektonischen Form nicht eines der Verpackung, und Probleme des Ornaments lassen sich nicht dadurch lösen, daß man eine neutrale Verpackung mit einem passenden Etikett versieht.

Auf formaler Ebene haben die Venturis und Hollein etwas mit einem Künstler gemeinsam, dessen Ironie und Sinn für Größenverhältnisse ihn zu Konstruktionen geführt haben, bei denen es sich, mehr oder weniger, um urbane oder monumentale Komplexe handelt: Claes Oldenburg. Seine Technik ist seit jeher eine der Ironie gewesen: Das Eßbare wird hart, das Metallische schlaff, und der Haushalt oder gar das, was man in der Hand hält, wird zu einem riesigen Monument. Immer aber, wie er selbst gesagt hat, geht es ihm bei seiner Neuformung des Haptischen (berührbar – unberührbar ist bei ihm ein sehr wesentliches Gegensatzpaar) um eine Umkehrung der Erwartung.

Dies ist vielleicht der Punkt, wo die Entwürfe der Venturis dem Kritischen in dem einzigen Sinn, der die Architektur der Rede wert macht, am nächsten kommen. Im Unterschied zu den erfolgreicheren und allgemeiner operierenden Zeitgenossen haben ihre gelungensten Bauten etwas eminent Haptisches. Auch Hollein geht es – fast obsessiv – um diese körperliche Qualität. Das ist vielleicht der stärkste Hinweis darauf, wie es in der Architektur weitergehen wird. Es ist ein Weg, den die Architekten nicht ohne die Hilfe der Maler und Plastiker gehen können, und zwar allein deshalb, weil wir alle zugeben müssen, daß Loos, wenigstens negativ, recht gehabt hat: Das Ornament, so wie die Architekten und Kritiker im neunzehnten Jahrhundert es verstanden, ist tot, ohne jede Hoffnung auf Wiederkehr. Wir können uns auf keine Form von Konvention stützen: Die Welt der tastbaren Form muß von neuem erschlossen werden. Nie stellen Architekten sich Gebäude als berührbare Objekte vor, außer an dem einzigen direkten Berührungspunkt, dem Türgriff. Trotzdem sind Gebäude keineswegs nur Gehäuse: Es sind auch Erweiterungen unserer selbst, wie die Bekleidung. Da sie aber fester, dauerhafter und auch wichtiger sind, unterstehen sie der dringlichen Forderung, die wir, und damit meine ich jedermann, an Objekte richten: daß sie, indem wir mit ihnen umgehen, unsere Möglichkeiten steigern, bereichern und verbessern. Das ist, soviel wird immer klarer, so lange nicht der Fall, wie die allgemeine soziale Überzeugung dahin geht, daß wir von Produkten nichts anderes erwarten als Profit. Dabei sollten sie vielmehr unsere Phantasie ansprechen, aber das werden sie erst dann tun, wenn die Architekten und Designer jene Lektionen gelernt haben, welche die Maler und Plastiker ihnen geben können, vor allem aber, wenn sie gelernt haben, mit ihnen zusammenzuarbeiten und von ihrem Werk nicht nur als Analogon, sondern auch als Ausschmückung Gebrauch zu machen. Eine solche Entwicklung wird nur dann Wert haben, wenn sie in ihrer Notwendigkeit begriffen und nicht für grundlos gehalten wird: nicht als die Frage, ob Ornament oder nicht, sondern als eine Frage der Bedeutung.

Von der Straße lernen

Überarbeitete Fassung des ersten Abschnitts einer Geschichte der Straße, die der Housing and Urban Development Administration (H.U.D.) in Washington 1974 vorgelegt, aber nie veröffentlicht wurde.

Zusammen mit den Aufsätzen »Die Sitzhaltung« und »Eine bestimmte Weise, über ein Haus nachzudenken« kann man hierin den Versuch sehen, dieselbe Methode in drei verschiedenen Größenordnungen zur Anwendung zu bringen: am Haushaltsgegenstand, am architektonischen Gegenstand und an der Stadt.

Ursprünglich in Lotus 11, 1976, *veröffentlicht, ist dieser Aufsatz dann in einer stark überarbeiteten Fassung als H.U.D.-Report (MIT Press 1978) erschienen.*

Mein Dank gilt Dr. Suzanne Frank für ihre Arbeit zur Etymologie von Weg und Straße, ebenso wie für ihre beständige Hilfe während der Vorbereitung dieses Aufsatzes.

Fast ein Jahrhundert lang ist die Straße aus verschiedenen Richtungen ständigen Angriffen ausgesetzt gewesen: Die Entwerfer von Siedlungen und Gartenstädten, die modernen Meister der Kongresse für das Neue Bauen (CIAM) und die Architekten der angelsächsisch/ skandinavischen Wohlfahrtsstaaten, sie alle haben versucht, neue Formen der städtischen Siedlung zu postulieren, durch die die Straße ihrer herkömmlichen Funktion entledigt oder einfach weganalysiert wurde. Komplementär dazu gab es den Angriff jener Nachfolger Haussmanns, die alle Funktionen der städtischen Siedlung der Straße selbst, vor allem der Straße als Verkehrsader unterordneten. Der extremste von ihnen war der spanische Urbanist Arturo Soria y Mata, der eine Straßenstadt plante, die Cadiz und St. Petersburg, Peking und Brüssel miteinander verband, und der der Straße alle möglichen urbanen Funktionen zumutete, die sie zuvor nie gehabt hatte, und sie deshalb, wie seine Kollegen, über die Grenzen dessen, was sie leisten konnte, belastete.

Diese Bewegungen standen – jedenfalls zeitlich – in Zusammenhang mit der Entwicklung einer Theorie der Bereichsplanung. Die bescheidenen Ansätze der Erbauer verbesserter Industrieansiedlungen, die Fabriken von Wohngebieten flußabwärts oder günstig zur vorherrschenden Windrichtung anzulegen, entwickelten sich zu einer variablen Folge hypothetischer Bereichs-Schemata. Diese schlossen an die Stadtgliederungen an, die so alt sind wie der Städtebau, verfeinerten und schematisierten sie jedoch. So wurde beispielsweise die Bebauungsdichte im Verhältnis zur Grundfläche in Bereiche aufgeteilt, was dann –

zufällig – der strengen sozio-ökonomischen Klassenaufteilung der Städte entsprach, oder die Aufteilung nach dem Verhältnis von Höhe und bebauter Fläche erzeugte das typische gezackte Profil der meisten amerikanischen Hochbauten.

Die jüngsten Verfeinerungen dieser Schemata haben, sehr zögernd, zu einer gewissen Wiederherstellung des Straßencharakters geführt, ohne daß jedoch eine konsistente Theorie entwickelt worden wäre, wie oder warum das zu geschehen habe. Andere Regelungen, die die Stadt oder Siedlung in Funktionsbereiche gliederten, haben die Straßengestalt tiefgreifend verändert. Am deutlichsten ist dies beim Wohnungsbau. Wo immer man die Funktionen von Austausch und Handel ausgliederte oder in Wohnvierteln »gettoisierte«, hat sich die Kluft zwischen öffentlichem und privatem Bereich verheerend vertieft. Die meisten Wohnbauten sind heute in der einen oder anderen Weise scheiben- oder punktförmige Blocks. Im Innern dieser Blocks vollzieht sich die Kommunikation in vertikalen Versorgungs- und Transportschächten, horizontal in Gängen und Korridoren, die man manchmal durch die Bezeichnung »innere Straßen« aufwertet, während das Gelände um die Wohnhochhäuser herum im besten Falle Wiese oder Park und schlimmstenfalls gepflastertes Gelände wird, das man euphemistisch als »Spielplatz« bezeichnet. Sehr selten stellt man dieses Gelände für Gemeinschaftsaktivitäten der Hochhausbwohner zur Verfügung. Ein öffentlicher Zwischenbereich, den die Bürger als etwas vom Straßenpflaster ganz Verschiedenes erleben könnten, existiert so gut wie gar nicht. Deshalb wird die Umgebung der Hochhäuser von den Bewohnern als fremdes Gelände angesehen, das durch keines der Vergnügen oder der Nutzungsformen, die sie von der Straße erwarten, aufgewertet wird.

Vielleicht ist es das Schicksal unsinniger und nicht durchdachter Utopien, daß sie schnell verkommen. Aber die Geschwindigkeit, mit der Gropius' Scheibenhochhaus im Park, das dem westeuropäischen und amerikanischen Großbürgertum noch vor nur zwanzig oder dreißig Jahren als ein so leuchtendes Ideal erschien, zu dem scheußlichen Areal der Lefrak Towers verkommen ist, hat den Planern den Atem genommen: Die schäbige Utopie war exemplarisch für den größten Boom der Weltgeschichte geworden. Man könnte das Gropius-Modell gerechterweise auch als CIAM-Modell bezeichnen. Es ehrt Le Corbusier, daß er nicht nur mit den *immeuble-villas* von 1922 und 1925 eine wichtige Modifikation der Mammut*redants* seiner Ville Radieuse vorgenommen hat, sondern außerdem hat er sie mit

Walter Gropius, *Wohnhochhäuser in einem Park am See*, 1931.

Le Corbusier, *Immeuble-villas*, 1925. Die Wohnblocks haben private Zufahrtsstraßen mit jeweils
eigenem Parkplatz. Außerdem hat jeder Block
eine Garage. Das Verhältnis von bebauter Fläche
zu Grünfläche ist 15 : 85.

Le Corbusier, *Unité d'Habitation*, Marseille
1946–52.

großen Arealen von halböffentlichem und Dienstleistungsraum ausgestattet, der als Puffer-
zone zwischen öffentlichem und privatem Bereich dient.

Doch weder Le Corbusier noch gar Gropius haben Probleme des Städtebaues unabhängig
von der Zwangsjacke der Gliederung in Bereiche betrachtet. Eine gewisse Einschränkung
bedeutet vielleicht der Versuch Le Corbusiers, in den verschiedenen Unités wirkliche innere
Straßen sowie große und festliche öffentliche Eingangshallen in den einzelnen Blocks zu
schaffen. Diese Bemühungen wurden freilich von Anfang an durch verschiedene Probleme
der Nachfrage und durch Vorschriften vereitelt. Ihre sowohl sichtbare wie konzeptionelle
Abgehobenheit vom Boden, von der Zirkulation, nahm ihnen einige Eigenschaften, welche
die altmodische Straße nicht nur besitzt, sondern auch sichtbar zu erkennen gibt.

Trotz der Utopien und Baubooms sind die Funktionen der Straße in den bestehenden
Städten nur modifiziert, nicht bis zur Unkenntlichkeit verändert worden, trotz aller Macht
der technischen Innovationen von Schiene, Auto, Aufzug und Fernsehen. Die Erwartung
des täglichen menschlichen Kontakts, den die Straße in einer einzigartigen Weise und zwar
in einer Form von Austausch bietet, ohne welchen die Gemeinschaft zusammenbrechen
würde, wird unterbunden um den Preis einer zunehmenden Entfremdung der Bewohner
von ihrer Stadt. Die Kosten dieser Entfremdung sind nicht leicht zu schätzen. Sie verstärkt
den sozialen Streß und erzeugt nutzlosen Raum und infolgedessen eine urbane Verödung, zu

deren Folgen auch die steigende Kriminalität gehört. Die Gemeinschaft bezahlt mit einer Verarmung ihres Lebens, mit der Zerstörung öffentlichen und privaten Eigentums und mit steigenden Kosten für die Aufrechterhaltung der Ordnung. Jede Kostenkalkulation einer Straßenerneuerung (und dies gilt für Stadterneuerung allgemein) allein mit Rücksicht auf ihre steuerliche Effizienz ist nicht nur sozial, sondern auch ökonomisch kurzsichtig.

Die im letzten Absatz beschriebene Sachlage beschäftigt die Soziologen schon seit mehreren Jahrzehnten. Unglücklicherweise gibt ihre Disziplin keine Handlungsanweisungen, sondern sie beschreibt, klassifiziert und ermittelt Ursachen. Die Soziologen »lösen« keine sozialen Probleme. Die Entscheidungen, die die Bedingungen verändern, sind politische und, in einem geringeren Maße, formale. Der Soziologe kann uns nicht einmal mit einiger Sicherheit sagen, welches die sozialen Folgen einer bestimmten formalen Entscheidung sein können. Er kann uns, wie ein Historiker, nur sagen, wie in der Vergangenheit bestimmte soziale Bedingungen und bestimmte formale Konfigurationen von Grundriß und Volumen verknüpft waren. Da eine solche Verknüpfung in der Vergangenheit, in unserer Vergangenheit, bestanden hat, kann er uns etwas über uns selbst mitteilen und hoffen, daß mit wachsender Selbstkenntnis unsere politischen Entscheidungen reifer und rationaler werden.

Dies ist paradoxerweise gerade jetzt besonders wichtig, wo die Straße und ihre Benutzung besonders starke technologische Veränderungen erfahren. Sowohl Bau- wie Transporttechnik haben ihre verändernde Wirkung auf sie gehabt. Folglich muß jeder, der sich mit der Entwicklung der Straße beschäftigt, Modelle der zukünftigen Entwicklung der *Stadt*strukturen wie der *Straßen*formen postulieren. Stadterneuerungsprogramme, die nur dem pathologischen Zustand der Straßen abhelfen, sind in der gegenwärtigen Situation unzureichend. Der Urbanist muß den Druck, den er auf den technischen Fortschritt ausüben möchte, aus seiner eigenen Vision der wünschbarsten Zukunft der Stadt gewinnen. Natürlich stellt sich damit das altbekannte Problem, daß der Stadtplaner als der Spezialist einer Elite dem Willen der Allgemeinheit gegenübersteht, aber dieser realitätsferne Einwand braucht nur den zu beschäftigen, der das Börsengeschehen mit dem Gemeinwohl gleichsetzt. Der Urbanist gleicht nicht einem, wie auch immer wohlwollenden, Despoten, sondern eher einem Automobilingenieur, der sich entscheiden kann, ob er lieber immer schnellere und stärkere Autos bauen will oder ob er der Konsumkritik recht gibt und lieber über weniger starke, kleinere, sicherere und sauberere Fahrzeuge nachdenkt. Die Entscheidung darüber, welcher Weg einzuschlagen ist, mag ökonomisch genannt werden, ist aber letztlich eine politische.

An diesem Punkt möchte ich Überlegungen darüber anstellen, was wir eigentlich von der Straße erwarten. Einiges von dieser Erwartung enthüllen die Worte, mit denen wir sie beschreiben. Die Straße ist nämlich eine institutionalisierte Form menschlicher Bewegung. Ein Einzelner mag sich einen Pfad durch die Wildnis bahnen und ihn markieren, aber dieser Pfad wird niemals ein Weg oder eine Straße, ohne daß andere ihm folgen, denn Weg und Straße sind soziale Institutionen und sie erhalten ihren Namen und ihre Funktion, mit der

Pflasterung einer römischen Straße, der via Appia, aus Giambattista Piranesi, *Le Antichità Romane.*

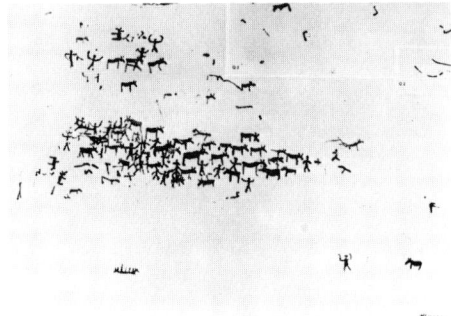

»Die gejagte Herde bahnt eine Straße«, Felszeichnung, Nämforsen, Schweden.

ich mich hier beschäftige, nur dadurch, daß die Gemeinschaft sie akzeptiert. Die beiden Worte, die wir am häufigsten verwenden, weisen auf eine Polarität hin. Das englische Wort *street* leitet sich vom lateinischen *sternere*, pflastern, her und hängt also mit allen aus dem Lateinischen abgeleiteten Worten mit der Wurzel »str« zusammen, die mit Bauen, mit Konstruktion zu tun haben. Gemeint ist damit, daß eine Fläche von ihrer Umgebung handgreiflich oder wenigstens in der Vorstellung irgendwie unterschieden wird. Das Wort kommt in vielen europäischen Sprachen vor: das italienische *strada* beispielsweise oder das deutsche Wort *Straße* bezeichnen einen für den öffentlichen Gebrauch ausgegrenzten Bereich, und dazu können Räume mit einfachen Begrenzungen gehören, ohne notwendige Verbindung zu anderen Straßen. Nicht notwendig muß die Straße also irgendwo hinführen, sondern sie kann auch auf einem Platz oder in einer Sackgasse enden.

Road dagegen meint Bewegung zu einem Bestimmungsort und daneben auch den Transport von Menschen oder Gütern zu Fuß, mit Lasttieren oder Fahrzeugen. *Ride* ist die angelsächsische Wurzel (altengl. *ridan*) und bezeichnet den Weg von einem Platz zum anderen. In diesem Sinne ist das Wort identisch mit dem französischen *rue*, und das lateinische und italienische *via*, das mit dem lateinischen Wort *ire* zusammenhängt und vom indoeuropäischen Wort für »bringen«, »führen« (Sanskrit *vahâmi* und davon *veho, Wagen* und *waggon)* abgeleitet ist, ist eine genaue Entsprechung zu *road* und *rue*. Im Englischen wie in anderen Sprachen gibt es eine Vielzahl anderer Worte, um Verbindungswege zu bezeichnen. Alle diese Worte jedoch, ob einzeln beschrieben oder in größeren Gruppen geordnet, betonen die wesentliche Dualität, die von den beiden Grundworten zum Ausdruck gebracht wird. *Alley* beispielsweise meint immer einen engen Durchgang, während *boulevard* eine von Bäumen gesäumte Straße bezeichnet und sich von der weitverbreiteten Praxis herleitet, Verteidigungswerke des sechzehnten und siebzehnten Jahrhunderts in das sich erweiternde Straßennetz der Städte des achtzehnten und neunzehnten Jahrhunderts einzubeziehen. Ich möchte drei Wortgruppen unterscheiden, um drei verschiedene Betrachtungsweisen der Straße zu verdeutlichen. Erstens: *terrace, row, arcade, embankment* oder *gallery* geben zu erkennen, in welcher Weise die Straße durch ihre Umgebung physisch konstituiert wird.

Zu einer zweiten Gruppe gehören Worte wie *path, track, parade, promenade* und *mall*, die alle mit verschiedenen Arten, sich zu Fuß fortzubewegen, zusammenhängen, vom Finden eines Pfades in völlig unbezeichnetem Gelände *(track)* bis zum Schlendern auf einem wohlabgegrenzten, klar gekennzeichneten Weg, wie es durch das Wort *promenade* zum Ausdruck gebracht wird; sogar das Gehen auf einer durch ein Bewegungsspiel geschaffenen Bahn: *mall*, oder die Straße, auf der regelmäßig Rennen abgehalten werden: *corso*, gehören dazu.

Die dritte und letzte Gruppe hat ausschließlich mit Fahrzeugverkehr und den damit zusammenhängenden rechtlichen und technischen Fragen zu tun: *Straße, highway, Verkehrsader, Durchgangsstraße* sind hierher gehörige Worte. Die Bezeichnung *high street* oder *main street*, gewöhnlich der Name der Hauptstraße vieler englischer und amerikanischer Städte, erweckt noch immer den Eindruck, als durchquere eine Fernstraße eine Siedlung, ein bebautes Gelände. Bevor man die Umgehungsstraßen einführte, ist genau dies auch oft der Fall gewesen.

Die Vielfalt der Beschreibungsformen von Verkehrswegen hat zugenommen, und sie wird so lange zunehmen, wie der Verkehr wächst und die dazu gehörigen Rechtsfragen komplizierter werden. Sowohl Bau- wie Verkehrstechnik haben dazu beigetragen, die mit der Straße verbundenen fiskalischen und rechtlichen Vorstellungen zu verändern. Dahinter zurückgeblieben ist freilich unser Verständnis von der Straße als einem wesentlichen Kommunikationsträger, als etwas, das bewußt für diesen Zweck geschaffen wurde und ihn

Freier Platz mit aufgehäuften Steinen, die einen Pfad des Yantruwantastammes kennzeichnen, südwestliches Queensland.

wohl weiter erfüllen wird. Wesentlich ist, daß sie das wichtigste Element der Stadtstruktur ist, einer Struktur, die nur durch die Benutzung konsumiert, gelernt und zur Kenntnis genommen wird. Alle ihre Eigenschaften weisen darauf hin, daß sie ein Kommunikationskanal ist, der bewußt und nach den Regeln einer bestimmten »Kunst« geschaffen wurde und dessen physische Eigenschaften nach diesen Regeln festgestellt, kritisiert, verändert werden – oder auch nach den Regeln eines anderen, übergeordneten Spiels oder auch dadurch, daß man die Regeln bewußt durchbricht und sie durch ihre Negation anerkennt. Durch die Erweiterung des See- und Luftverkehrs scheint die sinnfälligste Art der Kommunikation, die Bewegung von einem Ort zum anderen, ihren greifbaren Charakter verloren zu haben. Trotzdem nehmen Luftwege (besonders wenn sie stark frequentiert werden) einige der begrifflichen Merkmale der Straße an und stellen zum Teil dieselben Probleme, ebenso wie bestimmte Seewege: Sie alle haben einen klaren Ausgangspunkt und ein bestimmtes Ziel.

Die Geschichtsschreibung der Städte führt deren Wachstum und Blüte oft darauf zurück, daß sie an der Kreuzung zweier Handelswege liegen: Man ist versucht, sich vorzustellen, daß solche Wege keine festen Ziele haben, sondern unbegrenzt fortfahren, andere Handelswege zu kreuzen, so als wäre der Kontinent ein Netz solcher Wege, die zu Häfen weiterführen und an Seewege anschließen. Das Netz eines Stadtplans impliziert, daß die städtische Straße mit der Straße außerhalb des Tores verbunden ist oder an einer Wand oder an einem Ufer endet. Nur in einigen Ausnahmefällen wird es einen Platz oder ein Monument geben, durch die der Fortgang der Straße behindert wird und/oder ein Ziel erhält.

Ausgangspunkt und Ziel sind also keine notwendigen physischen Eigenschaften von Straße oder Weg, gehören aber zu ihrem Begriff. Diese begrifflichen Eigenschaften wirken sich auf die physische Struktur aus: Für den Straßenbenutzer ist es ohne Frage wesentlich, daß ihre Ränder und Grenzen hinreichend ähnliche, aber doch unterscheidbare Ausgänge erkennen lassen, damit er sein besonderes Ziel eindeutig identifizieren kann. Der unvermittelte Übergang zwischen Privatsphäre und Öffentlichkeit, der eine so verbreitete Erscheinung bei den Straßen des zwanzigsten Jahrhunderts ist, verletzt meiner Ansicht nach die Grundvoraussetzung gesellschaftlichen Verkehrs in einem städtischen Milieu, die früher durch eine Art Zwischenbereich zwischen Privatsphäre und Öffentlichkeit geschaffen wurde, durch Vorhallen, Tore, Cortiles und Kolonnaden entlang der Straßen.

Wie die Etymologie des Wortes Straße sagt, ist sie eine umgrenzte Fläche, und insofern gehört dazu jeder Teil eines Stadtgebildes, der eine auf beiden Seiten von Gebäuden eingefaßte Fläche ist. Doch die Art und Weise, wie der Begriff von Weg oder Straße in der menschlichen Erfahrung eingebettet ist, läßt vermuten, daß er mit Vorstellungen und Verhaltensmustern zu tun hat, die archaischer sind als der Städtebau. Etwas davon wird deutlich an der Art und Weise, wie vorschriftliche Kulturen, besonders solche mit elementaren Formen der Behausung, von der Straße Gebrauch machen, und auch daran, wie Kinder den Raum ihres Spiels – eine abgewandelte Form der Straße – behandeln.

Track, die Spur, der Pfad, bezeichnet die elementarste Form, in der eine Bewegung sich vollziehen kann. Für Uneingeweihte, Mitglieder eines fremden Stammes oder vom Spiel ausgeschlossene Kinder kann eine solche Spur sogar unsichtbar sein, ununterscheidbar in einer Landschaft, die nichts Auffälliges hat. Er kann durch kleine Häufchen Kieselsteine, abgebrochene Zweige oder geschnitzte Zeichen an Bäumen gekennzeichnet sein, alles Zeichen, die den Weg markieren. Auf dem »primitivsten« technologischen Niveau können die Signale den Weg von einem Wasserloch zum anderen bezeichnen. In riesigem, monumentalem Maßstab bilden die Pilgerkirchen auf dem Weg nach Compostela oder die Kirchturmhelme der großen westeuropäischen Kathedralen ein analoges System von Wegzeichen in einer Landschaft, deren Straßen sonst nicht zu unterscheiden gewesen sein müssen. Für den Reisenden, der auf Wegzeichen angewiesen ist, bedeutet der Anblick eines Kirchturms einen visuellen und ideellen Bezugspunkt sowohl für den Weg, dem er zu folgen hat, wie auch für den Glauben, dem er anhängt. In viel kleinerem Maßstab gibt es Wege, die, zumindest zeitweilig, bestimmte Merkmale der Straße annehmen, analog denen, wonach der Wanderer auf seiner Pilgerschaft sich richtet. Dies ist der Fall bei den zeremoniellen Arealen der verschiedenen Stämme im Tal des Darling River in Westaustralien, den sogenannten »Bora grounds«. Hierbei handelt es sich manchmal nur um Erdwälle, die durch einen schmalen, von einer niedrigen Böschung begrenzten Pfand verbunden sind. Solche zeremoniellen Areale dienten einer Reihe von Zwecken, wie etwa dem Friedensstiften (dem Übergang vom Krieg zum Frieden), wurden aber hauptsächlich für Initiationsriten genutzt. Der Pfad hat dabei den Sinn, dem Knaben, der über die Sitten und Überzeugungen des Stammes belehrt wird, einen Weg vorzuzeichnen. Entlang dem Pfad werden mit einem Grabstock unmittelbar in den Boden Bilder geritzt, so daß sich der Weg je nach dem, was diese »Illustrationen« suggerieren, verändert. Am Weg und manchmal auch innerhalb des Areals werden in die Rinde lebender Bäume Zeichen geschnitzt, um sie zu Wegweisern durch das Ritual zu machen. Leider wissen wir zu wenig, welche Bedeutung diesen Bildern von ihren Benutzern zugemessen wurde.

In Zentralaustralien ist ein noch deutlicher faßbarer Brauch die Errichtung sogenannter *Apullas:* Parallel verlaufende Erdaufschüttungen werden an beiden Enden von Dickicht umfaßt, das vor dem Wind schützt. Sie dienen der Beschneidungszeremonie, die bei den Aranda den Höhepunkt der Initiation bildet.

Im Leben der australischen Ureinwohner spielt die Initiation eine besonders große Rolle, obwohl sie ein Merkmal des sozialen Lebens überhaupt ist. In Australien ist die Initiation in augenfälliger Weise mit der Schaffung bestimmter Areale verbunden, zu denen durch Zeichen gekennzeichnete Wege oder Straßen in einem ansonsten unbewohnten Gelände gehören. Bei Initiationen geht es immer um die Weitergabe von Gruppengeheimnissen, meistens in Verbindung mit einer Deutung des menschlichen Schicksals. In vielen »primitiven« Gesellschaften wird auch erklärt, in welcher Weise die Stammesheroen dieses Wissen ihren Nachfahren weitergegeben haben, und das Areal wird als ein Abbild der Himmelswelt gedeutet.

Die Stämme im Darling Valley, ebenso wie die Aranda, »bauen« kaum mehr als Unterstände gegen den Wind. In Südafrika bauen die 'Kung Dörfer aus sehr zerbrechlichen Behausungen, die jeden Tag bewegt und verändert werden können, je nachdem wie den Bewohnern zumute ist. Diese Stämme bauen auch, wie die australischen Ureinwohner,

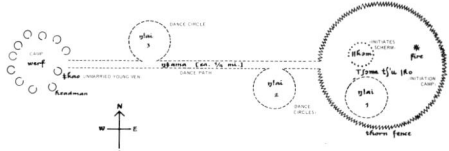

Lager der 'Kung-Buschleute und der durch einen Tanzpfad mit zwei Tanzkreisen damit verbundene Initiationsbezirk. Zu beachten ist die exakte Ost-West-Orientierung.

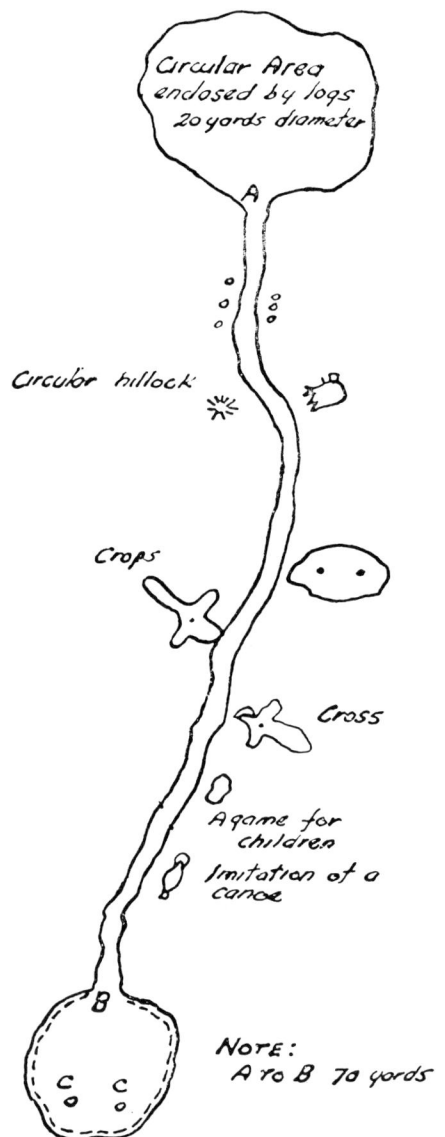

Schema eines *Bora*-Areals in Moreton Bay, Neu-Süd-Wales, gezeichnet von John Oxley, Oktober 1924. Dieses Areal hier wurde zu Friedensschlüssen verwendet, ist aber den Arealen für Initiationszeremonien sehr ähnlich.

Schema eines *Apulla*-Areals für die Initiationszeremonien der Aranda. A bezeichnet den Platz, an dem die Männer sitzen, C den Platz der Frauen und D den Platz, wo die Beschneidung vorgenommen wird. Der Pfad verläuft zwischen den parallelen Böschungen (F), die an jedem Ende durch Gebüsch abgeschirmt sind (d und e).

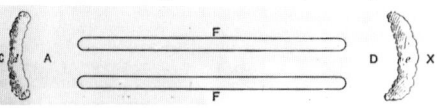

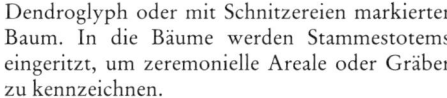

Bora-Areal mit den mit einem Stock in den Boden gekratzten Bildern, die den Weg weisen.

Dendroglyph oder mit Schnitzereien markierter Baum. In die Bäume werden Stammestotems eingeritzt, um zeremonielle Areale oder Gräber zu kennzeichnen.

Initiationsbezirke, die mit dem eigentlichen Dorf durch einen geraden Tanzpfad, gewöhnlich eine viertel Meile lang und so genau wie möglich in westöstlicher Richtung orientiert, verbunden sind. Ihre Zeremonien werden zwischen dem Dorf und dem Initiationsbezirk abgehalten, und der Übergang vom einen zum anderen ist ein wesentliches Element der Zeremonie.

In einigen Gesellschaften, beispielsweise in großen Teilen Polynesiens und vielleicht im archaischen Griechenland der epischen Dichter, ist der eigentliche Inhalt der Initiation selbst ein Pfad, nämlich ein Weg, um den Gefahren der Seele auf ihrem Gang in die Unterwelt zu entgehen. Solche Bräuche legen den Gedanken nahe, daß menschliche Fortbewegung seit je metaphorisch als Teil des Weges zum »großen Vielleicht« verstanden wurde, und zwar auf einer Stufe, wo die Vorstellung von Straße oder Weg mit einer bebauten Form ihrer Einfassung nichts zu tun hatte. Megalithische Felder und Alleen sind Beispiel für einen weiteren Typus hervorgehobener Passagen, und obwohl ihre Baumeister auf einer weit höheren technischen Stufe arbeiteten als die Australier oder die Buschleute, von denen oben die Rede war, ist es hier, verglichen mit den Bora- und Apulla-Arealen, noch viel schwerer

Carnac, Bretagne. *Rechts* Megalithische Steinalleen. Die prozessionsartige Anordnung der Steine weist ▷ auf zeremonielle Funktionen hin; *links oben* Die wichtigsten megalithischen Stätten um Carnac; *links unten* Grundriß der Reihen nach La Sauvagère, 1764.

189

PLOEMEL
To Auray
ERDEVEN
N.168
R. Crach
Kerzerho
Crucuno
Klud-er-yer
Mané Kerioned
N. 781
Rondossec
Keriaval
PLOUHARNEL
Kerlescant
Kermario
Kercado
To Quiberon
Menec
St Michel
CARNAC
La TRINITE
CARNAC PLAGE
1 2 3 4 Kms
0 1 2 3 Miles
Megalithic tomb
Alignment

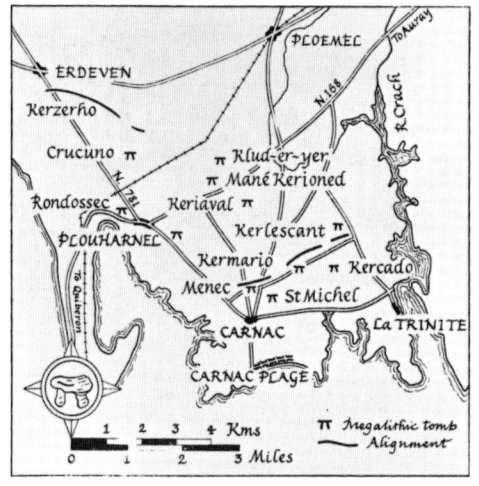

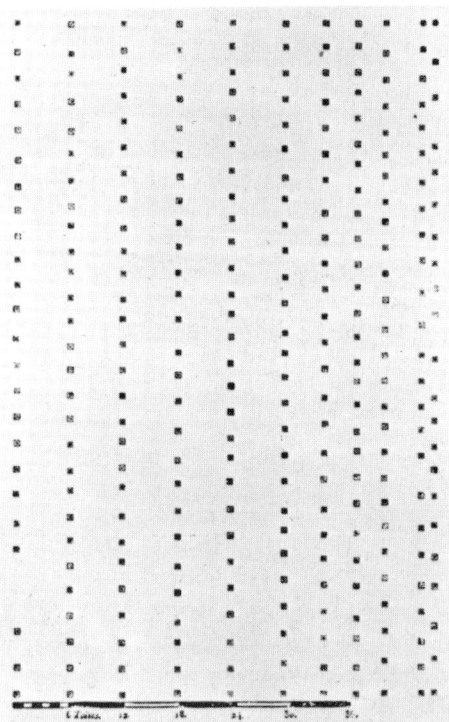

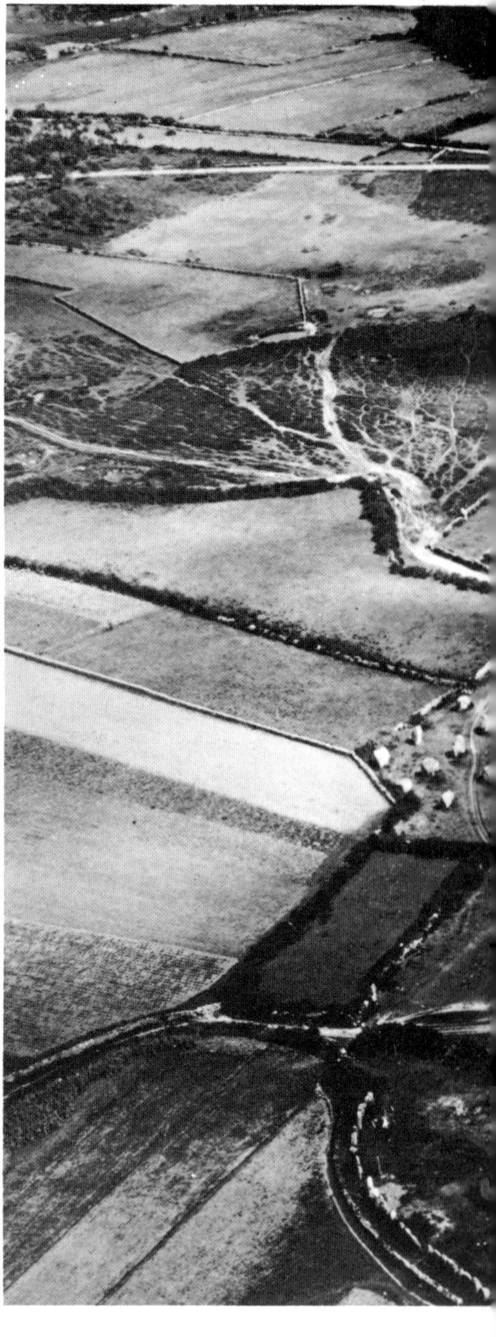

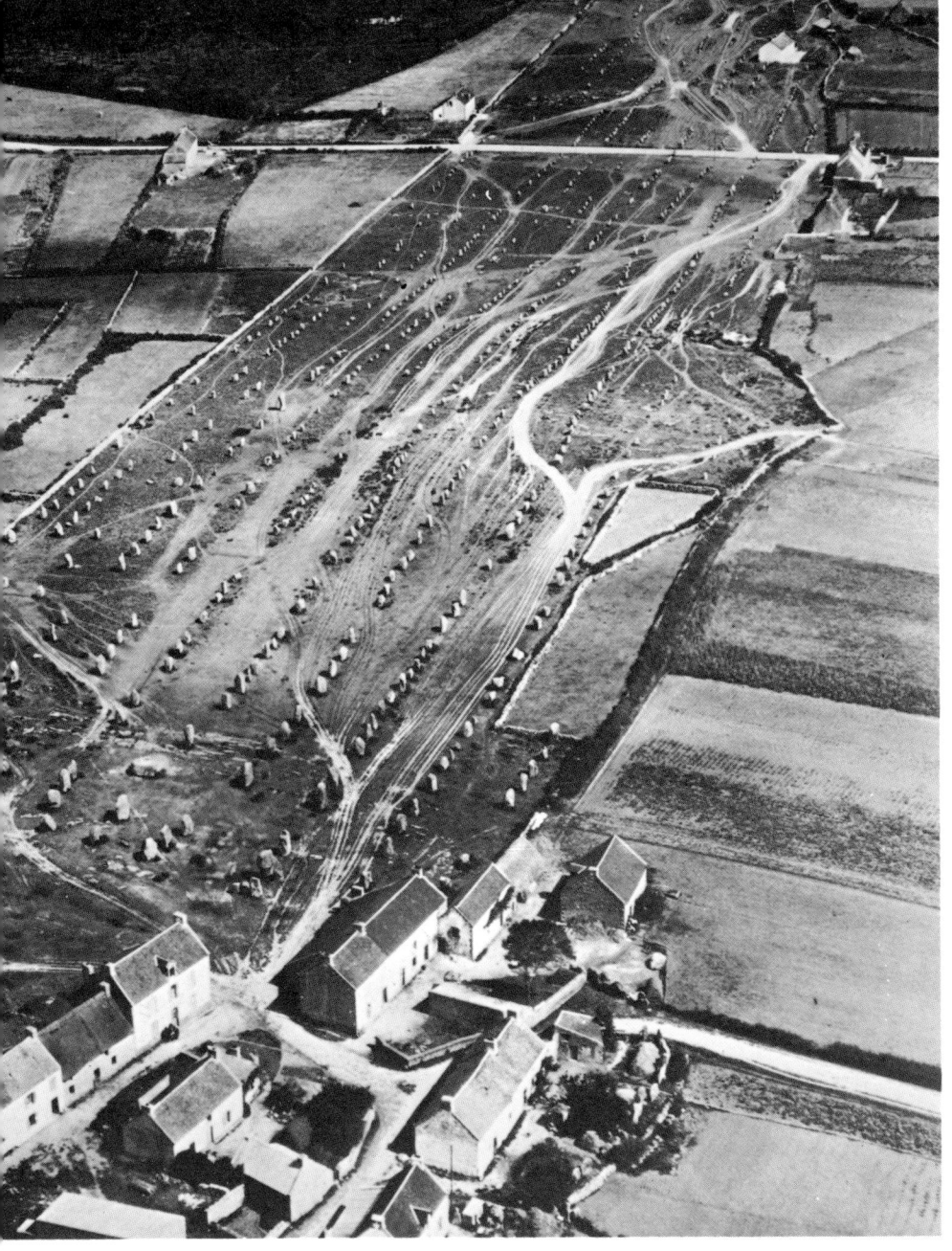

zu erklären, wozu sie gedient haben mögen, denn es gibt keine Gesellschaft mehr, bei der ähnliche Konstruktionen noch in Gebrauch sind.

Das grandioseste Beispiel solcher megalithischer Bauten sind die langen Reihen dicht gefügter Steine, elftausend im ganzen, in Carnac in der Süd-Bretagne. Obwohl man für diese Konstruktionen verschiedene astronomische Erklärungen vorgeschlagen hat, kann kaum ein Zweifel daran bestehen, daß solche Felder Zwecken dienten, die nicht nur für eine lokale Gruppe wichtig waren, sondern für Versammlungen von nationaler Größenordnung, und nach uralter Tradition werden diese Anlagen mit Prozessionen und vielleicht sogar Initiationen in Zusammenhang gebracht.

Um die Megalithen von Carnac oder Avebury oder die vielen anderen Beispiele im ganzen Mittelmeergebiet oder in West- und Mitteleuropa, in Indien und Polynesien zu errichten, mußte man ohne Frage Arbeitskräfte auf nationaler Ebene rekrutieren. Demnach kann man vermuten, daß es nationale oder auch internationale Reisewege gegeben hat, und diese Vermutung wird auch dadurch noch verstärkt, daß die verwendeten Steine sehr unterschiedlich sind und manchmal aus weit voneinander entfernten Gegenden stammen.

Dem Begriff nach dürften Weg oder Straße bereits vor jeder menschlichen Ansiedlung existiert haben, und dies mag sogar für Handelswege als wichtige Kanäle des Austausches zutreffen. Der Austausch bestimmter, eindeutig lokal gebundener Güter, wie zum Beispiel Bernstein, Obsidian oder Kaurimuscheln, zwingt zu der Annahme, daß es in der alten wie in der neuen Welt Tausende von Kilometern lange Handelswege gegeben hat, bevor irgendeine dauerhafte Form von Bauten an diesen Wegen erschien.

Die Entwicklung von der Straße als Vorstellung zu der Straße als greifbarer Fläche und also etwas gegenständlich Faßbarem, vor allem innerhalb einer dauerhafteren Siedlung, war ein Prozeß von Tausenden von Jahren.

Wenn auch sehr von ferne, so spielt die Deutung des Lebenszyklus als eines Weges, auf dem man voranschreitet, bei vielen Kinderspielen eine wichtige Rolle. Von Kindern ausgedachte Formen des Werfens und Hüpfens haben vielleicht sogar Ähnlichkeiten mit den Tanzschritten, mit denen man sich auf dem Bora-Areal bewegte, und auf wiederum anderer Ebene sind in Würfelspielen und Spielen mit Marken, wie Monopoly, *snakes and ladders* oder dem *gioco dell'oca,* dem Gänsespiel, der Wagemut, der belohnt wird, und die Chance, die in der alltäglichen Erfahrung als Risiko erlebt wird, ein wichtiges Element. Die meisten dieser Spiele haben eine weitere metaphorische Qualität dadurch, daß sie in einer bestimmten Weise ein Modell der Gesellschaft darstellen, was seinerseits deutlich macht, daß die Gesellschaft etwas Reales ist, eine Landschaft, durch die man sich metaphorisch hindurchbewegt.

Von ihren Anfängen an hat die Straße also, wie man erkennen muß, über ihren sichtbaren Nutzen hinaus sowohl metaphorische wie kognitive Bedeutung besessen. Das wird auch durch die zahllosen sprichwörtlichen Wendungen bezeugt, in denen sie vorkommt: Jeder weiß, daß der Weg zum Heil gerade und die Pforte eng ist. Bewegung auf festem Weg und selbst die Abgrenzung des Weges als ein gestreckter öffentlicher Raum sind in der menschlichen Erfahrung sehr tief verwurzelt. Daher kommt es, daß die wiederholten

Steinkreis von Avebury und innerer Kreis von Stonehenge.

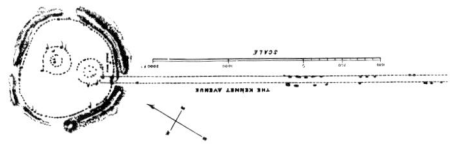

Avebury, Wiltshire, Grundriß des Steinkreises und Kennet-Allee.

Prophezeiungen vom Ende der Funktion der Straße als eines Ortes menschlicher Kommunikation sich nicht erfüllt haben. Durch die Erfindung von Film, Telefon oder Fernsehen ist das Bedürfnis nach zwangloser Begegnung als einem wesentlichen Element menschlichen Kontaktes nicht grundlegend verändert worden. Die Tatsache, daß die Drop-outs der fünfziger wie die Hippies der sechziger Jahre sich in verschiedenen, auf bestimmte Stadtbezirke, meist die Innenstadt, beschränkten und auf der Straße basierenden Subkulturen organisierten, beruht vielleicht auf einer Anerkennung dieses Grundbedürfnisses. Die großen ekstatischen Feste (wie Woodstock) schaffen in der Subkultur eine neue Art von jahreszeitlicher Bewegung, während der Alltag wesentlich auf die Stadt bezogen bleibt.

Ich glaube, daß die Funktion der Straße als Ort des persönlichen Austauschs und der Kommunikation gefördert werden kann und daß es nicht nur die Aufgabe, sondern auch das Interesse der Behörden sein muß, diese Verwendung zu fördern, während die mehr ins Auge springenden Funktionen, Träger des Verkehrs und des Austauschs von Gütern zu sein, zumindest begrifflich, untergeordnet werden sollten. Gelingt das nicht, so bedeutet das keineswegs den Untergang einer Stadt: Die großen Gebäudekomplexe werden nicht überstürzt aufgegeben, auch wenn alle Dienstleistungen ausfallen. Man muß aber mit einer zunehmenden Entfremdung des Stadtbewohners von seiner physischen Umgebung rechnen, die nicht nur die allbekannten sozialen Probleme schafft, sondern auch zu einem Verfall der Dienstleistungen führt, mit allem, was dies an Risiken einschließt. In der gegenwärtigen Lage kann die reduzierte Betrachtungsweise der Straße, die sie nur von den sie begrenzenden Gebäuden her sieht, wenig Gutes bewirken. In der modernen Stadt, und das gilt besonders für die Vereinigten Staaten, ist die Straße zu einem dreidimensionalen Phänomen geworden. Ein unvermeidliches Nebenprodukt des Wandels, der sich im neunzehnten und zwanzigsten Jahrhundert vollzogen hat, ist, daß diese begriffliche Einsicht bauliche Gestalt annehmen muß. In mancher Hinsicht hatten die Erbauer der Passagen und der Warenhäuser des neunzehnten Jahrhunderts ein schärferes Bewußtsein von den Möglichkeiten und Folgen der sich vollziehenden Veränderungen als die meisten Planer des zwanzigsten Jahrhunderts. Die schrittweise Zurückdrängung des motorisierten Stadtverkehrs in Tiefstraßen und die Schaffung von Fußgängerzonen darüber, in denen man Spazierwege anlegt, die von dem Verkehr darunter keinerlei Kenntnis nehmen, ist eine Perspektive mit verwirrenden

Biskupin, Polen, Reste eines Wellenbrechers, von Umwallungen, Häusern, einem gebogenen Bohlen- ▷
weg und Seitenwegen einer früheisenzeitlichen Siedlung. Von den Professoren J. Kostrewski und Z. Rajewski geleitete Ausgrabungen.

195

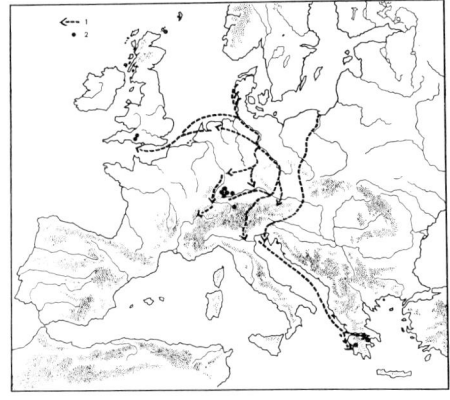

Die wichtigsten europäischen Handelsstraßen für Bernstein, Mitte 2. Jahrtausend v. Chr.

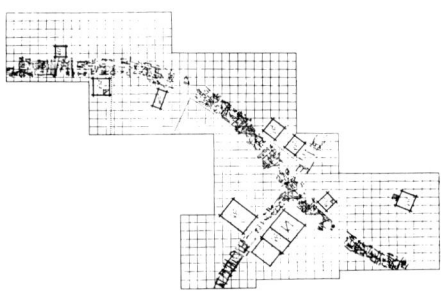

Nowgorod, Rußland, Kreuzung von Straßen in Schicht 25 (angelegt 1006 n. Chr.)

psychologischen Implikationen: Das gesamte Problem des mechanisierten Verkehrs wird verdrängt. Jede Lösung der städtischen Straßenprobleme durch Straßen, die einer Vielzahl von Funktionen genügen, zwingt die Stadt und den Staat unvermeidlich zu politischen Entscheidungen, die zunächst unpopulär, aber unumgänglich sind, weil sie den Privatverkehr zugunsten des öffentlichen begrenzen müssen. Die Elemente dreidimensionalen Straßenbaus, etwa die mechanischen Bodentransporteinrichtungen wie Rolltreppen, sind dabei bereits in den meisten Großstädten in den U-Bahnstationen, in Kaufhäusern und Einkaufszentren weitgehend in Gebrauch, dort aber wird ihr wahrer Status verleugnet und sie werden als eine Art Treppe behandelt. Ihre eigentliche Funktion werden sie erst dann erfüllen, wenn sie von dieser untergeordneten Stellung befreit sind.

All diese politischen Fragen haben zur Folge, daß die Schaffung auch nur minimaler dauerhafter »sozialer« Einrichtungen (Straßendecke, Kanalisation) umständliche *formale* Entscheidungen von seiten der Behörden einschließt in dem Sinne, daß Kanalisation und Straßenverlauf im öffentlichen Bereich liegen und koaxial sind. Der Privatbereich wird deshalb sehr häufig durch die Straßenkanalisation bestimmt, und infolgedessen ist alle interne Planung, ob von Behörden oder Spekulanten oder auch einzelnen Eigentümern, von der anfänglichen Entscheidung über die Verlegung der Versorgungsleitungen abhängig.

Dehnt man den öffentlichen Bereich in die dritte Dimension aus, so steht man plötzlich vor der unvermeidlichen Komplikation, daß das Netz von Versorgungsleitungen eine Verbindung mit den tragenden Bauelementen eingeht, wodurch die Baubehörden oder große Baufirmen genötigt werden, Versorgungsleitungen und Straßenfläche in eine bauliche Form zu integrieren. In einer dreidimensionalen Stadt wird deshalb der Zwischenbereich, die Zone zwischen Privatsphäre und Öffentlichkeit eine immer größere Bedeutung erlangen. Aus diesem Grunde müssen wir uns über das Wesen der Straße und ihr Leben, ihre offensichtliche Unzerstörbarkeit Klarheit verschaffen, und deshalb müssen wir die historische Entstehung der gegenwärtigen Straßenformen ebenso wie den begrifflichen Ursprung der Straße sorgfältig untersuchen. Dadurch werden wir über die Grenzen unserer Eingriffsmöglichkeiten belehrt werden, aber auch darüber, an welchem Punkt unser Eingriff wesentlich ist.

Lodoli über Funktion und Darstellung

Obwohl ich die Existenz von Fra Carlo Lodolis Pilgerhospiz in San Francesco della Vigna aus der älteren Literatur erschlossen hatte, entdeckte ich erst, als ich Augusto Cavallari-Murat zu Rate zog, daß er aufgrund derselben Schlußfolgerungen den Klosterhof aufgesucht und die beiden Fenster photographiert hatte, die er für eine Schöpfung Lodolis hielt. Ich hatte das Glück, schließlich das ganze Gebäude besuchen zu können, das in den fünfziger Jahren verfiel.

Die Auffassung von Darstellung, die Lodoli im Zusammenhang mit den Ideen von Denkern wie Vico und Leibniz formuliert hat, mit deren Werk er vertraut war, schien mir eine genaue Untersuchung zu verlangen.

Der vorliegende Aufsatz ist zuerst in Architectural Review, *Juli 1976, erschienen.*

Der Franziskanermönch Carlo Lodoli wurde zu seiner Zeit der Sokrates der Architektur genannt – teils wegen der seltsamen Art, in der er seine Zeitgenossen belehrte und verspottete, teils wegen seiner Weigerung, etwas zum Druck zu geben. Er lebte im Venedig des achtzehnten Jahrhunderts als ein peripatetischer Lehrer und sprach viel von einer radikalen Reform des Bauens und der Architektur. Er liebte den Begriff *Funktion* und scheint den Ausdruck *organische Architektur* geprägt zu haben.[1] Da bei seinem Tode die Untersuchungsbeamten des venezianischen Staates seine Papiere konfiszierten (und sie unter einem undichten Dach in dem venezianischen Gefängnis verrotten ließen, das nach seiner Neueindeckung Piombi genannt wurde), haben wir keine direkte Möglichkeit, zu erfahren, wie er seine Ideen formuliert hätte, und da, wie es oft zu hören ist, kein Gebäude von ihm mehr existiert, war es unmöglich zu sagen, wie er sich das Ideal seiner Architektur wohl vorstellen mochte.

An sich wirkt dies wie ein trübes Kapitel eines der für das Jahrhundert typischen Intrigenspiele. Doch Lodoli war in mehrfacher Hinsicht eine bedeutsame Gestalt. Sein politischer und philosophischer Einfluß in Venedig war groß und dabei schwer einzuschätzen.[2] Im Zusammenhang mit der Architekturtheorie ist sein Name von seinem Tode an bis zu dem Augenblick, als er, in der Frühzeit der »weißen Architektur«, zu einem der Begründer des Funktionalismus und Rationalismus in der Architektur überhaupt erhoben wurde, immer wieder genannt worden. Dieser Ruf gründete sich weitgehend auf die »authentische« Version seiner Theorie, die von dem populärsten seiner Schüler, Graf Francesco Algarotti, in einer *Abhandlung über Architektur* veröffentlicht wurde.[3]

Es gab jedoch noch eine andere, vielschichtigere und ausführlichere Version, die ein anderer Schüler, Andrea Memmo, veröffentlicht hatte.[4] Und mehr als das: Dasjenige Gebäude von Lodoli, welches von Memmo detailliert beschrieben wird, das Hospiz für die Pilger ins Heilige Land, ist teilweise – wenn auch in schlechtem Zustand – erhalten und leicht zugänglich. Man geht durch die Tür des nördlichen Querschiffes von San Francesco della Vigna in Venedig (die Kirche, die vor allem wegen der Fassade von Palladio berühmt ist), durchquert das Kloster und findet sich in einem kleinen Innenhof. Die Fenster, die sich auf ihn öffnen, sind so merkwürdig, daß sie die Aufmerksamkeit von jedem auf sich ziehen, der mit der venezianischen Architektur des siebzehnten und achtzehnten Jahrhunderts vertraut ist. Und wenn man Memmos Buch gelesen hat, dann weiß man, daß man vor der Architektur steht, von der er spricht, gebaut mit wissenschaftlicher Solidität und mit einer unkapriziösen Eleganz.

Das kleine Bauwerk entspricht nicht der Version der Lehre Lodolis, die Algarotti überliefert. Sein *Saggio,* der 1753 erschien[5], ist in einem ironischen, distanzierten Stil geschrieben, und sein Verfasser war offensichtlich der Meinung, übertriebene und exzentrische Ideen darzustellen: »Wenn Lodoli ein Paradies für Märtyrer seines Glaubens hat«, sagte er einmal zu dem ihn bedrängenden Memmo, »würde ich nicht einen Augenblick zögern, mich zu ihnen zu zählen.«[6]

Pietro Vitali, *Carlo Lodoli.* Stich nach Antonio Longhi oder vielleicht Allessandro Longhi, dem beliebtesten Porträtmaler seiner Zeit. Da dieses Porträt das Frontispiz von Memmos Buch war, ist es wahrscheinlich mit dem identisch, das er erwähnt als Werk von Sig. abate Longhi, dem Sohn des verstorbenen Malers Pietro, der ihn ebenfalls mehrmals gemalt hat und dessen ähnlichstes Porträt sich im Besitz von N. H. Andrea Quirini befindet (Bd. 1, S. 83). Ein weiteres Porträt befindet sich in der Accademia in Venedig und zeigt Lodoli mit einem Paar Messingkompasse und einem Folioband, während ein anderer Band aufgeschlagen neben ihm herabfällt und die Zeichnung oder den Stich von einem ionischen Kapitell zeigt. Das Bild ist beschriftet: »Frater Lodoli in Apologis Conscribendis et in Architectonica haud inter supremos annumerandus Alexander Longhi pinxit.«

Carlo Lodoli, *San Francesco della Vigna*, Nord-
seite des Innenhofes. Der rechte Bogen ist in
späterer Zeit zugemauert worden.

Der arme Lodoli hatte kein solches Paradies, und Algarotti war das gerade Gegenteil seines Charakters. Der Mönch war schroff, aggressiv und ein sozialer Störenfried, während Algarotti das höfische Europa frequentierte, geschickt war und gefühlvolle Zuneigung sowohl bei Männern wie bei Frauen weckte. Seine längste, stabilste und nützlichste Verbindung war die zu Friedrich dem Großen, als dessen Günstling er zweimal für längere Zeit in Berlin weilte (1738–42 und 1745–53) und von dem er zum preußischen Grafen erhoben wurde. Memmos eifriges Bemühen, Algarotti zum Fürsprecher der Ideen Lodolis zu machen, ging von der sich als vollkommen richtig erweisenden Überzeugung aus, daß dies der sicherste Weg war, um das europäische Publikum zu erreichen.

Algarotti bestand jedoch darauf, seine Abhandlung ganz unabhängig von Memmo und Lodoli zu schreiben, und er tat es mit einer Ironie, die den Einfluß der Ideen, für die einzutreten er vorgab, veränderte. Er begann schmeichelhaft genug: Es gibt da einen Philosophen – Lodoli wird nie mit Namen genannt, sondern die ganze Abhandlung hindurch als »ein Philosoph« bezeichnet[7] –, dessen Lehre populär und anziehend ist und der die sokratische Waffe mit bewundernswertem Geschick handhabt, wenn er sich nicht scheut, die von Vitruv verbreiteten Gesetze in Frage zu stellen. Der Eckstein der Lehre des »Philosophen« (ich fahre fort, Algarotti zu paraphrasieren) ist die Maxime, daß nichts zur Schau gestellt *(in rapresentazione)* sein solle, was nicht *in funzione*, ein wirksamer Teil des Baukörpers sei, und diese Maxime führt den Philosophen dazu, einen beträchtlichen Teil der alten wie der modernen Architektur zu verdammen. »Funktion und Darstellung«, sagt Algarotti, »sind beim Bauen nicht identisch, oft aber stehen sie im Widerspruch zueinander, wie im Falle des Steins, der die Holzbauweise nachahmt...«, eine seit Vitruv vertraute, ehrwürdige These, die als Standardargument in jedem jemals veröffentlichten Architekturwerk diskutiert oder einfach wiederholt wurde.[8]

Wäre nicht die dehnbare (faserige) Stärke des Holzes und hätten die Baumeister der Alten nach Lodolis Maxime in Stein gearbeitet, dann »wären alle Spannweiten sehr kurz gewesen und die Reize der Säulenordnungen wären unbekannt geblieben«. Glücklicherweise aber ist die Architektur eine Kunst, wie Malerei und Dichtung, wenn auch nicht gänzlich eine Kunst der Nachahmung. Die Urhütte war aus Holz, und ihre wunderbaren baulichen Eigenschaften hatte man kürzlich erst wissenschaftlich bestätigt. Holz war in sich kräftig und leicht zu bearbeiten: das am besten geeignete Material, um das Paradox aufzulösen, mit dem alle Kunst sich herumschlug, nämlich die Einheit mit der Mannigfaltigkeit zu versöhnen. Wäre Stein das bestimmende Material geworden, dann wäre eine langweilige Architektur die Folge gewesen: nur Bögen und Rustika. Der »Philosoph« wollte entweder nackte Mauern oder grobe Rustika und er verbannte die Schönheit der Säulenordnungen. »Die zwei Dinge, welche die Architektur erfordert«, so erläutert Algarotti nun, was der »Philosoph« gesagt hat, »sind Festigkeit innen und Schönheit außen. Stein ist unerläßlich für das erste, und die Muster für das zweite kann allein das Holz geben. Und wenn dies zur Täuschung führt, was schadet das, solange nur Schönheit erreicht ist? ›Che del vero più bel e la menzogna‹«, zitiert Algarotti[9] und behauptet, daß die Architektur ohnehin »Resultat des Luxus ist, der die nackte Notwendigkeit verhüllt«.[10]

Da er aber die Gedanken eines anderen – des »Philosophen« – auseinandersetzen will, fühlt er sich verpflichtet, mit einem Kompliment zu schließen: Es steht nicht alles zum Besten mit der Architektur, und die strenge Methode des »Philosophen«, mag sie vielleicht auch einige Bauten – zumindest im übertragenen Sinne – zerstören, wird möglicherweise zu einer längst überfälligen Verbesserung der Methoden des Bauens führen. Alle Baugewerbe sollten dem Sokrates der Architektur also dankbar sein ... und so fort.

Algarotti stellte Lodoli zur Schau, anstatt ihn wirklich zu interpretieren. Zunächst – so berichtet Memmo – lehnte Lodoli eine Stellungnahme ab.[11] Auf nachhaltiges Drängen hin antwortete er mit einer Parabel von der Begegnung mit einem Freund, der von der Jagd kam und darauf bestand, daß er das Geschenk eines fetten Fasans annahm. Da Lodoli etwas zu erledigen hatte, ließ er ihn in einer bekannten Garküche. Als er den Fasan wieder abholen wollte, um ihn einem Freund zu schenken, war er nirgends zu finden. Schließlich wurde der Schuldige entdeckt, »ein Lehrling, der meinte, daß der Vogel zur Mahlzeit gehörte und ihn rupfte, bratfertig machte und in derselben Pfanne briet wie die Fleischpastetchen und das Fettgebackene, für das die Küche berühmt war«. Da Lodoli diese Geschichte vor einer ganzen Reihe von Zuhörern erzählte, mußte sie Algarotti zu Ohren kommen, und sie enthielt eine zweifache Beleidigung: Der frischgebackene Graf wurde darin als ein Küchenjunge behandelt, und seine sonstigen Auslassungen wurden mit Fleischpasteten und Fettgebackenem verglichen, die dem Fasan des Padre weit unterlegen waren.[12]

Was immer mündlich die Runde machte, Algarottis Abhandlung wurde augenblicklich populär, wie Memmo erwartet hatte: Sie wurde gelesen und zitiert. Der wichtigste Verbreiter der Algarottischen Version von Lodoli war Francesco Milizia[13], sowohl in seinen *Lebensbeschreibungen berühmter Architekten* wie in seiner *Abhandlung über die zivile Architektur*. Wahrscheinlich in seinen *Lebensbeschreibungen* (einem in der Tat sehr populären Buch) hat Horatio Greenough die Formulierung »quanto è in rapresentazione, deve essere sempre in funzione«[14] und die ganze Lehre von der Notwendigkeit als der Quelle von Ornament und Schönheit gelesen, und von Greenough hat das geflügelte Wort, daß die Form der Funktion folge, den Weg zu Sullivan, zu Wright gefunden und ist zu einem Topos der Architekturdiskussion geworden.[15]

Lodolis Ideen waren jedoch nicht ganz so dürftig, wie Algarotti sie darstellte. Eine andere Version von ihnen wird, lange nach Lodolis Tod, von Andrea Memmo gegeben. Als Frontispiz verwandte Memmo für die erste Auflage ein Porträt Lodolis von Alessandro Longhi, gestochen von Pietro Vitali.[16] Es zeigt den Philosophen, auf den Betrachter durch eine ovale Fensteröffnung blickend, mit einem beschrifteten Rahmen, oben und unten Architekturgerätschaften und mit einer Schrifttafel auf jeder Seite. Die Inschriften geben eine bündige Zusammenfassung der Lehre Lodolis: »Devonsi unire e fabrica e ragione e sià funzion la rapresentazione«, heißt es auf dem Rahmen, und »Ut eruas et destruas« auf einer Tafel, »Ut plantes et aedifices« auf der anderen, in Anlehnung an die Stelle bei Jeremia[17]: »abzubrechen und zu verderben ... zu bauen und zu pflanzen«. Was die Motti sagen wollen, ist deutlich genug: Der Sokrates der Architektur will ausreißen und zerstören, indem er das gegenwärtige – und vergangene – Bauen ablehnt und Theorie und Praxis

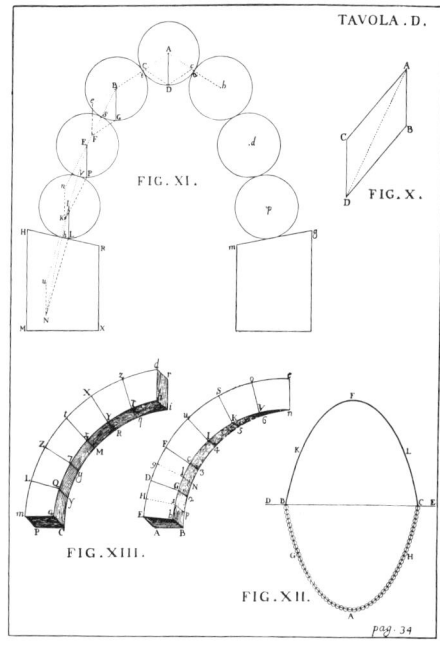

Giovanni Poleni, *Memorie Istoriche della Gran Cupola del Tempio Vaticano,* Tafel D. *Fig. XI* Der Bogen aus Kugeln mit den Vektoren, die die Berührungspunkte zwischen den Kugeln durchlaufen; *Fig. X* Parallelogramm der Kräfte mit seinem Vektor; *Fig. XII* Die Kugel-Catenaria und ihre Umkehrung, der starre parabolische Bogen; *Fig. XIII* Stirlings Voussoir-Verband, angewandt auf einen Bogen und den Schnitt einer Kuppel.

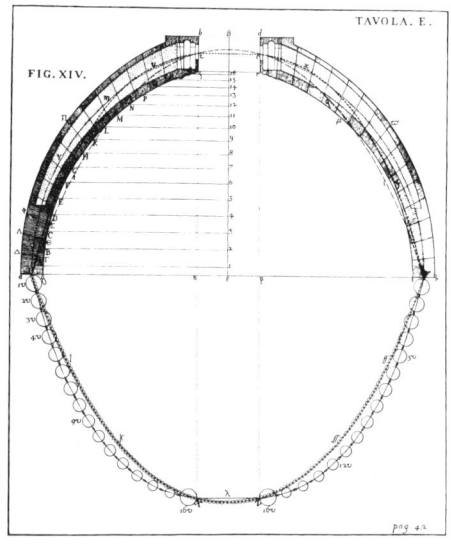

Giovanni Poleni, *Memorie Istoriche della Gran Cupola del Tempio Vaticano,* Tafel E, Abbildungen XIV. Die Meridianachse des Petersdomes verglichen mit der Spiegellinie einer konstanten Catenaria und derjenigen Catenaria, die von der wirklichen Belastung der Kuppel erzeugt wird.

vereint. Dann würden *funzion* mit *rapresentazione* identisch werden. Moderne Übersetzer verstehen den Satz meistens so, daß das, was im Innern des Gebäudes (in der Planung wie im Baukörper) vorgehe, sich draußen zeigen müsse. Dies ist nicht ganz das, was Lodoli meint.[18] Beide Begriffe des Mottos hatten, als Lodoli sie aufgriff, eine hinreichend genaue Bedeutung und spielten in den wissenschaftlichen und philosophischen Kontroversen eine wichtige Rolle. Der erste Begriff, Funktion, war erst vor kurzem neu geprägt worden. Das Wort selbst war dabei nicht neu: Es leitet sich vom lateinischen *fungor*, ich verrichte etwas, her und war in einer Reihe von europäischen Sprachen benutzt worden, um Tätigkeit oder Verrichtung im allgemeinen oder die besondere Tätigkeit bestimmter Dinge oder Personen zu bezeichnen, vor allem die Ausführung ritueller und zeremonieller Handlungen. Seit dem sechzehnten Jahrhundert wurde es von den Biologen als Gegenbegriff zu »Struktur« gebraucht. Gesundheit beispielsweise ließ sich am ehesten mit Bezug auf die angemessene Erfüllung der körperlichen Funktionen und nicht durch eine strukturelle Modalität definieren. Später, gegen Ende des siebzehnten Jahrhunderts, griffen die Mathematiker das Wort auf, um »une quantité composée de quelque manière que ce soit de ... grandeurs variables et constantes«[19] zu bezeichnen, oder um es in der Begrifflichkeit der wirklichen Probleme, zu deren Lösung es verwendet wurde, zu formulieren: »Wenn eine Variable (*y*) von einer anderen (*x*) abhängig ist, dann wird *y* als *Funktion* von *x* bezeichnet. So ist der Abstand eines sich bewegenden Körpers von seinem Ausgangspunkt eine Funktion der Zeit; die Anziehung zwischen zwei Magneten ist eine Funktion ihres Abstandes, und die Spannung einer Feder ist eine Funktion ihrer Länge.« Die graphische *Darstellung* (Repräsentation) ist eine auf zwei Koordinaten bezogene Kurve.[20]

Das Wort Darstellung, Repräsentation, hat wiederum eine sehr komplexe Bedeutung. Die französische Akademie der Wissenschaften hatte seinen Gebrauch durch eine sehr viel striktere Bedeutung eingegrenzt als die es ist, in welcher ich es eben verwandt habe, und es sollte nicht einfach jede Art von Begriff oder Gegenstand bezeichnen, sondern speziell die Entsprechung zu einer Naturerscheinung, die man experimentell oder zumindest graphisch erfassen konnte. In der *Histoire* der Académie des Sciences hat Fontenelle, ihr ständiger Sekretär, dies mit Bezug auf unterirdische Explosionen ausdrücklich formuliert: »Das beste Mittel, die Wirkungsweise der Natur zu klären, besteht darin, sie nachzuahmen und sozusagen eine Darstellung von ihr zu geben, indem man die erwarteten Wirkungen aus bekannten Ursachen hervorgehen läßt. Von nun an ist das Raten ausgeschlossen, und man sieht, daß die natürlichen Ursachen dieselben (oder wenigstens sehr ähnliche) Folgen haben wie die künstlichen.«[21]

Diese Stelle wird mit großer Zustimmung von dem Marchese Giovanni Poleni in seinem Buch über den Petersdom zitiert. Poleni, der einer der großen Ingenieure seiner Zeit war, ist zu wenig bekannt. Das Buch über den Petersdom ist nicht nur deswegen interessant, weil es von den Experimenten berichtet, deren Messungen und Berechnungen dazu führten, daß die Kuppel Michelangelos mit zusätzlichen Ketten verstärkt wurde, sondern auch wegen anderer Experimente, darunter Versuche, bei denen das Modell des Domes bis zur Zerstörung der Prüfung unterzogen wurde. Das Buch enthielt außerdem eine Geschichte der Basilika von ihren Anfängen an, eine Kritik an den Vorgängerbauten und eine allgemeine Geschichte der mechanischen Wissenschaften von ihren Anfängen bei Galilei an.[22] Insbesondere war Poleni an einer mechanischen Anwendung der Kettenlinie, der Catenaria, interessiert, die eine Darstellung ist, denn sie wird durch eine zwischen zwei Punkten frei aufgehängte Kette erzeugt und ist eine Funktion von Spannweite und Länge der Kette. Diese spezielle Kurve hatte die besondere Aufmerksamkeit einer Reihe von Mathematikern gefunden, von La Hire, David Gregory und James Stirling sowie von den Gebrüdern Bernoulli und dem großen Leibniz.[23]

Ihren Namen hat die Catenaria wahrscheinlich von Leibniz erhalten (nach dem lateinischen *catena* – oder dem französischen *chainette*). Die Überführung dieser Catenaria oder Kettenlinie in einen starren Bogen wurde von Poleni James Stirling zugeschrieben, obwohl sie, ebenso wie die Konstruktion eines Catenarienbogens aus Kugelelementen bereits von Gregory formuliert worden war. Stirling scheint aber die Lösung eines anderen, von La Hire formulierten Problems gelungen zu sein, nämlich, die Gestalt eines Bogens zu finden, dessen Teile nicht aufgrund von Reibung oder Adhäsionskraft an ihrem Ort bleiben: Er schlug vor, sie müßten ein identisches Gewicht haben, und ihre Fugen müßten senkrecht zu den Tangenten der Kettenlinie verlaufen. All dies wird in Polenis Buch zusammen mit einigen fragwürdigen Deduktionen mitgeteilt.[24]

Natürlich kannte Lodoli diese Forschungen und die dazugehörigen Experimente. Jedenfalls war er mit Poleni eng genug befreundet, um sie aus zweiter Hand kennenzulernen.

Giovanni Poleni, *Macchina Divulsoria* im Teatro della Filosofia Sperimentale im Palazzo del Bo, Universität Padua. Nach der Broschüre zum 200. Jubiläum der Accademia Patavina di Scienze, Lettere ed Arti, Padua 1963, S. 86. Die paduanischen Behörden, die zur Zeit der Erstveröffentlichung dieses Aufsatzes keinerlei Kenntnis von der Existenz dieses Apparates zu haben behaupteten, haben seine Einzelteile inzwischen, eingewickelt in braunes Papier, in einem Lagerraum gefunden, zu dem ich bisher noch keinen Zugang erhalten konnte.

Wahrscheinlich aber lasen sie beide dieselben Veröffentlichungen darüber[25] und diskutierten diese vermutlich mit Bernoulli, als dieser in Padua lehrte, ebenso wie mit James Stirling während seines venezianischen Aufenthaltes.[26]

Poleni wollte sein Vorgehen am Petersdom verallgemeinern und gründete zu diesem Zweck ein »Theatrum Philosophiae Experimentalis« für die Universität Padua im Palazzo del Bo. Es wurde 1743 eröffnet, doch die darin verwendeten Maschinen waren wahrscheinlich schon früher hergestellt und gebraucht worden.[27] Eine dieser Maschinen, eine *macchina divulsoria* zur Prüfung verschiedener Materialien, sollte Baumeistern und Ingenieuren tabellarische Ergebnisse von Experimenten liefern. Die in Peter van Musschenbroeks *Cours de Philosophie Experimentale* abgebildete Maschine hat zu starke Ähnlichkeiten mit der, die Poleni für diese Experimente entworfen hat, um ganz unabhängig von ihr sein zu können[28]; dasselbe gilt für die Instrumente zum Messen der Durchbiegung. Memmo schreibt die *macchina divulsoria* kühn dem Genie Lodolis zu und behauptet, daß er Festigkeitstabellen aufgestellt habe, die mit seinen übrigen Papieren verlorengegangen seien. Die einzige noch existierende *divulsoria* ist von Poleni gebaut worden und befindet sich noch heute im Physikalischen Museum der Universität von Padua. An diesem Punkt zumindest dürfte Memmos Gedächtnis, dreißig Jahre nach den Ereignissen, nicht ganz zuverlässig gewesen sein. Was er aber genau und in den kleinsten Details beschreibt, ist das Gebäude, das Lodoli als eine programmatische Anwendung seiner Theorien gebaut hat und von dem man, wie bereits gesagt, annahm, daß es zerstört sei.[29]

Memmo beschreibt dieses Gebäude sehr ausführlich, und hier zumindest scheint er ein sehr zuverlässiger Zeuge zu sein: »Es handelte sich nur um die bescheidene Umgestaltung eines Hospizes von Patres«, schreibt er, um den Mangel an »Großzügigkeit, Pracht, schöner Planung, Bequemlichkeit und Eleganz« zu erklären. Dieses Hospiz, fährt er fort, lag neben dem Hauptkloster. Es bestand nur aus fünf oder sechs Räumen, die aneinandergereiht waren, so daß ihre Türen immer offen bleiben mußten. Als erstes sollte eine offene Galerie geschaffen werden, die breit genug war, daß zwei Personen aneinander vorbeigehen konnten, und da nicht genug Geld vorhanden war, um sie aus Stein zu errichten, baute er eine Galerie aus Holz, deren Außenwand von unten nach oben schräg verlief, da die Menschen an den Schultern breiter sind als an den Füßen. »Nicht nur konnte man ohne Schwierigkeiten aneinander vorbeigehen, sondern auch die Träger, die das Gepäck der reisenden Mönche auf ihren Schultern trugen, kamen aneinander vorbei.« Die schräge Wand hatte noch andere Vorzüge, wie den, »daß der Regen, der über den Rand der Dachrinne lief, nicht an der Holzwand hinabfloß«. Memmo beschreibt weitere Details: schräge Lanzettfenster unter Strebebögen, die den dunklen Flur erhellten, Balkons gegenüber jedem Raum und so weiter. Alle diese Dinge wurden zu der damaligen Zeit für »irregulär« gehalten und von den *professori* deshalb getadelt.[30]

Zustimmung jedoch fanden die Türen und Fenster der Zellen und Durchgänge und wurden sogar nachgeahmt. Wie Memmo noch einmal wiederholt, waren dies nicht die Türen und Fenster eines großen Palazzo, sondern der Zellen von armen Klosterbrüdern. Die von Lodoli gewählte Methode war die einer Berichtigung offenkundiger Mängel. Um mit

ex
Fabrica
et
Ratiocinatione
Vitruvius

TOMO
SECONDO

Carlo Lodoli, *San Francesco della Vigna*, eine der zerstörten Türen mit den Keilstücken in halber Höhe der Laibung, deren Teilstücke gebogen sind, und mit der »Catenaria« sowohl in dem Bogen über der Türöffnung wie in der vermutlich in den Blöcken unter den Türpfosten verankerten Schwelle. Frontispiz von *L'Architettura di Jacopo Barozzi da Vignola* usw., Bd. 2, veröffentlicht von Giovanni Ziborghi, Venedig 1748.

der Schwelle zu beginnen: Diese bestand gewöhnlich aus einer einfachen Steinplatte; die Türpfosten ruhten auf ihren beiden Enden sowie auf den unmittelbar darunterliegenden Mauerstücken auf, während der mittlere Teil der Mauer unterhalb der Öffnung zu etwas Überflüssigem (ein *ipomoklion*, wie Lodoli es nannte) wurde.[31] Dieses Mittelstück drückt nach oben und kann die Schwelle, wie man in vielen Fällen sieht, in der Mitte brechen. Der große Galilei machte eine ganz ähnliche Beobachtung: Er beschrieb eine Säule, die niedergelegt wurde. Diejenigen, die befürchteten, sie könnte unter ihrem eigenen Gewicht bersten, wollten einen dritten Holzblock in der Mitte anbringen, zusätzlich zu den beiden, die die Säule schon an den Enden stützten. Aber gerade an dieser Stelle brach die Säule, da die anderen beiden, die schon früher daruntergelegt worden waren, sich mit Feuchtigkeit vollgesogen hatten.

Manche Architekten, die keine Kenntnisse der Statik haben, versuchen diesem Mangel dadurch abzuhelfen, daß sie unter der Mitte der Schwelle eine Lage Steine auslassen. Stein ist aber nicht elastisch wie Holz, und die Wände auf beiden Seiten werden ungleichmäßig einsinken, so daß die Schwelle immer noch bricht. »Wer die ewigen Gesetze der Lithologie,

Statik und Mechanik begriffen hat«, fährt Memmo fort, »bedarf keines weiteren Beweises, um den Irrtum in der Praxis zu erkennen.«

Einige haben Abhilfe gesucht, indem sie die Schwelle aus mehreren Stücken anfertigten, »unter anderem der große Palladio in dem vielbewunderten Portikus mit den Säulenpaaren, der den ersten Hof der Monte Cassino-Mönche auf der Insel San Giorgio Maggiore in Venedig umgibt, die gewöhnlich *Memmia* genannt wurde.[32] Aber wie die anderen auch hat Palladio nicht damit gerechnet, daß die Mauer unter den Säulen (oder den Türpfosten) sich senken würde, während das Mittelstück (das nur sein eigenes Gewicht zu tragen hatte) sich zu heben schien. Wie man an jenem großen Säuleneingang sehen kann, ist das Ergebnis unansehnlich.«

Wie löste nun der Lithologe und Philosoph das Problem der Schwellen? Er teilte die Schwelle in drei Teile: Das erste Stück war so breit wie die Tür- oder Balkonöffnung, so daß er nichts von dem Gewicht des Türrahmens zu tragen hatte. Da es kürzer und nicht belastet war, wie jedermann es leicht erkennen konnte, war die Wahrscheinlichkeit, daß es halten würde, größer. Trotzdem wollte Lodoli seine Kraft noch verstärken und formte es deshalb zur Mitte hin so, daß es eine Catenaria beschrieb, und um zu verhindern, daß die Schwelle sich wie die Palladios hob, verband er das Mittelstück mit den Teilen unterhalb der Türpfosten durch Zapfen und Zapfenloch. »Da habt ihr Kritiker«, redet Memmo seine Leser an, »etwas, worüber ihr euch lustig machen könnt: eine völlig neue, ganz und gar Lodolische Erfindung, die eine Norm für andere Gelegenheiten werden kann. Vielleicht könnt ihr eine bessere Form ersinnen, um diese drei Stücke durch passendes Ornament zur Darstellung zu bringen, das an diesem ärmlichen Ort unpassend gewesen wäre und wofür der feinsinnige Erfinder an dieser Stelle die Mittel nicht bekommen hätte.«

»Selbst wenn du nur diese ersten Buchstaben im Alphabet der Balken berücksichtigst, kannst du die Sache sehr viel weiter bringen – und ich hoffe, du wirst es tun –, so daß ich von dir lernen könnte. Und obwohl Kritik etwas ganz anderes ist als schöpferisches Tun, sollte deine Kritik durch wissenschaftliche Beobachtung gestützt werden, denn, indem du kritisierst, beanspruchst du weiser zu sein als derjenige, den du kritisierst.«

Er (Lodoli) – so fährt Memmo fort – machte die Balken auf verschiedene Arten. Den Türbalken, unter dem hindurchgehend man das Hospiz betritt, wollte er in einem hellen Stein und ornamentiert haben. Er vergrößerte das Mittelstück fast zu einem Halbkreis und ließ ein Relief meißeln, auf dem der Schutzheilige der Jerusalemer Brüder zu sehen ist.[33] Um aber deutlich zu machen, daß es sich um eine Zutat handelt, brachte er darum herum vier kunstvolle Weinstöcke an, die es wie ein Rahmen oder eine Kartusche halten. Da ist also für euch ein Ornament, wie es sich gehört! Hätte er seiner Phantasie in dem Palast eines großen Herrn freien Lauf lassen können, dann hätte er gewiß seine Balken mit allerlei Anspielungen verziert.[34] »Andere Türen wurden mit aus Segmenten gebildeten Bögen aus Ziegelstein oder mit Catenarien überspannt, mit einem massiven Schlußstein oder nicht – ganz wie es jeweils verlangt wurde. Aufgrund der Beobachtung, daß viele Kämpfer oder Laibungen wegen ihrer überproportionalen Länge etwa in der Mitte bersten und von der Wand eingedrückt werden (die den Druck, den sie nicht direkt nach unten weitergeben kann, seitlich ausübt), zerlegte er auch sie in mehrere Abschnitte, die er mittels geeigneter horizontaler Stücke, die ihrerseits in die vertikalen Abschnitte der Türlaibung verkeilt waren, in der Wand verankerte, so daß sie völlig unbeweglich wurde. Eine solche Tür, von klösterlicher Bescheidenheit, wie sie ist, ist abgebildet im zweiten Band von Vignolas Architekturwerk, das Giovanni Ziborghi 1748 veröffentlichte und, ohne es zu signieren, ihm [d.h.Lodoli] widmete.«[35]

»Mögen die Leser ihre Phantasie anstrengen und es nach der von mir gegebenen Beschreibung rekonstruieren. Mögen sie sogar Ziborghis Buch ausfindig machen – ich jedenfalls möchte hier kein Bild davon zeigen, so daß man es nicht sieht, ehe das statische Grundprinzip, auf dem es beruht, begriffen ist. Ich fürchte, daß wenn es nicht mit Nachdenken betrachtet und von denen angeschaut wird, die dieses Buch nicht gelesen haben, dann wird es mit Beispielen verglichen, die man für außerordentlich hält, wie man sie in großen Palästen und Kirchen findet, und deshalb vom Urteil des materiellen Auges sofort abgelehnt, und dieses Buch, das die Rechtfertigung für diese und andere Neuerungen enthält, wird ungelesen bleiben.«

»Da ich nicht gehalten war, in meinem Sommerhaus in Venedig«, fährt Memmo fort, »oder in dem großen Palast, der nach meinen Entwürfen in einer hochbedeutenden Stadt gebaut wurde[36], eine solche Sparsamkeit zu beobachten, war ich in der Lage, das Lodolische Skelett von Türen und Balkonen etwas weniger streng zu handhaben, und ich konnte mich daran ergötzen, den Unwissenden zuzuhören, die behaupteten, Pater Lodolis Werk bestehe darin, das neuerdings in Gebrauch gekommene Verfahren zu rechtfertigen, wonach die Tragebalken von Stockwerk zu Stockwerk entsprechend dem geringer werdenden Gewicht, das auf ihnen lastet, an Umfang und Größe abnehmen. Sie haben den Gedanken der wahren Funktion und ihrer richtigen Darstellung nur oberflächlich begriffen. Angesichts der Tatsache, daß verschiedene Kurven als gefällig empfunden wurden (und die Billigung einer namhaften Autorität finden, der die Menge mehr Respekt entgegenbringt als den Gedankengängen, die sie nicht versteht), kann man nicht wissen, ob die wissenschaftliche Kurve nicht eines Tages auch gefällt und in späterer Zeit geistreich nachgeahmt werden wird.«[37]

»Pater Lodoli war auch daran gelegen, daß man große Sorgfalt an die Verfugung jener Steinblöcke wandte, die uns vor Wasser schützen sollen, und in seinem Scharfsinn wurde ihm klar, daß diese Steine fester verankert sein mußten, so daß die Fuge sich niemals öffnen oder Wasser hindurchsickern konnte, das (wie es oft an Gesimsen und Dachrinnen der Fall ist) Flecken oder Ablagerungen hinterläßt. Da sich auf den kleinen, geschlossenen Innenhof des Hospizes zwei Fenster öffnen sollten und Lodoli über ihnen einen Vorsprung anbringen wollte, um sie vor Regen zu schützen, durch den die Fenster sonst leicht undicht werden, ersann er zwei verschiedene Möglichkeiten, die üblichen Fenstergiebel (deren mittlere Fuge sich so häufig öffnet) abzuwandeln, indem er die schrägen Giebelsteine einander überlappen ließ.

Diese Erfindung, die er ein falsches *tuppé* [eine schiefe Perücke] nannte, gefiel ihm jedoch nicht, und ich, der ich niemals als Baumeister tätig war, machte einen Vorschlag – den er mit Vergnügen aufgriff,– wie man das Problem besser lösen könnte, und zeichnete an die Stelle über der Fuge ein Ornament, das je nach Größe und Art des Gebäudes abgewandelt werden

St. Jacobus Picenus von einem unbekannten Bildhauer. Dieser Stein wurde bei einem der vielen Umbauten des Hospizes entfernt und in den westlichen Teil von San Francesco della Vigna gebracht. Leider ist von den Weinranken keine Spur erhalten und auch keinerlei Hinweis, wie der Stein angebracht war.

konnte.[38] Mögen andere das, was wir getan haben, verbessern, indem sie weitere Neuerungen zur Vermeidung der von uns beobachteten Nachteile vorschlagen. Und mögen sie es zufrieden sein, wenn ich sie anrege, unabhängig zu arbeiten, anstatt ein gar nicht so glückliches – wenn auch wohldurchdachtes – Beispiel des Philosophen-Architekten nachzuahmen, das er sogleich verwarf, als ihm klar wurde, daß er es hätte besser machen können. Ich wäre nur zu glücklich, pflegte er manchmal zu sagen, wenn ich mit jenem Francesco Squarcione verglichen würde, der der Lehrer des berühmten Andrea Mantegna war: wer weiß, ob nicht der Nachfolger des Mantegna der Architekten sich als ihr Correggio erweisen wird?«[39]

Funzion und *ragione* sowie *rapresentazione* kommen in diesem Text immer wieder vor und stehen auf dem Rahmen des Porträts von Lodoli. Und als bestünde die Gefahr, ihre Bedeutung zu verfehlen, verzeichnen die Tafeln, die an die Grundsteinlegung erinnern, auf der einen Seite das Datum, 1743, und auf der anderen die eine Hälfte der Porträtdevise, die aus Vitruv vervollständigten Worte: *ex fabrica et ratio/cinatio/ne.* [40] Die Tafeln befinden sich heute in dem dunklen Durchgang, den Memmo erwähnt, und sind kaum zu erkennen. Die Devise aber wird auf dem Stich jener einzigartigen Tür wiederholt, den Giovanni Ziborghi zusammen mit Giovanni Pasquali 1748 in Venedig veröffentlicht hatte. Es ist eine Vignola-Edition mit sehr knappem Kommentar nach dem französischen Vorbild des *Vignole de Poche*[41], der ein paar Jahre zuvor in Italien übernommen und zusammen mit einem elementaren Mechaniklehrbuch gedruckt worden war. Als Frontispiz des Teils über die Mechanik druckte Ziborghi den Stich der Tür mit derselben Inschrift in der Mitte ab. Im

Vorwort erklärte er, daß sein Ziel ein schlichtes und Lodoli gemäßes sei: erstens ein von den schändlichen Mißbräuchen der Zeit freies Modell der fünf Ordnungen zu entwickeln, so daß die Einbildungen der Menschen in die Grenzen der Natur zurückgeführt würden, und im zweiten Teil die unbestreitbaren Grundsätze der Mechanik auseinanderzusetzen, mit deren Hilfe Wahrheit vom Irrtum geschieden werden könne.[42]

Lodoli, der Zensor für das Buchwesen der venezianischen Republik war, dürfte das Buch vor der Veröffentlichung durchaus gesehen haben[43], und Ziborghi hatte recht, wenn er ihn für eine Verbindung des antiken Vorbilds mit den neuerdings formulierten Prinzipien der Mechanik in Anspruch nahm. So armselig das kleine Bauwerk Lodolis ist – Memmos entschuldigende Erklärungen sind völlig am Platze –, so deutet es doch darauf hin, daß dahinter ein größerer Ehrgeiz stand: Lodoli wollte neue ornamentale Formen erfinden, die auf der *Materialgerechtigkeit,* wie das moderne Schlagwort lautet, beruhten, genauer (und in der von Lodoli bevorzugten Terminologie gesagt), er wollte die dem Material innewohnenden Kräfte durch die Übersetzung in ein geometrisches Analogon zur Geltung bringen. Das Ornament sollte jedoch nicht nur dem Material gerecht werden, sondern auch dem Gebrauch und der Situation, wie Lodolis Interesse an dem Relief des hl. Jacobus Picenus und seiner Einrahmung innerhalb des Bogens zeigt. Das kleine Hospiz war von Lodoli als ein »primitives«, an Squarcione gemahnendes Muster einer neuen Architektur gedacht, das eine neuartige Weise erkennen läßt, wie Ornamente anzubringen sind.

Memmo schrieb sein Buch viele Jahre, nachdem dieses Gebäude entworfen worden war, als erfolgreicher venezianischer Staatsmann und *bally* oder Botschafter der Republik in Rom. Obwohl das Buch als Manuskript kursiert hatte[44], erschien nur der erste Band unmittelbar nach der Niederschrift, während das ganze Werk erst sehr viel später veröffentlich wurde. Memmo scheint jedoch eine sehr lebhafte Erinnerung an die von ihm berichteten Ereignisse gehabt zu haben.[45] Jedenfalls steht der Bau noch heute, und was nach zahlreichen Veränderungen (die letzte war etwa 1950) übrig ist, entspricht weitgehend seiner Beschreibung. Wenn es irgendeines Beweises bedurfte, daß Lodolis Lehre von Memmo getreulicher wiedergegeben wird als von Algarotti, dann haben wir ihn hier.

Eindeutig war Lodoli nicht der Feind jeglichen Ornaments, zu dem Algarotti ihn gemacht hatte: Seine Einstellung zur Nachahmung der Vergangenheit war weit differenzierter, als Algarotti ihm zugestand. Lodoli war keine »typische« Gestalt der Aufklärung. Sicherlich, die Experimente, die zu seinen Ideen über Struktur und Ornament führten, bezeugen seine erklärte Treue zum Baconschen Ethos und zu Galilei, doch es gab noch einen Baconanhänger ganz anderen Schlages, dem er ebenfalls eng verbunden war: Giambattista Vico, den neapolitanischen Philosophen, Rechtsgelehrten und Rhetoriker, für den das *verum* und *factum* der Baconschen Philosophie des Experiments eine wichtige Implikation hatte – daß nämlich der Prüfstein des Verifizierbaren und des Wissens dasjenige sei, was wir und unseresgleichen zu machen vermögen, und daß deshalb die einzige wirkliche Gewißheit aus der historischen und nicht der geometrischen Erkenntnis komme.[46]

Lodoli machte seine Schüler nicht nur mit Bacon und Galilei, sondern auch mit Hobbes, Pufendorf und Cicero vertraut, denselben Denkern, auf die auch Vico sich berief.[47] Darüber hinaus lehrte Lodoli seine Schüler die Unabhängigkeit der italischen und etruskischen Institutionen von dem griechischen Muster – ein Gedanke, den Vico in seinem Buch *Von der ältesten Weisheit der Italer* mit Nachdruck vorgetragen hatte und den er in den verschiedenen Überarbeitungen seines Hauptwerkes, der *Neuen Wissenschaft*, weiter entwickelte.[48] Wenn Lodoli mit Vico die italischen Institutionen für unabhängig hielt, so schlug er eine Parallele in der Geschichte der Architektur vor: So wie die Etrusker ihre Institutionen aus dem Osten übernahmen, haben sie womöglich eine wahre Steinarchitektur in Ägypten gefunden, von der ihre toskanische Ordnung sich herleitete, eine Ordnung, die im Unterschied zur dorischen der Griechen keine hölzernen Vorbilder nachahmte.[49] Die ganze Frage der Säulenordnungen war nach Ansicht Lodolis durch die engstirnige und übertrieben philhellenische Einstellung Vitruvs verwirrt worden. Nicht viele Zeitgenossen teilten Lodolis Auffassung, aber sie machte starken Eindruck auf einen jungen Künstler-Architekten: Giambattista Piranesi.[50] Piranesi vertrat seine Ansicht in voluminösen Schriften und zahllosen Stichen. Durch ihn und durch die vielen, die von ihm beeinflußt wurden, wie Robert und James Adam (denen das bemerkenswerte Kunststück gelang, Piranesis Stil zu domestizieren) sickerten bestimmte Derivate Lodolis in die europäische und insbesondere die angelsächsische Architektur ein, aber auch kraftvollere Elemente Lodolis wurden, namentlich von George Dance und wiederum durch Piranesi vermittelt, übernommen.[51]

Die geläufige Version der Ideen Lodolis war jedoch nicht die von Piranesi oder gar Memmo, sondern die Algarottis, nur in beschränktem Maße durch Milizia vermittelt.[52] Das vergessene Hospiz, das sogar nur wenige von Lodolis Bewunderern gesehen haben und das von seinem Erbauer vorsichtig verleugnet wurde, hat keinen prägenden Einfluß auf einen Correggio der Architektur ausgeübt.

Trotzdem sind durch das, was als Adam-Stil bekannt werden sollte, und durch die *architecture parlante* von Ledoux, bestimmte Ideen und Themen, auf die Lodoli Nachdruck gelegt hatte, in die europäische Architektur eingegangen. Ein Jahrhundert nach Lodolis Tod fanden die beiden Begriffe, die er geprägt hat, *organisch* und *funktional*, eine neue Verbreitung, jedoch in einem Kontext, in dem Lodoli sie kaum wiedererkannt hätte. Für ihn bezog sich *organisch* in erster Linie auf den menschlichen Körper, und *Funktion* war die mechanische Wirkungsweise der Kräfte innerhalb der in graphische Form übersetzten Struktur, und diese Begriffe dienten dazu, Lodolis Zeitgenossen auf die dringliche Aufgabe einer neuen Oberflächengestaltung im Einklang mit den wissenschaftlichen Erkenntnissen über Material und Kraft aufmerksam zu machen. Er hatte versucht, ein grobes Beispiel für seine Methode zu geben, und seine Feinde suchten nach einer anderen Architektur: »juxta textum Vitruvii et mentem Newtonii«[53], wie Poleni gewünscht hatte. Die heroische Neugestaltung der Oberfläche rief Kräfte der Unvernunft auf, die Vico als einziger von Lodolis Zeitgenossen verstand.

Semper und der Begriff des Stils

Erweiterte Fassung eines bei dem Sempersymposion der ETH Zürich im Dezember 1974 gehaltenen Referates. Aus: Gottfried Semper und die Mitte des 19. Jahrhunderts, *hrsg. von A. M. Vogt, C. Reble und M. Fröhlich, Basel und Stuttgart 1976.*

Sempers großartiges Bild von den Ursprüngen der Kunst wurde am nachhaltigsten von einem kleinen Mädchen in Frage gestellt. Sie hieß Maria da Sautuola, war damals gerade fünf Jahre alt und begleitete ihren Vater zu den Höhlen von Altamira. Marcellino da Sautola war ein gebildeter Mann aus der Gegend, der in dieser Höhle bereits eine Reihe paläolithischer Werkzeuge gefunden hatte, Werkzeuge, die er auch auf der Pariser Ausstellung von 1878 in dem prähistorischen Raum gesehen hatte. Er suchte nach weiteren Werkzeugen dieser Art und hatte seine Laterne abgesetzt, um in der Lehmablagerung zu seinen Füßen zu graben, als seine Tochter, die zur Decke geblickt hatte, ausrief: »Papa, mira los toros pintados!« Sie entdeckte die Reichtümer der Höhlenmalerei wieder, die rund 15000 Jahre und länger verborgen gewesen waren.[1]

Es war das Jahr 1879, und im Mai dieses Jahres war Semper in Rom gestorben.

Vielleicht dramatisiere ich meine kleine Geschichte ein wenig, aber nicht zu sehr. Höhlen mit Malereien kannte man seit einiger Zeit, aber die Malereien hatte man nicht weiter beachtet. Marcellino da Sautuola hatte selbst ein paar »schwarze Linien« auf der Höhlenwand bemerkt, maß ihnen jedoch keinerlei Bedeutung bei. Die prähistorischen Archäologen blickten nach unten, nie nach oben, das blieb dem kleinen Mädchen überlassen. Man hatte freilich eine Anzahl mobiler paläolithischer Kunstwerke in den Ablagerungen der Höhlen gefunden, aber diese Funde hatten verhältnismäßig wenig Aufsehen erregt. Edward Taylor widmete ihnen in den zwei Bänden seines glänzend geschriebenen Werkes über den Fortschritt der Zivilisation, das zwischen 1873 und 1891 drei Auflagen erlebte[2], kaum eine halbe Seite.

Ein anderer berühmter Paläontologe, der auch die prähistorische Gesellschaft erforschte, Sir Charles Lyell, kannte zwar die jüngsten Entdeckungen der Werkzeuge des frühgeschichtlichen Menschen in Frankreich und behandelte diese Feuersteinobjekte auch als »Kunstwerke«, sagte aber kaum etwas zu den geritzten Knochen.[3] John Lubbock, dessen *Origin of Civilization and the Primitive Condition of Man* fast ein halbes Jahrhundert lang populär blieb und immer neue Auflagen erlebte, braucht für die geritzten Knochen aus dem

Magdalénien nicht mehr als ein paar Seiten und zwei Abbildungen.[4] Damals war es noch relativ ungewöhnlich, sie als prähistorisch anzusehen; in den sechziger Jahren hatte man sie zeitgenössischen Bauern aus der Gegend oder bestenfalls den Kelten zugeschrieben.[5] Noch später, am Ende des Jahrhunderts, als Ernst Grosse sein Buch *Anfänge der Kunst* veröffentlichte, behandelt er unter paläolithischer Kunst vor allem die geritzten Knochen: Das einzige Stück, das er abbildet, ist ein roher und unbeholfener Knauf mit der Ritzzeichnung eines Rentiers, der auch in Edward Lartets Buch abgebildet gewesen war. Lartet hatte als erster das wirkliche Alter der paläolithischen Ritzzeichnungen begriffen.[6]

Ernst Grosses *Anfänge der Kunst* war in einem neuen geistigen Klima entstanden. Wie viele seiner Zeitgenossen war Grosse davon überzeugt, daß man sich anschickte, eine »Wissenschaft« von der Kunst zu entwickeln. Er schrieb als Sozialanthropologe, aber seine Grundeinstellung zur Kunst war von Gustav Fechner und seiner Schule bestimmt. Jedenfalls gilt das für seine Ansicht von der Funktion und vom Wesen des Kunstwerks. Fechner hatte den Versuch gemacht, eine wissenschaftliche Ästhetik an die Stelle einer spekulativen Ästhetik zu setzen, und wenn auch in seinem System die letzte Sanktion der Schönheit durch göttliche Immanenz gegeben wird, so glaubte er doch, zwischen dem Reiz und seiner Verarbeitung experimentell eine Beziehung hergestellt zu haben, die sich gesetzmäßig fassen, ja sogar quantifizieren ließ und die man soweit verfeinern konnte, daß sie auf komplexe Gebilde wie Kunstwerke anwendbar war. Aus Fechners Experimenten entwickelte sich die akademische Disziplin, die als physiologische Ästhetik bezeichnet wurde.[7] Grosse kannte auch die Spekulationen der Anthropologen und war besonders interessiert an Herbert Spencers Idee vom Ursprung des Ornaments im Spiel und vom expressiven Ursprung der Musik.[8] Auch war er mit den jüngsten Forschungsberichten der Ethnologen vertraut. Besonders charakteristisch für ihn ist jedoch seine Konzentration auf die Reaktion des Betrachters, in der er das eigentliche Feld für die Forschungen des Ästhetikers sieht.

Gottfried Semper, *Der Stil*, Bd. 1, S. 15, Der Kranz.

Gottfried Semper, *Der Stil,* Bd. 2, S. 294, Haus aus bayrisch Tirol.

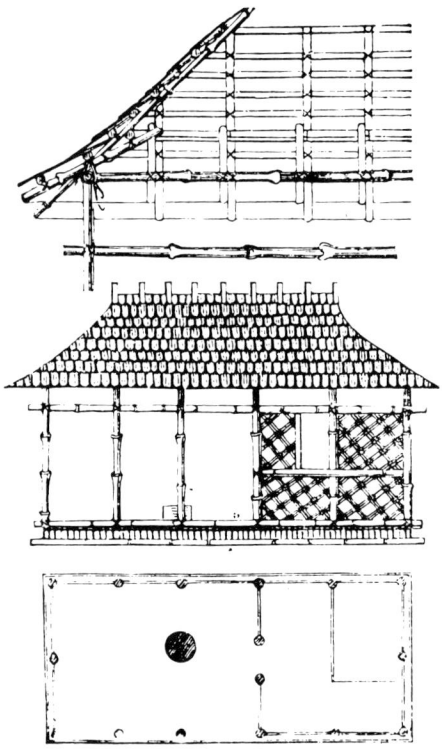

Gottfried Semper, *Der Stil,* Bd. 2, S. 263, Karaibische Hütte.

Damit stand er genau im Gegensatz zu der *praktischen* Ästhetik Sempers. Der experimentierende Ästhetiker untersuchte die Auswahlkriterien, die den Betrachter zu einer Bevorzugung bestimmter Formen und Farben motivierten. Semper dagegen erforschte die elementaren Methoden des Machens oder Herstellens und ihre Umsetzung in formale Regeln durch soziale und deshalb historische Aneignung.

Ich werde mich hier nur mit der ausgereiften Form seiner Auffassung dieses Vorganges beschäftigen, wie er sie in *Der Stil* entwickelt.[9] Seine Darstellung beginnt dort mit der unvermittelten Einführung des Kranzes als Ur-Kunstwerk.[10] Der Kranz ist für Semper das erste Beispiel eines Gewebes. Die Funktionen, die den Menschen zuerst dazu brachten, ein System von Stoffeinheiten, deren Eigenschaften Biegsamkeit, Geschmeidigkeit und Zähigkeit sind, zusammenzufügen, war *erstens* das Verlangen, zu reihen und zu binden, und *zweitens* der Wunsch, zu decken und zu schützen, abzuschließen. Semper beschreibt die einzelnen Eigenschaften des Textilmaterials ziemlich ausführlich, ehe er auf den begrifflichen Prozeß zurückkommt, den das Anfertigen von Geweben einschließt: Faden führt zu Gespinst und Gezwirn und Gespinst und Gezwirn zum Knoten. »Der Knoten ist vielleicht das älteste technische Symbol und... der Ausdruck für die frühesten kosmogonischen Ideen, die bei den Völkern aufkeimten.«[11] Ich finde es höchst bedauerlich, daß Semper den Hinweis auf die Symbolik des Knotens nicht weiterentwickelt hat.[12] Er hätte dafür, stelle ich mir vor, Bestätigung eher in den Beobachtungen älterer Autoren und von Reisenden des achtzehnten Jahrhunderts als in den Berichten der Völkerkundler gefunden. Seine eigene Anthropologie war aus Gustav Klemms weitschweifiger *Allgemeiner Kulturgeschichte der Menschheit* abgeleitet, die zwischen 1843 und 1852 in Leipzig erschienen war.[13] Diese Kulturgeschichte war, wie Klemm im Vorwort zum letzten Band ausführt, eine Erklärung und Beschreibung seiner eigenen völkerkundlichen Sammlung und der Bestände, die sich im Zwinger befanden, sowie der Art und Weise, wie beide angeordnet waren.[14]

Die Bestände dieser Sammlungen stammten von »primitiven« Völkern in dem Sinne, wie Semper dieses Wort verwandte. Für ihn bezeichnet es in der Regel Völker, die seine Zeitgenossen waren, nicht aber die Völker der Steinzeit. Solche »primitive« Kunst kannte er aus Museen und Beschreibungen, und durch Analogie dehnte er seine Kenntnisse auch auf die Menschen sehr viel früherer Zeitalter aus.

Das »primitivste« Bauwerk, das in *Der Stil* abgebildet wird, ist denn auch eine Bambushütte aus Westindien (wahrscheinlich Britisch-Guayana, denn sie wird als »karaibische Hütte« bezeichnet), die Semper auf der Weltausstellung von 1851 gesehen hatte und die er in einer schematischen Skizze zeigt.[15]

Es ist, bemerkt er dazu, »kein Phantasiebild, sondern ein höchst realistisches Exemplar einer Holzkonstruktion aus der Ethnologie entlehnt und hier dem Leser als eine vitruvianische Urhütte in allen ihren Elementen entsprechend vor Augen gestellt ... An ihr treten alle Elemente der antiken Baukunst in höchst ursprünglicher Weise und unvermischt hervor: der Herd als Mittelpunkt, die durch Pfahlwerk umschränkte Erderhöhung als Terrasse, das säulengetragene Dach und die Mattenumhegung als Raumabschlüsse oder Wand.«[16] Trotz seines offenkundigen Materialismus übernimmt Semper die Legende von der Herkunft der klassischen Architektur aus der Holzbauweise, die Vitruv so eingehend erörtert, und spinnt sie sogar noch weiter. Der echte Positivist Viollet-le-Duc, der etwa zur gleichen Zeit schreibt, verwirft diese Legende eindeutig. Man lese seine Entstehungsgeschichte der dorischen Ordnung im zweiten seiner *Entretiens:* Was Sempers Gegner gegen *Der Stil* vorzubringen hatten, paßt weit besser auf die kruden und anmaßenden Behauptungen von Viollet-le-Duc.[17] Gottfried Semper erkannte so deutlich wie nur irgendwer sonst, daß der Gedanke, die zylindrische Form der dorischen Säule sei durch die Methode des Transports vom Steinbruch zum Aufstellungsort zu erklären (wie Viollet vorgeschlagen hatte), unsinnig war. Viollet war jedoch für Semper der extreme Exponent einer Schule, die – im Gegensatz zu der traditionellen, von Vitruv vertretenen und von einigen Schriftstellern des Altertums unterstützten Erklärung – den Ursprung der dorischen Säulenordnung in reiner Steinkonstruktion sehen wollten. Semper lehnte diese ganze Richtung ab. Der dorische Tempel war, um sein Wort zu benutzen, ein »Gezimmer«, ein in Stein beschriebener oder symbolisierter Holzbau. »Nun sind aber die Wurzelformen der Tektonik viel älter als die Baukunst und bereits in der vormonumentalen Zeit an dem beweglichen Hausrath zu vollster...

Ausbildung gelangt, ehe die heilige Hütte, das Gottesgehäuse, das monumentale Gezimmer seine Kunstform erhielt. Daraus folgt nach dem allgemeinen Gesetze des menschlichen Schaffens, daß diese ... nothwendig eine Modifikation desjenigen war, was die Tektonik an ihrem älteren Objekte aus sich heraus gebildet hatte.«[18]

Aber selbst dieser ältere Typus ist kein einfaches Objekt, sondern eine Kombination von drei Grundformen des Herstellens: der Weberei, der Keramik und der Zimmerei (Tektonik), die in eine vierte, die Steinkonstruktion, übersetzt werden sollen. Die Bedeutung, die der Matte zugemessen wird, stellt ein Problem, auf das ich bereits weiter oben hingewiesen habe, nämlich, welche Rolle die textile Kunst für die Architektur spielt. Dieses Problem hatte Semper bereits in einer frühen Abhandlung über die Farbe in der antiken Architektur gestellt, und das Argument ist dem sorgfältigen Leser Sempers vertraut.[19] Der Hinweis ist aber angebracht, daß er die These in leicht veränderter Form wiederholt: »das Färben ist natürlicher und leichter, daher auch ursprünglicher als das Malen. Diese Thesis enthält ein sehr wichtiges Moment der Stiltheorie...«[20] Der nächste Schritt besteht darin, die Entstehung der Muster durch das Weben und sogar das Weben verschiedenfarbiger Stoffe plausibel zu machen. Semper vertritt die These von der Priorität der Wirkerei und des Färbens bei der Erfindung des Muster-Machens.[21] Wenn seine Argumentation stichhaltig ist, dann kann man die Stilgesetze, die er für die tektonischen und nützlichen Künste formuliert hat, auf die Künste im allgemeinen übertragen. Einer der interessantesten Aspekte der Stiltheorie von Semper ist dabei dies, daß es für seine Denkweise keinerlei Unterschied zwischen den Gesetzen gibt, die für das Kunstwerk und für das Produkt des Kunstgewerbes gelten, und daß die Gesetze, die für das Schaffen eines Kunstwerks bestimmend sind, von der Praxis eines einfachen Handwerks abgeleitet werden können.

Im Anschluß hieran entwickelt Semper die These von der engen, aber zweideutigen Entsprechung zwischen der Bedeckung des Körpers mit Kleidern und der Verkleidung der Architektur mit Ornamenten, die von gewebten Formen abgeleitet sind. Das Wort »Bekleidung« erlaubt ihm, diese Zweideutigkeit durch seine ganze lange Erörterung dieses Zusammenhanges durchzuhalten.[22] Gelegentlich überfordert er dabei unsere Leichtgläubigkeit, wie zum Beispiel mit der Analogie zwischen den Lotusblumen, die die ägyptischen Damen sich in das Haar oder hinter die Ohren stecken, und den stilisierten Lotusblumen, die in die Bänder eingesteckt werden, die bei der ägyptischen Säule Schaft und Kapitell voneinander trennen.[23]

Bis zu einem gewissen Grade verschwindet die Zweideutigkeit, wenn Semper den aus Pfählen und Zweigen verbundenen Zaun behandelt, als die erste Form von Geflecht oder Gewebe, das zur Abgrenzung des Raumes benutzt wird.[24] Bedauerlicherweise ist der Abschnitt, der sich mit diesem Sachverhalt beschäftigt, äußerst knapp, und außerdem erweitert Semper die Argumentation noch. Es gebe primitive Stämme, so führt er aus, die keinerlei Bekleidung kennen, aber Felle und die Technik des Spinnens, Flechtens und Webens zur Einrichtung und Sicherung ihres Lagers anwenden.

Mit einem merkwürdigen Wortspiel greift Semper seiner späteren Behandlung des Knotens als wesentlichen Kunstwerkes schon sehr früh im Textilkapitel vor, wo er sich mit

Gottfried Semper, *Der Stil*, Bd. 1, S. 198, Ägyptischer Damenhaarputz.

Gottfried Semper, *Der Stil*, Bd. 1, Farbtafel XI, 1–6 Ägyptische Ornamente an Decken und Wänden der Gräber; 7 Skandinavisches Stickmuster.

dem Begriff der »Naht« beschäftigt. Sie ist, sagt er, »ein Nothbehelf, ... um Stücke homogener Art ... zu einem Ganzen zu verbinden«. Das Nebeneinander von »Noth« und »Naht« legt jedoch eine Verknüpfung nahe. Die Naht ist ein uraltes »Analogon und Symbol jeder Zusammenfügung ursprünglich getheilter Oberflächen«, und hier läßt Semper »ein wichtigstes und erstes Axiom der Kunst-Praxis« in seiner einfachsten Form auftreten – »das Gesetz nämlich, aus der Noth eine Tugend zu machen«[25].

In einer Fußnote gesteht Semper, daß der »Worttausch«, den er sich hier erlaubt habe, »leicht spielend und bedeutungslos erscheinen« könnte, obwohl die Ideenverknüpfung zwischen Naht und Knoten (*knot, nœud, nodus*) ihm irgendwie mit dem griechischen ἀνάγκη, Kraft, Notwendigkeit, zusammenzuhängen schien. Wahrscheinlich hatte Semper sich mit den Artikeln »Knoten«, »Naht« usw. in Jakob und Wilhelm Grimms *Deutschem Wörterbuch* vertraut gemacht. Die Antwort auf sein Problem fand er jedoch, nachdem er dieses geschrieben hatte, in der sprachwissenschaftlichen Untersuchung von Albert Höfer, einem Schüler Humboldts.[26] Höfer rechtfertigt das Wortspiel und bestätigt den Zusammenhang einer Anzahl von Worten mit der indoeuropäischen Wurzel *noc*, lateinisch *nec-o*, *nexus, necessitas, nectere*, νέω (nähen).[27] Doch unabhängig von allen linguistischen Details vertritt Semper schon am Anfang des Buches das Gesetz, aus der Not eine Tugend zu machen.[28] In der Tat ist es die erste von zwei wesentlichen Regeln, die für alles menschliche Herstellen gelten; es resultiert immer aus einem Bedürfnis, das entweder erlebt oder auf eine symbolische Ebene erhoben wird.[29] Die zweite Regel ist die von der Bedingtheit durch das zur Herstellung benutzte Material sowie durch den Herstellungsprozeß selbst. Nur der Gebrauch der Farben ist durch diese beiden Grundregeln nicht bestimmt.[30] Diesem materialistischen Gesetz geht jedoch die kategorische Aussage voraus, daß das Kunstwerk nur als ein Ganzes verstanden werden könne und sich nicht in eine Folge von Reizen zerlegen lasse, die unter Laborbedingungen zu untersuchen sind, eine Einstellung, die Semper sogar noch schärfer ablehnt als die älteren idealistischen Spekulationen, denen er doch einiges verdankt.

Das Kunstwerk, so führt er in aller Kürze in den »Prolegomena« aus, ist die Reaktion des Menschen auf eine Welt voller Wunder und geheimnisvoller Kräfte, deren Gesetze der Mensch meint verstehen zu können, die er aber nie enträtselt, so daß er für immer in einer unbefriedigten Spannung bleibt. Die unerreichte Ganzheit beschwört er im Spiel – und dadurch, daß er für sich ein Universum im Kleinen errichtet, in welchem sich das kosmische Gesetz in den kleinsten Dimensionen eines in sich abgeschlossenen Gebildes beobachten läßt. Der primitive Mensch, so bemerkt Semper, findet mehr Gefallen an den Regelmäßigkeiten des Ruderschlages und des Klatschens der Hände, am Kranz und an der Perlenschnur als an den weniger artikulierten Regelmäßigkeiten, die die Natur ihm bietet.[31] Diese teleologische Struktur des Schönen führt zur Darlegung der »drei Gestaltungsmomente«, durch welche (in Sempers Auffassung) die Formen als einheitlich und schön gesehen werden. Diese sind Symmetrie, Proportionalität und Richtung oder Bewegungseinheit. Er untersucht sie mit Rücksicht auf Naturphänomene: Schneeflocken, Blumen, astronomische Bewegung, und deutet deren Zusammenhang mit menschlichen Werken kurz an. Die Anwendung dieses begrifflichen Gerüstes wird jedoch nirgends in dem Buch ausdrücklich vorgenommen.[32]

Der Aufbau der beiden Bände spiegelt die in den Prolegomena entwickelten Gedanken nur sehr indirekt wider.[33] Die für Sempers Gliederung seiner Argumentation grundlegenden vier Stoffkreise: Textile Kunst, Keramik, Tektonik und Stereotomie erfahren zweifache Behandlung, einmal formal in einem allgemeineren Sinne und zweitens, wie Semper es nennt, technisch-historisch. Sie korrespondieren deshalb den beiden organisierenden Prinzipien: dem mikrokosmisch-makrokosmischen (Symmetrie-Eurhythmie) und dem »vitalistischen« (Richtung), deren Dialektik durch Proportion vermittelt ist. Das Resultat ist unzusammenhängend und oft nicht schlüssig, und kaum einmal erreicht es jene Art von Einsicht, die von merkwürdigen Äußerungen in falsches Licht gesetzt wird. Der gotische Bau, sagt er in den Prolegomena, war eine »lapidarische Übertragung der scholastischen Philosophie« des zwölften und dreizehnten Jahrhunderts, eine Einsicht, die Panofsky viele Jahre später, wie umstritten auch immer, rechtfertigen sollte.[34]

Die Schwierigkeit, heute Semper zu lesen, hängt mit seiner Methode zusammen: Wir sind an eine historische Anordnung eines derartigen Materials gewöhnt, während er klassifizie-

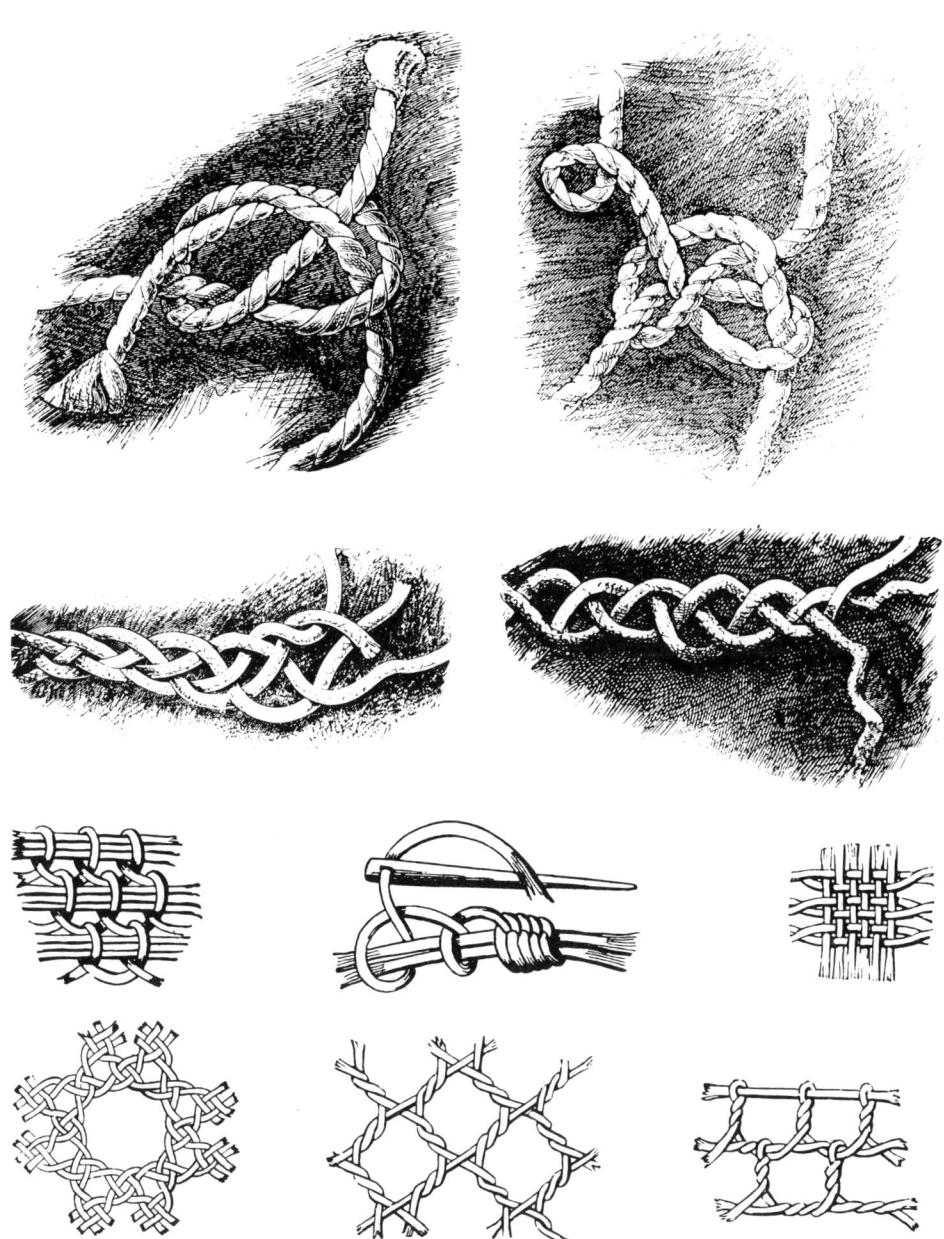

Gottfried Semper, *Der Stil*, Bd. 1, S. 172–175, Arten von Geflecht.

rend vorgeht. Den Aufmarsch der miteinander verknüpften Epochen hatte Semper für seinen letzten Band zurückgestellt, und sein Interesse an der Entstehung des beschränkten formalen Vokabulars richtete sich auf dessen sozialen Nährboden und auf eine mögliche Analogie, eine Übertragung auf seine eigene Zeit.[35] In erster Linie aber lag ihm an einer deutenden Taxonomie – durch Klärung der Voraussetzungen, unter denen Stil entsteht, ein Problem, mit dem sich schon Rumohr ziemlich eingehend auseinandergesetzt hatte.[36] In einer merkwürdigen Passage, in der Rumohr von den Gliedern eines Kunstwerks mit der Präzision eines pathologischen Anatomen spricht, wird das Anliegen deutlich, dem er sich verschrieben hatte. Das Vorbild, dem Semper folgte, war nicht das des Kenners oder des Philologen, sondern als Ziel schwebte ihm das große formale Klassifikationssystem eines Georges Cuvier vor, dessen Arbeiten er bei seinem ersten Parisaufenthalt kennengelernt hatte und dem er sein ganzes Leben lang Verehrung entgegenbrachte.[37] Als er die Namen großer Wissenschaftler und Gelehrter auswählte, deren an der Fassade der Technischen Hochschule in Zürich gedacht werden sollte, war Cuvier der einzige Biologe, den er nannte – und dies muß nach 1860 gewesen sein.[38]

Zu Lebzeiten Sempers wurde Cuviers System sowohl nachgeahmt wie angegriffen, wenn es auch durch die biologischen Evolutionstheorien von Darwin, Wallace und Huxley überholt wurde.[39]

Die große Neuerung, die Cuvier eingeführt hatte, war die Akzentverlagerung von der Beschreibung durch die identifizierbaren Glieder eines Organismus und von der Klassifikation durch Beschreibung zur Klassifikation nach Funktionen, so daß nicht mehr Ähnlichkeit das hauptsächliche Kriterium der Klassifikation war, sondern die Funktionsweise des Gliedes innerhalb des Organismus.[40] Die alten, auf Ähnlichkeit beruhenden Taxonomien werden durch das neue Prinzip Cuviers überwunden. Die Funktion und ihre hierarchische Strukturierung des Organismus von innen ist das bestimmende Prinzip der Klassifikation. Die hierarchische Anordnung der Funktionen: Atmen, Verdauung, Blutkreislauf und Ortsbewegung, die allen Tieren gemeinsam sind (später fügte Cuvier noch das Nervensystem hinzu, dem er schließlich die entscheidende Rolle zuweisen sollte), nahm in hierarchischer Abstufung ab vom Menschen bis zur Amöbe, die keine Nerven-, Kreislauf- und Bewegungsorgane besitzt und auf die Nahrungsaufnahme eingeschränkt ist.[41] Eine derartige Ansicht der planvollen und zweckbezogenen Organisation der Organfunktion forderte eine neue Art von biologischer Klassifikation auf der Grundlage des Prinzips der Gemeinschaft von Funktionen und nicht mehr der Ähnlichkeit, was außerdem eine diskontinuierliche Auffassung der organischen Entwicklung einschließt. Für diese Auffassung waren die Arten festumrissene Größen und entwickelten sich durch ihre besonderen inneren Formgesetze und niemals durch eine Transformation der einen in die andere. Diese Voraussetzung, diese Diskontinuität, erlaubt es Cuvier, eine *Geschichte der Natur* zu entwerfen, eine Geschichte, die sich für ihn in katastrophischen Veränderungen vollzog, im Unterschied zur *Naturgeschichte* der Biologen des achtzehnten Jahrhunderts, für die die Natur immer ein Kontinuum war. Wegen dieser Unveränderlichkeit der Arten erschien Cuvier den Biologen nach Darwin so veraltet, und eben diese Diskontinuität ist für das Denken Sempers so charakteristisch.[42]

Er hatte Cuvier zunächst als denjenigen bewundert, der die große Sammlung von Pflanzen im Jardin des Plantes, den er, wie wir wissen, eifrig besucht hat, gemäß dem eben entwickelten Grundgedanken ordnete.[43] Diese generative Ordnung muß als starker Gegensatz zu der Zusammenhanglosigkeit einer Sammlung wie der von Klemm gewirkt haben. Außerdem erstaunte ihn das Durcheinander der Objekte auf der Großen Weltausstellung und die Unfähigkeit der Jury, mit dem von ihr praktizierten System der Fülle des Materials Herr zu werden. Seine eigene Reaktion darauf ist in der Abhandlung *Wissenschaft, Industrie und Kunst* entwickelt, in der er eine vierfache Gliederung der menschlichen Artefakte vorschlug, für die die Urhütte das Modell abgab. Diese Hütte besteht aus vier nicht weiter zurückführbaren Elementen oder Wurzelformen: dem Herd, der die »moralische« Grundlage der Ansiedlung bildet[44], den Wänden, der Terrasse und dem Dach. Diese vier Grundelemente entsprechen vier Weisen des Herstellens (nicht, wie oft gesagt wird, vier Arten von Material): Formung beim Herd, einem Produkt der Keramik; Weben und Flechten bei den Wänden durch die textile Kunst; Schreinerei und Zimmerei für Terrasse und Dach; und schließlich noch Stereotomie oder Maurerei, die die Zimmerei bei den Fundamenten und später auch die Textilarbeiten der Wände ersetzt. Stereotomie schließt ebenfalls eine »Wurzelform« des Herstellens ein, nämlich das Aufhäufeln, das auf keine der anderen Tätigkeiten reduziert werden kann. Als fünftes Element kommen in Sempers Buch die Metallarbeiten hinzu, obwohl er sich darüber im klaren ist, daß damit ein Herstellungsverfahren einen Platz in seinem Schema erhielt, das keine »Wurzelform« war.[45]

Die Anordnung des Museums, das das Mittel zur Erziehung sowohl einer neuen Künstlerschaft wie eines neuen Publikums sein sollte[46], war auch die Grundlage für die Gliederung seines Buches *Der Stil*. Die Verwendung des Ausdrucks »Wurzelform« weist jedoch noch auf einen anderen wichtigen Einfluß auf das Denken Sempers hin: Er war Zeitgenosse vieler großer Philologen. Franz Bopp war zehn Jahre älter als er, die Gebrüder Grimm fünfzehn, und wie der merkwürdige Exkurs über Noth und Naht bereits deutlich gemacht hat, war Sempers Interesse an linguistischen Spekulationen sehr groß. Wie viele Sprachwissenschaftler, die über die indoeuropäischen Sprachen spekulierten, war er ebenfalls sehr an dem ursprünglichen indogermanischen »Thing« interessiert. Richard Wagner gibt zu erkennen, daß seine alte Freundschaft mit Semper überschattet wurde durch dessen Ansicht, der Schöpfer des *Tannhäuser* (der in der von Semper gebauten Dresdner Oper aufgeführt wurde) sei ein Repräsentant der »mittelalterisch katholizierenden Richtung«, die er vielmehr heftig bekämpfte. Schließlich gelang es Wagner, Semper davon zu überzeugen, daß er eigentlich an der Auffindung des Ideals des urgermanischen Mythos interessiert war und in ihm den Mann in Dresden sah, der die gleichen Interessen hatte wie er selbst.[47]

Darin spiegelten sich auch ihre politischen Ansichten, ihre von ihrem Egoismus ungetrübte Überzeugung, daß das wahre Kunstwerk Ausdruck, wenn nicht Produkt einer Gemeinschaft ist, die den Schöpfer wie sein Publikum umfaßt. Dahinter stand das Erbe Wilhelm von Humboldts, die Vorstellung, daß das Wesen der Sprache nicht die Beschreibung von Dingen, sondern die stimmliche Verlautbarung von Tätigkeit ist, in einer berühmten Formulierung Humboldts: »Sie [die Sprache] ist kein Werk [Ergon], sondern

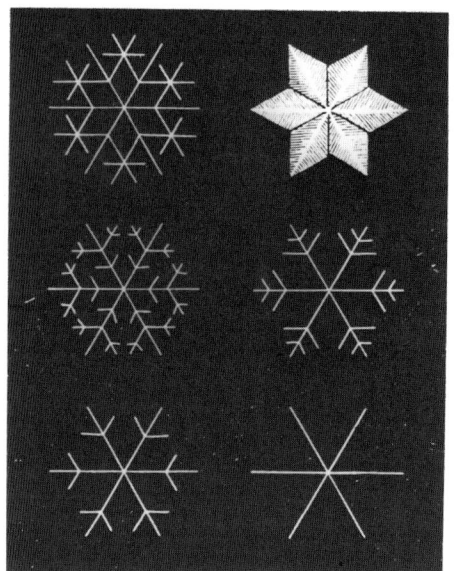

Semper, *Der Stil*, Bd. 1. S. XXV und XXXV,
Schneeflocken und astronomische Bewegung.

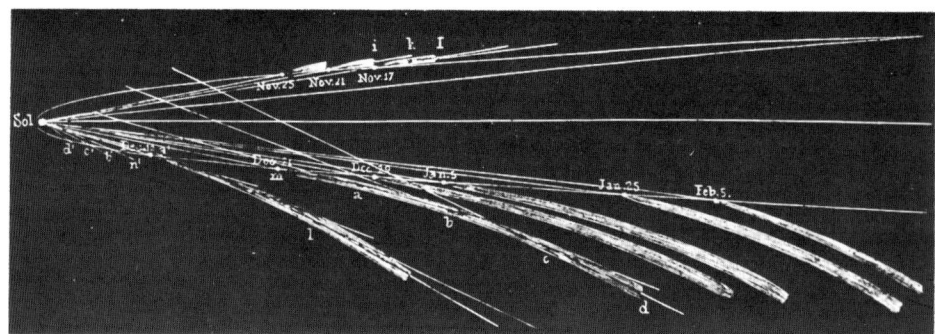

eine Tätigkeit [Energeia] ... Sie ist nämlich die sich ewig wiederholende Arbeit des Geistes,
den articulierten Laut zum Ausdruck des Gedankens fähig zu machen.«[48] Die Unterscheidung zwischen Form und Stoff der Sprache, die für Humboldt so wichtig ist, ist wiederum
vorgebildet in Schlegels interessanter Unterscheidung zwischen mechanischer und organischer Sprachform. Die organische Form, die sich von innen heraus entwickelt, ist einer
Sache eingeboren. So behauptet Humboldt, daß Identität und Beziehung in der Sprache von
der Identität und Beziehung ihrer Formen abhänge. Unter Form versteht er dabei nicht
grammatische Form allein, sondern sowohl Syntax wie Wortaufbau gehören dazu, während
der Stoff der Sprache sozusagen außerhalb der Sprache liegt. Innerhalb der Sprache kann der
Stoff nur in bestimmten Beziehungen, wie der zwischen Wurzel und Deklinationen, erkannt

werden. Der Gegensatz ist aber problematisch, denn in der Sprache kann es keinen ungeformten Stoff geben, so daß auf der einen Seite der Laut als Stoff verstanden werden muß, andererseits aber als die Gesamtheit von Sinneseindrücken und selbsttätigen Geistesbewegungen, die der Begriffsbildung mit Hilfe der Sprache vorausgehen.[49]

Cuvier hat den Organismen eine dynamische Kohärenz zugesprochen und sie durch die zweckmäßige Gliederung ihrer Funktionen nachgewiesen. In analoger Weise sahen die Sprachwissenschaftler der Generation von Humboldt und Bopp die Sprache in ihrer ganzen architektonischen Entwicklung als Äußerung des Willens eines Volkes, sich selbst zu erhalten durch die Kraft oder die Fähigkeit, seine eigene Sprache zu sprechen.[50]

Daher das Interesse dieser Forscher an den mündlichen Überlieferungen, die den Zugang zu einer urtümlicheren Sprachgeschichte geben als die des geschriebenen Wortes, nämlich die in Märchen oder Mythen eingeschlossenen Traditionen. Die Hochschätzung dieser Erkenntnisquelle war, wie ich zu zeigen versucht habe, etwas, was Wagner und Semper verband.

Den inneren Charakter jeder Epoche, die Wechselwirkung von Form und Stoff innerhalb ihrer, wollte Semper im dritten Band behandeln. In den beiden ersten Bänden dagegen hatte er eine vergleichende Morphologie der Kunstformen – ich gebrauche das Wort jetzt im Humboldtschen Sinne – und ihrer Abhängigkeit von den *energiae* gegeben, aus denen sie entsprangen. Mit allen Widersprüchen und Wiederholungen ist dies der Inhalt der beiden veröffentlichten Bände von *Der Stil,* und in den Prolegomena werden sozusagen die Bildungsregeln angegeben, durch welche die Wurzeltätigkeiten ihre Transformation erfahren.

In der Form, in der sie in den beiden Bänden von *Der Stil* dargelegt ist, ist Sempers Theorie keine Evolutionstheorie, ja sie ist geradezu anti-evolutionär. Durch ihre Beziehung zum diachronischen System Cuviers mit seiner Betonung des katastrophischen Charakters des Wandels und der Individualisierung jeder Spezies steht Sempers Auffassung der natürlichen Entwicklung im Gegensatz zu der älteren, naturgeschichtlichen Form der Entwicklungstheorie. Darwins Buch, das 1859 zuerst erschienen ist, kam zu einem Zeitpunkt, als Sempers Theorie in ihren Grundlinien schon lange festlag. In seiner unersättlichen Art war Semper von ihr natürlich fasziniert[51], aber die Möglichkeit, die Prinzipien natürlicher Auslese auf Kunstwerke und alles menschliche Schaffen überhaupt anzuwenden, bestritt er entschieden. »Man bezeichnet richtig«, heißt es in einer seiner letzten Schriften, »die alten Monumente als die fossilen Gehäuse ausgestorbener Gesellschaftsorganisationen, aber diese sind letzteren, wie sie lebten, nicht wie Schneckenhäuser auf den Rücken gewachsen, noch sind sie nach einem blinden Naturprozesse wie Korallenriffe aufgeschossen, sondern freie Gebilde des Menschen, der dazu Verstand, Naturbeobachtung, Genie, Willen, Wissen und Macht in Bewegung setzte.«[52]

Die Werke des Menschen sind deshalb Mikrokosmen und Spiegel der Naturgesetze, jedoch um sowohl Schöpfer wie Benutzer zufriedenzustellen, und sie folgen den Naturgesetzen nicht so, als gehorchten sie einer blinden Notwendigkeit. Diese Gesetze sind die Ordnung, mit und an welcher die *energiae* wirksam werden. Sie sind Produkte der

Gemeinschaft, der Gesellschaft genau in derselben Weise, wie die Sprache für die neue vergleichende Sprachwissenschaft kollektiven Ursprungs war. Wie die Linguistik ebenfalls dem Cuvierschen Beispiel folgte und die Vorstellung des achtzehnten Jahrhunderts von einer fortschreitenden Geschichte der Sprache, in welcher ältere und jüngere Sprachen unterschieden werden konnten, hinter sich ließ, so wollte Semper analog dazu die Gliederung der Kunstgeschichte, wie sie vor allem von Winckelmann geschaffen worden war, mit ihrer Betonung der Priorität eines Volkes vor dem anderen und ihrer hieratischen Aufmerksamkeit auf individuelle Künstler durchbrechen. Sempers Entwurf sah auf die Einheit des Herstellens, gleich ob höfischer oder volkstümlicher Art, und auf die Entwicklung von Kunst und Handwerk aus bestimmten Grundprozessen, die zur menschlichen Erfahrung überhaupt gehören: Siedlung und Teilung.[53] Deshalb gibt es in Sempers System zwei Archetypen: den »Urherd« und das »Urtuch«, das erste Zeichen der Ansiedlung und das erste Hergestellte. Obgleich sie aber für Semper dieselbe Wirklichkeit gehabt zu haben scheinen wie die »Urpflanze« für Goethe[54], ließen sie sich doch nicht auf ein einziges Urphänomen zurückführen, wie Goethe wahrscheinlich gewünscht hätte, und auch die beiden anderen »Wurzelformen« des Herstellens, Zusammenfügen und Anhäufen, verschmelzen niemals miteinander, sondern behalten dann, wenn sie sich überlagern, durch Darstellung und Symbolisierung ihren eigenen Charakter.

Die außerordentliche geistige Leistung, die Sempers großes Werk forderte, ist, wie ich behaupten möchte, nicht hinreichend gewürdigt worden. Die Bedeutung, die Semper dem Vorrang der textilen Künste beimaß, wird immer noch unterschätzt, obwohl Hans Quitzsch in seiner kürzlich erschienenen Monographie über Sempers Theorien dieser Frage ein eigenes Kapitel widmet.[55] Wirft man einen Blick in das Inhaltsverzeichnis von *Der Stil,* dann bemerkt man, daß Semper der textilen Kunst beinahe ebenso viel Raum widmet wie den anderen drei Künsten zusammengenommen.[56] Das ist kein Zufall, denn das Prinzip der »Bekleidung« erlaubte ihm, einen einheitlichen Ursprung aller Künste anzunehmen. Außerdem gab es, so paradox es klingen mag, dem Ornament die logische Priorität gegenüber dem Baukörper und ermöglichte so den Versuch, den alten Gegensatz von Gebäude und Ornament, den die klassische Architekturtheorie nicht hinter sich lassen konnte, zu versöhnen. Und dies geschah, was noch wichtiger ist, unter Berufung auf zugrundeliegende Naturgesetze. Die genannte Priorität bedeutete noch etwas anderes, nämlich daß die Architektur, als Königin der Künste – natürlich war Semper, wie jeder von uns Architekten, nicht frei von einem gewissen berechtigten professionellen Chauvinismus – ihrem Wesen nach »bedeckt« war, und Malerei und Skulptur waren ein Teil dieser ihrer Bedeckung und Ausschmückung.

Die hohe Kunst partizipiert, wie ich hervorgehoben habe, in Sempers Lehrgebäude am selben Wesen und gehorcht denselben Gesetzen wie das Kunstgewerbe. Die eigentliche Vermittlerin dieser Gesetze ist die Architektur, und in den ersten vom Menschen geschaffenen Gegenständen sind sie in exemplarischer und folgenreicher Weise verkörpert. Deshalb gibt es keine tiefere kategoriale Unterscheidung zwischen höheren und niederen Künsten oder zwischen Kunst und Kunstgewerbe, wie die Schlagworte um die Jahrhundertwende lauten. Semper ging einen Weg, der sowohl von dem der Kunsthistoriker, auf die er sich stützt, wie von dem seiner Zeitgenossen radikal abwich.[57] Obwohl im neunzehnten Jahrhundert der Bruch zwischen Kunst und der Kunstindustrie, um einen anderen Semper geläufigen Ausdruck zu gebrauchen, angelegt ist, ist von den Sozialanthropologen noch eine andere und vielleicht noch entscheidendere Kluft geschaffen worden: zwischen dem Menschen als Werkzeug- und als Bildermacher.[58] Die Höhlen von Altamira, von denen ich ausgegangen bin, waren für die Sozialwissenschaftler ebenso wie für die Kunsthistoriker, die mit Semper gleichaltrig oder etwas jünger waren, völlig unannehmbar. Der Fortschritt des Menschen vom Formen roher Werkzeuge zum Schaffen schöner Bilder schien so natürlich wie nur irgendein Teil des Evolutionsprozesses, und die Kontinuität, die darin lag, ließ die isolierte und in sich geschlossene Auffassung des Schaffensprozesses, die wir bei Semper finden, nicht zu. Das ist der Grund, warum die Malereien von Altamira von so vielen als das Werk von Bauern oder gar als Fälschung abgelehnt wurden, wenn man ihnen überhaupt Beachtung schenkte. Erst Anfang des zwanzigsten Jahrhunderts wurden sie genau beschrieben und versuchsweise datiert.[59] Als das geschah, erschien die große Schönheit der prähistorischen Gemälde und der kühnen Schnitzereien weit eindrucksvoller als die plumpen und repetitiven paläolithischen Schneidewerkzeuge. Die gewandelte Auffassung vom vorgeschichtlichen Menschen entsprach einer tiefgreifenden Veränderung des geistigen Klimas. Symptomatisch dafür war Alois Riegls Angriff auf das, was er den kunstmaterialistischen Charakter des Semperschen Systems nannte. Riegls Ansicht nach konnte man sich den Künstler nicht von seinem Rohstoff und seinen Herstellungsmethoden abhängig denken, sondern er war für ihn nur durch den geistigen Horizont gebunden, wie er sich in dem Begriff des »Kunstwollens« niederschlägt, den ich hier nicht erörtern möchte. Soviel mag genügen, daß Riegls Zurückweisung dessen, was ihm als eine eindeutig materialistische Theorie der Kunstentstehung erschien, für die Stellung vieler Kunsthistoriker zu Semper bestimmend gewesen ist.[60] Anders läßt sich eine Beschreibung von *Der Stil* schwer rechtfertigen, wie man sie in Lionello Venturis Geschichte der Kunstkritik findet. »So abstoßend eine solche materialistische Auffassung der Kunst«, schreibt Venturi, »wie Semper sie gehabt hat, auch sein mag, jedenfalls hat sie die Aufmerksamkeit des Historikers wieder darauf gelenkt, wie der Geist sich in der Materie verwirklicht und wie die Materie durch die Kunst sensitiv wird.«[61]

Eine derartig grobe Karikatur verfehlt die subtile Zweideutigkeit der Semperschen Theorie. Zum Teil ist dies, wie ich angedeutet habe, seine eigene Schuld, denn jede ausdrückliche Erörterung begrifflicher Fragen, wie der nach der Bedeutung des Wortes »Typus«, bleibt Gelegenheitsschriften vorbehalten, und die brillante Darstellung ästhetischer »Gestaltungsmomente«, die die zugrunde liegenden Naturgesetze erfassen, wird als Beispiel einer ganzheitlichen Auffassung hochgehalten, obwohl diese Momente niemals unmittelbar auf die Tätigkeit des Künstlers und des Kunsthandwerkers bezogen werden.[62]

Solche Mängel waren in einem Gedankengebäude, das nie ganz zum Abschluß gebracht werden konnte, unvermeidlich. Sempers wesentliche Leistung, der vergleichenden Morphologie Eingang in die Kunstgeschichte zu verschaffen, blieb folgenlos. Auf der einen Seite die Skylla der Entdeckung des Menschen, des ersten Bildermachers, eine Entdeckung, mit der fertig zu werden auch Riegl schwer fiel[63], und auf der anderen Seite die Charybdis der tiefgehenden Trennung zwischen Kunst und Kunstgewerbe, die im ersten Jahrzehnt unseres Jahrhunderts akut geworden war und die Gemüter erregte. Unmittelbar vor der Jahrhundertwende, als Alfred Lichtwark den Begriff der »Sachlichkeit« als ästhetischen Maßstab zuerst popularisierte[64], wurden die Deutsche Werkstätten gegründet, und mit der Gründung des Werkbundes 1907 wurde die Trennung institutionalisiert.[65] Im nächsten Jahr folgt dann der weithin vernehmbare Angriff von Loos auf das Ornament überhaupt.[66] Im selben Jahr kommt es zu einer abschließenden Äußerung über die Trennung von Kunst und Kunstgewerbe, abschließend vor allem deswegen, weil diese Äußerung von außerhalb des Feldes der Kunstgeschichte und Kunsttheorie kommt – sie findet sich eingebettet in den umfangreichen Text von Georg Simmels *Soziologie*. Das Kapitel, das sich mit dem Geheimnis und geheimen Gesellschaften als sozialen Formen beschäftigt, hat einen Exkurs über den Schmuck. Unter »Schmuck« versteht Simmel in erster Linie Körperschmuck. »Stil«, schreibt er, »ist immer ein Allgemeines, das die Inhalte des persönlichen Lebens und Schaffens in eine mit vielen geteilte und für viele zugängliche Form bringt. An dem eigentlichen Kunstwerk interessiert uns ein Stil um so weniger, je größer die personale Einzigkeit und das subjektive Leben ist, das sich in ihm ausdrückt: denn mit diesem appelliert es auch an den Persönlichkeitsstandpunkt im Beschauer, er ist sozusagen mit dem Kunstwerk auf der Welt allein«.

»Für Alles dagegen, was wir Kunstgewerbe nennen, was sich wegen seines Gebrauchszweckes an eine Vielheit von Menschen wendet, fordern wir eine generelle, typischere Gestaltung…, die seine Einordnung in die Lebenssysteme sehr vieler Einzelner ermöglicht. Es ist der allergrößte Irrtum zu meinen, daß der Schmuck ein individuelles Kunstwerk sein müsse, da er doch immer ein Individuum schmücken solle. Ganz im Gegenteil: weil er dem Individuum dienen soll, darf er nicht selbst individuellen Wesens sein, so wenig wie das Möbel, auf dem wir sitzen, oder das Eßgerät, mit dem wir hantieren, individuelle Kunstwerke sein dürfen.«

»Das Kunstwerk kann überhaupt nicht in ein anderes Leben einbezogen werden, da es eine selbstgenügsame Welt ist … Dieses Auflösen der individuellen Zuspitzung, diese Verallgemeinerung, jenseits des persönlichen Einzigseins … das ist das Wesen der Stilisierung.«[67]

Fast der ganze Abschnitt schien mir wert, hier zitiert zu werden, da er die Sempersche Position auf den Kopf stellt oder, vielleicht genauer, von der Rückseite des Spiegels zeigt. In Simmels Beschreibung des Kunstwerkes sind sein Schöpfer und dessen Absichten fast gänzlich ausgeklammert. Für die soziologische Betrachtung von Stil und Stilisierung als eines sozialen Prozesses ist einzig die Beziehung zwischen Beschauer und Objekt von Interesse. Der Unterschied zwischen dem Kunstwerk und einem Produkt von Handwerk oder Industrie, zwischen Kunst und Kunstgewerbe, wird so klar und nachdrücklich formuliert wie nur je in der großen Debatte zwischen Hermann Muthesius und Henry van de Velde, die den Werkbund 1914 erschütterte.[68]

Abschließend möchte ich noch einmal auf Semper und das Problem des Stils zurückkommen. So vertraut er mit dem »Stil« als einem Schlagwort seiner Zeit war, blieb seine Auffassung von Stil als Begriff, wie bei seinem Zeitgenossen Viollet-le-Duc[69], frei von dem Makel, ein bloßes ornamentales Vokabular zu sein, das willkürlich oder gar mit gewissen Gedankenverbindungen angebracht wurde. So unehrgeizig und unauffällig seine eigene architektonische Praxis auch gewesen sein mag, so leidenschaftlich war er andererseits um die Errichtung einer Theorie des Stils bemüht, um die vielen strittigen Fragen zu entscheiden, die die akademische Tradition offen gelassen hatte. Während er diesen Versuch unternahm, weitete sich der Horizont des historischen Wissens ins Unermeßliche, und neue Funktionen und neue Rohstoffe stellten unbekannte Anforderungen an den Einfallsreichtum des Entwerfenden. Deshalb ist es vielleicht nicht erstaunlich, daß Semper auf die Urhütte als Grundgestalt aller künstlerischen Erscheinungen zurückgriff und eine Entsprechung dazu schuf in seinem idealen viergliedrigen Museum, in dem die von der Hütte repräsentierte Einheit von dem Besucher rekonstruiert werden konnte, indem er die Erfahrung der vier Arten des Herstellens wiederholte. Es ist leicht, seinen Grundgedanken zu begreifen, und doch hat er auf die verschiedensten Fragen des Kunstunterrichts in Großbritannien einen nachhaltigen Einfluß ausgeübt[70], desgleichen auf die Entwicklung der Ethnologie, besonders auf Franz Boas und seine Schule[71], und schließlich – am erstaunlichsten – auf die Architekten der Schule von Chicago. Es heißt, daß der Begriff der *curtain wall*, der Vorhang-Wand, mit Rücksicht auf Sempers These von der begrifflichen Priorität der textilen Kunst formuliert wurde.[72]

Heute jedoch wirkt die Gesamtstruktur des Semperschen Gedankengebäudes interessanter und sogar bedeutungsvoller als je seit seiner ersten Veröffentlichung. Uns sind die frohen Gewißheiten des Werkbundes verlorengegangen. Ruskin und Morris lesen wir nicht bloß als historische Dokumente, sondern ihre Anschauungen haben heute eine neue Dringlichkeit gewonnen. In diesem Klima ist Sempers Versuch, alle künstlerischen Äußerungen auf eine Transformationsmorphologie zurückzuführen, die auf vier Wurzelformen der Bearbeitung des trägen Rohstoffes durch die wollende Hand basiert, voller faszinierender Möglichkeiten.

Trotz eines Jahrhunderts von Spekulationen sind wir der Formulierung einer Theorie des Stils, die den psychologischen und historischen Problemen, die sie aufwirft, gerecht wird, nicht nähergekommen.[73] Auf der anderen Seite hat Sempers gedankliche Arbeit eine neue und unerwartete Aktualität gewonnen. Die Morphologie, selbst im Cuvierschen Sinne, hat in der Biologie eine bemerkenswerte Wiederauferstehung erlebt durch Schriften wie die von d'Arcy Wentworth Thompson[74], und die gestalttheoretische Schule hat die Psychologie durch ein ganzes Spektrum morphologischer Beiträge erweitert. Das Interesse an der linguistischen Morphologie bedarf wohl keiner weiteren Erläuterung.[75]

Eine Morphologie wie die Sempers scheint unseren eigenen Interessen fernzustehen, denn soweit es eine allgemein akzeptierte Auffassung von Ästhetik gibt, konzentriert sich diese auf das Verhältnis von Betrachter und Objekt. Eine Kunsttheorie (und eine entsprechende Ästhetik), für die die Ansicht, die der Schaffende von dem Sinn seines Werkes hat, in erster

Linie beweiskräftig ist, steht im Gegensatz zu allem, was heute selbstverständlich ist. Vielleicht lassen sich aber einige von unseren dringlichsten Problemen neu beurteilen oder zumindest von einer neuen Warte aus sehen, wenn wir eine gewisse Veränderung unserer Sicht der Dinge im Sinne des Semperschen Programms vornehmen. Unschätzbar und aktuell erscheint mir Sempers bedeutende Einsicht in die Art und Weise, wie Künstler und Handwerker das, was sie denken, auf das beziehen, was sie tun, eine Einsicht, die bei ihm nur durch seinen eigenen kraftlosen Glauben an die Kontinuität der Renaissance als Bewegung und als Stil verdunkelt wird. Zu einer Zeit konzipiert, als Denken und Tun in verheerender Weise auseinandergerissen wurden, enthält die Sempersche Theorie vielleicht einen Hinweis darauf, wie beide einander wieder anzunähern sind.

Der Sinn von Zeremonien

Dieser Aufsatz wurde für Lotus *17 geschrieben, das sich mit Architektur und Theater beschäftigte, und es ging mir dabei um eine Verknüpfung der Fragen von Darstellung und Vorführung mit den aktuellen Problemen der Stadtstruktur.*

Von allen unseren Vermögen hat die Erinnerung am meisten mit Architektur zu tun: Die Erinnerung, die die Griechen als Mnemosyne, die Mutter aller Musen, personifizierten, ist ihre wahre Schutzherrin. Aus diesem Grunde, vermute ich, hat Victor Hugo die Prophezeiung ausgesprochen, daß das Buch den Tod der Architektur herbeiführen werde, nicht das reich verzierte und handgesetzte Buch aus alter Zeit, sondern unsere maschinell gedruckten Bücher, die das Ideal universaler Schriftlichkeit implizieren. Hugo hat diese Prophezeiung Claude Frollo, dem Erzdiakon von Notre-Dame, in den Mund gelegt, und Frollo konnte seine Kathedrale und ihre Umgebung noch wie eine Hieroglyphenschrift lesen. Victor Hugo sah die Prophezeiung zu der Zeit erfüllt, als er schrieb, am Beginn der Julimonarchie. Wenn die Mysterien einmal aus gedruckten Worten herausgelesen werden konnten, dann, so dachte Hugo, würde das Verlangen nach einer gebauten *summa*, nach der Kathedrale und dem Denkmal verkümmern, und die ganze Vorstellung einer vom Menschen geschaffenen und mit Bedeutung aufgeladenen Umwelt wäre damit obsolet geworden.

Die verborgene Bedeutung der gebauten Schrift enthüllte sich ihrem aufmerksamen Leser nur ganz allmählich und kam dem nachlässigen Beobachter nur ganz dunkel zu Bewußtsein. In den Tagen Hugos wurden die Freuden der Entzifferung, die auch Freuden des Gedächtnisses waren, durch die archivalischen Genauigkeiten des Eklektizismus ersetzt. Die Bauten totaler Erinnerung hatten eine Dimension des Tragikomischen, die Hugo nicht beurteilen konnte, denn sie waren die letzte Stufe einer Architektur, die er für eine überholte Erscheinung hielt. Soll aber jetzt, wo das Buch seinerseits stirbt, der Rückfall in die Instabilität des gesprochenen Wortes (so sehr seine Aufzeichnung auch fixiert sein mag) einen zusätzlichen Vorteil mit sich bringen? Wird dadurch das Bedürfnis geweckt werden, daß unsere Umwelt noch einmal die umhüllende Polyvalenz bietet, die wir Architektur zu nennen pflegten?

Vielleicht, aber nur dann, wenn wir wieder anfangen, unsere gebaute Umwelt als Bewegung zu sehen. Ich denke dabei nicht an die gebahnte Bewegung von Gütern und Verkehr, sie ist uns allen nur zu sehr bewußt. Je mehr unsere Städte verstopfen und je katastrophalere Ausmaße dies annimmt, um so unumschränkter und gebieterischer scheint die Macht des Verkehrsingenieurs zu werden, und je mehr das, was er tut, sich gegen ihn selbst richtet, desto mehr ruft man nach seinen Diensten. Unterdessen verstopfen die Eingeweide der Städte wie bei sterbenden Tieren.

Bei all dem bleibt die Bewegung der Menschen völlig unbeachtet. Leute, die sich aus eigener Kraft und auf nicht festgelegten Pfaden bewegen, sind für den Verkehrsplaner uninteressant. Alte Stadtzentren, in denen die Straßen und Plätze für Fahrzeugverkehr völlig unpassierbar geworden sind, können in Fußgängerzonen umgewandelt werden: sonderbare Inseln, wo der Tourist die Einheimischen in ihrem traditionellen Lebensraum beobachten kann. Aber Bewegung, und zwar nicht die zielgerichtete Bewegung von einem Platz zum anderen, sondern die scheinbar ziellose Bewegung des Flaneurs ist trotzdem ein wesentlicher Teil unserer kognitiven Erfahrung als Bürger. Nur indem wir gehen und die Flächen berühren, die einen Raum gliedern, und indem wir den guten und schlechten Geruch einatmen, können wir unsere Umgebung bewältigen, sie erkennen und in Besitz nehmen, sie zu unserer eigenen machen. Eine Stadt, deren Struktur solche Bewegung nicht zuläßt, ist für menschliches Wohnen ungeeignet. Die Dienste, die sie dem Menschen durch die Versorgung mit Energie, Wasser, sanitären Anlagen und durch den Schutz, den sie gewährt, leistet, können nicht für die Mängel der Lebensqualität entschädigen, die durch die Ausgrenzung und Einbalsamierung der Fußgängerzonen angezeigt werden.

Der einzelne kann seine Stadt mit seinen Sinnen kennenlernen und sie sich aneignen, während eine Gruppe nur durch kompliziertere Strategien von einem Raum Besitz ergreifen kann und zwangsläufig mit gröberen Mitteln arbeiten muß als das Individuum.

Vor allem ist für solches Gruppenhandeln Wiederholung nötig. Damit das kollektive Sinnesorgan funktioniert, bedarf es rhythmischer Wiederholung, und die rhythmische Wiederholung des Gemeinschaftshandelns scheint das Ritual zu sein. »Der Mensch«, so hat Marcel Mauss es in einem denkwürdigen Satz gesagt, »ist das rhythmische Tier, und zwar sozial ebenso wie individuell.« Natürlich kann solches Verhalten nicht alltäglich sein oder kontinuierlich ablaufen, vielmehr sind dafür herausgehobene Punkte in Raum und Zeit nötig, zentrale und hochgelegene Plätze ebenso wie Grenzen und Schwellen, glückliche Tage ebenso wie unglückliche.

Unsere Städte scheinen alle diese sozialen Formen ein für allemal verloren zu haben, auch wenn manchmal verkümmerte Überbleibsel davon gigantische und alles verschlingende Dimensionen annehmen. Ein ins Auge springendes Beispiel dafür ist die Ferienzeit. Ferien muß man an bestimmten Tagen des Jahres nehmen, man denke nur an den Exodus aus den französischen Städten am 1. August oder in Italien an Ferragosto. Bei beiden Gelegenheiten wälzen sich riesige Massen aus den grauen Städten an die hell leuchtenden Strände oder Berghänge, wo sie sich für die restliche Zeit, für den grauen Alltag erholen. An solchen Tagen werden die atavistischen Instinkte der Ferienmachenden wie der Zuhausegebliebenen durch die graphischen Tabellen der blutigen Menschenopfer befriedigt, die man den Verkehrsmitteln gebracht hat und die auf allen Nachrichtenkanälen in den grellsten Einzelheiten dargeboten werden.

So ritualisiert Ferien auch sein mögen, sie sind dennoch kein Gemeinschaftshandeln der Stadtbewohner. Individuelle Ferien werden immer üblicher, und noch öfter werden sie von kleinen Gruppen genommen, von ad hoc gebildeten, familiären, geschäftlichen, religiösen Gruppen oder auch nur von Freunden. Ihre Gemeinschaftlichkeit lebt von der Distanz zur Stadt. Man braucht nur eine Reklame einer Fluggesellschaft oder für organisierte Ferien anzusehen oder auch nur an den Begriff der »Freizeitkleidung« zu denken, und man erkennt, daß das, was hier ritualisiert wird, überhaupt nichts Verbindendes hat, sondern nichts anderes ist als ein tiefer sozialer Konflikt – zwischen der Rolle des Konsumenten und der des Produzenten, ein Konflikt, der im Reiseplakat seine repräsentative Veranschaulichung findet.

Dieser Rollenkonflikt – besonders der zentrale, den wir als Produzenten/Konsumenten in einer Industriegesellschaft erleben – stellt sich in umgekehrter Weise in der Übernahme der Stadt durch verschiedene, gewöhnlich unterprivilegierte Gruppen dar. Es sieht so aus, als wäre – um die ehrwürdigen Weberschen Kategorien zu benutzen – die Möglichkeit der Vergemeinschaftung in der modernen Stadt erloschen, und nur Formen untergeordneter Gemeinschaftsbildung erlaubten noch eine Hoffnung auf gültiges soziales Handeln, während die Gemeinschaftseinrichtungen mit der Gemeinschaft selbst zerfallen sind. Das vertrauteste und auffälligste Beispiel hierfür sind die Aktionen des Vandalismus.

Es ist eine Ironie, daß diese Handlungen den Namen der alten Eroberer Spaniens und Nordafrikas tragen, die »die unvergleichlichen Denkmäler verunstalteten«, während unsere Städte keine Denkmäler mehr haben, die der Rede wert wären, und die Verunstaltung heute meistens im Anbringen von »Graffiti« besteht, die den neutralen Produkten der Technologie ein persönlicheres Aussehen geben sollen. Die Gruppen, die dies betreiben, ließen sich etwa als proletarisch bezeichnen, aber zu ihnen gehört auch eine sozio-politische Spielart von extremistischen Aktivisten, betonte Individualisten und sich bekriegende städtische Banden, deren hauptsächliche Waffen – wie man an der New Yorker U-Bahn sehen kann – Spraydose und Filzstift sind. Auf einer höheren, gesetzteren sozialen Stufe sind die Symptome andere: Es bilden sich neue Gemeinschaften in großer Zahl, die an ältere und respektablere Formen rituellen Verhaltens anknüpfen. Sie sind bisher noch nicht überzeugend eingeordnet worden, und zur Zeit der Niederschrift dieser Bemerkungen sind sie seit etwa einem Jahrzehnt verbreitet, aber schon erscheinen sie als stabilisierende Faktoren der Konsumgesellschaft. Die meisten von ihnen bedienen sich der Gruppentherapie, und wie in vielen der Mysterienkulte der antiken Welt gibt es auch bei ihnen öffentliche Bekenntnisse, Akte der Reue, Nähe, gemeinsame Teilhabe an einer physischen Substanz (Berührung, gemeinsame Mahlzeiten) und zeremonielle oder halb-zeremonielle Treffen. Die Anhänger zeigen einen missionarischen Eifer und eine moralische Intoleranz gegenüber Außenseitern, die darauf deutet, daß es sich um eine ausgesprochen religiöse Bewegung handelt. Nicht zu vermeiden in diesem Zusammenhang ist aber das Wort *Therapie*, allein schon deswegen, weil die meisten dieser Gruppen, die alle durch und durch städtisch sind, ihren Anhängern keine Vision oder Erklärung der Welt oder ihrer Stellung in ihr anbieten, sondern nur, viel bescheidener, eine *Lösung* ihrer *Probleme*. Eine derartige Konzentration auf eine Technik erzeugt eine quasi-wissenschaftliche Terminologie, die aber nicht die religiöse Natur ihrer Bräuche, zu denen häufig die Pilgerfahrt zum geweihten Entstehungsort (zum Beispiel Esalen) oder zu einem verehrten Meister gehört, verschleiern sollte.

Diese Gruppen sind der Kern der Gegenkultur, insofern ihre jetzt erwachsenen Mitglieder die Heranwachsenden der Zen-Krischna-psychedelischen Generation waren. Ihr einziges soziales Band finden sie in einem Ritual ohne Mythos, in welchem sie Akteure wie Patienten – oder, wenn man den Ausdruck vorzieht, Zuschauer sind. Es ist ein Ritual ohne eigentliche Ätiologie, denn die einzige richtige Ätiologie eines Ritus ist der Mythos. Letzteres Wort benutze ich hier in dem allgemeinsten Sinne jeder (andeutenden oder ausdrücklichen) Erklärung des menschlichen Schicksals, der Welt und der Stellung des Menschen in ihr. Das mythenlose Ritual verfügt über keinerlei Gebot, es ist eine Form von Religiosität, deren Beschreibung vertraut genug ist. Tote Zellen der Religiosität in einer säkularen Welt werden, wenn wir Adorno glauben sollen, giftig, denn Religion treibt ihre Anhänger in die Isolierung, entmutigt die Reflexion und erhebt die unreflektierte Isolation zu einer Tugend. Die besondere Religiosität unserer Zeit will zwischen der Ordnung des Individuums und der Ordnung der Gesellschaft oder zwischen der der Gesellschaft und der der Welt keine Analogie herstellen, sondern zielt darauf, eine pragmatische Lösung für die Probleme des einzelnen anzubieten, und sie kann wie ein Arzneimittel durch die Zahl ihrer Heilerfolge »getestet« werden. Sie wirkt dabei als eine Stütze jeder bestehenden gesellschaftlichen Konvention, weil sie aus einer individuellen Pathologie heraus entwickelt wird und eine Heilung nur im Hinblick auf die Normalität einer bestimmten sozialen Konvention bieten kann. Die Riten der Religiosität mögen vielen ehemaligen Hippies helfen, die die Orientierung verloren haben, aber es geht von ihnen insofern eine starke soziale Auflösung aus, als sie eine konsumierende Haltung bei ihren Aktivitäten, die mehr mit Geheimgesellschaften als mit exoterischen religiösen Gruppen gemeinsam haben, sehr stark fördern.

Es gab eine Zeit, da waren die Geheimgesellschaften in einem bestimmten Sinne durchaus exoterisch, als nämlich die gesamte Gemeinschaft als ein System einander überlagernder Geheimgesellschaften beschrieben werden konnte, wie in der europäischen Stadt des Mittelalters oder auch heute in vielen islamischen Städten, wo die Abzeichen, die Erkennungszeichen und die öffentlichen Zeremonien zum alltäglichen Schauspiel auf den Straßen gehören. Vor allem aber waren solche Geheimgesellschaften meistens an bestimmte Formen der Produktion gebunden – viele von ihnen waren schlichte Handwerksgilden –, und alle gehörten zur Schaustellung der Autorität, die in der Zelebrierung der Souveränität, von der Krönung bis zur öffentlichen Hinrichtung, kulminierte.

Es ist zu einfach und zu trivial, wenn man die mittelalterliche Stadt wegen der Vorzüge ihrer Räumlichkeit preist und wegen der Neigung ihrer Bewohner, aus den einfachsten Tätigkeiten ein Schauspiel zu machen, nicht nur aus handwerklichen Tätigkeiten wie der des Schusters oder des Zimmermanns, sondern auch dem Fegen der Straße und der Beseitigung des Abfalls. Vielleicht ist es kein Zufall, daß das erste Lehrbuchbeispiel des ersten Renaissancebaus ein Findelhaus in Florenz ist, während es in Venedig das eine Ende der Parade öffentlicher Bauten war, die gegenüber von San Marco die Stadtfassade bildeten.

Von Chester bis Dubrovnik bezeugt (allein in Westeuropa) eine ganze Reihe von Städten den repräsentativen Charakter meiner Beispiele. Die gebieterische Forderung der Schaustellung wurde, sowohl in der Gestalt der Stadt wie des einzelnen Hauses, als ein bestimmender Faktor für die bauliche Erscheinung im ganzen wie im Detail akzeptiert. Das galt nicht nur für das Mittelalter. Der Palast trat an die Stelle von Burg und Kathedrale, die Wallanlagen ersetzten die Stadtmauer und Triumphbögen ihre Tore – und so wandelte sich die Art und Weise, wie die Schaustellung bestimmend wirkte. Am wichtigsten jedoch war, daß die zunehmende Zentralisierung der Produktion sie allmählich dem Blickfeld entzog und die erste industrielle Revolution dann dazu führte, daß der Anblick der Arbeit den Augen der mittleren und höheren sozialen Schicht erspart blieb.

All dies ist historisch nichts Neues, und ich kann mich kurz fassen, doch Historiker kommen selten auf den Gedanken, es als eine Funktion von Zeremoniell und Schauspiel zu betrachten. Man behandelt solche Erscheinungen gewöhnlich vielmehr als Symptome sozialer und ökonomischer Verhältnisse. Dabei ist es unbestreitbar, daß diese Momente der Schaustellung, die wir als marginal behandeln, für die Menschen der damaligen Zeit vielfach als Krönung ihrer Anstrengungen und ihnen allen, ob hoch oder niedrig, in gewissem Sinne als Rechtfertigung ihrer Mühsal galten. Wenn wir sie also vernachlässigen, dann ist das unsererseits ein Mangel an Phantasie, wenn nicht überhaupt unhistorisch: Würden wir den ganzen Reichtum an Glanz und Geheimnis anerkennen, den die Stadt der Schaustellung uns bietet, dann wäre sie für uns kein Beispiel mehr und würde unsere Probleme nicht unmittelbar illustrieren, denn wir haben heute eine Stadt geschaffen, die auf Prinzipien beruht, die wir als Kriterien für die Beurteilung der Städte der Vergangenheit beurteilen. Wir neigen dazu, von ihnen so zu sprechen, als wäre die Verkehrsbewegung wirklich in erster Linie bestimmend für die Form und der Produktionsprozeß nur sekundär. Ein anderes Kriterium, viel zu oft auf die gegenwärtigen Städte angewandt und oft in die Geschichte zurückprojiziert, ist das der »rationalisierten« Aufteilung in Bereiche, die Unterteilung der Stadt nach Gebrauchsstrukturen. Eine solche Aufteilung der Stadt, die oft historisch durch die Gruppierung bestimmter Gewerbe um bestimmte Straßen und Plätze gerechtfertigt sein mag, ist natürlich der größte Feind von Schaustellung und Schauspiel, wenn diese als eine Kategorie sozialen Handelns in der Stadt verstanden werden und nicht auf die Reservate beschränkt sind, die der in Bereiche gegliederte Plan für Freizeitbedürfnisse vorsieht. Unvermeidlich wird das Spektakel in der rationalen Stadt deshalb durch Protestbewegungen wiederhergestellt: Streikposten, Demonstration, Aufruhr.

In den sechziger Jahren sagten futurologische Phantasien die Entstehung immer größerer Zusammenballungen der Weltbevölkerung in Riesenstädten kühl voraus (Bos/Wash an der Ostküste der Vereinigten Staaten, San/San am Pazifik), in denen man ein Leben elektrifizierter Muße genießen sollte, auch wenn es ungewiß war, woraus dieser Genuß sich speisen sollte. Von den vielen Prophezeiungen, die die Futurologen feilboten (darunter einige, die verschiedene Formen der Katastrophe voraussagten), gab es eine, die die Einbildungskraft des Publikums besonders fesselte: Sie versprach eine elektronische Enturbanisierung durch die damals neuen Massenmedien. So unwahrscheinlich gerade dieses Szenario (um ein

Futurologenklischee zu verwenden) heute in der weniger expansionistischen Periode nach der Energiekrise auch scheinen mag, so hat es doch die Kraft, alle diejenigen von uns, die irgendeine elektronische Methode der Ton- und Bildwiedergabe benutzen, daran zu erinnern, daß wir eine tiefgreifende und nicht wieder rückgängig zu machende Veränderung der menschlichen Sensibilität vollziehen, die mächtiger ist als die, die das Buch bewirkt hat, und sich aller Wahrscheinlichkeit nach auch schneller durchsetzen wird.

Ob dadurch wirklich einige der Folgen des gedruckten Buches, vor allem aber die Verdrängung des Baudenkmals durch das Buch, rückgängig gemacht werden wird? Ich bin kein Futurologe, und dieser Aufsatz hat keine wahrscheinlichen Szenarios zu bieten. Was mich interessiert, sind vielmehr Möglichkeiten des Handelns in unserer gegenwärtigen Situation. Ein wichtiger Faktor in ihr ist die unverhältnismäßige Vermehrung des gedruckten Buches, denn die elektronischen Techniken haben, nebenbei, die Druckverfahren entscheidend verbessert. Man hat gesagt, das Niveau einer Kultur stehe im umgekehrten Verhältnis zur Verfügbarkeit von Texten; wenn das wahr wäre, dann würden wir dadurch zu einer der am niedrigsten stehenden Kulturen der Geschichte.

Soll das Niveau der Kultur steigen, so muß unsere Hoffnung in dem allmählichen Rückgang der Schriftkultur liegen, dessen Zeuge wir bereits sind, obwohl die Nachfrage nach Gedrucktem davon nur indirekt betroffen scheint. Die Situation hat jedoch auch noch die andere Seite, daß die Menschen durch die neue Illiteratheit dazu gebracht werden können, wieder auf ihre Artefakte, auf die ganze künstliche Welt, die aus ihnen besteht, zu blicken und von neuem Bedeutungen aus ihnen herauszulesen. Dafür brauchen sie Städte, in denen sie im Tempo des Fußgängers die Bauten »lesen« können wie Erzdiakon Frollo. Nicht nur muß der Architekt lernen, die gebaute Schrift wieder lesbar werden zu lassen, vielmehr muß er die Bewegung zum wesentlichen, sogar kontrollierenden Element seines Entwurfes machen, und zwar nicht die zielgerichtete Bewegung des Verkehrs, sondern die freie und artikulierte Bewegung von Menschen, denen er einen Schauplatz bietet, auf welchem sie das Drama ihres Lebens mit Würde spielen können.

Anmerkungen

Bauen und Bedeutung

1 In einem Brief an Armand Meillet, zitiert in *Cahiers de Ferdinand de Saussure*, Genf (X) 1952, 6. Für den Hinweis auf dieses Zitat danke ich meinem Kollegen Peter J. Wexler.

2 1932; S. 108–9. Ich übersetze nicht, weil »aveux« und »luxe« in diesem Zusammenhang einen ziemlich eigentümlichen Beiklang haben, der durch das im weiteren Gesagte klar werden wird. Jedenfalls gilt, was der Dictionnaire der alten Akademie sagt: »Le luxe n'est pas aisé à définir«.

3 Wie die Besten von diesem Trugbild verführt wurden, kann man sehen in S. Giedions *Architecture you and me*, Cambridge 1958, S. 70ff.

4 »... on ne sait ce qu'on veut ni ce qu'on fait, et qu'on suit sa fantaisie qu'on appelle raison, ou sa raison qui n'est souvent qu'une dangereuse fantaisie qui tourne tantôt bien, tantôt mal ...«, *Jacques le Fataliste et son Maître*.

5 Paul Klee, *Über die moderne Kunst*, 1945, S. 53.

6 Meyerhold: Bühnenaufbauten für »Kampf und Sieg« auf dem Chodinskaja-Gelände in Moskau für die dritte Zusammenkunft der Kommunistischen Internationale.

7 Ebenso die Rasenflächen vor dem Bolschoitheater in den frühen zwanziger Jahren.

8 Redaktionsgebäude der »Leningradskaja Pravda«, von den Gebrüdern Vesnin.

9 So in Tatlins »Denkmal der Dritten Internationale«, 1920.

10 Beispielsweise Abram Erfos, *The Spirit of Classicism*, 1922.

11 Ich stütze mich auf die alte, aber immer noch treffende Unterscheidung von Coleridge: »Phantasie bringt Bilder zusammen, die keinerlei natürliche oder moralische Verbindung haben, sondern durch eine zufällige Übereinstimmung ... miteinander verknüpft werden. Die Einbildungskraft verändert Bilder und gibt der Mannigfaltigkeit Einheit; sie sieht alle Dinge in einem, *il più nell'uno.*« *Table Talk,* 1836, S. 306.

12 Man vergleiche zum Beispiel Nervis Entwurf für die unterirdische Basilika Pius' X. in Lourdes und Freyssinets ausgeführten Bau.

13 Dieses wird ausführlich – und sehr scharfsinnig – von Robin Boyd analysiert in »Counter-Revolution in Architecture«, *Harper's Magazine*, September 1959.

14 Ich spreche bewußt von den »niederen Regionen«. An dem Werk von Peter und Alison Smithson ist natürlich mehr als nur »Brutalismus«, ebenso wie John Osborne sich nicht in der Attitüde des »zornigen jungen Mannes« erschöpft.

15 Herbert Read, »Aspirations in Retrospective«, *The Listener*, 7. Mai 1959.

16 Bengt Ackerblom, *Standing and Sitting Posture with special reference to the construction of chairs*, Stockholm 1948, S. 153–169.

17 In derselben Weise sagen Leute, die es für nötig halten, Rietvelds wunderbaren Stuhl von 1917 zu rechtfertigen: »Er ist wirklich sehr bequem, wissen Sie.«

18 Im Seiryo-den des Kaiserpalastes in Kyoto. Der Steinblock war außerdem mit Erde bestreut.

19 Siehe dazu Jeanine Auboyer, »Le thrône vide dans la tradition indienne«, *Cahiers Archéologiques* VI, Paris 1929, S. 1–9.
20 Siehe Warren J. Wittrein, »Visual Perception and Personality«, *Scientific American,* April 1959, S. 56–60.
21 »Il n'y aurait pas le présent, avec son épaisseur et sa richesse inépuisiable, si la perception, pour parler comme Hegel, ne gardait un passé dans sa profondeur présente, et ne la contractait en elle...« Maurice Merleau-Ponty, *Phénoménologie de la perception,* Paris 1945, S. 277.

Die Sitzhaltung – ein Methodenproblem

1 W. Floyd und D. Roberts, »Anatomical, Physiological and Anthropometric Principles«, in *The Design of Office Chairs and Tables,* London 1958.
2 Nürnberg 1525.
3 Nicholas Andry de Boisregard, *L'Orthopédie, ou l'Art de prévenir et de corriger dans les Enfants les Déformités du Corps,* Paris 1741. Andry bildete das Wort *orthopédie* aus dem griechischen *orthos,* aufrecht, und *paidos,* Genetiv von Kind.
4 Bengt Ackerblom, *Standing and Sitting Posture,* Stockholm 1948.
5 Marcel Mauss, »La technique du corps«, wiederabgedruckt in Marcel Mauss, *Sociologie et anthropologie,* 1958 (dt. *Soziologie und Anthropologie II,* München 1975).
6 Gordon W. Hewes, »The Anthropology of Posture«, *Scientific American,* Februar 1957, S. 122ff..
7 Genesis XXVIII, 10–22.
8 Vgl. zum Beispiel Mircea Eliade, *Traité d'Histoire des Religions,* Paris 1953. Speziell über den Thron aus Stein, vgl. Jeanine Aubouyer, »Le Thrône vide dans la tradition indienne«, *Cahiers Archéologiques* VI, Paris 1929.
9 Claude Lévi-Strauss, »Introduction à l'œuvre de Marcel Mauss«, in Marcel Mauss, *Sociologie et anthropologie,* Paris 1958 (dt. *Soziologie und Anthropologie I,* München 1974).

Die korinthische Säulenordnung

Zwei neuere Handbücher, *The Architecture of Ancient Greece* von William Bell Dinsmoor (3. Aufl., London 1950) und *Greek Architecture* von A. W. Lawrence (Harmondsworth 1957), enthalten die wesentliche architektonische Information; beide mit ausgezeichneten Bibliographien. Zum religiösen Hintergrund siehe *Les Religions préhelleniques* von Charles Picard (Paris 1948) und *Geschichte der griechischen Religion* von Martin Persson Nilsson (München 1941–50).

Besonders anregend fand ich zwei Aufsätze von Théophile Homolle, beide erschienen in *Revue Archéologique* – »L'Origine du chapiteau corinthien« (15. Folge, Bd. IV, Juli–Dezember 1916) und »L'Origine des caryatides« (15. Folge, Bd. V, Januar–Juni 1917).

Einen anderen Standpunkt findet man in *Stilfragen* von Alois Riegl (Berlin 1893) und *Histoire de l'architecture* von Auguste Choisy (Paris 1899) ausgedrückt.

Zu dem delphischen Monument, siehe J. P. und G. Roux, *Les Enigmes de Delphes.*

Ornament ist kein Verbrechen

Zu Goethes später modifizierter Ansicht, siehe »Von deutscher Baukunst« (1772) in *Werke* (Zürich 1965, Bd. XIII, S. 16ff.): Modifiziert erscheint seine Ansicht bereits in dem Aufsatz »Baukunst« (1788, ebd. S. 57). Die klarste Formulierung des polytechnischen Standpunktes findet man bei

J. N. L. Durand, *Précis des leçons d'architecture ... à l'Ecole Royale Polytechnique* (Paris 1819, Bd. 1, S. 19ff., 52ff.). Die konventionelle Auffassung kommt gut zum Ausdruck in Owen Jones' *Grammar of Ornament* (London 1856 und viele spätere Auflagen) oder in der Einleitung zu Charles Blanc, *Grammaire des arts décoratifs* (Paris 1867). Zu den bekanntesten Autoren, die die Rückkehr zu einem bestimmten historischen Zeitpunkt als eine Voraussetzung für den Fortschritt ansahen, siehe die Arbeiten von A. W. N. Pugin (England fünfzehntes Jahrhundert) und Gottfried Semper (Italien sechzehntes Jahrhundert). Adolf Loos, »Ornament und Verbrechen« (1908) ist in seiner Sammlung *Trotzdem* (Innsbruck 1931, S. 79ff.) enthalten; dort auch der Aufsatz »Architektur« (S. 93ff.). Georg Simmels »Exkurs über den Schmuck«, in G. S., *Soziologie. Untersuchungen über die Formen der Vergesellschaftung*, Leipzig 1908.

Zur Geschichte des Théâtre des Champs Elysées, siehe Henry van de Velde, *Théâtres 1900–14* (London 1974), und *Geschichte meines Lebens* (München 1962, S. 327ff.). Maurice Denis hat eine Darstellung aus seiner Sicht im ersten Band seines *Journal* gegeben. Zur Rolle Bourdelles siehe E. François Julia, *Antoine Bourdelle* (Paris 1930, S. 68ff.). Zu Perrets Seite der Affäre, siehe M. Dormoy, »Réponse d'Auguste Perret à Henry van de Velde«, *L'Amour de l'art* (Juli 1925), und M. Mayer, *A. & G. Perret* (Paris 1928). Van de Veldes spätere Ansicht wird zitiert nach *Le Style moderne* (Paris 1925).

Herbert Gans, *The Levittowners*, hat den Untertitel: »The Anatomy of Suburbia: The Birth of Society and Politics in a new American Town« (London 1967). Die wichtigsten Veröffentlichungen von Robert Venturi sind *Complexity and Contradiction in Architecture* (New York 1966; dt. Braunschweig 1978), und *A Significance for A & P Parking lots or Learning from Las Vegas ...* (Cambridge, Mass. und London 1972; dt. Braunschweig 1978), zusammen mit Denise Scott-Brown und Steven Izenour. Zu Pugins Auffassung, siehe sein *True Principles of Pointed or Christian Architecture* (London 1853). Zu Holleins Ansichten kann man nur auf Zeitschriften verweisen. Er war einige Jahre lang Herausgeber der österreichischen Zeitschrift *Bau*.

Das Zitat von Tom Wolfe stammt aus *The Kandy-Kolored Tangerine-Flake Streamline Baby* (New York 1965). Die Zürcher Ausstellung wurde im Kunstgewerbemuseum (August 1965) und in München im Prinz-Carl-Palais (Januar 1966) gezeigt. Der Katalog, von mehreren bearbeitet, wurde von Mark Buchmann herausgegeben.

Von der Straße lernen

Zu einer ausgewählten Bibliographie zu dem Thema dieses Aufsatzes gehören: J.-P. Beguin u. a., *L'Habitat au Cameroun* (Paris 1952); Lindsay Black, *Burial Trees* (Melbourne 1941); *The Bora Ground* (Sydney 1944); V. Gordon Childe, *The Danube in Prehistory* (Oxford 1929); *Prehistoric Migrations in Europe* (Oslo 1950); A. P. Elkin, *The Australian Aborigines: How to Understand Them* (London 1964); James Ferguson, *Rude Stone Monuments* (London 1872); Raymond Firth, *We, The Tikopia* (Boston 1966); Douglas Fraser, *Village Planning in the Primitive World* (London und New York, o. J.); Sigfried Giedion, *The Eternal Present*, Bd. 2, *The Origins of Architecture* (London und Oxford 1962; dt. *Ewige Gegenwart. Die Entstehung der Architektur*, Köln 1965); M. Griaule, *Dieu d'eau. Entretiens avec Ogotemmati* (Paris 1948); Sverker Janson und Harald Hvarfner, *Ancient Hunters and Settlements in the Mountains of Sweden* (Stockholm 1966); André Leroi-Gourhan, *Le Geste et la parole*, Bd. 1, *Technique et langage*, Bd. 2, *La Mémoire et les rhythmes* (Paris 1964); James Mellaart, *Çatal Hüyük* (London 1967); James Miln, *Excavations at Carnac* (Edinburgh 1881); Lewis H. Morgan, *Houses and House-Life of the American Aborigines* (Chicago 1965, Nachdruck der Ausgabe von 1881); Stuart Piggott, *Ancient Europe, from the Beginnings of Agriculture to Classical Antiquity* (Edinburgh 1965); G. D. Pope Jr., *Ocmulgee National Monument*, Georgia National Park Service Historical Handbook Series 24 (Washington

D.C. 1956); Arnolds Spekke, *The Ancient Amber Routes and the Geographical Discovery of the Eastern Baltic* (Stockholm 1957); Baldwin Spencer und F. J. Gillen, *The Native Tribes of Central Australia* (London 1899); Baldwin Spencer, *The Native Tribes of the Northern Territory of Australia* (London 1914); Cyrus Thomas, »Report on the Mound Explorations of the Bureau of Ethnology«, in *Twelfth Annual Report of the Bureau of Ethnology to the Secretary of the Smithsonian Institution* von J. W. Powell (Washington D.C. 1894); M. W. Thompson, *Novgorod the Great* (London 1967).

Lodoli über Funktion und Darstellung

1 Andrea Memmo, *Elementi d'Architettura Lodoliana ossia l'Arte del Fabbricare con Solidità scientifica e con Eleganza non Capricciosa, Libri tre*, Zara 1833 (Band 2, 1834). Die Bände I und II, deren Paginierung fortlaufend ist, wurden zuerst 1786 in Rom von Pagliarini als *Libri due* veröffentlicht. Die leichten sprachlichen Abweichungen der beiden Titelseiten habe ich nicht eigens vermerkt. Die Zara-Ausgabe wird vorzugsweise zitiert, da sie leichter zugänglich (Nachdruck Mailand 1973) und vollständig ist; im weiteren werden alle Verweise auf diese Ausgabe als »Memmo« angeführt. Von einer *organischen* Architektur ist auf S. 84 ff. die Rede. Damit wollte Lodoli sagen, daß Möbel sich der Gestalt des menschlichen Körpers anschmiegen sollten. Die Schultern sollten die Rückenlehne und das Hinterteil den Sitz formen. Lodoli hatte einen Stuhl mit einer Rückenlehne angefertigt, die wie bei den alten römischen Stühlen geschwungen war. Dieser Stuhl kam damals nicht in Mode, aber Giuseppe Tommaso Farsetti, der venezianische Botschafter in Paris, nahm ihn mit nach dort. Memmo merkt an, daß Lodolis Stuhl auch eine eingesenkte Sitzfläche hatte, wie »die Engländer es jetzt zu machen beginnen«. Zu Funktion, siehe unten.

2 Über die Vernichtung der Papiere von Lodoli, siehe Memmo, Bd. I, S. 118 ff. Neuerdings eingehend Gianfranco Torcellan, *Una figura della Venezia Settecentesca, Andrea Memmo,* Venedig 1963, S. 34, aufgrund eines unveröffentlichten Briefes von Memmo an Giulio Perini vom 15. Mai 1784.

Torcellan geht in erster Linie dem Einfluß Lodolis auf Memmo nach, doch seinem Schüler Angelo Querini war es vielleicht bestimmt, eine bedeutendere Rolle in der Geschichte Venedigs zu spielen, siehe S. 55 ff.; zu Querinis Rolle bei Memmos Kandidatur für den *Ducato*, siehe S. 206 ff. Zu Lodolis Stellung im italienischen achtzehnten Jahrhundert, siehe Franco Venturi, *Il Settecento Riformatore*, Turin 1969.

3 *Saggio sopra l'Architettura*, Bologna 1756. Obwohl dies als zweite Auflage bezeichnet wird, scheint es sich um den frühesten Druck zu handeln, dem viele folgten, darunter 1769 eine französische und eine deutsche Ausgabe. Die jüngste und zugänglichste Ausgabe ist in der Sammlung von Algarottis *Saggi*, herausgegeben von Giovanni di Pozzo, Bari 1963, S. 31 ff., erschienen. Es ist natürlich denkbar und sogar wahrscheinlich, daß die Abhandlung vor der Drucklegung im Manuskript kursierte. Für den Hinweis darauf möchte ich Dr. Robin Middleton danken.

4 Die Geschichte von Algarottis Beauftragung zur Niederschrift seiner Abhandlung und von Lodolis Reaktion darauf wird bei Memmo, Bd. I, S. 24 ff., erzählt. Er kommt darauf jedoch an mehreren Stellen seines Buches zurück (Bd. I, S. 237, 243; Bd. II, S. 11 ff., 46 usw.).

Eine neuere Biographie Algarottis gibt es nicht, obwohl seine Aktivitäten als Kenner von Francis Haskell in *Patrons and Painters,* London 1963, S. 266 ff., 330 ff., 347 ff., behandelt werden.

5 Marc-Antoine Laugiers *Essai sur l'Architecture* erschien im selben Jahr, denn er wurde der Zensurbehörde am 5. Oktober 1752 vorgelegt. Der *Essai* von Laugier erschien anonym. Zur Zeit seiner Veröffentlichung begab sich Algarotti endgültig von Berlin nach Italien, und zwar zunächst nach Venedig, wo sich wahrscheinlich die von Memmo berichteten Geschehnisse zutrugen.

Welche Beziehung zwischen den beiden Abhandlungen bestand, läßt sich nicht ganz leicht sagen, siehe dazu jedoch W. Herrmann, *Laugier*, London 1962, S. 160 ff., und mein *The First Moderns*. Der wahrscheinlichste Hergang ist jedenfalls der, daß sich Laugiers Ideen unabhängig auf der Grundlage seiner Lektüre von Cordemoy bildeten. Die Veröffentlichung des *Essai* rief in Venedig einige Verwirrung hervor, und Algarotti wurde angestiftet, einen Gegenschlag zu führen, der freilich wirkungslos blieb.

6 Memmo, Bd. I, S. 21 u. Anm. Siehe auch *Opere del Conte Algarotti*, Cremona 1778, Bd. III.

7 Obwohl der Philosoph für seine Zeitgenossen unschwer erkennbar war; auch hat es nie Zweifel gegeben, wen Algarotti meinte. Seine Identität wurde ausdrücklich enthüllt in einer Anmerkung zur Widmung der zweiten Ausgabe des *Saggio* von 1756.

8 Die klassische Formulierung bei Vitruv, IV, S. 2 ff.

9 Algarotti, S. 51, nach Horaz, *De Arte Poetica*, 151 ff. Diese Stelle wird bei Memmo, Bd. II, S. 41, ausdrücklich angegriffen: »Atque ita mentitur, sic veris falsa remiscet. Primo ne medium, medio ne discrepet imum.« (Und so tische deine Geschichte auf [erfinde deine Erdichtung], so mische Falsches und Wahres, daß der Anfang nicht unverträglich sei mit der Mitte, die Mitte mit dem Ende.) Algarotti unterläßt jeden Hinweis auf Kohärenz. Quintilian verbreitet sich über Horaz in dem Abschnitt über falsche Äußerungen: IV, 2, 88 ff. Zum Verhältnis dieser Stelle zu den Nachahmungstheorien der Zeit, siehe W. Folkierski, *Entre le Classicisme et le romantisme*, Krakau 1925, S. 99 ff. und A. Horst-Oncken, *Über das Schickliche*, Göttingen 1967, S. 18 ff.

10 Ein beinahe wörtliches Zitat aus der *Encyclopédie* von Diderot-d'Alembert, deren Architekturexperte Jacques-François Blondel war: »L'Architecture, qui s'étant élevée par degrés des chaumières aux palais, n'est aux yeux du philosophe ... que le masque embelli d'un de nos plus grands besoins.« Das Vorwort wurde von d'Alembert verfaßt.

11 Memmo, Bd. II, S. 42

12 Bd. II, S. 42 ff.

13 Zu Francesco Milizia siehe G. Fontanesi, *Francesco Milizia*, Bologna 1932.

14 Francesco Milizia, *Memorie degli Architetti Antichi e Moderni*, Parma 1781, Bd. I, S. XV; sein sechstes Prinzip der Architektur ist ein beinahe wörtliches Zitat des von Algarotti dem »Philosophen« zugeschriebenen Diktums »›Niuna cosa‹ egli insiste, ›metter si deve in rapresentazione, che non sia anche veramente in funzione...‹«(I,12).

15 Horatio Greenoughs Ideen sind vor allem popularisiert worden von Henry T. Tuckerman in *A Memorial to Horatio Greenough*, New York 1935. Neuerdings siehe J. Marston Fitch, *Architecure and the Aesthetics of Plenty*, New York 1961, S. 46 ff., und die schmale Anthologie *Form and Function* (hrsg. von Harold A. Small), Berkeley 1947. Greenoughs Statue von George Washington, die in Konkurrenz zu der von Canova entstand, zeigt den Einfluß von Giovanni Bartolini, den Greenough in den dreißiger Jahren in Florenz kennengelernt hatte und durch den er sowohl die damalige Naturgeschichte, wie Bartoli sie selbst in Paris aufgesogen hatte, und die Werke Milizias, vielleicht sogar Memmos kennenlernte. Gräfin Lucia Mocenigo, die die Zara-Ausgabe von 1833–34 finanziell unterstützt hatte und vielleicht auch selbst daran mitarbeitete, besaß von den Handschriften, die vor 1939–45 in der Gemeindebibliothek von Treviso zugänglich waren, eine Abschrift, die sie berühmten oder neugierigen Besuchern zu zeigen pflegte. Die historisch interessierteste von ihnen dürfte Effie Ruskin gewesen sein, die die Abschrift wahrscheinlich mit nach Hause nahm. Sie beschreibt dies in allen Einzelheiten in einem Brief an ihre Mutter vom 18.–21. 1. 1850 *(Effie in Venice*, ed. Mary Lutyens, London 1972, S. 117 ff.), doch trotz aller Nachforschungen ist dieses Exemplar bisher nicht aufgetaucht, und auch Ruskin erwähnt Memmo oder Lodoli nirgends. Auf diese Episode hat mich Manlio Brusatin aufmerksam gemacht.

16 Ein Verzeichnis der Porträts von Lodoli findet sich bei Memmo. Bd. I, S. 83. Das gestochene Bildnis lehnt sich an das von Alessandro Longhi an, der ihn, Memmo zufolge (a. a. O.) in seinen Bildern häufig gemalt hat. Auf der Platte wird er, wahrscheinlich vom Stecher Pietro Vitali (um 1755–1810), »Antonio« genannt. Vitali arbeitete nach Mengs und älteren Meistern, stand aber, wie

ANMERKUNGEN

Piranesi, sowohl mit Wagner, dessen Schüler er gewesen war, wie mit Domenico Cunego in Verbindung.

17 Jer. XXXI, 28.

18 Das ist kaum überraschend, da die meisten modernen Autoren Algarottis Darstellung gefolgt sind, wie E. Kaufmann, *Architecture in the Age of Reason*, London und Cambridge 1955.

19 Jean Bernoulli, *Opera Omnia*, Lausanne 1742, Bd. II, S. 232 ff., nach der *Histoire et Mémoire* der Académie des Sciences für 1718, Amsterdam 1743. Siehe M. Cantor, *Vorlesungen über die Geschichte der Mathematik*, Bd. III, Leipzig 1898, S. 438 ff.; siehe auch dort S. 233 ff. über die frühere Diskussion und die Korrespondenz mit Leibniz in den *Acta Eruditorum* und dem *Journal des Scavans* von 1697–98.

20 Zur Bedeutung des Funktionsbegriffes für die Mathematik insbesondere seine Rolle bei der Formulierung des Infinitesimalkalküls, siehe L. W. H. Hull, *History and Philosophy of Science*, London 1959, S. 226 ff., dessen Definition ich zitiere.

21 »Le meilleur moyen d'expliquer la Nature, s'il pouvoit être employé souvent, ce serait de la contrefaire, & d'en donner, pour ainsi dire, des représentations, en faisant produire les mêmes effets à des causes que l'on connoit, & que l'on aurait mises en action. Alors on ne devineroit plus, on veroit de ses yeux, & l'on seroit sûr que les Phénomènes naturels auroient les mêmes causes que les artificiels, ou du moins des causes bien approchantes.« *Histoire de l'Académie Royale des Sciences.* Année MDCC, Amsterdam 1734 (2. Aufl.), S. 69. Die *Histoire* bezieht sich hier auf Nicolas Lemerys Aufsatz »Feux souterrains, tremblements de terre, ouragans etc.« in den *Mémoires* desselben Jahres, S. 140.

22 Giovanni Poleni, *Memorie istoriche della Gran Cupola del Vaticano, e de' Danni di essa, e de' Ristoramenti loro*, Padua 1748, S. 76 ff., 282 ff. Über die Erprobung des Modells, S. 368 ff.

23 Über die Catenaria siehe M. Cantor, *Vorlesungen über die Geschichte der Mathematik*, Bd. III, S. 212 ff. Die ausführlichste Aufstellung der Kurvenwerte hat David Gregory (1661–1708) in einer Vorlage für die Royal Society gegeben (in den *Philosophical Transactions*, XIX, 637; wiederabgedruckt in *Miscellanea Curiosa*, London 1723, S. 219). Obgleich Poleni (*Gran Cupola*, S. 57) die Idee der Umkehrung der Catenaria auf James Stirling zurückführt, ist diese bereits von Gregory in seinem ursprünglichen Aufsatz in den *Philosophical Transactions* (II. Theorem, Corollarium VI) formuliert worden. Robert Hooke hat (in Geheimschrift) angedeutet, daß er das Geheimnis der Kurve entdeckt habe, und sein Herausgeber Richard Walle hat dies in der posthumen Ausgabe seiner Schriften folgendermaßen entziffert: »Ut pendet continuum flexile sic stabit continuum Rigidum inversum.« Dies war jedoch einige Zeit nach der Veröffentlichung von Gregorys Aufsatz.
Nicolas Bernoulli (1667–1759), ein Mitglied der glanzvollen Basler Familie (Neffe der Brüder Jean und Jacques) war Professor der Mathematik in Padua 1716–19, ehe er nach Basel als Professor zunächst der Logik und dann der Rechte zurückkehrte. Zur gleichen Zeit traf James Stirling of Garden (1692–1770), der später als der »Venezianer« Stirling bekannt wurde, in Padua ein, da er wegen seiner unverhohlenen Sympathien für die Stuarts das Balliol College verlassen mußte. Der venezianische Botschafter in London, Niccola Tron, und der Abbé Antonio Conti, ein Freund sowohl von Leibniz wie von Newton, hatten ihn zu der Annahme ermutigt, er werde in Venedig einen Universitätslehrstuhl erhalten; man hatte ihn aber nicht darauf hingewiesen, daß sein Übertritt zum Katholizismus eine Voraussetzung dafür sein würde. Es mag sein, daß Stirling ein Kandidat für den Lehrstuhl war, der schießlich von Bernoulli besetzt wurde (vgl. Charles Tweedie, *James Stirling*, Oxford 1922, S. 10).
Daß sowohl Bernoulli wie Stirling Poleni gut kannten und wissenschaftliche Fragen mit ihm diskutiert hatten, geht aus einem Brief von Bernoulli an Stirling vom 29. April 1719 hervor, dem ersten einer Reihe von wissenschaftlichen Briefen (deren letzter erhaltener das Datum vom 29. April 1719 trägt), in dem er hinzufügt: »Illimus Polenus me enixe rogavit ut suis verbis tibi plurimam salutem dicerem«; in diesem Brief bemerkt er auch, wie erfreut er war »quod ea, de quibus ante hac Venetiis egimus, consideratione tua digna esse judices . . .«

Stirling, der ein überzeugter Newtonianer blieb, scheint wenigstens teilweise von einer Zuwendung gelebt zu habe, die er von Newton erhielt und die J. T. Desagullières FRS vermittelt hatte, dessen Ruf als Freimaurer seinen wissenschaftlichen Ruhm um vieles überdauert hat. Siehe Stirlings Briefe an Newton und an seinen Bruder, bei Tweedie, S. 11, 13. Er bezieht sich verschiedentlich auf Polenis publizierte Schriften, und seine Beschäftigung mit Hydraulik könnte ein weiteres gemeinsames wissenschaftliches Interesse gewesen sein.

Ob Stirling, wie im *Dictionary of National Biography* vermutet wird, auch ein früher Industriespion gewesen ist, der die Geheimnisse der venezianischen Glasherstellung nach Hause übermittelt oder zumindest gesammelt hat, ist nie geklärt worden. Stirling scheint seine Ermordung befürchtet zu haben.

Galilei erwähnt die Catenaria indirekt in seinen Erörterungen über Geschosse in den Fragmenten der *Discorsi. Opere,* ed. P. Pagnini, Florenz 1964, Bd. V, S. 160 ff.

24 G. Poleni, *Cupola* (a. a. O.), S. 32 ff.

25 Dies waren die *Histoire de l'Académie Royale des Sciences* aus Paris, die *Philosophical Transactions* der Royal Society und die Leipziger *Acta Eruditorum;* zum Überfluß könnte man noch das *Journal des Scavans* hinzunehmen.

26 Siehe oben Anm. 23.

27 Er war für die Einrichtung eines solchen »Theatrum« und für seine angemessene Finanzierung für einen bestimmten Zeitraum eingetreten. »Per mettere questo nuovo instituto in in piede degno della grandezza degli Ecc., mi Riformatori venerati Padroni«, schreibt er am 12. Februar 1739 in einem sehr diplomatischen und geschickt formulierten Brief an die Universitätsbehörde, »necessitano assegnamenti annui ... Il Musschenbroek si celebre nell'arte di esperimentare scrive ... che le suppellettili si ottengono con grandissima difficoltà per l'enorme costo, ma senze d'esse nulla è fattibile su cui fidarsi ...« Das Original des Briefes befindet sich im Nachlaß Poleni in der Marciana und wurde zuerst veröffentlicht von A. Cavallari Murat, »Giovanni Poleni e la costruzione architettonica«, in *Giovanni Poleni, nel Bicentenario della Morte,* Padua 1963, S. 57.

Auf der folgenden Seite (siehe auch die Anmerkung S. 75) erwähnt A. Cavallari Murat Rechnungen für den Transport von Experimentiergerät von Polenis Privathaus, wo er seit etwa 1710 Experimente durchgeführt zu haben scheint, zum Theatrum in der Universität; nähere Angaben über diese Geräte werden aber nicht gemacht.

28 Poleni hat Musschenbroeck häufig respektvoll erwähnt, und diese Hochachtung mag mit der venezianischen Veröffentlichung der *Elementa Physicae* (Leyden 1734) zusammenhängen, die dort 1751 erschienen sind; eine weitere Ausgabe war 1751 in Neapel veröffentlicht worden. Die *macchina divulsoria* ist zuerst in den *Physicae experimentalis et Geometricae Elementa* von 1729 (Leyden) umrissen worden, und interessanterweise ist Musschenbroecks Maschine eine schlichte, aber elegante, auf den Nutzen abgestellte Konstruktion, während Polenis Maschine reich verziert ist in üppiger Rocaillemanier.

29 So in jüngster Zeit E. Kaufmann, Jr., »Memmo's Lodoli«, *Art Bulletin* 1946, S. 168. Der Erste, der neuerdings auf die Existenz des Gebäudes hingewiesen hat, ist A. Cavallari Murat gewesen, in »Congetture sul Trattato d'architettura progettato dal Lodoli«, *Atti e Rassegna Tecnica della Società degli Ingegneri e degli architetti in Torino,* Juli 1966, S. 3 ff. Die im folgenden gegebene Beschreibung des Gebäudes beruht auf Memmos Bericht über den Bau und seine Entstehung in Memmo, Bd. 2, S. 154 ff.

30 Damit meint er die Fachleute eher als die Akademiker. Lodolis Ansehen war so groß, daß ihm nach seinem Tode eine Reihe von Bauten zugeschrieben wurden: *Venezia e le sue Lagune,* Venedig 1947, Bd. II, II, S. 286, zur Scuola di San Pasquale, die irrtümlich Lodoli zugeschrieben wird, ebenso wie das angrenzende Kloster von San Francesco della Vigna. Es handelt sich um die Scuola, die heute als die der Stigmata bekannt ist. Die Zuschreibung an Lodoli ist dem besten modernen Führer, Lorenzetti, oder Paganuzzi, *Iconografia della Città di Venezia e delle 30 parocchie,* Venedig o. J. (um 1820) nicht bekannt.

31 Dieser eigenwillige griechische Ausdruck wird ausführlich erläutert von Giovanni Ziborghi in seinem *Vignola*, 1748, S. 46. Ziborghi gebraucht ihn als Synonym für *fulcrum*, dies entspricht aber nicht dem, wie Lodoli, oder zumindest Memmo, dieses Wort zu verwenden scheint. Die Stelle über die niedergelegte Säule findet sich am Beginn der »Prima Giornata« der *Discorsi e Dimostrazioni Matematiche*, in *Opere* (a. a. O.) Bd. IV, S. 126.

32 Das Kloster wurde nach Palladios Tod gebaut, und seine Urheberschaft ist oft angezweifelt worden. Den letzten Stand der Dinge findet man bei Lionello Puppi, *Palladio*, Mailand 1973, Bd. II, S. 428 ff. Es ist unter dem Namen Zypressenkloster bekannt. Den Namen »Memmia« hat die Insel San Giorgio wegen ihrer Schenkung an die Benediktinermönche durch den Dogen Tribuno Memmo (einen Vorfahren von Andrea Memmo) im Jahre 928 erhalten.

33 San Jacobus Picenus oder San Giacomo delle Marche (1394–1476), der eine Lampe hält und die von ihm abgelehnten Mitren hinter sich legt.

34 Nicht die Balken in unserem Sinne, sondern die Fläche zwischen der Laibung und dem Überfangbogen oder das Feld, das sich über dem Balken erhebt und den Catenarbogen bildet.

35 *L'Architettura di Jacopo Barozzi da Vignola ridotta a facile Metodo per Mezzo di Osservazioni a profitto de' Studenti aggiuntovi un Trattato di Meccanica*, Venedig 1748. Die Widmung (»Al rinomatissimo Padre Carlo Lodoli, Professore celeberrimo d'Arti e di Scienze«) ist N.N. unterzeichnet, der von Memmo (Bd. 2, S. 159 ff.) als Giovanni Ziborghi identifiziert wird, wobei er hinzufügt, daß es eine zweite Ausgabe von 1775 gegeben habe, die nirgends sonst verzeichnet scheint.

36 Während das Wochenendhaus nicht identifiziert werden konnte, handelt es sich bei dem Palazzo um die venezianische Botschaft in Konstantinopel, wo er jedoch eine Ausführung seiner Entwürfe nicht durchsetzen konnte, sondern sich mit Veränderungen an dem vorhandenen Bauwerk zufriedengeben mußte. Siehe Torcellan, *Memmo* (a. a. O.), S. 154 ff. und Abb. 5. Die nicht sehr bemerkenswerte Zeichnung ist Memmo selbst zugeschrieben worden und zeigt die Catenarien und die Rustika Lodolis an einer eher kraftlosen anglisierten palladianischen Fassade.

37 Die wissenschaftliche Kurve ist eindeutig die Catenaria. Sie erscheint in den schweren Sohlbänken der Fenster.

38 Dieses Ornament zu rekonstruieren, ist nicht möglich: An dem existierenden Gebäude stoßen die Mittelstücke des Giebels in der Mitte aufeinander, anstatt zu überlappen, wie Memmo sagt. Es kann sein, daß Lodoli die Mittelstücke weglassen und Memmos »Ornament« an ihrer Stelle unterbringen wollte, obwohl es nach dem heutigen Zustand des Gebäudes nicht so aussieht, als hätte man an den verkürzten und neugeformten Tympani irgendwelche substantiellen Veränderungen vorgenommen.

39 Diese überraschend konventionelle Auffassung historischen Fortgangs hätte Algarottis völlige Zustimmung gefunden. Von Vasari (ed. Milanesi, Bd. III, S. 383 ff.) und jedem anderen seither ist Squarcione als der große Pädagoge der venezianischen Kunst dargestellt worden; Milanesi schreibt ihm 137 Schüler zu. Er erwähnt auch Squarciones Kritik an Mantegna, daß dieser in seinen Gemälden sich zu eng an antike Reliefs halte.

40 Vitruvius I,1,i. Der ganze Satz lautet: »Ea [architectura] nascitur ex fabrica et ratiocinatione« – die alte hellenistische Dualität von τέχνη und ἐπιστήμη. Lodoli trennt bewußt ratio cinatio, um die Zweideutigkeit hervorzuheben und Vernunft sowohl als allgemeinen Begriff wie als Kritik und Dialektik zu fassen.

41 Es handelt sich um das Frontispiz des zweiten Bandes. Die »wissenschaftliche« Kurve wird für den Türsturz – der in Wirklichkeit unsichtbar ist – verwendet und für die vier Abschnitte des Türgewändes, zwei auf jeder Seite und in der Mitte unterbrochen von der dreifachen Verkeilung.

42 Vignolas Text wird durch einen kurzen, aber nützlichen und ziemlich unkritischen Kommentar erläutert. Die kleine Abhandlung über Mechanik sagt so gut wie nichts über komplizierte Probleme wie die Catenaria, sondern befaßt sich mit Grundbegriffen wie dem Biegungsmoment, Elastizität und Transmission.

43 In seinem Vorwort bekennt Ziborghi seine Abneigung, das Buch Lodoli zu widmen: »contenen-
   dosi in esso cose, delle quali siete divenuto publico e giusto Censore...« Man hat dies als
   Bezugnahme auf Lodolis Tätigkeit als Bücherzensor verstanden, was aber kaum der Fall sein kann.
   Das Buch enthält nichts, was eine staatliche oder religiöse Zensur verbieten würde, es handelt
   vielmehr ausschließlich von technischen Fragen, die, wie Algarotti und Memmo übereinstimmend
   sagen würden, Gegenstand der strengen, eine kritische »Zensur« ausübende Lehre von Lodoli
   waren.

44 Es war Moschini (*Della Letteratura Veneziana del Secolo XVIII*, Venedig 1806–08, III; S. 120ff.),
   desgleichen Angelo Comolli (*Bibliografia... dell'Archittetura Civile...* Rom 1792, S. 50ff.), der
   auch erwähnt, daß er die Errata und das Register angefertigt habe (S. 50), obwohl es nach Memmos
   eigener Aussage mehrere Manuskripte waren, die kursieren durften (Torcellan, S. 187ff.).

45 Das Buch, schreibt er einem Freund, wurde »in weniger als acht Tagen« diktiert, »bloß aus dem
   Gedächtnis und ohne irgend jemanden zu befragen, der mir etwas über den Urheber der neuen
   Grundsätze hätte sagen können...« Brief an Giulio Perini vom 22. Juni 1784, bei Torcellan,
   a. a. O., S. 185. Allerdings scheint er vor der Veröffentlichung des Buches eine Reihe von Personen
   zu Thema und Stil befragt zu haben, und seine engen Vertrauten, wie sein Bruder Bernardo und
   Angelo Querini, haben seine Version der Ereignisse oder seine Interpretation der Ideen Lodolis
   nicht in Frage gestellt.

46 Vico zitiert Lodolis Brief an ihn vom 15. Januar 1728, der die (in allseitiger Enttäuschung endende)
   Kampagne für eine Neuausgabe von Vicos *Scienza Nuova* in einer durchgesehenen Fassung
   eröffnete (*Opere*, ed. Nicolini, Mailand und Neapel 1953, S. 77) und also auf der Grundlage der
   Scienza Nuova Prima geschrieben wurde, die 1725 erschienen war.
   Lodolis Bekanntschaft mit Vico ist jedoch zum Teil für die Entstehung von dessen Autobiogra-
   phie verantwortlich gewesen. Sie war für eine Reihe literarischer Selbstporträts bestimmt, die auf
   Vorschlag und im Auftrag von Graf Gianartico di Porcia und vielleicht angeregt durch Leibniz von
   italienischen Gelehrten verfaßt werden sollten (siehe zuletzt A. R. Caponigri, *Time & Idea*, Notre
   Dame 1953, S. 11, nach Fausto Nicolini, *Bibliographia Vichiana*, 1947–48, I, S. 61.

47 Zur Auffassung von Recht und Geschichte, wie sie in Lodolis »Schule« gelehrt wurde, siehe
   Memmo S. 51ff., Bd. I, 1. Die Schule kam auf Drängen von Scipione Maffei zustande, und sowohl
   Montesquieu wie Vico korrespondierten mit ihm. Der neapolitanische Jurist und Historiker lebte
   in Venedig im Hause von Memmos Großvater mütterlicherseits, Andrea Pisani, wo er Lodoli
   begegnet ist. »Naturrecht« stand im Mittelpunkt seines Unterrichts, und Ciceros *De officiis* war
   der Text, den er zugrundelegte, obwohl er auch Pufendorfs *De jure Naturae et Gentium* (1672)
   benutzte. Pufendorf wird von Vico oft zitiert, nicht immer aber mit rückhaltloser Bewunderung.
   Ein anderer Text, den er gerne benutzte, war das Vorwort von *Chamber's Encyclopaedia* und
   später das der *Encyclopédie* von Diderot und d'Alembert, obwohl er deren Ansichten über die
   Architektur nicht teilte.

48 Die in *De antiquissima Italorum Sapientia ex Linguae Latinae Originibus eruenda libri tres*, Neapel
   1710, entwickelte Anschauung wurde später, vor allem in den zwei hauptsächlichen Redaktionen
   der *Scienza Nuova* (1725, 1744), insofern modifiziert, als Vico der Phantasie gegenüber der
   Vernunft eine zunehmend größere Rolle bei der Erschaffung und Ausbildung der Sprache zumaß.
   Selbst in seinen späteren Schriften, wie dem Anhang über den Ursprung des Zwölftafelgesetzes,
   der (mit einem kürzeren Anhang über die »Lex Regia Triboniana«) zur Ausgabe von 1744
   hinzukam, verteidigte er die These von dem inneren Zusammenhalt der nationalen Institutionen im
   allgemeinen und von den autochthonen Ursprüngen des römischen Rechts im besonderen, eine
   These, die für das Verständnis von Recht wie Geschichte von größter Bedeutung war, da, wie er
   sagt, »la giurisprudenza principalmente fece grandi i Romani«. Das ursprüngliche Recht, das aus
   einer Verbindung des Natur- und Völkerrechts und des besonderen Rechts eines Volkes bestand,
   war in erster Linie eine Art Dichtung aus Gebärden und Handlungen – vieldeutig wie die
   Hieroglyphen der Ägypter und die Schriftzeichen der Chinesen (Paragraph 1035ff.).

49   Memmo, Bd. I, S. 290 ff., S. 325 ff.; auf S. 296 wird Lodolis Ansicht, daß die dorische Ordnung tatsächlich griechisch war, mitgeteilt.

50   Piranesis Beeinflussung durch Lodoli ist bereits von R. Wittkower vermutet worden in »Piranesi's Architectural Creed«, *Studies in the Italian Baroque* (London 1975, S. 238); siehe auch U. Vogt-Göknill, *Giovanni Battista Piranesi, »Carceri«,* Zürich 1958, S. 61, 90, Anm. 7.
Eine ausführlichere Erörterung, die von dem wahrscheinlichen Einfluß von Vico und Gravina ausgeht, findet man in M. Calvesis Vorwort zum Katalog der Piranesi-Ausstellung, Calcografia Nazionale, Rom (1967–1968), S. 6 ff., 20 ff. Piranesis Schuld gegenüber Lodoli ist bereits von Memmo betont worden, Bd. I, S. 222; in Bd. II, S. 139, berichtet er, daß Piranesi ein Exemplar seines Werkes *Della Magnificenza ed Architettura de' Romani* (Imprimatur vom Mai 1760) Lodoli ein paar Monate vor dessen Tod (27. Oktober 1761) als Zeichen seiner Freundschaft zum Geschenk machte. Diese Freundschaft muß sehr lange bestanden haben, denn Piranesi scheint Venedig zuletzt 1744 verlassen zu haben, als er 24 Jahre alt war, und obwohl er Lodolis Bauwerk bei dieser Gelegenheit gesehen haben kann, besteht kein Zweifel, daß er mit dem Gedanken, der Lodolis Ansatz prägte, vertraut war. Memmo berichtet von seiner Begegnung mit Poleni im Hause Mario Foscarinis, als er den Versuch machte, ein öffentliches oder halböffentliches Streitgespräch zwischen Lodoli und Poleni über Vitruv zu vereinbaren. Poleni lehnte wegen seiner großen Freundschaft zu Lodoli und wegen seiner nicht minder großen Verehrung für Vitruv ab.
Marco Foscarini war, als Botschafter der venezianischen Republik, der erste Gönner Piranesis in Rom. Eine andere enge Beziehung dürfte zu Matteo Lucchesi, Piranesis Onkel und erstem Architekturlehrer (H. Focillon, *Piranesi,* Paris 1918, S. 24) bestanden haben, der gelehrt genug war, um seine Briefe, wenn die Gelegenheit dazu sich ergab, in lateinischen Versen zu schreiben, und der mit Lodolis erbittertstem Gegner, Tommaso Temanza (der Lodoli einen anmaßenden Kritiker und schamlosen Schwindler genannt hatte – »critico insolente ed impostore sfacciato«, *Vite dei più celebri Architetti e Scultori Veneziani,* Venedig 1778, S. 87, n. a.; vgl. Memmo, Bd. I, S. 124 ff.), darüber stritt, welches die richtige Haltung sei, die man gegenüber den Alten einnehmen solle, und in einem Brief, den wir nur durch die Antwort auf ihn kennen, nahm er eine durchaus Lodolische Position ein (*Temanza in Raccolta d'Opuscoli Scientifici e Filologici,* Bd. V, S. 175 ff.).
Memmo schreibt, als hätte er Piranesi gekannt. Unbestritten ist, daß er mit Piranesis Sohn Francesco diskutieren konnte, der ihm in der *Collection des Plus belles Statues de Rome,* die er 1786 im selben Jahr wie Memmis *Elementi,* veröffentlichte, verschiedene Tafeln widmete. Damals stach er auch auf drei Tafeln eine Ansicht von Memmos Lieblings-»Verbesserung«, dem Pra'del Valle in Padua. Memmos Sekretär veröffentlichte einen erklärenden Text zu diesem Stich: *Descrizione della general Idea concepita, ed in gran parte effetuata dall' ecc.mo Signore ANDREA MEMMO... quando fu per la Serenissima Repubblica di Venezia nel MDCCLXXV, e Vi Proveditor Straordinario della Città di Padova sul materiale del Prato che denominavasi della Valle onde renderlo utile anche per le potentissime Vie del diletto a quel Popolo ed a maggior decoro sella stessa Città, a maggior intelligenza delle due grandi Incisioni, che stanno per uscire dalla Calcografia Piranesi...* Rom 1786. Don Vincenzo Radicchio, der das Buch unterzeichnete, hat möglicherweise, wie Gianfranco Torcellan vermutet (*Memmo,* S. 125, Anm. 1), als Memmos Sekretär fungiert. Da er *Segretario de' Memoriali di S. E. medesima, attuale Ambasciatore alla Santa Sede* war, kann durchaus er es gewesen sein, dem Memmo die *Elementi* diktierte. In der *Descrizione* bezeichnet Radicchio Francesco Piranesi als »familiare di S.E.« (S. 5); über diese Beziehung und über Francesco im allgemeinen weiß man zu wenig (Focillon, S. 130).
Giambattista Piranesi beschäftigten die Fragen, die Lodoli aufgeworfen hatte, sehr, und vieles von den Ansichten über die Priorität der ägyptischen und etruskischen Architektur stammt zweifellos von Lodoli. Er bedient sich aber auch einiger Argumente, die an Vico erinnern. Sein leidenschaftliches Eintreten für die Unabhängigkeit des römischen Rechts und das Alter der Zwölf Tafeln (*Della Magnificenza,* S. IX ff.) schmeckt nach Vicoscher Argumentation und Methode. Tiefer noch beeinflußt scheint er mir freilich von Vicos Glauben an die Macht der heroischen

Einbildungskraft. Piranesi glaubte selbst, wie er immer wieder betont, in einer Zeit architektonischen Niedergangs zu leben, und seine offensichtlich irrationalen Kompilationen extravaganter Ornamentik liegen mehr auf der Linie einer »poetischen« Wiedererschaffung der äußeren Baugestalt, die ein wesentlich rationales inneres Gefüge enthält.

51 Am deutlichsten in der allgemeinen Ornamentsammlung in Newgate, aber ebenso in einigen kleineren Werken. Siehe G. Teyssot, *Città e Utopia nell'Illuminismo Inglese*, Rom 1974, S. 55 ff., S. 78 ff. Vgl. dagegen Dorothy Stroud, *George Dance*, S. 98 ff.

52 Obwohl Memmo die Abhängigkeit Milizias von Algarotti erkennt, beruft er sich ständig auf ihn. Er nennt ihn (Bd. I, S. 152, Anm.) einen Offizier im Regiment der Architekten-Philosophen. Milizias Handbuch wird eingehend erörtert in Comollis *Bibliografia Architettonica* (Bd. IV, S. 42 ff.) unmittelbar vor Memmos Lodoli (ebd., S. 50 ff., mit 34 Seiten einer der längsten Artikel der Bibliographie), und Comolli erklärt selbst, daß er Nachfolger von Lodoli/Memmo sei. Er erklärt sich verantwortlich für das Register des Buches und das Verzeichnis der Errata, kann aber durchaus auch die Anmerkungen bearbeitet haben. Comolli gibt auch Inhaltsübersichten über Algarottis *Saggio* – wo er die böse Bemerkung Friedrichs d. Gr. mitteilt, Algarotti besitze sein ganzes Wissen in kleiner Münze – und über Laugiers *Essai* ebenso wie über dessen *Observations*, so daß für alle späteren Historiker ein Vergleich vorlag. Beiläufig behandelt Milizia die Catenaria (Bassano 1823, Bd. III, S. 190 ff.), zeichnet sie unsinniger weise aber als Halbkreis (Abb. 13 ff.).

53 Diese Formel wurde von Polenis Freund und Schüler Simone Stratico, der auch ein Freund Memmos war (»amico mio, che pregio ed amo sommamente«) und schließlich Polenis großen Vitruvkommentar herausgegeben und zum Druck befördern sollte (Udine 1825–30).
Zu Comolli siehe A. Cavallari-Murat, »Schedula sulla Bibliografia Architettonica di Angelo Comolli«, in *Boll. Soc. Piedmontese di Archeologia e Belle Arti*, 1964, N. S. XVIII, S. 173 ff.
Augusto Cavallari-Murat hat mich zuerst ermutigt, den hier behandelten Fragen nachzugehen. Der Superior und die Brüder des Klosters San Francesco della Vigna sind mit ihrer Zeit und ihren Mitteilungen über das Kloster sehr großzügig gewesen.

Semper und der Begriff des Stils

1 Diese Episode wird in den meisten Handbüchern der Vorgeschichte berichtet. Siehe zum Beispiel A. Leroi-Gourhan, *Préhistoire de l'art occidental*, Paris 1965, S. 26, oder H. G. Brandi und J. Maringer, *L'Art préhistorique*, Basel 1952, S. 20.

2 *Primitive Culture. Researches into the Development of Mythology, Philosophy, Religion, Art and Custom* (4. Aufl.) London 1903, Bd. 1, S. 58 ff.

3 Sir Charles Lyell, *The Antiquity of Man*. Die erste Auflage, London 1863, verzeichnet die jüngsten französischen und deutschen paläontologischen Funde, S. 75 ff., 112 ff., 153 ff., und erwähnt die Ritzzeichnungen des Magdalénien, S. 190 ff. Über Feuersteine als »Kunstwerke«, S. 154 ff. Dieses Material bleibt bis zur vierten Auflage (London 1873) unverändert, in der die Abbildung des Elephas Primigenius von La Madeleine (heute im Museum in St. Germain-en-Laye) hinzukommt. Die Abbildung ist stark vereinfacht.

4 Sir John Lubbock, *The Origin of Civilization and the Primitive Condition of Man*, London 1870. Lubbock widmet diesen Darstellungen zwei Seiten (S. 29 ff.). Er bildet dieselbe Elephasgravierung ab wie Lyell und eines von zwei Rentieren aus Laugerie-Basse. Dies bleibt unverändert so bis zur vierten Auflage von 1902. (Inzwischen war Lubbock Lord Avebury geworden.) Die erste Auflage, in der die prähistorische Kunst ausführlich behandelt wird, ist die fünfte von 1912.

5 Die Ursprünge der Erforschung der Vorgeschichte und der menschlichen Gesellschaft werden dargestellt bei M. Boule und H. V. Vallois, *Fossil Man*, London 1957, S. 10 ff.

6 E. Grosse, *Les Débuts de l'art*, Paris 1902 (die französische Ausgabe hat den Vorzug einer Einleitung von Léon Mariller) S. 124 ff. Der Stich des Rentiers wurde, wie es in der Legende heißt, nach einem Gipsabdruck angefertigt. Das Rentierbild stammte aus Laugerie-Basse.

7 Zu Grosses Beziehung zu Fechners *Vorschule der Ästhetik* (Leipzig 1876), siehe *Les Débuts de l'art*, S. 38 ff., 221 ff.. Die wichtigsten Einsichten Fechners waren freilich schon in seinen *Elementen der Psychophysik* (Leipzig 1860) formuliert worden, wo der Grundgedanke, die immanente und spirituelle Natur des Universums durch Messung und also die physische »Existenz« scheinbar subjektiver Reaktionen zu beweisen, ausführlich entwickelt wird. Die Erleuchtung, die Fechner gehabt haben will, während er am Morgen des 22. 10. 1850 im Bett lag, wird von den Psychologen halb ernsthaft als Geburtsdatum ihrer Disziplin gefeiert. Eine Ironie ist es, daß Fechners ganzes Unternehmen dazu dienen sollte, einer seiner Ansicht nach übertrieben materialistischen Psychologie entgegenzuwirken.

Über Grosses Stellung in der Geschichte der Ethnologie, siehe R. H. Lowie, *The History of Ethnological Theory*, London 1937, S. 95, S. 189.

8 Grosses Bemerkungen zu Spencers Theorien, siehe a.a.O., S. 211 ff.

9 Gottfried Semper, *Der Stil in den technischen und tektonischen Künsten oder Praktische Ästhetik. Ein Handbuch für Techniker, Künstler und Kunstfreunde*, Bd. I, *Die textile Kunst, für sich betrachtet und in Beziehung zur Baukunst*, München 1863. Die zweite Auflage, nach der hier zitiert wird, erschien ebenfalls in München 1878 und 1879, mit einem Vorwort von Hans Semper, dem Sohn des Verfassers. Der zweite Band enthielt einen Nachruf auf Semper von Friedrich Pecht, nachgedruckt aus der *Augsburger Allgemeinen Zeitung*. Im Text oder in den Anmerkungen gibt es kaum Änderungen. Die gewachsene Zahl der Paragraphen ist darauf zurückzuführen, daß die Paragraphenzählung 6 und 29 in der ersten Auflage zweimal vorkam, so daß sich durch die Korrektur in der zweiten Auflage zwei zusätzliche Paragraphenziffern ergaben. Im übrigen ist die neue Auflage, wie Hans Semper im Vorwort bemerkt, fast unverändert geblieben, so auch beispielsweise viele Druckfehler.

10 Semper, *Der Stil*, Bd. I, 1878, S. 12.

11 Ebd., S. 169.

12 Ebd., S. 73; vgl. S. 14 ff., 75 ff., 163 ff.

13 Gustav Friedrich Klemm, *Allgemeine Kulturgeschichte der Menschheit*, Leipzig 1843, 1834–1852 (Bd. X). Klemms eigene Sammlung wurde bei seinem Tode geteilt: Ein Teil kam ins British Museum, das meiste aber wurde der Grundstock des Museum für Völkerkunde in Leipzig. Über Klemm als Ethnologen, siehe R. H. Lowie, a. a. O., S. 11 ff., 189.

14 Zur Zeit, als Semper das neue Dresdner Museum erbaute, war Klemm Direktor der Königlichen Bibliothek, wozu er 1834 ernannt worden war, in demselben Jahr, in dem Semper den Lehrstuhl an der Bauakademie erhielt. Er war auch in den Königlichen Sammlungen tätig und erweiterte und ordnete seine eigene. Schließlich wurde Klemm auch Direktor der Porzellansammlung im Zwinger.

15 Es handelte sich hierbei natürlich nur um ein Modell. Es ist verzeichnet in *Crystal Palace described and illustrated by Beautiful Engravings chiefly from Daguerrotypes*, von Bernard Myall & C & C (John Tallis & Co), London und New York o.J., Bd. II, S. 130: »Dieselbe Schlußfolgerung zugunsten der Fähigkeit des nordamerikanischen Indianers, sich unserem Brauch anzuschließen, kann aus dem Modell des Hauses des einst wilden Karaiben, des Kannibalen des Kolumbus, mitsamt dem darin genau abgebildeten Hausrat hergeleitet werden. Der Lehnstuhl, der Wachsstock, die Zunderbüchse, das moderne Bett des alten Mannes sowie die Hängematte der Eingeborenen ... und hundert andere Dinge waren da, um die Verbreitung des Komforts durch die Zivilisation zu zeigen. Dieses kleine indianische Bild zivilisierter Barbarei ist eine Lektion, die dadurch fortbestehen sollte, daß ein so schlichtes Werk im British Museum Aufstellung findet.«

Semper selbst äußert sich dazu in einem unveröffentlichten Manuskript im Victoria and Albert Museum (MS 86 FF 64): »Practical Art in Metals, its Technology, History & Styles«, S. 13, ohne

Paginierung. »Architectural Parts: Mats, hides and carpets were the original divisions of space for domestic comfort – see the models of Carribean cottages [huts] exhibited in the W. Indies allotment at the exhibition of 1851. Hence is derived the ancient custom of covering walls with carpets, leather, wood panels, stucco, stone panels or metal plates.«

Das Manuskript ist 1854 datiert, muß 1852 geschrieben sein. Ich möchte Robin Middleton dafür danken, daß er mich auf diesen Text aufmerksam gemacht hat. Es klingen hier die bereits in *Vier Elemente der Baukunst. Beitrag zur vergleichenden Baukunde*, Braunschweig 1851, S. 56ff., entwickelten Gedanken an. Semper und die Kommentatoren in Tallis *Crystal Palace* benutzen die Hütte, um gegensätzliche Gesichtspunkte zur Geltung zu bringen. Tallis Kommentator sieht in dem Modell die rasche Anpassung des Karaiben an die westliche Zivilisation, während Semper darin den Beweis für den Fortbestand archaischer Verhältnisse bis in seine eigene Zeit erkennt. Vgl. auch Semper, *Kleine Schriften*, S. 292ff.

16 Semper, *Der Stil*, Bd. II, 1879, S. 262ff.; vgl. auch S. 202.

17 Ebd., S. 200. Vgl. E. Viollet-le-Duc, *Lectures on Architecture* (übersetzt von Benjamin Buchnall) Bd. I, London 1877, S. 45ff. Da der erste Band der *Entretiens* nicht vor 1863, dem Jahr der Veröffentlichung des ersten Bandes von *Der Stil*, veröffentlicht wurde und Semper keine nach 1858 erschienene Publikation zitiert, hat er wahrscheinlich den Sonderdruck dieses *Entretien* gesehen, der in jenem Jahr erschienen war. Vgl. R. Middleton, a.a.O.

18 Semper, *Der Stil*, Bd. II, S. 200.

19 Im Titel von *Der Stil* ist der Gedanke ausdrücklich formuliert, und im zweiten Band geschieht es entsprechend für vier andere Materialien. Die Bedeutung der ersten Beziehung hat freilich den Vorrang. Der Titel der erwähnten früheren Abhandlung ist: *Vorläufige Bemerkungen über Architektur und Plastik bei den Alten*, Altona 1834.

20 *Der Stil*, Bd. I, S. 190.

21 Siehe seine Tafel XI. Semper behauptete, daß beim Tätowieren die Ornamente auf der Haut auch aus Fäden gebildet wurden (*Der Stil*, Bd. I, S. 92ff.). In diesem Falle wird das Wort »Fäden« freilich fast in metaphorischem Sinne gebraucht.

22 *Der Stil*, Bd. I, S. 75ff., 196.

23 Ebd., S. 198.

24 Ebd., S. 213.

25 Das Sprichwort scheint vom hl. Hieronymus geprägt zu sein, ist aber ziemlich allgemein verbreitet. Siehe *Der Stil*, Bd. I, S. 73 und Anm. 1.

26 Semper verweist auf Höfers *Sprachwissenschaftliche Untersuchungen*, S. 223ff. Die Stelle findet sich in der Tat auf S. 222 von Karl Gustav Albert Höfer, *Beiträge zur Etymologie und vergleichenden Grammatik der Hauptsprachen des indogermanischen Stammes*, Bd. I (alles Erschienene), Berlin 1839. Gewidmet war der Band dem Andenken von Humboldts, und trotz der Kritik aus dem Lager der Humboldt-Anhänger begründete dieser Band das Ansehen Höfers. Später wandte Höfer sich auch der Erforschung seiner Heimatdialekte zu (*Denkmäler niederdeutscher Sprache und Literatur nach alten Drucken und Handschriften*, Greifswald 1850ff.). Über Höfer allgemein, siehe Theodor Benfey, *Geschichte der Sprachwissenschaft und orientalischen Philologie in Deutschland*, München 1969, S. 406ff., 584f., 673.

27 Weiterhin verweist Semper auf L. Diefenbach, *Vergleichendes Wörterbuch der gothischen Sprache*, Frankfurt a. M. 1851, s. v. Nauths, und auf J. Grimm, *Deutsche Grammatik*, Berlin 1822. Das Werk eines anderen Schülers von K. O. Müller, das sich mit der religiösen Symbolik der Knoten beschäftigte und das er möglicherweise nicht kannte, erwähnt Semper nicht: »Vorstudien zur Topologie«, *Göttinger Studien* 1847.

28 *Der Stil*, Bd. I. S. 7.

29 Seit Kants Neufassung des Symbolbegriffs ist dieser sehr viel diskutiert worden; besondere Aufmerksamkeit hat er von seiten der Sprachforscher gefunden. Friedrich Creuzers *Symbolik und Mythologie der alten Völker, besonders der Griechen* (Leipzig und Darmstadt 1810 und 1812) war

weithin bekannt. Semper kannte aber auch die sehr anderen Ansichten Karl Otfried Müllers, denn er hatte bei ihm in Göttingen Vorlesungen gehört. Müller entwickelt seine Unterschiede zu Creuzer in den *Prolegomena zu einer wissenschaftlichen Mythologie,* Göttingen 1825, S. 331 ff. Die frühere Diskussion ist zusammengefaßt bei Bengt Algot Sørensen, *Symbol und Symbolismus in den ästhetischen Theorien des 18. Jahrhunderts und der deutschen Romantik,* Kopenhagen 1963; zu Hegels Auffassung siehe Johannes Volkelt, *Der Symbolbegriff,* Leipzig 1876.

30 *Der Stil,* Bd. I, S. 189. »Das Beitzen und Färben der Haut gehört zu der merkwürdigen Gruppe von Erfindungen, deren Mutter nicht die Noth, sondern die reine Lust ist und die zu den allerfrühesten gehören, weil gleichsam der Instinkt der Freude sie dem Menschen einblies.«

31 Ebd., Bd. I, S. XXI. »Umgeben von einer Welt voller Wunder und Kräfte, deren Gesetz der Mensch ahnt, das er fassen möchte, aber nimmer enträthselt … und das sein Gemüth in stets unbefriedigter Spannung erhält, zaubert er sich die fehlende Vollkommenheit im Spiel hervor, bildet er sich eine Welt im Kleinen, worin das kosmische Gesetz in engster Beschränktheit … hervortritt … Schafft ihm die Einbildungskraft diese Bilder, indem sie einzelne Naturscenen so vor ihm zurecht legt, erweitert und seiner Stimmung anpaßt, daß er im Einzelnen die Harmonie des Ganzen zu vernehmen glaubt und durch diese Illusion für Augenblicke der Wirklichkeit entrissen wird, so ist dies Naturgenuss, der vom Kunstgenuß eigentlich prinzipiell nicht verschieden ist … Aber dieser künstlerische Genuß des Naturschönen ist keineswegs die naivste und ursprünglichste Manifestation des Kunsttriebes, vielmehr ist der Sinn dafür beim einfachen Naturmenschen unentwickelt, während es ihn schon erfreut, das Gesetz der bildnerischen Natur, wie es in der Realität durch die Regelmäßigkeit periodischer Raumes- und Zeitfolgen hindurchblickt, im Kranze, in der Perlschnur, im Schnörkel, im Reigentanze, in den rhythmischen Lauten, womit der Reigentanz begleitet wird, im Takte des Ruders, u.s.w. wiederzufinden.«

32 Siehe beispielsweise die Bemerkungen zur Proportionalität in der Bekleidung, wo Semper, was sehr ungewöhnlich ist, auf die Behandlung in der Vorrede zurückverweist. *Der Stil,* Bd. I, S. 83. Trotz seiner erklärten Gegnerschaft gegen alles Mittelalterliche scheint er in dieser Formulierung den beiden Schlegels, besonders August Wilhelm, verpflichtet. Sehr fraglich scheint mir, ob er Michelets *Histoire de France,* Paris 1833, kannte, die Cuvier, ohne sie zu nennen, in seiner *Histoire des sciences naturelles* zu zitieren scheint (siehe unten, Anm. 41).

33 Der Inhalt des dritten Bandes, der wahrscheinlich zur gleichen Zeit begonnen wurde, ist in dem »Prospektus« verzeichnet, der manchmal der ersten Auflage beigebunden ist. Er sollte die Baukunst behandeln, unterteilt in sieben Abschnitte (Altertum, Hellenismus, Rom, Christentum, Mittelalter, Renaissance), und im letzten Abschnitt sollte es um die Frage gehen, ob die neue mittelalterliche Tendenz irgendeine Zukunft habe, und das Renaissancekapitel sollte auch zu erwägen geben, ob diese eigentlich erst begonnen habe oder ob eine neue Ära anbreche. Das Buch sollte sich mit dem großen Gebiet der Erfindung beschäftigen, in dem wir die sozialen Forderungen unserer Zeit analog zu dem Vergleichsmaterial der Geschichte betrachten und sie künstlerisch als »Momente« des Stils unserer Architektur bewerten. *Der Stil,* »Prospektus«, S. 7.

34 In *Gothic Architecture and Scholasticism,* New York 1957. Diese Stelle und ihr Zusammenhang mit Sempers Theorie wird eingehend besprochen bei Paul Frankl, *The Gothic, Literary Sources through Eight Centuries,* Princeton 1960, S. 589 ff.

35 »Prospektus«, S. 8.

36 C. F. von Rumohr, *Italienische Forschungen,* Berlin und Stettin 1827, Bd. I, S. 48 ff. An derselben Stelle beschäftigt Rumohr sich auch kurz mit dem Begriff des »Typus«. Semper war mit von Rumohr und seinem Werk sehr vertraut und hat auch sein Grabmal in Dresden geschaffen. Die fragliche Stelle findet sich in Bd. I, S. 103 ff.

37 H. Semper, *Gottfried Semper. Ein Bild seines Lebens und Wissens,* Berlin 1880. Siehe auch Semper, *Kleine Schriften* (hg. von M. u. H. Semper), Berlin und Stuttgart 1884, S. 7 ff.

38 Dazu gehörten in der neueren Zeit, neben Cuvier, Humboldt, Bernoulli und James Watt.

39 Natürlich gab es schon ältere Angriffe auf dieses System, und Goethe hatte großen Anteil an dieser

Kontroverse. Siehe J. W. Goethe, Werke, ed. E. Beutler, Zürich und Stuttgart, 1966, Bd. XVII, S. 380 ff.; diese Beiträge erschienen zuerst in *Jahrbuch für wissenschaftliche Kritik*, Berlin 1830 und 1832.

40   Cuviers Stellung in der Geschichte der Biologie, die Bedeutung seiner Theorie und ihr Verhältnis zu Ökonomie und Sprachwissenschaft wird von Michel Foucault behandelt (*Les Mots et les choses*, Paris 1966, S. 229 ff.). Während Cuvier kein aktives Interesse an der zeitgenössischen deutschen Philosophie hatte, kannte er die frühen sprachphilosophischen Spekulationen, wie aus der *Histoire des sciences naturelles, depuis leurs origines jusqu'à nos jours* hervorgeht, die M. Magdaleine de Saint-Agy aufgrund der Vorlesungen Cuviers herausgegeben hat (Paris 1841) und deren Auffassung von der Stellung der Inder in der Weltgeschichte und ihrer Beziehung zu anderen Kulturen, besonders den Ägyptern, Friedrich Schlegels *Über die Sprache und Weisheit der Indier*, Heidelberg 1808, viel verdankt, worauf Cuvier eigens hinweist (Bd. I, S. 30).

41   M. Foucault, a. a. O., S. 276 ff.

42   Die Katastrophentheorie der biologischen Entwicklung wird in seinen *Recherches sur les ossements fossiles... par M. le Baron G. Cuvier* (2. Aufl.), Paris 1821, Bd. I, S. III ff. erwähnt. Über das späte Auftreten der Spezies homo, ebd., S. LXIV ff.

43   H. Semper in *Kleine Schriften*, a. a. O., und G. Semper, ebd., S. 259 ff.

44   Semper, *Der Stil*, Bd. II, S. 335 ff. Vgl. *Kleine Schriften*.

45   Aufgrund seiner Bedeutung und wegen seiner Affinität zum Formen der Keramik. Dieselbe Schwierigkeit hatte Semper schon bei der Behandlung des Glases zusammen mit der Keramik im sechsten Hauptstück angetroffen, Bd. II, S. 178 ff. Er gibt deshalb die übliche Gliederung formal/technisch/historisch auf und rechtfertigt diese Unstimmigkeit auf S. 459 von Bd. II. In Sempers idealem Musem, das auf den vier Wurzelformen aufbaut, gibt es natürlich keine Metallabteilung. Siehe Semper, *Wissenschaft, Industrie und Kunst*, 1966, S. 78, wo die Plazierung der Metallgegenstände gezeigt wird.

46   »Die Sammlungen und die öffentlichen Monumente sind die wahren Lehrer eines freien Volkes.« *Wissenschaft, Industrie und Kunst*, S. 63.

47   Richard Wagner, *Mein Leben*, München 1963, S. 368 ff., 378. Semper »hielt mich beständig für den Repräsentanten einer mittelalterisch katholizisierenden Richtung, die er oft mit Wut bekämpfte. Sehr mühselig gelang es mir, ihn endlich dazu zu belehren, daß meine Studien und Neigungen eigentlich auf das deutsche Altertum und die Auffindung des Ideales des urgermanischen Mythus ausgingen. So wie wir nun in das Heidentum gerieten... ward er ein ganz anderer Mensch und ein offenbares großes und ernstes Interesse begann uns jetzt in der Weise zu vereinigen, daß es uns zugleich von der übrigen Gesellschaft gänzlich isolierte...«

     Wagner verfolgte die Niederschrift von *Der Stil* mit Interesse und berichtet, wie er Semper nach vielen Zweifeln und einem Wechsel des Verlegers in seinem Atelier besuchte, als er dabei war, die Illustrationen für sein Buch »mit großer Sauberkeit selbst auf Stein« anzufertigen. Da die einzigen Abbildungen auf Stein die zweiundzwanzig farbigen Lithographien am Schluß des Buches sind, kann es durchaus sein, daß Wagner Semper bei der Vorbereitung der Holzstöcke angetroffen hat.

48   Wilhelm von Humboldt, *Über die Verschiedenheit des menschlichen Sprachbaues und ihren Einfluß auf die geistige Entwicklung des Menschengeschlechts*, Berlin 1836, S. LVII.

49   W. von Humboldt, a. a. O., S. LXI. »Der wirkliche Stoff der Sprache ist auf der einen Seite der Laut überhaupt, auf der anderen die Gesamtheit der sinnlichen Eindrücke und selbstthätigen Geistesbewegungen, welche der Bildung des Begriffs mit Hülfe der Sprache vorausgehen.«

50   M. Foucault, a. a. O., S. 303. Zu Humboldt und Bopp, siehe Pieter A. Verburg, »The Background of the Linguistic Conceptions of Franz Bopp«, in Thomas A. Sebeok, *Portraits of Linguists*, Bloomington 1966, Bd. I, S. 226 ff. und zu den Unterschieden zwischen ihnen, S. 234 ff.

51   H. Semper, a. a. O.

52   G. Semper, »Über Baustile«, in *Wissenschaft, Industrie und Kunst*, S. 106. Und in dem Absatz davor ausdrücklich: »Uns will diese Anwendung des... Axioms ›Die Natur macht keine Sprünge‹

und der Darwinschen Artentstehungslehre auf die besondere Welt des kleinen Nachschöpfers, des Menschen, doch einigermaßen bedenklich erscheinen ...«

53   Über die Haut als die erste verzierte Fläche, *Der Stil*, Bd. I, S. 92 ff. Sogar an dieser Stelle räumt Semper die Möglichkeit ein, daß die nackt gehenden Völker, die ihre Haut tätowieren, eine vorhergegangene höhere Kultur nachahmen. Jedenfalls, schreibt Semper im Anschluß an Klemm, wurde die Tätowierung meist in Farben vorgenommen, die der Farbe der Haut am besten entsprachen und den Muskeln ihres Körpers »struktiv« angepaßt waren. Auch dies wird von Riegl in *Stilfragen* (S. 84 ff.) bestritten mit dem Hinweis auf die kunstvolle spiralige Bemalung der Maoris (nach Sir John Lubbocks *Origin of Civilization*, S. 50 ff.), die ohne Kenntnis irgendwelcher textiler Künste entworfen wurde.

Die wichtigere Frage, ob Körperbemalung und Tätowierung eine frühe, vielleicht die ursprüngliche Kunstübung gewesen sein könnte, ließ sich solange nicht stellen, als die Malerei als eine »nachahmende« Kunst angesehen wurde. Riegl hängt dieser klassischen Vorstellung viel stärker an als Semper. Sie kehrt in zahlreichen anthropologischen Werken immer wieder, von allgemein klassifikatorischen Werken (wie A. C. Haddon, *Evolution in Art*, London 1895, siehe besonders das Diagramm auf S. 8) bis zu speziellen Untersuchungen, wie Adama von Scheltemas *Die altnordische Kunst* (Berlin 1923). Die zugrundeliegende Hypothese wurde am Ende des neunzehnten Jahrhunderts von Hjalmar Stolpe in einer Reihe von Publikationen formuliert, auf die sich auch Riegl bezieht (S. 39, Anm. 1). Sempers Ansicht, daß Darstellung ihren Ursprung immer in Handlung hat, ist sehr differenziert von Franz Boas entwickelt worden, der die Möglichkeit einer ästhetischen Resonanz auf Naturerscheinung ohne formschaffende Erfahrung a priori verneinte (*Primitive Art*, New York 1927, S. 11). Eine Weiterentwicklung dieser Vorstellung ist das von Ernst Grosse (*Les Débuts de l'art*, Paris 1902, S. 157 ff.) aufgestellte (und von Herbert Spencer angeregte) Postulat des Tanzes als »Urkunst«. Grosse betont auch die heraldische Natur der Körperbemalung. Lévi-Strauss hat in *Tristes Tropiques* (Paris 1956, S. 185 ff.) die erotische Macht der asymmetrischen Körperbemalung der Caduveo und ihre subtile sadomasochistische Verführungskraft, die von früheren Reisenden plumper verzeichnet worden ist (Guido Boggiani, *I Caduvei*, Rom 1895), lyrisch beschworen.

Obwohl Körperbemalung und Körperverzierung »struktiv« sein können, wie Semper annahm, können sie das Körperbild auch destruieren. Dies hat Marcel Mauss in aller Trockenheit ausgesprochen (*Manuel d'Ethnographie*, Paris 1967, S. 66 ff.) und in seiner Kritik der *Völkerpsychologie* von Wilhelm Wundt ausführlich dargelegt (wieder abgedruckt in *Œuvres*, Paris 1968, S. 198 ff.). Seit Kapitän Cook das Wort *tatoo* in eine europäische Sprache eingeführt hat, ist Körperbemalung als die Exzentrizität von Wilden und Verbrechern angesehen worden (wie von Alexandre Lacassagne, *Les Tatuages*, Paris 1881, oder von Paul Cattani, *Das Tatuiren*, Basel 1922), und dementsprechend hat Cesare Lombroso sie um die Jahrhundertwende diskutiert. Die Ansichten von Adolf Loos über das Tätowieren wurden wahrscheinlich von Lombroso (s. u. Anm. 66) beeinflußt und haben die spätere Diskussion über diese Fragen stark beeinträchtigt.

Zum archaischen, sogar archetypischen Wesen der geflochtenen Decke, siehe Bd. I, S. 27 ff., 213 ff., wo auch das Wesen des »Urtuchs« beschrieben wird, während der Herd einen eigenen Abschnitt in Bd. II, S. 335 ff., erhält. Semper, *Die vier Elemente der Baukunst, ein Beitrag zur vergleichenden Baukunde*, Braunschweig 1851, S. 55 ff.

54   Zuerst formuliert als »Typus« in dem Brief an Charlotte von Stein (aus Neapel und Rom, Juni 1787) und 1794 in Jena ausführlich mit Schiller besprochen. Goethe, *Werke*, Bd. XIX, S. 84, S. 752 ff. Es sollte eine obsessive Idee werden: »Ich verfiel längst auf jenen einfachen Urtypus ... das ist mein Gott, das ist der Gott, den wir alle ewig suchen ...« Goethe im Gespräch mit Friedrich von Müller am 7. Mai 1830, *Werke* XXIII, S. 692.

55   Hans Quitzsch, *Die ästhetischen Anschauungen Gottfried Sempers*, Berlin 1962, S. 65 ff.

56   Textile Kunst 468, Keramik 198, Tektonik 134, Stereotomie 124, Metallotechnik 106 Seiten.

57 Zum Beispiel Carl Schnaase, *Geschichte der Bildenden Künste,* Düsseldorf 1834, Bd. I, S. 16 ff. »... Die Härte des Zweckes zerstört die Schönheit...«, oder C. F. von Rumohr, a. a. O., Bd. I, S. 49, 90 ff.

58 Siehe zum Beispiel R. Munro, *Paleolithic Man,* Edinburgh 1912, S. 203 ff., vgl. A. Leroi-Gourhan, a. a. O., S. 28 ff.

59 F.. Cartailhac und E. Breuil, *La Caverne d'Altamira à Santillane, près de Santander (Espagne),* Monaco 1906.

60 A. Riegl, *Stilfragen,* Berlin 1893, S. 17 ff. Seine Betonung der Priorität der darstellenden Künste gegenüber dem Ornament und insbesondere der Schnitzerei vor irgendeiner Form des Webens oder Flechtens, ebd. S. 26 ff.

61 Lionello Venturi, *Storia della critica d'arte,* Turin 1964, S. 231: »E an che si ripugnante, una tale concezione materialistica dell'arte ha pure avuto il suo compito: quello di richiamare l'attenzione dello storico sulla realizzazione dello spirito nella materia, sul modo son cui la materia è stata sensibilizzata dall'arte.«

62 Deutlicher formuliert sind sie vielleicht in ihrer ursprünglichen Form, siehe G. Semper, »Über die formelle Gesetzmäßigkeit des Schmuckes und dessen Bedeutung als Kunstsymbol«, Zürich 1856 *(Akademische Vorträge I),* besonders S. 17 ff.

63 Riegl hatte Schwierigkeiten zu erklären, warum die ersten Künstler nicht Pflanzen nachbildeten, die ruhig und deshalb leichter zu beobachten sind als Tiere, siehe S. 51 ff.

64 Durch die Zeitschrift *Pan* und seine Bücher *Makartbouquet und Blumenstrauß,* München 1894, und *Palastfenster und Flügeltür,* Berlin 1899, und seine Wirksamkeit als Direktor der Hamburger Kunsthalle. C. Gurlitt, *Die deutsche Kunst seit 1800,* Berlin 1924, S. 464 ff., und N. Pevsner, *Wegbereiter moderner Formgebung,* Köln 1983, S. 24, 100.

65 Im Oktober 1907. Siehe P. Bruckmann, »Die Gründung des Deutschen Werkbundes 6. 10. 1907«, *Form* X, 1932, wieder abgedruckt in *Die Form, Stimme des Deutschen Werkbundes, 1925–1934,* S. 82 ff.

66 Adolf Loos, »Ornament und Verbrechen«, 1908, wieder abgedruckt in *Trotzdem,* Innsbruck 1931, S. 79 ff.

67 Georg Simmel, *Soziologie. Untersuchungen über die Formen der Vergesellschaftung,* Leipzig 1908, S. 280, »Exkurs über den Schmuck«.

68 Hierzu siehe Julius Posener, *Anfänge des Funktionalismus,* Frankfurt a. M. 1964, S. 199 ff.

69 E. Violet-le-Duc, *Dictionnaire raisonné de l'architecture française,* Paris 1867, s. u. Style.

70 Siehe R. Redgrave, *Manual of Design,* 1875, S. 15 ff.

71 Siehe Gene Weltfish, *The Origins of Art,* Indianapolis 1953, S. 25 ff.

72 Semper, *Der Stil,* Bd. I, S. 8 ff. Zur amerikanischen Übersetzung Sempers, siehe N. Pevsner, *Some Architectural Writers of the Nineteenth Century,* Oxford 1972, S. 252, Anm. 3. Die Vermutung über den Ursprung des Begriffs im Denken Sempers verdanke ich Rosemary Bletter.

73 Siehe Meyer Schapiro, »Style: Form and Content«, in *Aesthetics Today,* hg. von Morris Philipson, Cleveland und New York 1961, S. 110 ff.

74 d'Arcy Wentworth Thompson, *On Growth and Form,* Cambridge 1959, S. 1034 ff.

75 Morphologie ist ein Terminus technicus für bestimmte linguistische Verfahren geworden, und die vergleichende Sprachwissenschaft der Zeitgenossen Sempers hat eine bemerkenswerte Renaissance erlebt. Siehe in diesem Zusammenhang Roger Langham Brown, *Wilhelm von Humboldt's Conception of Linguistic Relativity,* Den Haag/Paris 1967.

Danksagung und Abbildungsnachweis

Die im folgenden genannten Personen und Institutionen haben für diese Veröffentlichung dankenswerterweise Material zur Verfügung gestellt: Accademia Patavina de Scienze, Lettere ed Arti, Padua, S. 206; Anderson S. 139; Archives de l'Art Moderne, Brüssel, S. 166; Aldo Ballo S. 32 unten; Bibliothèque Nationale de Paris S. 99–101, 103; British Museum, London, S. 58, 60, 61; René Burri, Zürich, S. 13 oben; Richard Cheatle S. 136; Curzon Museum of Archeology S. 36 links; Giancarlo de Carlo S. 32 oben; Design Council, London, S. 17 unten rechts, 40 unten; Ezio Godoli S. 111; Michael Graves S. 132 Mitte; Eileen Gray S. 82, 85 oben, 87–91; Allan A. Hedges Pty Ltd. S. 13 unten; John Hejduk S. 132 unten; Hans Hollein S. 177; Charles Jencks S. 17 unten links; Museum Kairo S. 43 links; Leon Krier S. 132 oben; Sam Lambert S. 182 unten; Panstwowe Muzeum Archeologiczne S. 195; George Pohl S. 176; John Read S. 17 oben; Aldo Rossi S. 127; Frank Russell S. 193; Joseph Rykwert S. 15, 30, 56, 57, 63, 64, 65, 137, 200/201, 211; Tate Gallery S. 178; Venturi und Rauch S. 174.

Weitere Abbildungen wurden den folgenden Quellen entnommen: Bengt Ackerblom, *Standing and Sitting Posture with special reference to the construction of chairs*, Stockholm 1948; *L'Architecture au XXième siècle*, Paris o. J.; *Architektur von Olbrich*, Berlin o. J.; *L'Architettura di Jacopo Barozzi da Vignola*, Venedig 1748; A. V. Avtishovsky, B. A. Kolchnik und M. W. Thompson, *Novgorod the Great*, London 1967; Jean Badovici und Eileen Gray, *E-1027 Maison en Bord de Mer*, Paris o. J.; Lindsay Black, *Burial Trees*, Melbourne 1941; *Casabella 208*; Silvia Danesi und Luciano Patetta, *Il Razionalismo e l'Architettura in Italia durante il Fascismo*, Venedig 1976; R. Fréart de Chambray, *Parallèle des ordres antiques et modernes*, Paris 1651; J. N. L. Durand, *Précis des Leçons d'Architecture données à l'école royale polytechnique*, Paris 1819; Albrecht Dürer, *Vier Bücher von menschlicher Proportion*, Nürnberg 1528; A. P. Elkin, *The Australian Aborigines How to Understand Them*, London 1964; James Ferguson, *Rude Stone Monuments*, London 1872; D. Fraser, *Village Planning in the Primitive World*, London und New York o. J.; Sigfried Giedion, *Mechanization Takes Command*, New York 1952 (2. Aufl.); G. Hallstom, *Monumental Art in Northern Sweden*; *Jahrbuch des Deutschen Werkbundes*, München 1915; Andrea di Jorio, *La Mimica degli Antichi investigata nel Gestire Napoletano*, Neapel 1832; Yves Klein, *Selected Writings*, The Tate Gallery London 1974; Heinrich Kulka, *Aldof Loos*, Wien 1931; Le Corbusier, *Qeuvre complète 1910–1929*, Zürich 1964; G. Mamlock und S. Sax, *Der Sieg*, 1932; Piero Manzoni, *Paintings, reliefs & objects*, The Tate Gallery London 1974; Andrea Memmo, *Elementi d'Architettura Lodoliana ossia l'Arte del Fabbricare con Solidità scientifica e con Eleganza non Capricciosa. Libri Due*, Rom 1786; James Milne, *Excavations at Carnac*, Edinburgh 1881; Claude Perrault, *Les dix livres d'architecture de Vitruve*, Paris 1673; Giovanni Poleni, *Memorie Istoriche della Gran Cupola del Tempio Vaticano*, Padua 1748; M. Pozzetto, *La Fiat-Lignotto*; A. Welby Pugin, *The True Principles of Pointed or Christian Architecture*, London 1841; Karl Friedrich Schinkel, *Sammlung architektonischer Entwürfe*, Berlin 1820–40; Gottfried Semper, *Der Stil in den technischen und tektonischen Künsten oder Praktische Ästhetik. Ein Handbuch für Techniker, Künstler und Kunstfreunde*, München 1863; John Shute, *The First and Chief Groundes of Architecture*, London 1563; *Le Siège*, Paris; Arnolds Spekke, *The Ancient Amber Routes and the Geographical Discovery of the Eastern Baltic*, Stockholm 1957; Baldwin Spencer und F. J. Gillen, *The Native Tribes of Central Australia*, London 1899; Robert Venturi, Denise Scott Brown und Steven Izenour, *Learning from Las Vegas*, Cambridge, Mass. 1972; *Werk und Zeit 1/1978*; Hans M. Wingler, *The Bauhaus: Weimar, Dessau, Berlin Chicago*, Cambridge, Mass. 1969; H. Zimmern, *Indian Art*.

Die hier nicht genannten Abbildungen stammen aus dem Archiv von Academy Editions, London.

Namenregister

(Die kursiv gesetzten Seitenzahlen verweisen auf Abbildungen)

Politische Architektur vom Mittelalter bis heute

Repräsentation und Gemeinschaft
Herausgegeben von Martin Warnke. Etwa 480 Seiten mit etwa 100 einfarbigen Abbildungen, kartoniert
(DuMont Taschenbücher, Band 143) Erscheint Januar '84

Wegbereiter moderner Formgebung von Morris bis Gropius

Von Nikolaus Pevsner. Mit einem Nachwort von Wolfgang Pehnt. 264 Seiten mit 147 einfarbigen
Abbildungen, Register, kartoniert (DuMont Taschenbücher, Band 137)

»Mit seinen vielen essayistischen Kurzformeln hält das Buch die Mitte zwischen kunsthistorischer
Darstellung und Künstler-Traktat. Gerade durch diese apologetischen Züge freilich ist es in mehreren
Überarbeitungen und in zahlreichen Übersetzungen lebendig geblieben als die wichtigste Programm-
schrift jener Architektur, die unser Jahrhundert bestimmt hat wie keine andere.«

Frankfurter Allgemeine Zeitung

Die Geschichte des Design in Deutschland von 1870 bis heute

Entwicklung der industriellen Produktkultur
Von Gert Selle. 260 Seiten mit 10 farbigen und 146 einfarbigen Abbildungen, Auswahlbibliographie,
Begriffslexikon, Namen- und Sachregister, Zeittafel, kartoniert (DuMont Dokumente)

Kultur der Sinne und ästhetische Erziehung

Alltag, Sozialisation, Kunstunterricht vom Kaiserreich zur Bundesrepublik
Von Gert Selle. 312 Seiten mit 197 einfarbigen Abbildungen, ausführlicher Bibliographie und Register,
kartoniert (DuMont Dokumente)

Das Bauhaus

1919–1933 Weimar Dessau Berlin und die Nachfolge in Chicago seit 1937
Von Hans M. Wingler. 588 Seiten mit 10 Farbtafeln und 753 einfarbigen Abbildungen, Namenverzeichnis, Bibliographie, Index, Leinen

Die Architektur im 20. Jahrhundert

Von Udo Kultermann. 246 Seiten mit 203 einfarbigen Abbildungen, Aufrissen, Grundrissen und
Modellen, kritischem Literaturüberblick, Namenverzeichnis, kartoniert (DuMont Dokumente)

»Kultermann beschreibt den Entwicklungsgang und -stand dieser ›ersten wirklichen Weltarchitektur‹
präzis distanziert, mit sicherem Blick für künstlerischen Rang und zeitgeschichtlichen Stellenwert in
Form komprimierter Einzeldarstellungen und Länderübersichten.«

Die Welt

Stilgeschichte der Architektur

Von Fritz Baumgart. 299 Seiten mit 311 einfarbigen Abbildungen und 191 Zeichnungen und Grundrissen, Namen- und Ortsverzeichnis, kartoniert (DuMont Dokumente)

»Anhand konkreter Beispiele werden die Besonderheiten und typischen Merkmale der alten und neuen abend- und morgenländischen Architektur aufgezeigt. Das geschieht – sehr klug gegliedert – oft fast stichwortartig und sehr sachlich. Auch alte und neue Städteplanung wird berücksichtigt. Man bekommt den Stoff schnell in den Griff.« *Stuttgarter Nachrichten*

DuMont's kleines Sachlexikon der Architektur

Von Fritz Baumgart. 170 Seiten mit 255 einfarbigen Abbildungen, Namenregister, kartoniert (DuMont Taschenbücher, Band 44)

Architektur und Harmonie

Zahl, Maß und Proportion in der abendländischen Baukunst
Von Paul von Naredi-Rainer. 303 Seiten mit 139 einfarbigen Abbildungen und Zeichnungen, Bibliographie, Personen- und Sachregister, kartoniert (DuMont Dokumente)

Die Dynamik der architektonischen Form

Von Rudolf Arnheim. 292 Seiten mit 137 einfarbigen Abbildungen und Zeichnungen, Literaturverzeichnis, Namen- und Sachregister, kartoniert (DuMont Dokumente)

»Hinter Arnheims Buch stehen die Einsichten eines Mannes, der seine Erfahrungen mit den Augen macht. In den Beschreibungen ausdruckskräftiger Gegenstände liegt eine pädagogische Tugend dieses Buches. Arnheim nimmt den Leser in eine Schule des Sehens. Seine Schilderung der Straße als Erlebnisraum, seine Beschreibungen einzelner Kunst- und Gebrauchsobjekte und seine Anwendung kritischer Maßstäbe auf problematische Architekturen sind einleuchtend und sinnenhaft nachvollziehbar.« *Frankfurter Allgemeine Zeitung*

Abendländische Stadtbaukunst

Herrschaftsformen und Baugestalt
Von Wolfgang Braunfels. 359 Seiten mit 190 Abbildungen, Register, kartoniert (DuMont Dokumente)

Abendländische Klosterbaukunst

Von Wolfgang Braunfels. Herausgegeben von Ernesto Grassi und Walter Heß. Mit lateinisch-deutschen Textdokumenten. 335 Seiten mit 63 einfarbigen Abbildungen, 56 Zeichnungen, 1 Karte, Bibliographie, Orts-, Sach- und Personenregister, kartoniert (DuMont Dokumente)

»Das Besondere dieser hervorragenden Arbeit ist, daß nicht einfach ›nur‹ aufgezeigt wird, wo welche Klosterbauten wann entstanden sind und welchem Stil sie zugewiesen werden müssen, sondern daß nach dem Zusammenhang von Orden und Ordnung gefragt und eben dieser analysiert wird.« *Wissenschaftlicher Literaturanzeiger*

Modelle für humanes Wohnen
Moderne Stadtarchitektur in den Niederlanden

Von Ulla Schreiber. 193 Seiten mit 133 einfarbigen Abbildungen und Zeichnungen, ausführlichen Literaturhinweisen, kartoniert (DuMont Dokumente)

»Anhand von 40 Projekten aus dem niederländischen Wohnungs- und Siedlungsbau macht Ulla Schreibers Buch auf sehr anschauliche Weise mit neuen und vorbildlich kreativen Konzeptionen der Stadtplanung bekannt. Die mannigfaltig gebauten Gegenvorschläge in diesem überaus informativen Buch erscheinen als Wegweiser; die Abbildungen der auf Phantasie und der Erfüllung menschlicher Bedürfnisse beruhenden Bauten zu betrachten, bereitet Vergnügen.« *Göttinger Tagblatt*

Alternative Architektur

Lehm- und Hüttenbauten, Hausboote und Wohnwagen, Recycling-Architektur, Hausbegrünung und Altbausanierung
Von Horst Schmidt-Brümmer. Etwa 200 Seiten mit etwa 52 farbigen und etwa 150 einfarbigen Abbildungen sowie ausführlichen Literaturhinweisen, kartoniert (DuMont Taschenbücher, Band 140) Erscheint Oktober '83

Architekten der Dritten Welt

Bauen zwischen Tradition und Neubeginn
Von Udo Kultermann. 186 Seiten mit 14 farbigen und 144 einfarbigen Abbildungen, Literaturhinweisen, kartoniert (DuMont Dokumente)

Barcelona: Antoni Gaudi

Architektur als Ereignis
Von Gabriele Sterner. 172 Seiten mit 30 farbigen und 65 einfarbigen Abbildungen, Literaturhinweisen, Begriffskatalog, historischer Übersichtstabelle, Stadtplan von Barcelona mit Angabe der Standorte der Gaudi-Bauten, Register, kartoniert (DuMont Taschenbücher, Band 73)

Rudolf Steiner und seine Architektur

Herausgegeben von Michael Schuyt und Joost Elffers. Text von Peter Ferger. 181 Seiten mit 102 einfarbigen Abbildungen, einem Anhang von Walter Kugler (chronologischer Übersicht), Literaturhinweisen, kartoniert (DuMont Taschenbücher, Band 72)

»Ein tiefes Programm steckt auch in den Bauten des Anthroposophen Rudolf Steiner, dessen ›Goetheanum‹ in Dornbach bei Basel auch heute noch auch Nicht-Anhänger seiner Lebens- und Geisteshaltung faszinieren kann. Entwicklung und Konzept, Idee und Verwirklichung dieser Architektur aus dem Geist der Anthroposophie untersucht dieses Buch. Peter Ferger, selbst Architekt und lange Jahre schon Dozent für Anthroposophie, ist wohl der passende Autor, dieses Phänomen adäquat aufzuzeigen und zu durchleuchten, den Quellen für eines der letzten Gesamtkunstwerke in der Landschaft nachzuspüren.« *Main-Echo*

DuMont Dokumente: Gesamtübersicht

DuMont Dokumente: Gesamtübersicht

DuMont Dokumente: Gesamtübersicht